V

BENJA

Édition originale
Direction éditoriale : Jonathan Reed
Direction artistique : Ed Day
Responsable éditorial : Sarah Phillips
Responsables artistiques :
Ruth Shane et Paul Wilkinson
Édition : Francesca Baines, Val Burton, Deborah Chancellor, Roz Fishel, Hilary Hockman, Rosemary McCormick, Sarah Miller, Sean O'Connell, Jean Rustean et Anne de Verteuil
Graphisme : Flora Awolaja, Liz Black, Amanda Carroll, Richard Clemson, Ross George, Sarah Goodwin, Sara Nunan, Ron Stobbart, Andrew Walker et Sonia Whillock
Maquette : Wayne Blades, Alison Greenhalgh, James Hunter, Marianne Markham, Tuong Nguyen, Alison Verity et Samantha Webb
Iconographes : Lorna Ainger, Caroline Brook, Venetia Bullen, Anna Lord, Miriam Sharland et Paul Snelgrove
Conseillers : Dr Michael Benton, Nicholas Booth, Martyn Bramwell, Roger Bridgman, Eryl Davies, Liza Dibble, John Farndon, Adrian Gilbert, Alan Harris, Paul Hillyard, Dr Malcolm MacGarvin, Diana Maine, Margaret Mulvihill, Dr Fiona Payne, Chris Pellant, Dr Richard Walker et Shane Winser
Fabrication : Ian Paton et Harriet Maxwell

Pour l'édition française
Édition : Éric Pierrat et Sarah Malherbe
Montage PAO et flashage : Octavo, Paris
Traduction : Christiane Prigent, Véronique Dreyfus, Brigitte Coppin et Nathalie Audard
Préparation et correction : Lorène Bücher, Éliane Rizo, Emmanuel de Saint-Martin, Isabelle Haffen, Agathe Roso et Claire Passignat-Gleize
Conseillers : Françoise Pitrou, Guilhem Lesaffre, Nathalie Corradini, Brigitte Coppin et Jean-Claude Deroche
Couverture : Raymond Stoffel et Anne-Claire Méry
Photogravure de couverture : Mirascan

Édition originale parue en 1999
sous le titre *Big Book of Knowledge*

ISBN 2-07-054114-2

« Loi n° 49-956 du 16 juillet 1949
sur les publications destinées à la jeunesse »
Dépôt légal : avril 2000
Numéro d'édition : 93543

Photogravure Colourscan, Singapour
Imprimé et relié en Italie par Lego

VU

BENJAMIN

Gallimard Jeunesse

SOMMAIRE

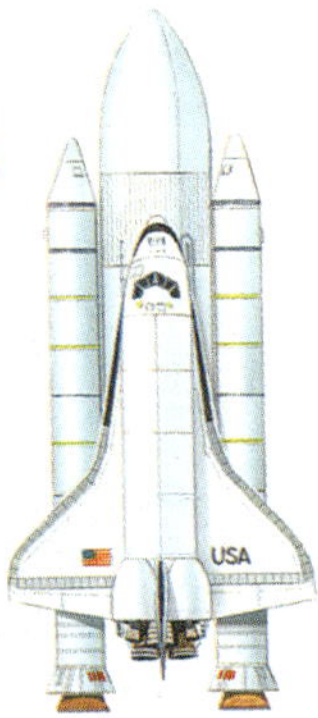

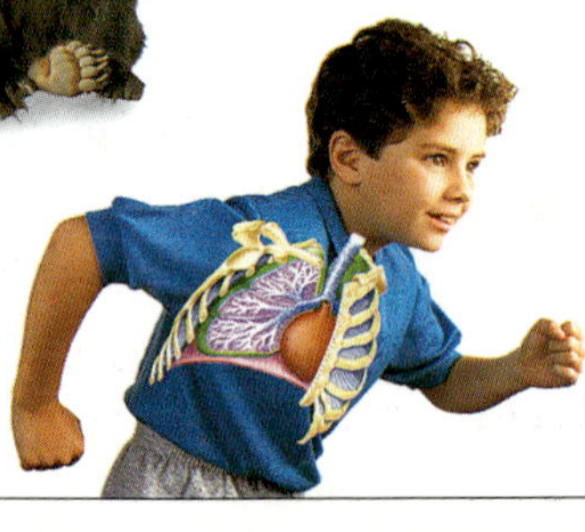

Chapitre 3
Notre monde 248

Chapitre 4
Les sciences et la technologie 392

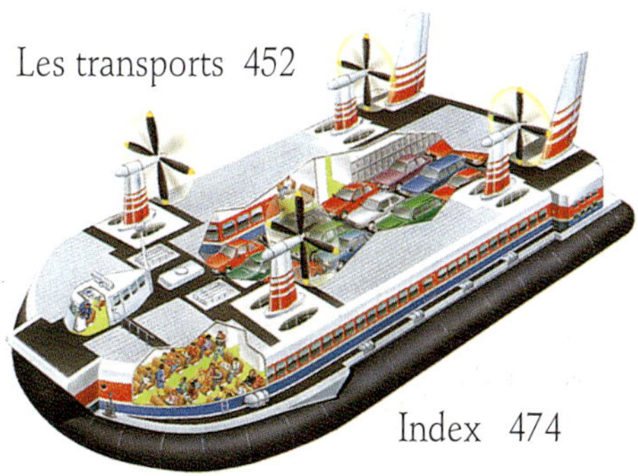

VU BENJAMIN, MODE D'EMPLOI

Vu Benjamin est très facile à utiliser. Regarde d'abord la table des matières. Tu verras que ce livre a quatre grands chapitres, qui sont divisés en plusieurs sections. Trouve un sujet ou une illustration qui t'intéresse et va à cette page. Si tu ne trouves pas ce que tu recherches dans la table des matières, consulte l'index à la fin du livre. C'est une liste alphabétique de tous les sujets abordés dans le livre. Après chaque entrée, il y a le numéro de toutes les pages traitant du thème mentionné.

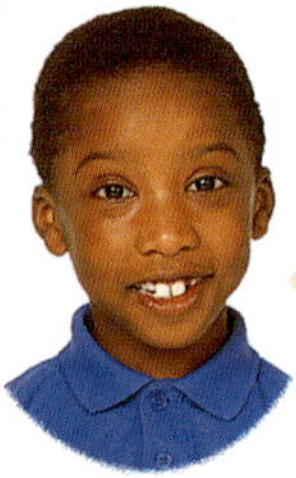

Par exemple, cherche le mot « dinosaure » dans l'index. Regarde toutes les pages dont le numéro figure après ce mot, jusqu'à ce que tu trouves celle des « Carnivores géants » représentée ici. Cet exemple te montre les principales rubriques que tu retrouveras dans les pages de Vu Benjamin.

148 / LES DINOSAURES

LES GÉANTS CARNIVORES

Comme les tigres actuels, le tyrannosaure devait chasser seul. Il est vrai qu'il n'avait guère besoin d'aide… Ce terrible dinosaure était le plus gros carnivore ayant jamais vécu sur notre planète. Il se nourrissait de la chair d'autres reptiles et terrorisait ses proies en les attaquant par surprise. Il les renversait probablement sur le sol, puis les déchiquetait de ses dents acérées.

Le tyrannosaure était plus lourd qu'un éléphant et aussi haut qu'un immeuble de deux étages. Il mesurait plus de 12 m de long. Son nom signifie « lézard tyran ».

Les « bras » du tyrannosaure étaient trop courts pour atteindre sa gueule, mais ils devaient lui servir à attraper et à tuer ses proies.

Les légendes

Il y a une grande illustration sur la plupart des doubles pages. Tout autour, des légendes signalent des détails importants. Elles t'aideront à regarder attentivement l'image et à la comprendre.

Inventaire détaillé

Sur certaines pages, tu verras une série de petites illustrations semblables à la plus grande. Essaie de trouver les différences qui existent entre elles.

LES GÉANTS CARNIVORES

Comme les tigres actuels, le tyrannosaure devait chasser seul. Il est vrai qu'il n'avait guère besoin d'aide... Ce terrible dinosaure était le plus gros carnivore ayant jamais vécu sur notre planète. Il se nourrissait de la chair d'autres reptiles et terrorisait ses proies en les attaquant

Titre et introduction
Chaque double page traite d'un sujet différent. Le titre te dit exactement quel est le sujet traité et l'introduction te donne quelques informations de base sur ce sujet.

Pas à pas
Tu trouveras parfois une série d'illustrations t'expliquant comment fonctionne telle ou telle chose. Par exemple, si tu regardes ces images, tu peux voir comment le tyrannosaure utilise ses petites pattes de devant pour se redresser.

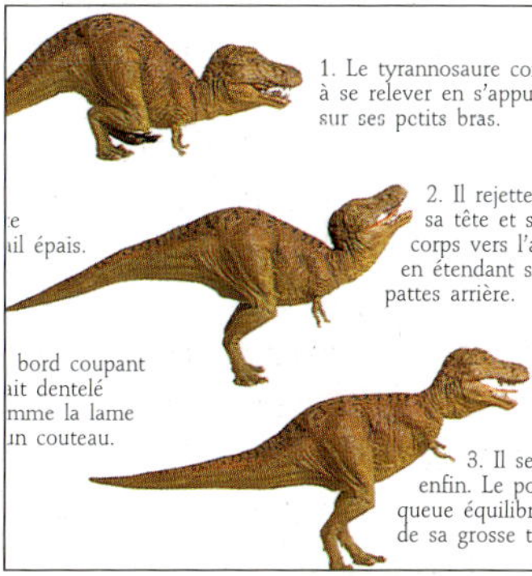

1. Le tyrannosaure commence à se relever en s'appuyant sur ses petits bras.

2. Il rejette ensuite sa tête et son corps vers l'arrière en étendant ses pattes arrière.

3. Il se redresse enfin. Le poids de sa queue équilibre celui de sa grosse tête.

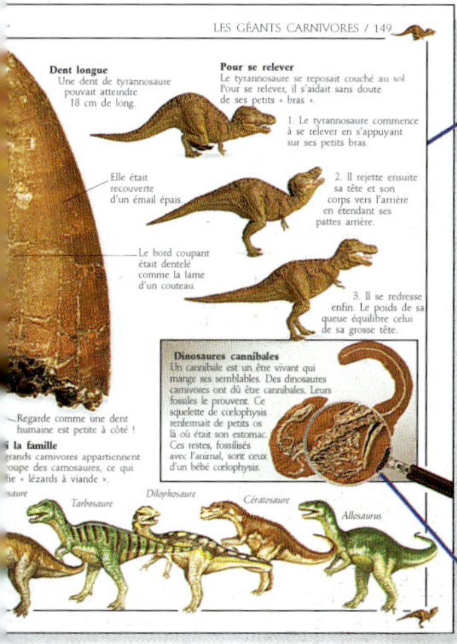

Les mesures
Dans la plupart des cas, les unités de mesure sont abrégées :

cm = centimètre
m = mètre
km = kilomètre
km/h = kilomètre à l'heure
h = heure
min = minute
s = seconde
l = litre

Dinosaures cannibales
Un cannibale est un être vivant qui mange ses semblables. Des dinosaures carnivores ont dû être cannibales. Leurs fossiles le prouvent. Ce squelette de cœlophysis renfermait de petits os là où était son estomac. Ces restes, fossilisés avec l'animal, sont ceux d'un bébé cœlophysis.

Les encadrés
Des faits étonnants ou des anecdotes surprenantes figurent dans les encadrés. Parfois, tu y trouveras aussi des idées d'expériences à réaliser.

CHAPITRE 1

LA TERRE ET L'ESPACE

À notre échelle, la Terre semble énorme mais, si nous la comparons à l'immensité de l'espace, elle n'est qu'un minuscule point. Elle est l'une des neuf planètes qui tournent constamment autour d'une étoile, le Soleil, sur des trajectoires individuelles de forme ovale, appelées orbites.

Le Soleil et ses planètes forment le système solaire. Celui-ci, à son tour, fait partie d'un ensemble de millions d'étoiles et de planètes, appelé galaxie. Notre galaxie, qui a la forme d'une spirale, s'appelle la Voie lactée. Elle est tellement immense qu'il faudrait 100 milliards d'années à un avion supersonique pour la traverser. Jusqu'à présent, nous avons découvert quelque 6 000 millions de galaxies différentes qui, ensemble, constituent l'univers.

Les étoiles sont composées d'un noyau dense entouré de couches de gaz brûlants. Certaines planètes sont composées principalement de gaz, d'autres de liquides. Quant à la Terre, elle ressemble à une gigantesque boule de pierre.

LA TERRE

Si tu étais un astronaute et que tu regardais la Terre depuis ton vaisseau spatial, tu verrais une grosse boule bleue couverte de nuages tourbillonnants qui cachent les continents et les montagnes.

Notre planète apparaît bleue car plus des deux tiers de sa surface sont recouverts d'eau, sous la forme d'océans, de mers, de lacs et de fleuves.

La surface de la Terre, l'écorce terrestre, est en continuelle transformation. Toutefois ce mouvement est si lent que nous ne le sentons pas, sauf lors de tremblements de terre et d'éruptions volcaniques, qui se produisent quand les tensions dans l'écorce terrestre sont trop fortes.
La surface de la Terre est aussi usée par l'eau, le vent ou le mouvement des glaciers.

Enfin, la vie existe sur notre planète grâce à la lumière et à la chaleur du Soleil. Sans elles, la Terre serait une planète froide, sombre et morte.

Vus de l'espace, les monts de l'Himalaya, au Népal, ont un aspect très différent de ce que nous connaissons.

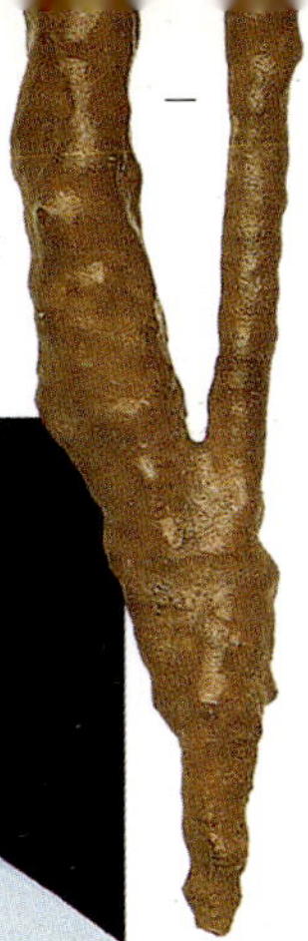

Les stalactites se forment dans les grottes.

Grès

Pierre ponce

Marbre vert

Les monts Ayers Rock en Australie

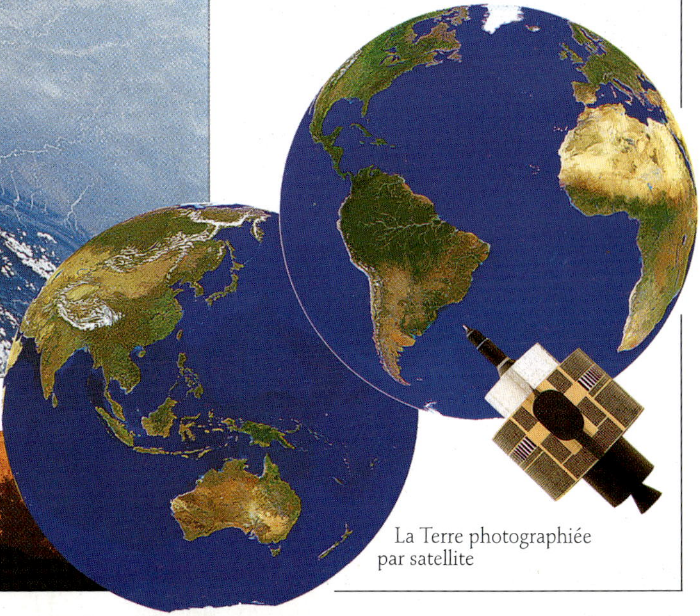

La Terre photographiée par satellite

LA CROÛTE TERRESTRE

Un peu comme nous, la Terre est protégée par une peau très mince. Si on comparait le globe terrestre à une pomme, il aurait une peau encore plus fine. Cette peau, la croûte terrestre, est constituée en partie de roches qui se sont empilées les unes sur les autres pendant des millions d'années. Leurs couches forment de nombreux plis et des creux, un peu comme une couverture froissée sur un lit.

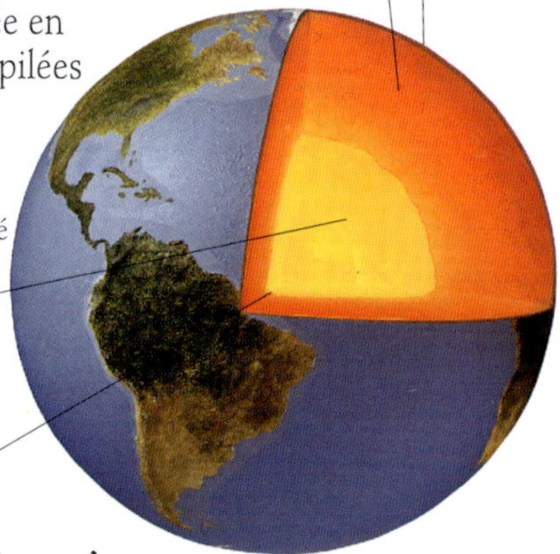

Comment naissent les montagnes ?
Elles se forment lorsque la croûte est poussée vers le haut en faisant des plis, ou lorsqu'elle est brisée et soulevée. Ces différents reliefs portent chacun un nom.

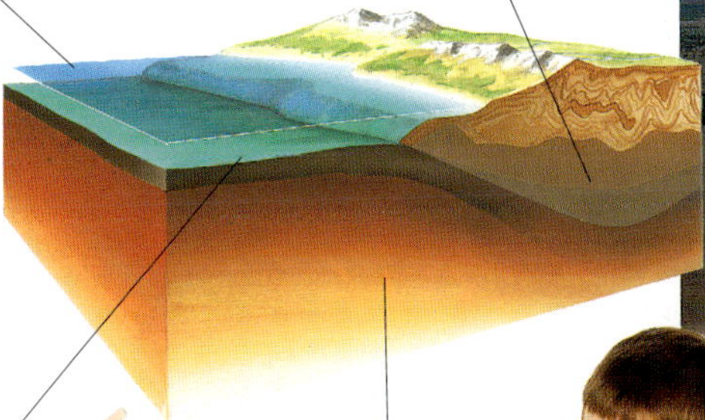

Descendre
Voici une vallée. Elle s'est formée lorsqu'un morceau de la Terre s'est effondré entre deux longues cassures dans la croûte terrestre. Ces cassures portent le nom de failles.

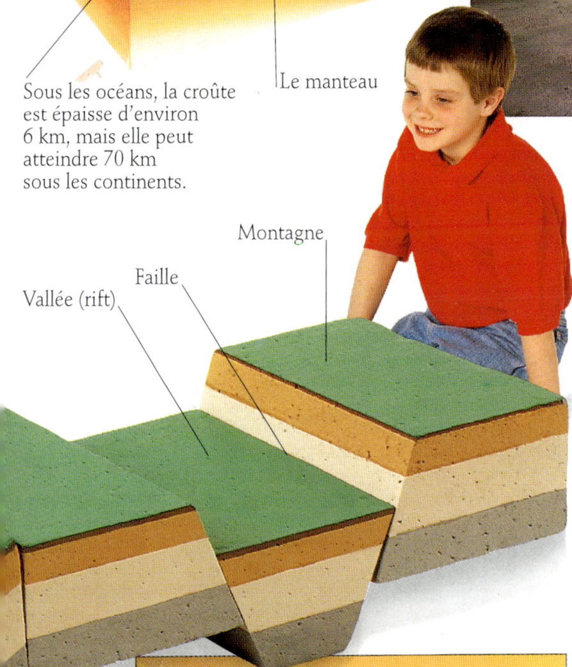

Monter
Ici, la terre a été plissée vers le haut par les mouvements de la croûte terrestre, formée de nombreuses couches de roches empilées les unes sur les autres.

Un long chemin à parcourir
Sais-tu que le trou le plus important dans la croûte terrestre n'est profond que de 13 km ? Pour atteindre le centre de la Terre, il faudrait descendre 500 fois plus profondément !

LES PLAQUES MOBILES

La croûte terrestre n'est pas faite d'un seul morceau. Comme un puzzle géant, elle est formée de plusieurs pièces ajustées. Ces pièces, ou plaques, bougent lentement ; elles sont portées par la roche, en partie fondue, du manteau situé en dessous. Elles s'écartent ou se frottent avec des effets impressionnants : des tremblements de terre secouent la croûte terrestre, des volcans se forment, de nouvelles terres apparaissent et de hautes chaînes de montagnes s'élèvent lentement vers le ciel.

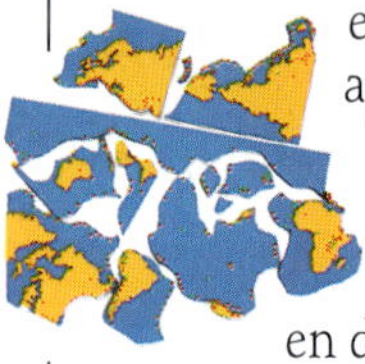

Choc frontal
Deux plaques se rencontrent. La croûte terrestre se soulève. Une chaîne de montagnes se forme.

Chevauchement
Une plaque glisse sous une autre. Elle est entraînée en profondeur, dans le manteau, où elle fond.

Écartement
Deux plaques s'écartent l'une de l'autre. La lave du manteau remonte, remplit l'espace, durcit et forme une nouvelle croûte.

Cisaillement
Deux plaques frottent l'une contre l'autre. Ce mouvement est à l'origine de tremblements de terre.

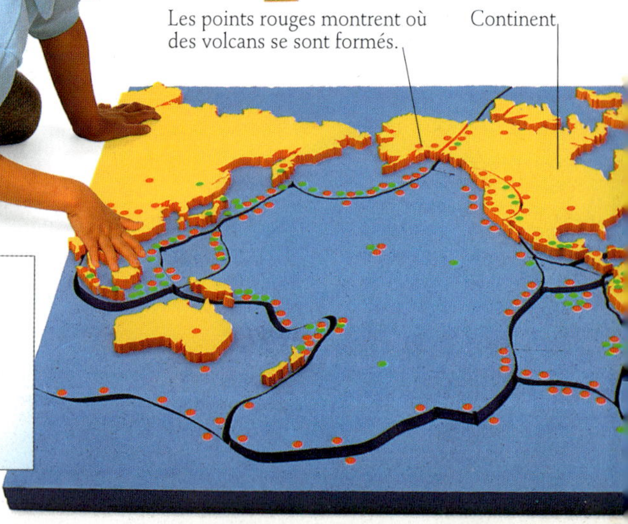

En mouvement
Les plaques sont toujours en mouvement. En un an, elles peuvent se déplacer de près de 2,5 cm. Tes ongles, dans le même temps, poussent à peine plus vite.

Passé, présent, futur
As-tu déjà imaginé l'aspect de la Terre autrefois ? Ces dessins te montrent comment les continents se sont lentement déplacés depuis 300 millions d'années et à quoi ressemblera peut-être le monde dans 50 millions d'années.

Il y a 300 millions d'années

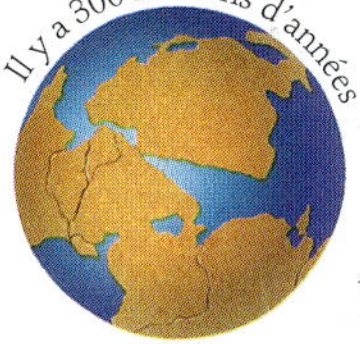

Rapprochement
Les terres s'assemblent pour former un seul et immense continent.

Il y a 200 millions d'années

Une seule terre
Le supercontinent est formé. Il s'appelle la Pangée.

Il y a 150 millions d'années

Mondes séparés
La terre se sépare une nouvelle fois. La Pangée se divise en deux : la Laurasie et le Gondwana.

Terre agitée
Ces maisons se trouvent en Islande, là où deux plaques se sont rencontrées et ont soulevé la terre.

Aujourd'hui

Terre familière
Voici le monde tel qu'il est aujourd'hui, mais les continents se déplacent toujours.

Les points verts indiquent les lieux où ont eu lieu des tremblements de terre.

Ici, deux plaques se rencontrent.

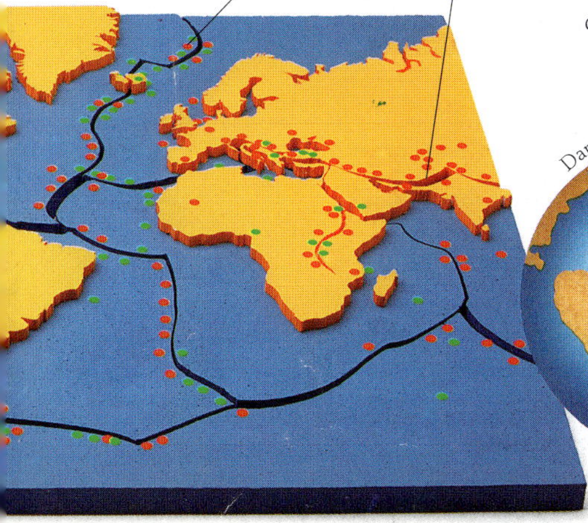

Dans 50 millions d'années

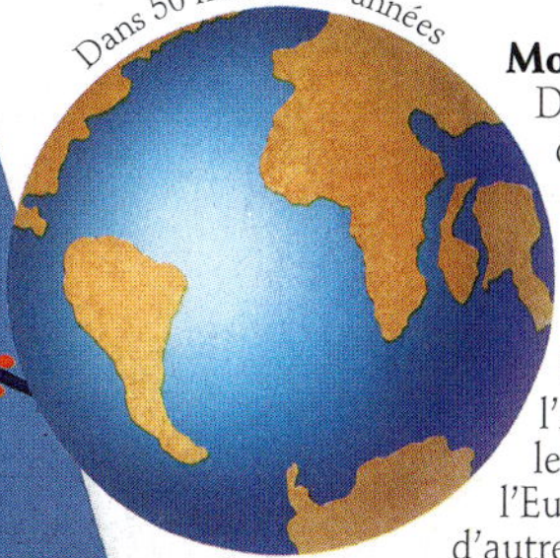

Monde futur
Dans 50 millions d'années, le monde aura peut-être cet aspect. Les continents auront bougé, changé de forme. Cherche l'Afrique et suis son lent voyage vers l'Europe. Vois-tu d'autres changements ?

LES VOLCANS

Lorsque tu ouvres une boîte de boisson gazeuse après l'avoir agitée, le liquide jaillit violemment en faisant pschiiiit ! Lors d'une éruption volcanique, il se produit un peu le même phénomène. Avec une puissance considérable, la roche en fusion est poussée à travers les endroits peu épais de la croûte terrestre et jaillit à l'air libre.

Feu d'artifice
Ce volcan produit son propre feu d'artifice. Quel spectacle ! La lave en fusion et les cendres sont projetées hors du cratère comme une énorme fontaine lumineuse.

Petit guide des volcans

Étendus
Certains volcans sont bas. Leur lave, très liquide, se répand en une mince couverture.

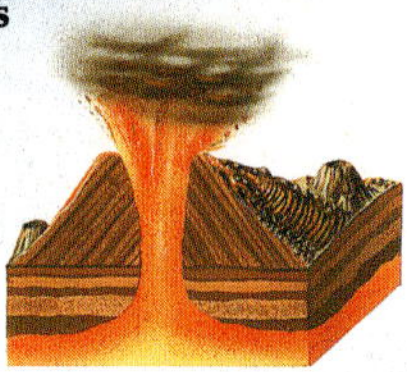

Trapus
Certains volcans sont trapus. Ils sont formés de cendres, avec de la poussière de lave.

Pointus
Certains volcans sont coniques. Leur lave visqueuse ne se répand pas très vite.

Belle rivière de feu
La roche en fusion qui s'écoule le long des pentes de ce volcan est dangereuse. Elle est si chaude qu'elle peut faire fondre l'acier.

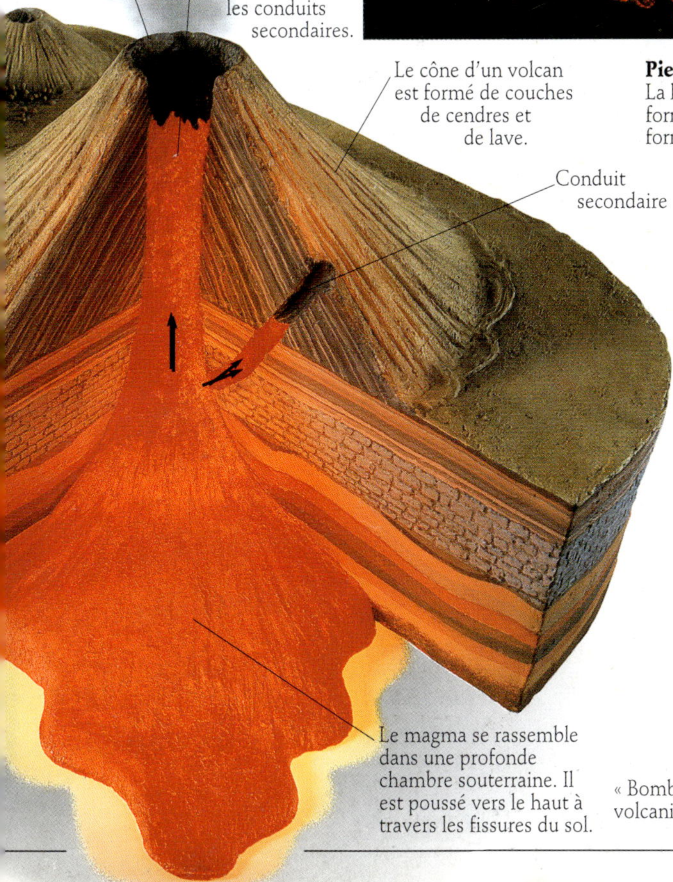

Pierres de lave
La lave refroidit, durcit et forme des roches de différentes formes. En voici trois sortes :

Pierre ponce

Lave cordée

« Bombe » volcanique

LES SÉISMES

Notre planète est agitée. Toutes les trente secondes, le sol tremble quelque part. La plupart des secousses sont si légères que nous ne les sentons pas. D'autres provoquent de véritables catastrophes. De grandes fissures s'ouvrent dans le sol, des rues sont éventrées et des immeubles s'effondrent. Parfois, des villes entières sont détruites. Puis le calme revient, mais rien n'est plus comme avant. La Terre a bougé et a provoqué un tremblement de terre, un séisme.

Zone à risques
La faille de San Andreas traverse la Californie. Des tremblements de terre s'y produisent souvent.

Dans la mer, aussi...
Les séismes sous-marins font naître d'énormes vagues : les raz de marée, ou tsunamis.

Naissance d'un séisme

La croûte terrestre bouge sans cesse, car elle est constituée de parties mobiles. Lorsque ces plaques glissent l'une sur l'autre, ou bien l'une contre l'autre, la roche est secouée, et des ondes de choc se propagent.

Secousses

L'échelle de Mercalli mesure les effets des mouvements de la surface terrestre lors d'un tremblement de terre. Il y a 12 mesures d'intensité, ou degrés. À l'intensité 1, les effets sont imperceptibles, mais, à l'intensité 12, les ondes de choc sont terribles et détruisent tout.

Que faire quand la Terre tremble ?

Tu peux t'allonger sous un lit ou sous une table ou te tenir debout contre une porte. Dès que les secousses ont cessé, sors et dirige-toi vers un espace isolé, loin des immeubles qui pourraient s'écrouler.

Les séismes dans le monde

Un tremblement de terre part d'un endroit à l'intérieur de la terre appelé foyer. Les effets du séisme sont généralement plus forts à l'épicentre, le point de la surface situé juste au-dessus du foyer. L'étude des tremblements de terre et des ondes de choc qu'ils produisent porte le nom de sismologie.

Raz de marée

La vague d'un tsunami forme un véritable mur d'eau lorsqu'elle atteint le rivage. Elle est si puissante qu'elle peut balayer des villes.

Un tsunami peut mesurer plus de 60 m de haut et peut aller aussi vite qu'un jet.

LES ROCHES

Les mouvements de la croûte terrestre transforment lentement les roches qui constituent la surface de notre planète. Les montagnes sont poussées vers le haut et usées – érodées – par le vent, la pluie, la neige... Des fragments de roches sont emportés. Parfois, les roches sont entraînées dans le manteau, où la chaleur les fait fondre. Lorsqu'une éruption volcanique se produit, la roche en fusion est rejetée à l'air libre sous forme de lave qui refroidit et durcit. Elle est ensuite érodée par les intempéries.

Au commencement
On distingue trois grands types de roches. Les roches magmatiques sont constituées de magma ou de lave durcis. Les roches sédimentaires sont formées de couches de débris de roches, d'animaux et de végétaux. Les roches métamorphiques sont des roches sédimentaires ou magmatiques qui ont été transformées sous l'effet de la chaleur ou du poids de ce qui les recouvrait.

Roches sédimentaires
Elles sont constituées de débris de roches, de plantes ou d'animaux transportés par les rivières jusqu'à la mer. Ces débris sont comprimés les uns sur les autres jusqu'à former une roche solide. Le désert de l'État d'Arizona, aux États-Unis, est formé de ces roches.

Calcaire

Conglomérat

Grès rouge

Avec le temps, les débris entassés au fond de la mer deviendront des roches sédimentaires.

Des fragments de roches sont déplacés d'un endroit à l'autre par les rivières, les glaciers, le vent ou la mer.

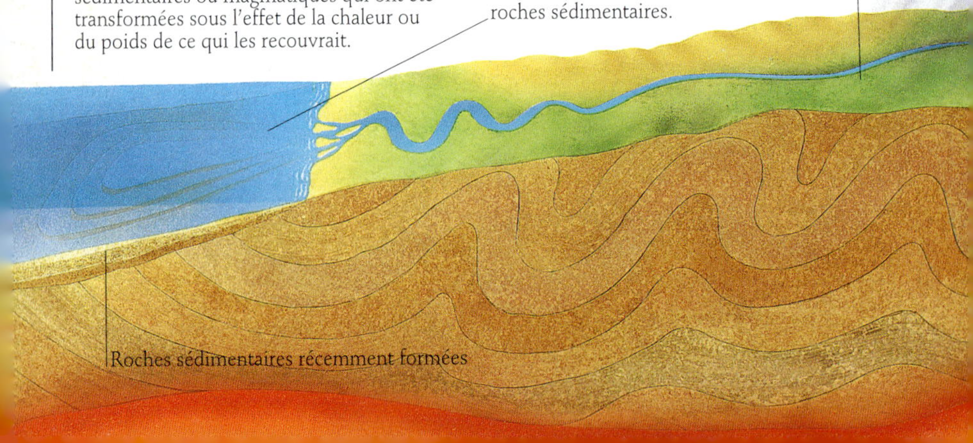

Roches magmatiques
Elles sont formées de lave ou de magma qui s'est refroidi et a durci à l'intérieur de la croûte. Le Pain de Sucre de Rio de Janeiro, au Brésil, est une roche qui se trouvait autrefois sous la croûte. Les autres roches qui la recouvraient ont été érodées.

Obsidienne

Granite

Roches métamorphiques
Ce sont des roches sédimentaires ou magmatiques qui ont été transformées, à l'intérieur de la Terre, par la chaleur ou par le poids des couches qui se trouvaient au-dessus. Ce morceau de marbre était autrefois du calcaire, une roche sédimentaire.

Marbre

Ardoise

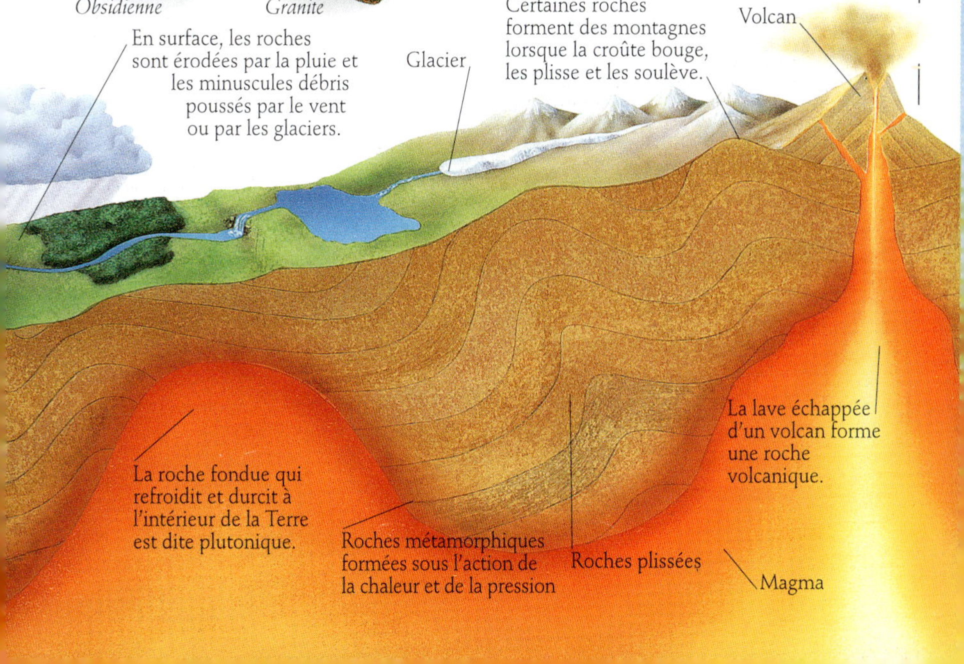

LES GROTTES

Des grottes naturelles sont creusées sous la surface de la Terre. Certaines sont gigantesques. Les plus grandes sont toutes formées dans une roche appelée calcaire. La plus vaste du monde, au Sarawak, pourrait contenir 800 terrains de tennis. Ces grottes étaient à l'origine de simples fissures dans la roche. Au cours de milliers d'années, l'eau de pluie les a peu à peu agrandies : en ruisselant à l'intérieur, elle a lentement dissous le calcaire.

Descendre
L'eau qui goutte du plafond des grottes dépose peu à peu un minéral appelé calcite. Le dépôt augmente et, très lentement, forme une « aiguille » appelée stalactite.

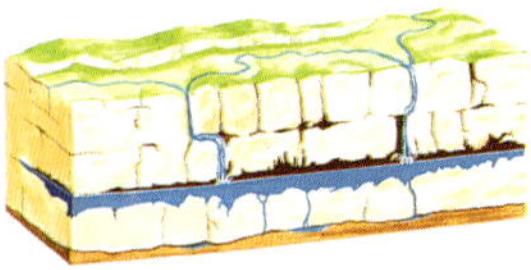

Goutte...
L'eau de pluie qui s'infiltre dans le sol, très légèrement acide, attaque le calcaire.

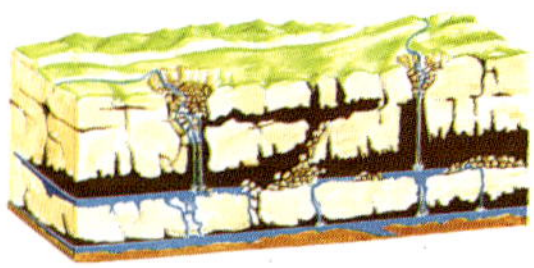

... à...
Peu à peu, l'eau de pluie agrandit les fissures et creuse des trous, galeries et grottes.

... goutte !
Après des milliers d'années, les galeries et les grottes se rejoignent pour former un immense réseau souterrain.

Cette rivière disparaît sous terre dans un gouffre.

Ce gouffre a été ouvert par une rivière qui a emporté les roches.

Le calcaire, une roche très courante, est souvent formé de squelettes de petits animaux marins morts depuis des millions d'années.

Tunnel de lave
On trouve des grottes dans d'autres roches que le calcaire. Celle-ci s'ouvre dans la lave d'un volcan, à Hawaii.

Affaissement
Il arrive qu'une grotte se transforme en gorge lorsque le toit s'effondre et que la caverne et les galeries souterraines apparaissent à l'air libre.

Monter
Lorsque l'eau tombe sur le sol de la grotte, des stalagmites de calcite s'élèvent peu à peu.

LES OCÉANS

L'eau recouvre plus des deux tiers de notre planète. 71 % de la surface de la Terre sont en effet occupés par les océans et les mers. Sais-tu que, sous les vagues, se cache un paysage fascinant ? Les fonds marins ressemblent souvent à des plaines, mais on y voit aussi des falaises, des gorges et des chaînes de montagnes, parfois plus grandes que celles que l'on trouve sur la terre ferme.

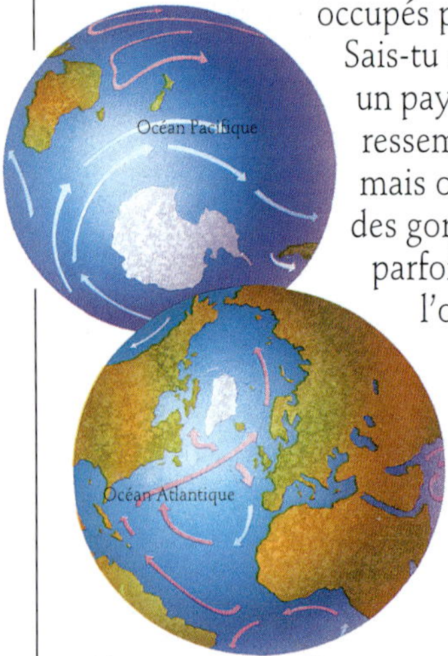

Courants océaniques
Les flèches montrent le sens de la circulation de l'eau.

Courants froids

Courants chauds

Flux et reflux
Les marées sont dues à l'attraction exercée par la Lune et le Soleil sur les eaux terrestres. Lorsque le Soleil, la Terre et la Lune sont alignés, il y a de grandes marées d'équinoxe.

Les canyons sous-marins sont traversés par des courants qui circulent sur le fond des mers.

Ces îles sous-marines sont appelées guyots.

Les grandes fosses océaniques sont plus profondes que les plus hautes montagnes terrestres.

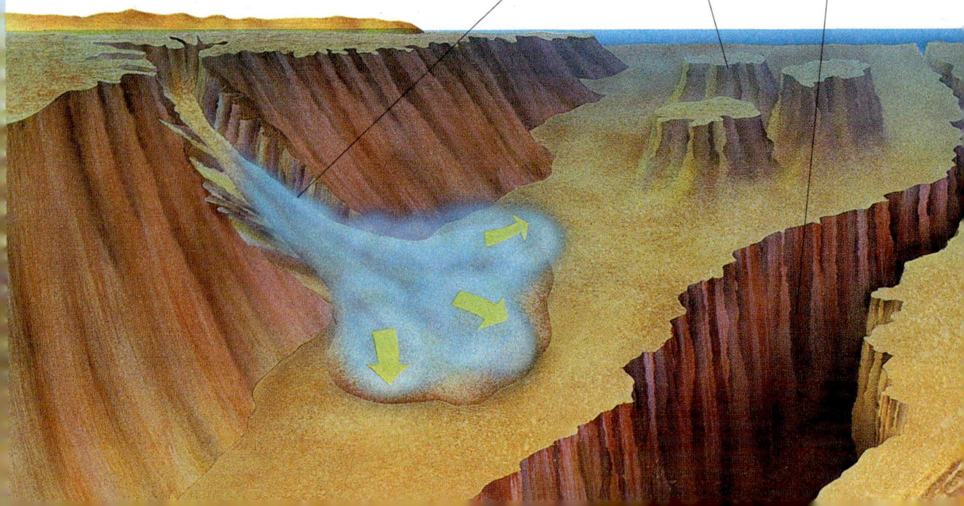

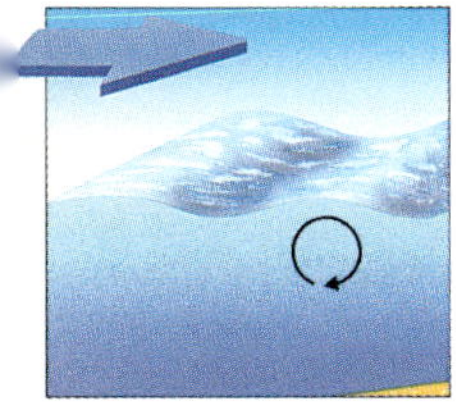

Roule...
À l'intérieur de la vague, l'eau circule en boucle. C'est le vent qui pousse la vague en avant.

Roule...
Près du rivage, l'eau cesse de rouler sur elle-même. La vague change de forme.

Boule !
Le haut de la vague devient instable, elle bascule et déferle sur le sable.

Le grand noir
Même dans l'eau claire, la lumière du jour ne pénètre pas en profondeur. Plus on descend, plus il fait sombre. On finit par atteindre une zone complètement noire.

Courants océaniques
La direction des courants dépend du vent et de la rotation de la Terre. Le vent pousse l'eau de la surface dans un sens, tandis que le mouvement de rotation de la Terre donne à l'eau plus profonde un mouvement de spirale.

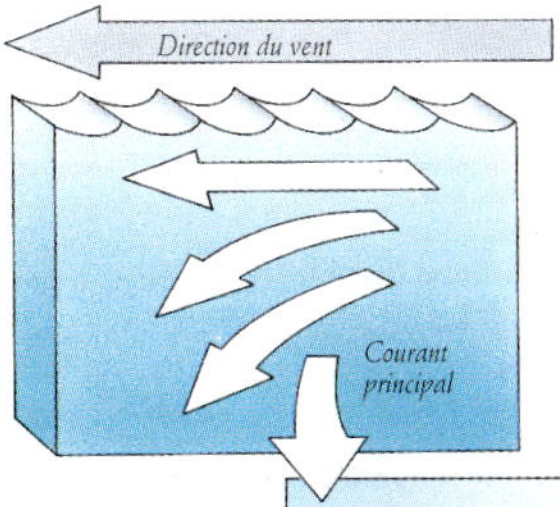

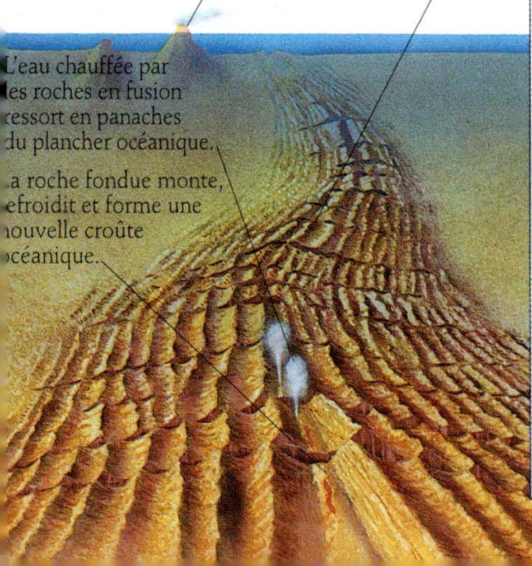

Mondes gelés
Aux pôles, la surface des océans gèle. Des icebergs se forment lorsque les glaciers terrestres tombent dans la mer. Seule une petite partie de ces « montagnes » de glace dépasse de l'eau.

LES CÔTES

As-tu déjà bâti un château de sable sur la plage et regardé la mer avancer peu à peu vers lui, l'atteindre et le détruire ? La même chose se produit aussi sur les côtes, là où la terre et la mer se rencontrent. Les côtes se transforment sans cesse parce que les vagues n'arrêtent pas de les frapper, de les attaquer. Ces chocs sont si violents que le terrain est finalement emporté ; la côte change alors de forme.

Transformations
Lorsqu'une grotte est creusée dans une avancée de terre dans la mer, une arche finit par se former. Si le haut de l'arche s'effondre, il ne reste qu'une colonne, appelée aiguille.

La force des vagues
Les vagues frappent la côte comme un marteau géant et finissent par détacher de gros blocs de roches. Ceux-ci sont emportés par la mer et rejetés sur un autre endroit de la côte, qu'ils usent à leur tour.

Des roches au sable
Les vagues roulent les roches sur le rivage. Celles-ci se brisent jusqu'à devenir des grains de sable. Cette transformation se fait sur des centaines ou des milliers d'années.

Collines de sable
Les dunes sont des collines de sable formées par le vent.

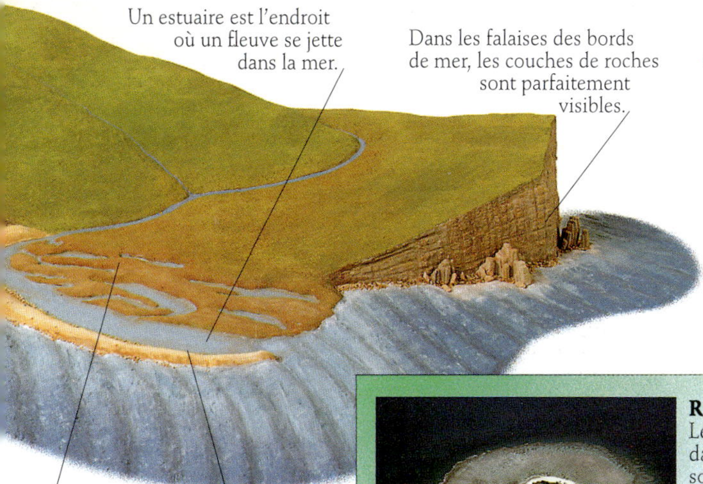

Roche vivante
Les polypes de corail, dans les mers chaudes, sont des animaux marins ressemblant à des fleurs. Après des milliers d'années, leurs squelettes entassés forment des îles et des récifs coralliens.

LES GLACIERS

Un glacier est une sorte de rivière de glace qui prend naissance là où il fait assez froid pour que la neige ne fonde pas. Au fur et à mesure, la couche s'épaissit et la neige, écrasée sous son propre poids, se transforme en glace. Elle glisse alors très lentement le long de la pente, car le glacier est très lourd. Il pousse les roches devant lui comme un bulldozer. Il use les reliefs des montagnes, polit les pierres pointues et déplace des rochers géants sur des dizaines de kilomètres.

Repérage
Le pilote de cet avion observe un mur de glace qui se détache d'un glacier et commence à tomber dans l'eau.

La force de la glace
Lorsque l'eau de cette bouteille a gelé, celle-ci a augmenté de volume. Lorsque l'eau gèle dans un glacier, elle prend également plus de place et écarte la roche qui se trouve autour d'elle.

Lire le paysage

Si tu vois une vallée en forme de U, comme celle-ci, tu peux dire qu'elle a été creusée par un glacier.

En équilibre

Ce gros chapeau de roche dure a été transporté par un glacier et déposé sur du calcaire. Celui-ci, moins résistant, a été érodé. Il n'en reste aujourd'hui qu'un petit bloc sous le rocher.

LES RIVIÈRES

La force de l'eau courante rend les rivières très puissantes, si puissantes qu'elles sont capables de transformer les paysages. En traversant les montagnes et les plaines, les torrents, les rivières et les fleuves transportent de grandes quantités de roche, de sable et de boue. Ils les déposent par la suite, généralement sur leurs rives ou dans la mer. Ces dépôts s'accumulent et forment de nouvelles terres.

Chute
Une rivière qui tombe par-dessus le bord d'une falaise abrupte ou d'une corniche rocheuse forme une chute d'eau. Celle-ci se trouve au Brésil.

Une rivière naît en haut d'une montagne ou d'une colline. Son eau provient de la pluie ou de la fonte des neiges.

Lorsque la roche est dure, la rivière forme des rapides ou des chutes.

Glacier

Bras mort

En coulant rapidement le long des pentes, la rivière emporte la roche et creuse des vallées en forme de V.

Les dépôts de sable, de boue et de gravier sont appelés sédiments.

Eaux profondes
Aux États-Unis, les eaux du fleuve Colorado ont creusé la plus grande gorge du monde. Elle porte le nom du Grand Canyon et mesure 1,6 km de profondeur et 350 km de long.

Fin de fleuve
Cette région marécageuse est une partie du delta du fleuve Yukon, en Alaska, aux États-Unis.

De larges boucles, ou méandres, se forment dans les terrains plats.

Lorsqu'il rejoint la mer, le fleuve se divise très souvent en plusieurs bras et forme un delta.

Méandres
En terrain plat, la rivière ralentit et dessine de larges boucles, les méandres. Elle laisse sur ses rives des dépôts de sable et de gravier. Ces sédiments modifient son parcours.

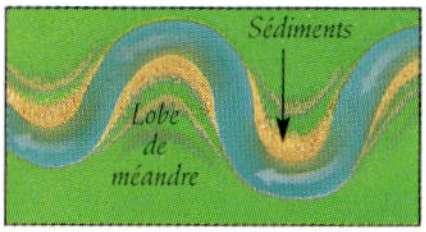

Les sédiments modifient la forme du méandre. Avec le temps, le lobe devient plus étroit.

Les sédiments sont à l'intérieur du méandre, là où l'eau coule lentement. La rivière ronge alors l'autre rive, où l'eau circule plus vite.

Les extrémités du méandre se rejoignent. L'ancienne boucle isolée est appelée bras mort.

Records mondiaux
Le Nil (6 700 km), qui coule en Afrique, est le plus long fleuve du monde. Le plus grand delta se trouve en Asie, et couvre près de 77 700 km^2 : il réunit les estuaires du Gange et du Brahmapoutre, au Bangladesh et en Inde.

LES DÉSERTS

Sais-tu que tous les déserts ne se ressemblent pas ? Certains sont des mers de sable ondulé, d'autres, d'immenses zones plates et pierreuses, d'autres encore, des régions montagneuses et rocheuses. Et ils ne sont pas tous chauds : il existe aussi des déserts froids. Mais toutes ces régions, malgré leurs différences, ont un point commun. Elles sont très sèches et reçoivent, en moyenne, un peu moins de 25 cm d'eau par an. Les pluies n'y sont pas toujours régulières. Toute l'eau d'une année peut même tomber en un seul jour et causer une inondation brutale et dramatique.

Mer de sable
Les paysages des déserts sont souvent magnifiques. Ces dunes se trouvent en Arabie Saoudite.

Dune pointue

Barkhanes

Siouf

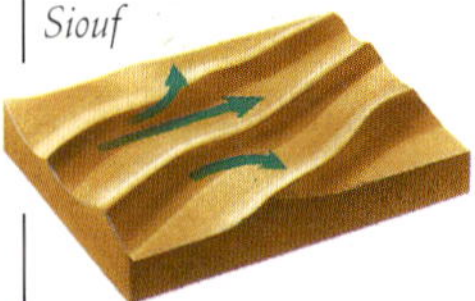

Dunes en étoile

Vent puissant
Le vent emporte le sable et l'entasse en dunes. Selon leur forme, elles ont des noms particuliers.

En mouvement
Imagine qu'un sèche-cheveux représente le vent. Si tu le places au pied d'une dune, son souffle soulève le sable qui bascule de l'autre côté et glisse le long de la pente. Au fur et à mesure que le sable se déplace, la dune avance.

Eau puissante
L'eau a une très grande force. Elle a creusé cette profonde crevasse près d'une oasis, en Tunisie.

Modeler le paysage
Le vent chargé de sable rencontre les roches. Il les use et leur donne des formes étonnantes.

Chaud et froid
La « pierre du diable » provient du Territoire du Nord, en Australie. Parce qu'il fait chaud le jour et froid la nuit, les couches extérieures de la roche s'effritent : la pierre « pèle ».

L'ESPACE

L'univers est composé de galaxies, d'étoiles, de planètes, de lunes et de bien d'autres corps célestes dispersés dans l'espace. Une galaxie est un ensemble de millions d'étoiles. Notre galaxie, qui a la forme d'une spirale, s'appelle la Voie lactée.

Par une nuit claire, on voit des milliers d'étoiles, minuscules points de lumière scintillants. La Lune, qui est une planète satellite de la Terre, est souvent éclairée par le Soleil. Parfois, on peut repérer dans le ciel cinq autres planètes : Mercure, Vénus, Mars, Jupiter et Saturne. Elles ne scintillent pas, comme les étoiles, mais elles ressemblent à de petits disques brillants comme la Lune. La Terre est la troisième planète plus proche du Soleil, qui se trouve à quelque 149 millions de km de nous.

Les hommes ont toujours éprouvé de la curiosité pour ce qu'ils voyaient dans le ciel, mais ce n'est qu'à une époque récente que leurs technologies ont été assez avancées pour leur permettre d'aller dans l'espace.

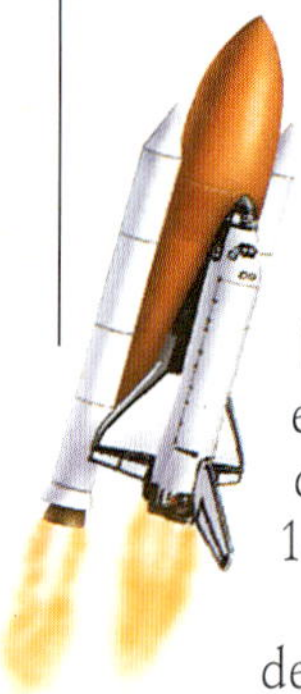

Navette spatiale

Voie lactée

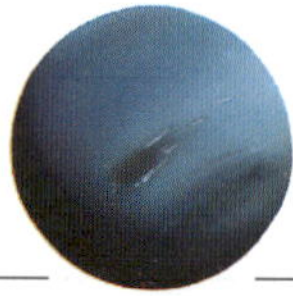

NEPTUNE

PLUTON

URANUS

SATURNE

Mercure
Soleil
Vénus
Terre
Mars
Ceinture d'astéroïdes
Jupiter
Anneaux de Saturne

DIRECTION L'ESPACE

Ce sont les Chinois qui ont inventé les fusées, il y a bien longtemps. Celles-ci ressemblaient à des flèches propulsées par des moteurs à poudre. La combustion trop rapide donnait une impulsion trop faible ne leur permettant pas d'atteindre de grandes distances. Aujourd'hui, les fusées sont très performantes, car elles utilisent la combustion d'un mélange de propergols. C'est ainsi que fonctionnent Proton, le lanceur des Russes, Saturn, celui des Américains, et Ariane, la fusée européenne.

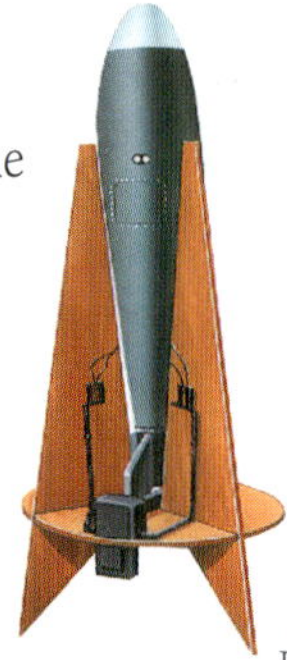

Fusée V2 1945

Gemini Titan 1964

L'envol
En 1931, Johannes Winkler lançait sa première fusée HW-1. Elle s'éleva à 2 m d'altitude puis bascula et retomba à terre. Un mois plus tard, elle décollait à nouveau, pour culminer cette fois à 90 m et toucher le sol 200 m plus loin.

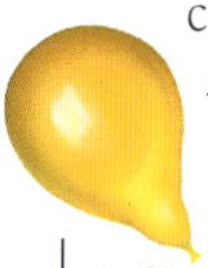

3, 2, 1, feu
En 1806, les Anglais lancèrent sur Boulogne des fusées de ce type, dites Congreve. Leur portée était de 2 500 à 3 000 m.

Saturn la puissante
Saturn 5 est la fusée la plus grande qu'on ait jamais construite : elle a la hauteur d'une tour de 30 étages ! Elle a transporté les astronautes américains vers la Lune.

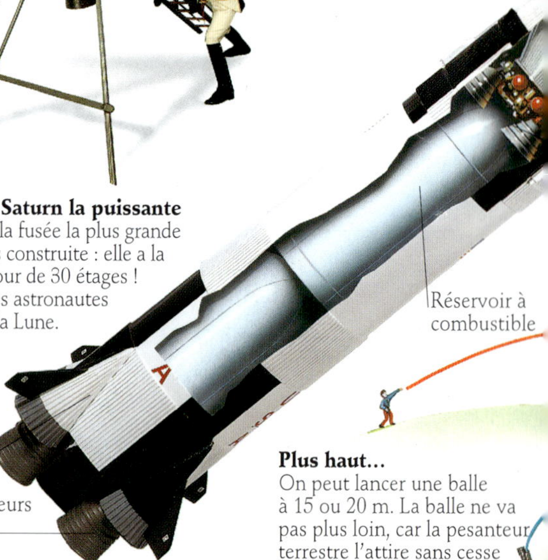

Réservoir à combustible

Les ailerons servent à stabiliser la fusée.

Cinq moteurs de fusée

Regarde, il s'en va !
Gonfle un ballon et lâche-le sans faire de nœud : l'air est expulsé très vite. Quand l'air sort dans une direction, il propulse le ballon dans la direction opposée, comme une fusée !

Plus haut...
On peut lancer une balle à 15 ou 20 m. La balle ne va pas plus loin, car la pesanteur terrestre l'attire sans cesse vers le sol.

Soyouz
1967

Navette spatiale
1981

Toujours mieux
Les fusées ont acquis de la puissance, changé de forme. Elles transportent désormais des navettes spatiales.

La toute-puissance
Regarde comme les moteurs de la fusée Saturn paraissent gigantesques comparés à la taille des gens !

… et loin
Pour échapper à l'attraction terrestre, un engin doit s'élever à plus de 40 000 km/h, soit 20 fois plus vite que le Concorde.

En avant !
Une navette spatiale décolle de son aire de lancement.

OBJECTIF LUNE

La Lune est voisine de la Terre. Il faut pourtant 3 jours pour l'atteindre. Si l'on s'y rendait en voiture, on mettrait près de 200 jours ! La Lune est restée pour nous un mystère jusqu'à ce que les premiers astronautes s'y rendent. Les Américains se sont posés six fois sur la Lune, lors de six vols Apollo. À chaque fois, la mission a parfaitement réussi et ils sont revenus sur la Terre sains et saufs. Le premier vol a eu lieu en 1969, le dernier en 1972.

Le second étage se détache quand ses cinq moteurs sont à court de carburant.

Les modules de commande et de service tournent et s'accrochent au module lunaire extrait du troisième étage.

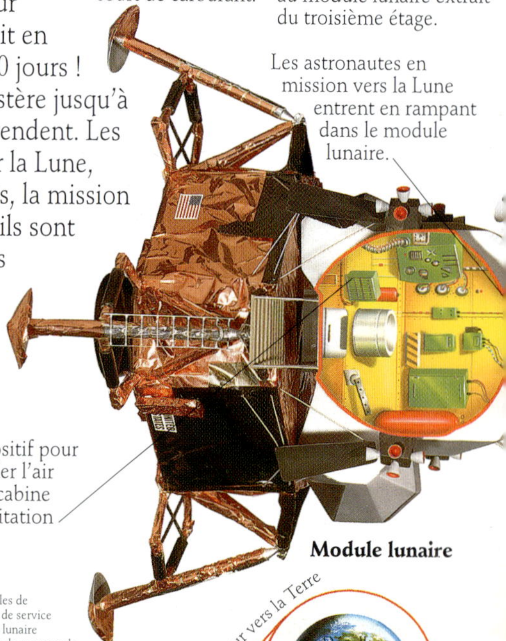

Les astronautes en mission vers la Lune entrent en rampant dans le module lunaire.

Dispositif pour recycler l'air de la cabine d'habitation

Module lunaire

Second étage

Vers la Lune !
Le premier étage de la fusée Saturn 5 dispose de cinq moteurs. Dès que ceux-ci ont épuisé leur combustible, cet étage retombe à terre et le second étage prend le relais.

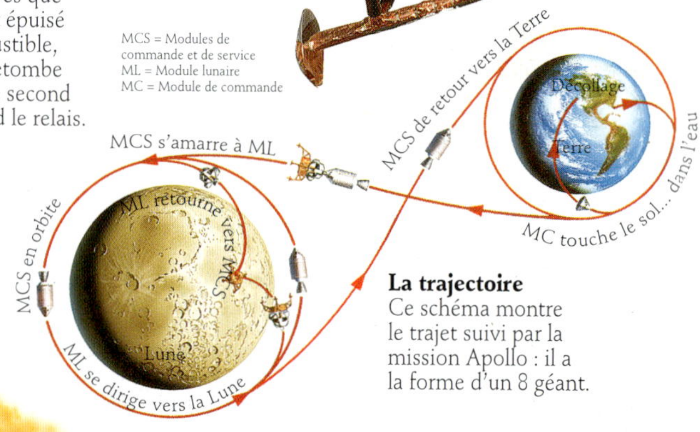

La trajectoire
Ce schéma montre le trajet suivi par la mission Apollo : il a la forme d'un 8 géant.

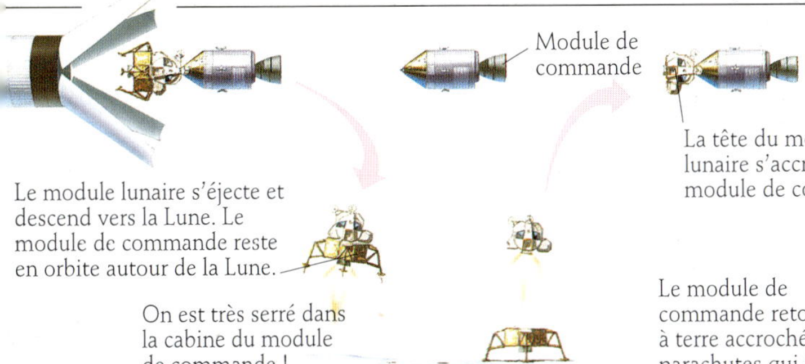

Le module lunaire s'éjecte et descend vers la Lune. Le module de commande reste en orbite autour de la Lune.

Le module de commande retombe à terre accroché à des parachutes qui freinent la descente.

Retour sur terre...
Le module de commande pénètre dans l'atmosphère à une si grande vitesse que le plancher est chauffé à blanc. Ses ballons remplis d'air permettent de maintenir la capsule bien en équilibre dans l'eau.

DES PAS SUR LA LUNE

Un alunissage est un atterrissage sur la Lune. Sur la Lune, il n'y a aucun être vivant, pas d'air, pas d'eau. Si on y reste pendant un jour lunaire, soit environ 28 jours terrestres, on passe d'abord 2 semaines écrasé de chaleur, puis 2 semaines gelé par le froid de la nuit. Les premiers hommes qui ont marché sur la Lune y sont allés dans une cabine spatiale appelée « l'Aigle ». Beaucoup de gens les ont vus en direct à la télévision, le 29 juillet 1969.

Apollo 11
Neil Armstrong et Edwin Aldrin sont les premiers à avoir marché sur la Lune. Michael Collins les attendait dans le MC en orbite autour de la Lune.

Sac à poussières
La Lune a un sol couvert de rochers et de poussières, dont les astronautes ramènent des échantillons. On distingue des régions sombres et plates : on les appelle « mers », car, autrefois, on croyait y voir de l'eau.

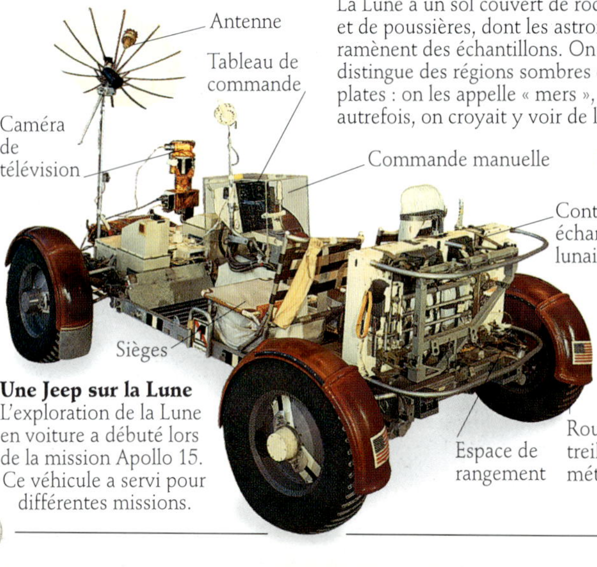

Une Jeep sur la Lune
L'exploration de la Lune en voiture a débuté lors de la mission Apollo 15. Ce véhicule a servi pour différentes missions.

Pas d'atmosphère, pas de climats
Les empreintes de pieds et les traces de roues laissées par les astronautes ne pourront jamais être effacées. Le drapeau américain ne peut être déployé que parce qu'il est tenu par une tige.

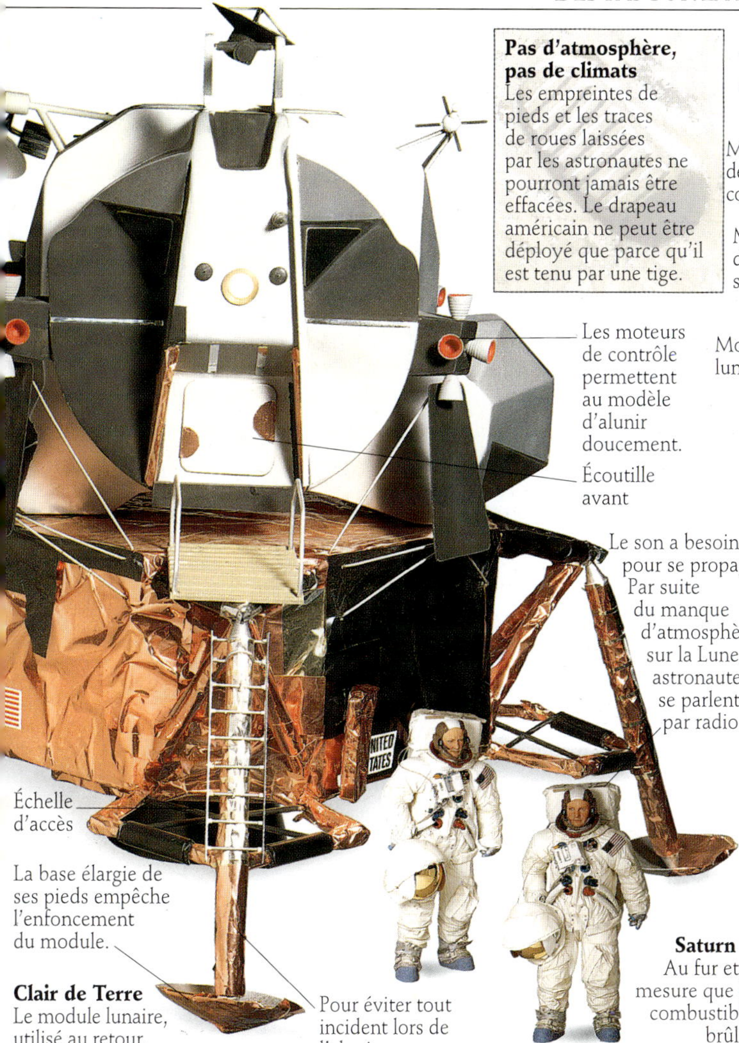

Le son a besoin d'air pour se propager. Par suite du manque d'atmosphère sur la Lune, les astronautes se parlent par radio.

La base élargie de ses pieds empêche l'enfoncement du module.

Pour éviter tout incident lors de l'alunissage, on a équipé le modèle lunaire de cinq longues jambes « d'araignée ».

Clair de Terre
Le module lunaire, utilisé au retour, s'élève au-dessus de la Lune. Loin, haut sur l'horizon, brille un quartier de Terre.

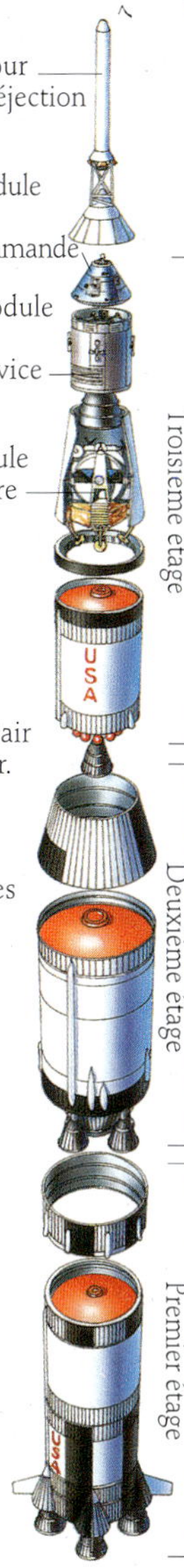

Saturn 5
Au fur et à mesure que le combustible brûle, les étages retombent à terre.

MERCURE ET VÉNUS

Entre la Terre et le Soleil se trouvent deux planètes, Mercure et Vénus. À cause de la proximité du Soleil, il peut y faire très chaud, le jour, mais sur Mercure, qui n'a pas d'atmosphère, les nuits sont très froides. Vénus est l'objet le plus brillant du ciel après le Soleil et la Lune. Mercure est l'une des plus petites planètes : elle n'a jamais eu d'atmosphère qui la protégerait du rayonnement du Soleil et de ses particules.

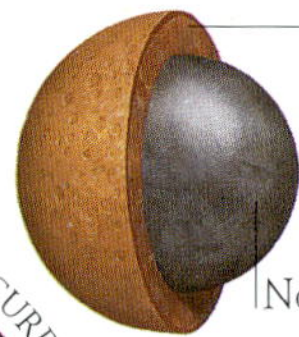

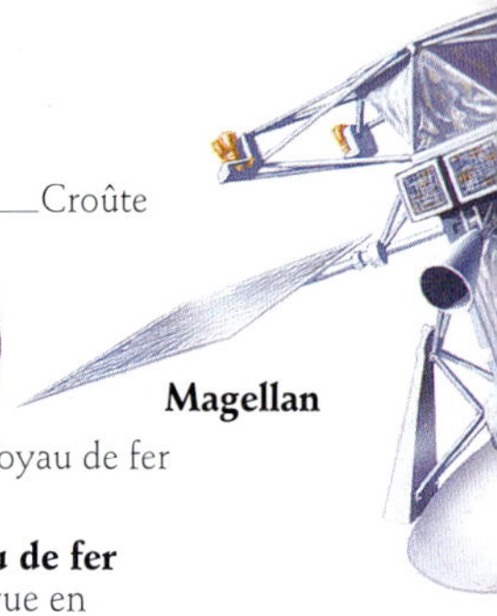

Un noyau de fer
Mercure vue en coupe ressemble vraiment à une pêche : au centre, on trouve un noyau de fer.

Au revoir !
Mariner 10 est la première sonde spatiale à avoir survolé deux planètes lors d'un même vol. Cet engin a fonctionné pendant 17 mois avant de tomber en panne. Il tourne aujourd'hui autour du Soleil.

Un senseur solaire permet de vérifier que les panneaux sont toujours face au Soleil.

Des caméras de télévision envoient des image sur la Terre.

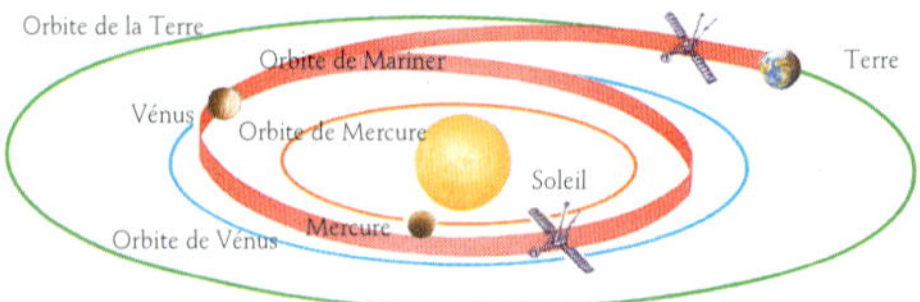

Le périple de Mariner 10

Le tour du Soleil
Mercure, la planète la plus proche du Soleil, se déplace très vite. Alors qu'il faut 365 jours à la Terre pour faire le tour du Soleil, Mercure l'effectue en 88 jours.

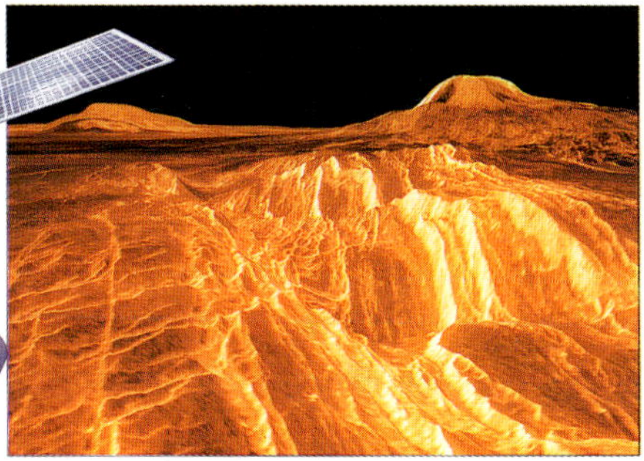

Atterrissage de Venera 9 sur Vénus

La sonde commence son voyage pliée dans une capsule à bord de Venera.

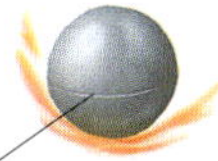

La capsule a traversé toute la couche d'air qui entoure Vénus.

La coquille qui sert de bouclier antichaleur se sépare et tombe.

La descente de la capsule est ralentie par un petit parachute.

Comme si tu y étais !
Vénus est protégée des regards trop curieux par une atmosphère très opaque. Il est impossible de voir directement sa surface.

Explorer Vénus…
Des engins soviétiques Venera ont exploré Vénus. Ils ont envoyé des photos jusqu'à la Terre. Seule une partie de Venera 9 s'est posée sur le sol, après une descente ralentie par un parachute.

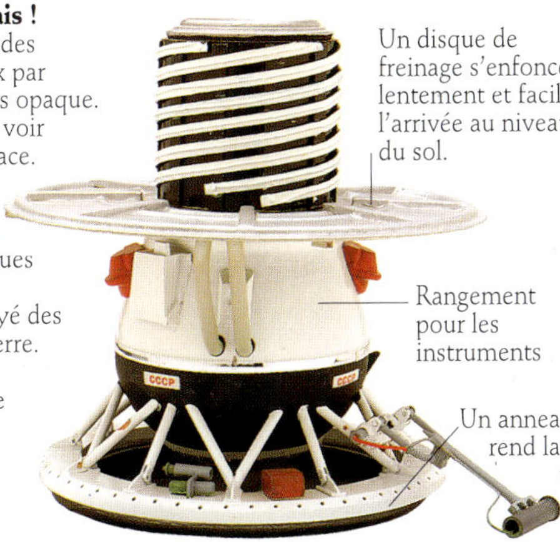

Un disque de freinage s'enfonce lentement et facilite l'arrivée au niveau du sol.

Rangement pour les instruments

Un anneau d'atterrissage rend la phase finale très lente.

Au dernier moment, la descente est ralentie par trois gros parachutes.

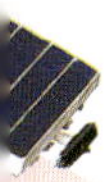

Planète orange
Vénus est la plus chaude des planètes du système solaire. Le plomb pourrait y fondre ! Le ciel y est orange à cause des gros orages et des éclairs à répétition. Vénus a besoin de 244 jours pour faire un tour sur elle-même.

Une fois au sol, les instruments et caméras sont mis en marche.

LA PLANÈTE ROUGE

Mars est la planète rouge. Cette couleur vient de la présence de fer dans les rochers, dans la poussière et sur le sol. Une légère brise et des vents très violents la répandent partout, ce qui embrase le ciel tout entier. On a longtemps pensé que Mars pouvait abriter la vie, mais on n'a encore trouvé aucun indice sérieux qui le confirme. Deux engins Viking, guidés depuis la Terre, ont visité Mars et regardé à quoi elle ressemble. Peut-être que des hommes iront un jour s'installer sur cette planète qui ressemble un peu à la nôtre !

L'engin Viking

Pendant le trajet vers la planète Mars, l'atterrisseur Viking est rangé dans une capsule.

À un moment donné, il quitte la fusée en orbite autour de Mars et amorce sa descente.

Il descend si vite qu'il commence à chauffer.

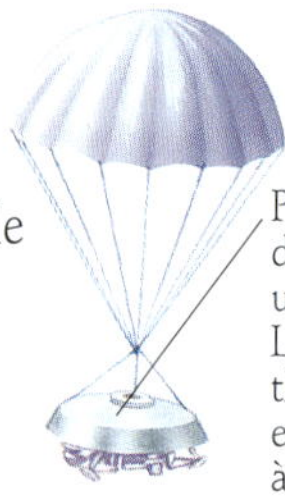

Pour ralentir la descente, on utilise un parachute. Le bouclier thermique est éjecté à la fin.

À l'atterrissage, l'engin est freiné par des fusées et ses pattes repliées.

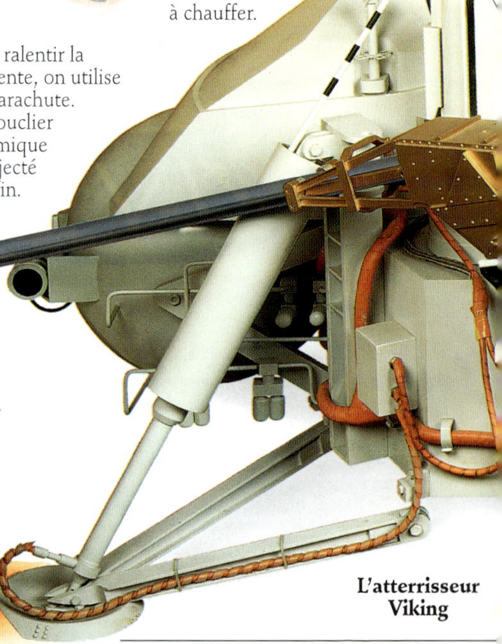

La caméra de télévision en tournant, prend une série de clichés.

Ce long bras permet de chercher des cailloux à distance.

L'atterrisseur Viking

Recroquevillé !
L'engin Viking qui va se poser sur le sol de Mars a d'abord voyagé, dans une fusée, replié sur lui-même.

Coucher de Soleil
Le module Viking a pris des milliers de photographies de Mars. Chaque image a réclamé une dizaine de minutes, car la caméra tournante l'a prise par sections.

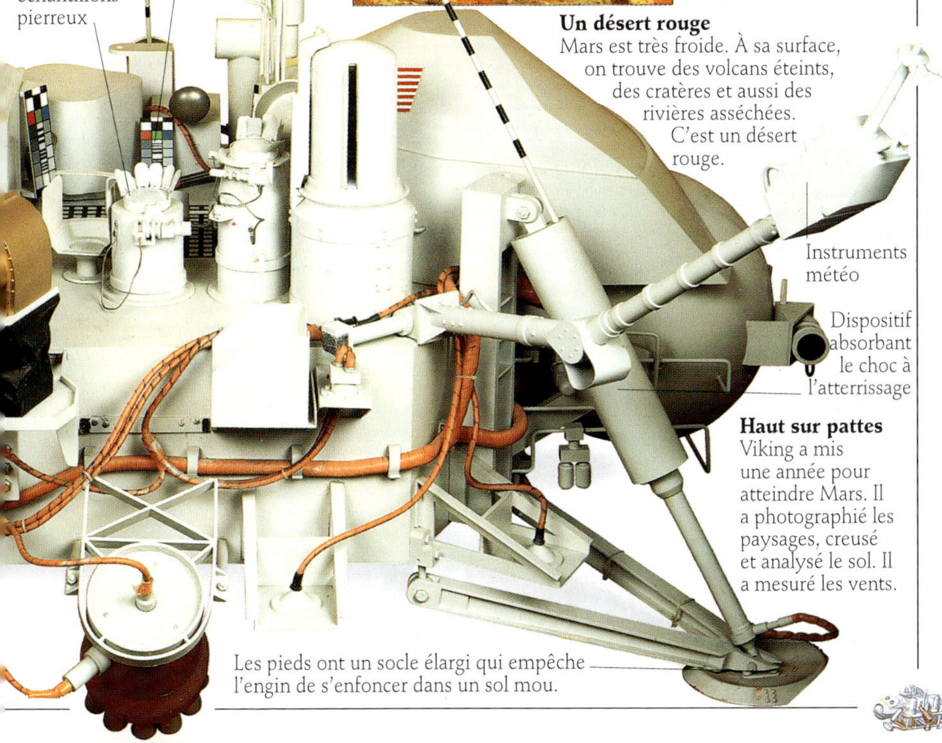

Un désert rouge
Mars est très froide. À sa surface, on trouve des volcans éteints, des cratères et aussi des rivières asséchées. C'est un désert rouge.

Haut sur pattes
Viking a mis une année pour atteindre Mars. Il a photographié les paysages, creusé et analysé le sol. Il a mesuré les vents.

JUPITER ET SATURNE

Ces deux planètes géantes sont les plus grandes du système solaire. Jupiter, sphère

visqueuse, n'est pas assez dure pour qu'on puisse y marcher. Si on pouvait en faire le tour en voiture, il faudrait 6 mois, alors que le même trajet prendrait juste 2 semaines sur la Terre. Saturne est un des joyaux du ciel avec son bel anneau de roches et de cailloux de glace qui renvoie la lumière du Soleil. Peu dense, Saturne flotterait sur l'eau ! Ces planètes tournent très vite sur elles-mêmes et entraînent les nuages qui les recouvrent en minces bandes horizontales et changeantes.

Saturne la tournoyante
C'est une énorme boule liquide tournant comme une toupie. La gravité retient le fluide. On voit ici des nuages et les différents anneaux.

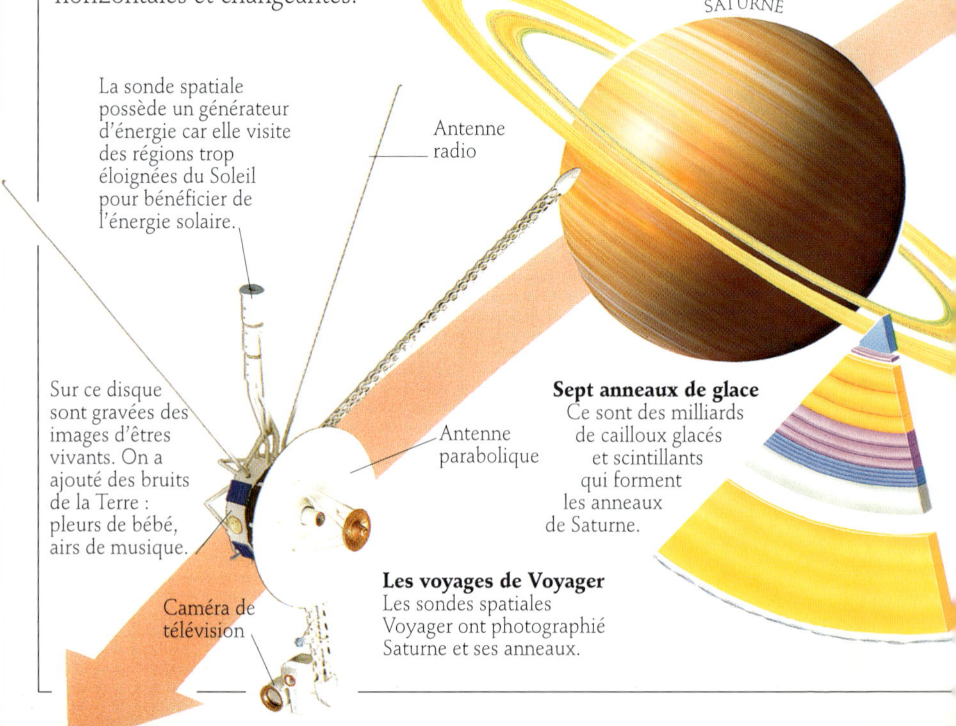

Sept anneaux de glace
Ce sont des milliards de cailloux glacés et scintillants qui forment les anneaux de Saturne.

Les voyages de Voyager
Les sondes spatiales Voyager ont photographié Saturne et ses anneaux.

Les images de Pioneer
Les sondes Pioneer ont mis presque 2 ans pour atteindre Jupiter. Elles ont pris des milliers de clichés de cette planète et de ses satellites.

Des lunes géantes
Jupiter a 16 lunes en orbite autour d'elle. La plus grande s'appelle Ganymède ; elle est plus grosse que Mercure.

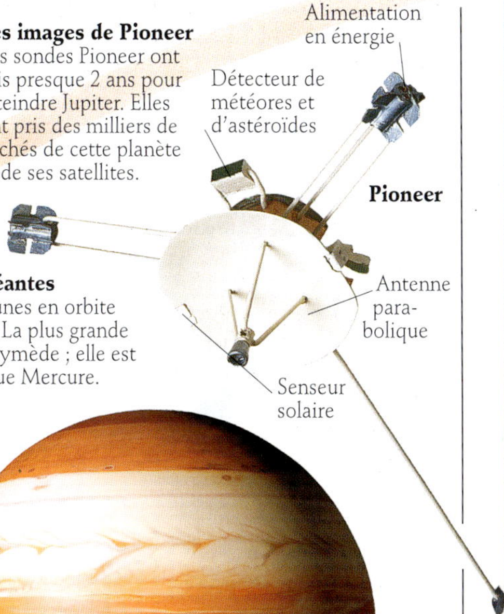

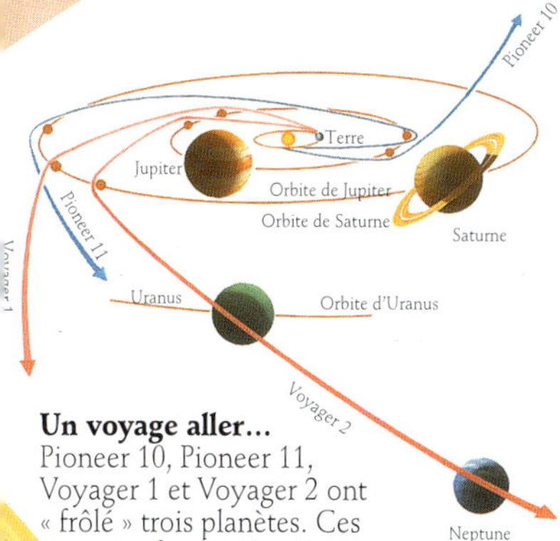

Un voyage aller...
Pioneer 10, Pioneer 11, Voyager 1 et Voyager 2 ont « frôlé » trois planètes. Ces engins foncent à présent vers les étoiles les plus proches.

La tache rouge
Comme Saturne, Jupiter est une sphère liquide. Elle est couverte de nuages de glace et présente une énorme tache rouge : l'œil d'un cyclone permanent.

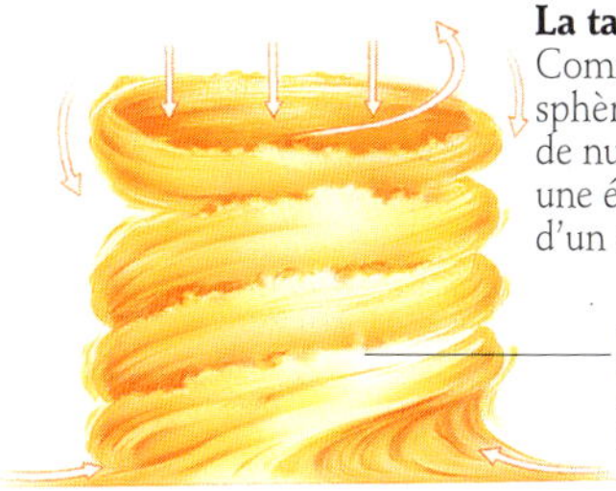

LES PLANÈTES LOINTAINES

Uranus, Neptune et Pluton sont les planètes les plus éloignées du système solaire. Elles sont dites planètes lointaines. Il y fait très froid. Elles ne sont pas visibles à l'œil nu. Uranus a été découverte au XVIIIe siècle avec un télescope. Neptune a été trouvée par calcul avant d'être observée. Pluton est la plus lointaine. Elle seule n'a pas encore été visitée par une sonde spatiale. Il faudrait 1 000 ans à un avion pour l'atteindre.

Uranus
Uranus ressemble à une toupie couchée, et est couverte d'un épais brouillard.

Les anneaux d'Uranus sont formés d'une multitude de cailloux. Chaque anneau porte un des noms notés ci-dessus. L'anneau extérieur a 97 km de large.

Système solaire externe

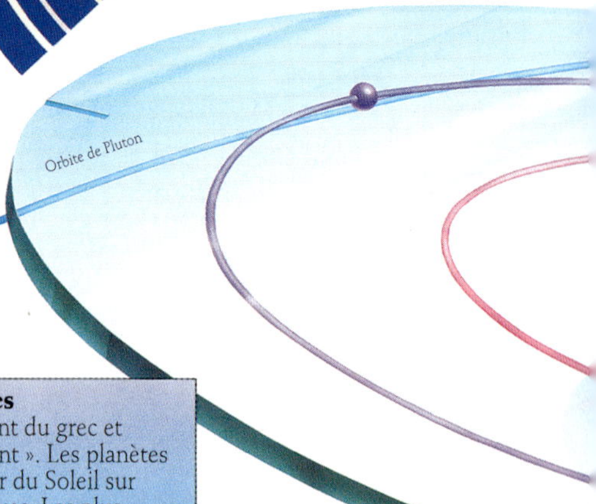

Ellipses
Les planètes décrivent autour du Soleil des orbites un peu aplaties : des ellipses. Toi aussi, trace une ellipse !

Orbites et vitesses
Le mot planète vient du grec et signifie « astre errant ». Les planètes se déplacent autour du Soleil sur des orbites elliptiques. Les plus proches du Soleil parcourent leur orbite plus vite que les planètes plus éloignées. Certains astronomes pensent qu'au-delà de Pluton il existe une dixième planète.

Voici les orbites des planètes et leur place dans le système solaire. (Les dimensions ne sont pas respectées.)

NEPTUNE

PLUTON

Neptune la bleue
Sur les photographies de Neptune prises par Voyager, on distingue des nuages et un ouragan nommé la « grande tache sombre ».

Brrrr !
Pluton est plus petite que la Lune. La nuit, il y fait plus froid que dans une glacière !

La lumière du Soleil met 3 min pour gagner Mercure, 8 min pour atteindre la Terre, mais il lui faut 5 h 30 pour arriver sur Pluton !

Système solaire interne

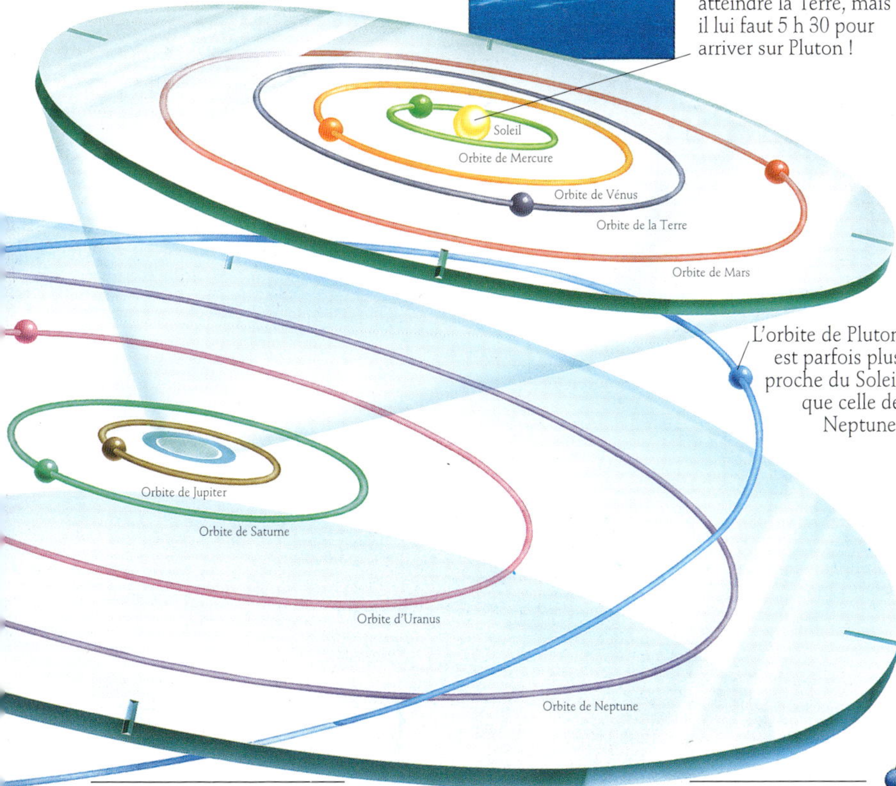

L'orbite de Pluton est parfois plus proche du Soleil que celle de Neptune.

DANS L'ESPACE

Entre Mars et Jupiter se trouvent des milliers de petites planètes en orbite autour du Soleil, les astéroïdes. Ceux-ci se déplacent à peu près sur la même orbite, appelée ceinture d'astéroïdes. Quelques-uns, après s'être heurtés, quittent cette orbite et certains se dirigent vers la Terre. D'autres corps, formés de glace et de pierre, font le tour du Soleil. Ce sont les comètes. Au fur et à mesure qu'elles se rapprochent du Soleil, leurs gaz s'évaporent et forment une longue queue. C'est pourquoi on appelle les comètes des étoiles chevelues. La plus connue est la comète de Halley, du nom de celui qui l'a étudiée.

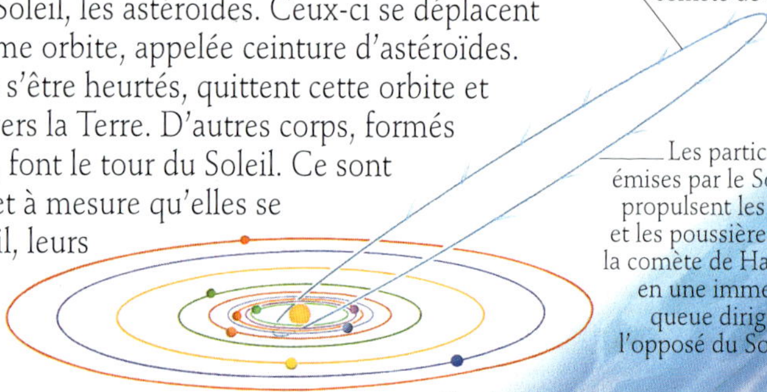

Système solaire

Comètes sur terre !
On les surnomme « boules de neige sale » car elles sont faites de pierre et de glace. Dès qu'il neigera, fabrique ta propre comète !

Une visiteuse attendue...
Tous les 76 ans, la comète de Halley frôle la Terre avant de s'approcher du Soleil. Elle figure sur une tapisserie de Bayeux réalisée il y a 900 ans !

Son cœur est constitué de glace. Quand la comète s'approche du Soleil, la glace fond.

Une grande ceinture
Les astéroïdes sont de petites planètes. Il en existe des milliers. Ils tournent ensemble autour du Soleil. Les plus grands ont 1 000 km de large.

Tête de comète
Ce cliché montre la tête de la comète de Halley. Les fausses couleurs montrent distinctement un cœur plus brillant et, tout autour, un véritable halo.

Averse météoritique
Lorsqu'un gros éclat de pierre ou de métal tombe sur la Terre, il peut, au contact de l'air, se désintégrer en milliers de fragments. On voit alors dans le ciel comme une pluie d'étoiles filantes.

Boum !
Une grosse météorite qui ne se brise pas au contact de l'atmosphère de la Terre est un bolide.

Sa vitesse est si grande qu'elle se brise au point d'impact.

Des ondes de choc se propagent alors dans la Terre.

Le point d'impact est marqué par un gros trou.

Cet énorme cratère météoritique est dans l'Arizona, en Amérique du Nord.

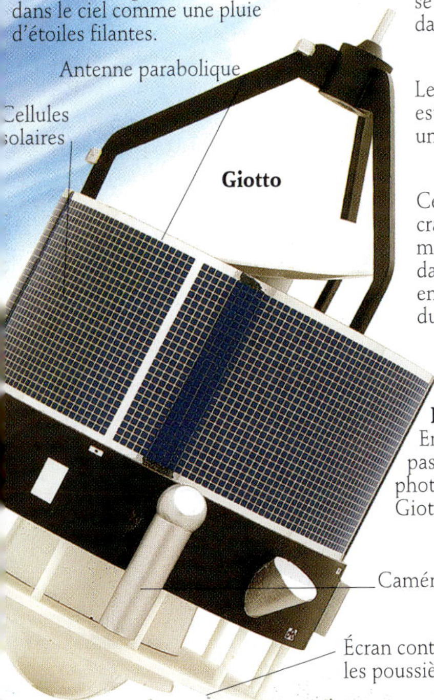

En quête d'une comète
En 1986, la sonde européenne Giotto est passée très près de Halley et l'a étudiée et photographiée. En 1992, cette même sonde Giotto a rencontré une autre comète.

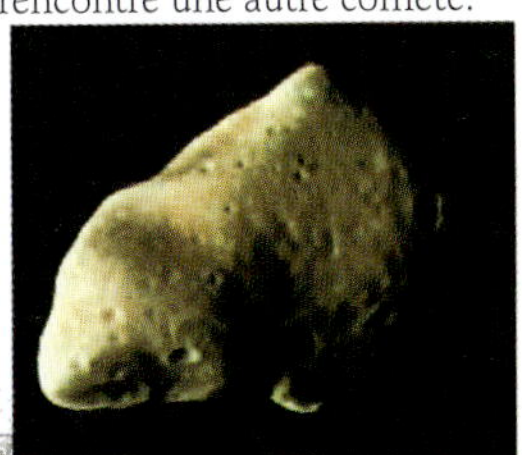

Gaspra, le bel astéroïde
Personne ne savait à quoi ressemblait Gaspra avant ce portrait, pris en 1991 par la sonde Galilée en route vers Jupiter.

OBSERVER LE CIEL

Lorsqu'on regarde le ciel par une nuit bien noire, on y voit des centaines d'étoiles, et souvent aussi la Lune. Avec des jumelles ou une lunette, on peut voir beaucoup plus de choses, comme les planètes ou les cratères à la surface de la Lune. Les astronomes étudient l'Univers en l'observant avec des télescopes et des radiotélescopes à antennes paraboliques géantes. Ils peuvent ainsi étudier des astres situés très loin. Hubble est le plus grand télescope spatial. Il a l'avantage d'être situé à 600 km au-dessus du niveau de la mer, bien au-dessus de la couche d'air qui protège la Terre, et il permet donc des observations de meilleure qualité.

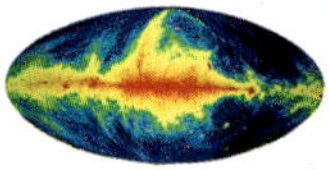

Voir Vénus
Cette photographie de Vénus a été prise à partir du module de Pioneer en orbite autour de la planète. Une technique radar a permis d'avoir accès à la surface malgré la couche épaisse de nuages. Les signaux ont été reçus à terre par un radiotélescope.

Panneaux solaires

Radiotélescope

Moulin à vent
La carte radio de la galaxie Whirlpool a été établie grâce à un radiotélescope. Les couleurs sont fausses et montrent les bras de la galaxie.

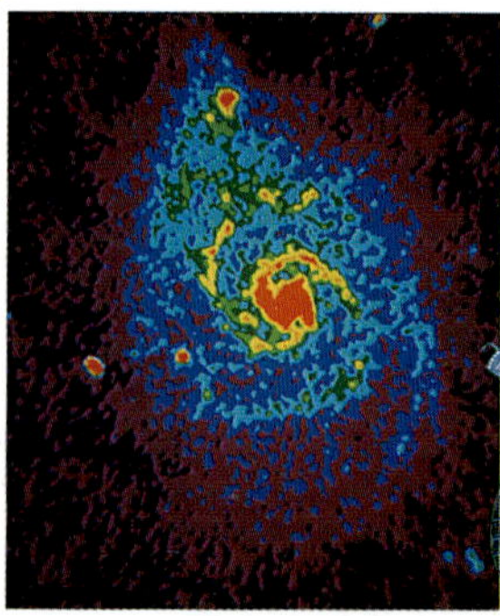

Vers Orion
Cette photographie prise avec un petit télescope montre un champ d'étoiles qui est situé dans la constellation d'Orion.

La tête dans les étoiles !
La Tête de cheval est une des beautés du ciel visible sur ce cliché photographique d'Orion. C'est un énorme nuage opaque qui diffuse la lumière des astres (fausses couleurs).

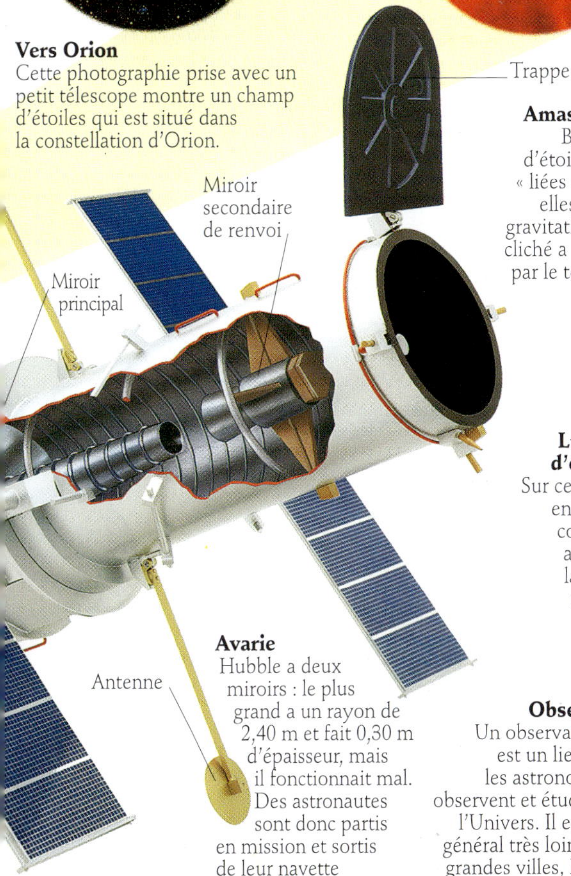

Amas d'étoiles
Beaucoup d'étoiles sont « liées » entre elles par la gravitation. Ce cliché a été pris par le télescope Hubble.

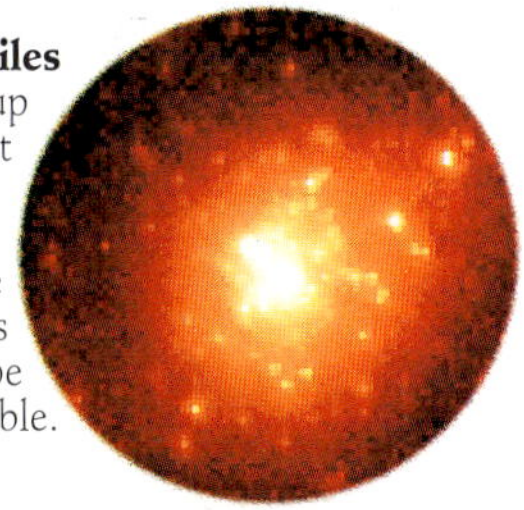

Lumière d'étoiles
Sur ce cliché en vraies couleurs apparaît la grande nébuleuse d'Orion.

Avarie
Hubble a deux miroirs : le plus grand a un rayon de 2,40 m et fait 0,30 m d'épaisseur, mais il fonctionnait mal. Des astronautes sont donc partis en mission et sortis de leur navette pour le réparer.

Observer
Un observatoire est un lieu où les astronomes observent et étudient l'Univers. Il est en général très loin des grandes villes, là où la nuit est bien noire.

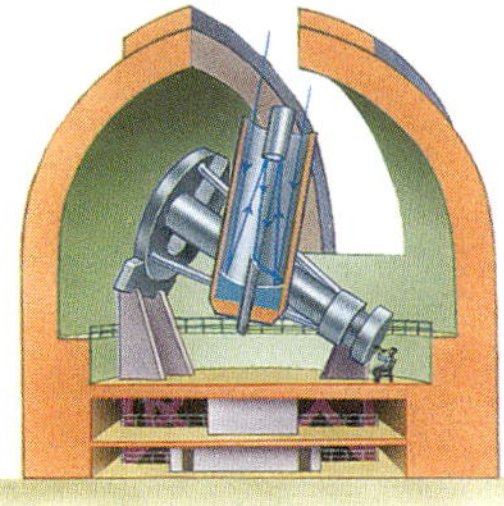

LES ÉTOILES ET LES GALAXIES

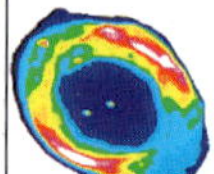

Depuis la Terre, les étoiles apparaissent comme des points brillants, alors qu'en fait ce sont d'énormes sphères de gaz dispersées dans l'Univers. Elles ne sont pas éternelles : elles naissent, vivent et meurent. On distingue selon leur taille trois types d'étoiles : les naines, les géantes et les supergéantes. Le Soleil est une étoile parmi les milliards qui appartiennent à une galaxie, la nôtre, appelée la Voie lactée. Dans une galaxie, c'est la gravité, une force très puissante à grande échelle, qui retient ensemble toutes les étoiles.

Nuit étoilée
Par une nuit bien noire, on voit des centaines d'étoiles, souvent colorées, qui scintillent dans le ciel.

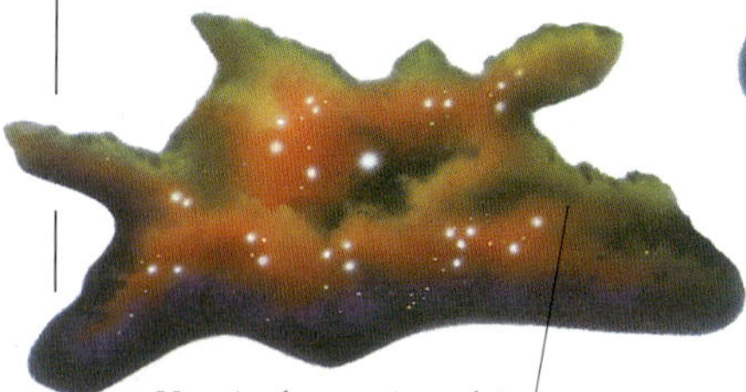

Une étoile est née cachée dans un nuage de gaz et de poussières appelé nébuleuse. Cette dernière apparaît comme une tache.

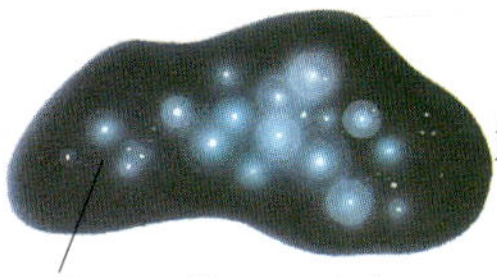

On appelle association des étoiles de même âge.

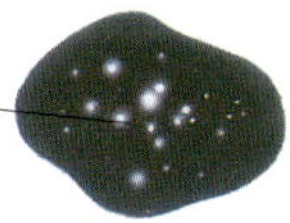

Le gaz et la poussière se mêlent en un volume petit et chaud.

Une étoile jeune est très lumineuse. Elle brille ensuite très longtemps.

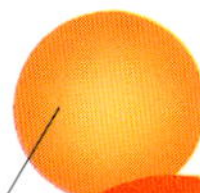

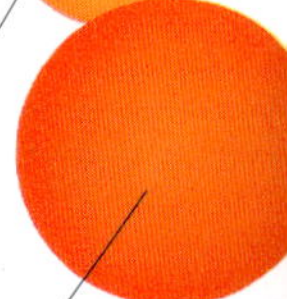

En vieillissant, l'étoile gonfle. Sa surface refroidit. Elle devient une géante rouge.

À la fin de sa vie, le cœur de la géante rouge s'effondre sur lui-même et éjecte au loin la matière en surface.

Couleurs du ciel
Au cœur de cette nébuleuse rouge, des étoiles très jeunes commencent à briller dans le gaz et la poussière. L'émission bleue provient de la lumière diffusée par une étoile chaude.

Les étoiles massives finissent leur vie par une énorme explosion : c'est une supernova.

Après l'explosion d'une supernova, l'étoile devient un pulsar qui tourne très vite sur lui-même et émet un signal.

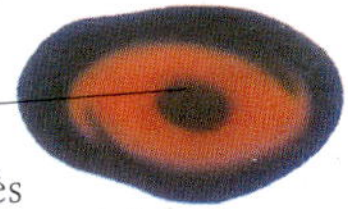

Un trou noir n'est pas un vrai trou mais un objet très compact. Il ne renvoie pas la lumière et la gravité y attire toute chose.

Les étoiles âgées deviennent des supergéantes rouges.

Notre système solaire

Les étoiles de grande masse sont très brillantes. Elles vivent moins longtemps que les étoiles de petite masse.

Lorsqu'un astre apparaît au télescope comme une planète, on l'appelle nébuleuse planétaire.

Certaines étoiles, en vieillissant, rapetissent de plus en plus. Elles deviennent des naines blanches.

Des étoiles et des spirales

Notre galaxie, la Voie lactée, est une galaxie spirale. Le système solaire, assez loin du centre, est dans un bras de la spirale. Il y a des milliards de galaxies dans l'Univers, avec des formes assez différentes. De quoi faire de beaux dessins !

Les galaxies

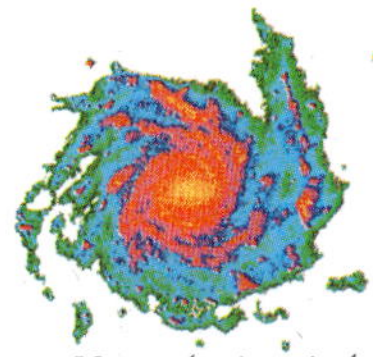

Une galaxie spirale

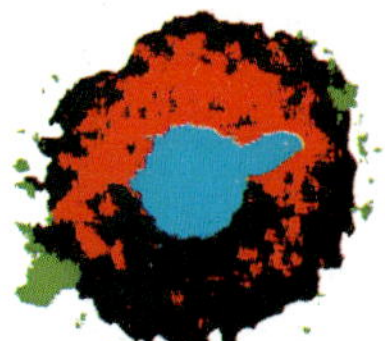

Une galaxie elliptique

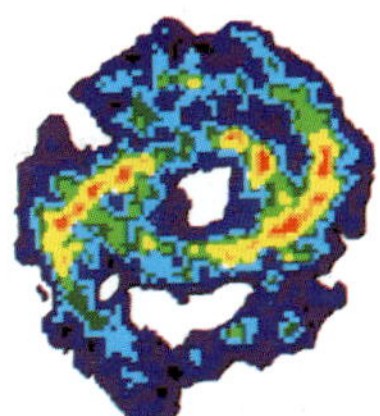

Une galaxie spirale barrée

CHAPITRE 2

LA NATURE

Lorsque la Terre était jeune, il y a plus de 4 500 millions d'années, elle était secouée par de violentes tempêtes, des ouragans tumultueux et des éruptions volcaniques ; la vie n'existait pas. Ensuite, des mers chaudes et peu profondes se sont formées et la vie apparut pour la première fois, sous la forme de micro-organismes, les bactéries. Des plantes aquatiques plus complexes se développèrent et, il y a environ 600 millions d'années, de petits mollusques commencèrent aussi à vivre dans l'eau. Apparurent ensuite des animaux plus grands et pourvus de vertèbres, tandis que de petites plantes se mirent à pousser sur les rivages.

Les insectes furent les premiers animaux à vivre hors de l'eau, suivis par les amphibiens (qui vivent sur terre et dans l'eau), puis par les dinosaures, les oiseaux et les mammifères. L'apparition de l'homme est relativement récente : il y a 5 millions d'années.

LES PLANTES

Les plantes poussent partout où il y a de l'air, de la lumière et de l'eau, quel que soit le climat : glacial dans l'Arctique ou chaud aux tropiques.

Dans les déserts, il pleut rarement : les plantes doivent faire des réserves d'humidité. Les cactus, par exemple, ont des tiges plissées qui se dilatent pour emmagasiner l'eau lorsqu'il y a une averse. Dans un climat chaud et humide, les plantes poussent très rapidement tout au long de l'année, comme dans les forêts pluviales à la végétation luxuriante. Dans les pays tempérés il ne fait ni trop chaud ni trop froid, et il pleut moyennement : la plupart des plantes ont des fleurs et des fruits en été, mais perdent leurs feuilles en hiver. Généralement les plantes poussent dans le sol, mais certaines absorbent ce dont elles ont besoin directement dans l'eau.

Les plantes nous sont indispensables : transformées, elles nous procurent nourriture, vêtements, papier et bien d'autres choses. Et, surtout, elles produisent l'oxygène, dont tous les êtres vivants ont besoin pour vivre.

Jacinthe d'eau

Développement d'une mûre, de la fleur au fruit

Sumac de Virginie

Delphinium

Branche de mélèze

Forêt pluviale

Glands

Feuille de chêne

Chêne en hiver et en été

QU'EST-CE QU'UNE PLANTE ?

Les feuilles fabriquent la nourriture de la plante.

Le monde des plantes comprend des milliers d'espèces, très différentes les unes des autres. Par exemple, à première vue, un pommier et un cactus n'ont rien de commun. Cependant, ils partagent une caractéristique fondamentale : ils fabriquent leur propre nourriture grâce à la chlorophylle. Pour grandir, se reproduire ou se nourrir, les plantes utilisent leurs racines, leurs tiges, leurs feuilles et leurs fleurs. La forme et la taille de ces organes varient d'une plante à l'autre, mais, des fougères aux orchidées, tous les végétaux fonctionnent de la même manière.

Des acrobates !
Cette fougère corne de cerf pousse sur les arbres, en agrippant solidement ses racines aux branches, sans toucher terre.

Un arbre est formé d'un tronc et de nombreuses branches.

Les pépins des pommes sont, en fait, des graines.

Toujours plus haut
Les plantes ont besoin de lumière. Pour la trouver, cette passiflore peut grimper jusqu'à 10 m, en s'accrochant par ses vrilles aux branches d'un arbre.

Les graines donneront naissance à de nouvelles plantes.

La tige est très flexible. Elle se courbe au vent sans se casser.

Sans fleurs, pas de pommes...
Pour obtenir ses fruits, le pommier doit d'abord fleurir. Une partie de la fleur se transformera ensuite en fruit.

Des feuilles dentelées
Cette fougère a des tiges souterraines. Seules ses feuilles, appelées frondes, poussent au-dessus du sol.

Des fleurs étonnantes
L'herbe des pampas a des fleurs qui ressemblent à de longs plumets.

Ce bouton floral va s'ouvrir et devenir une fleur.

Dame de pique
On voit bien la tige ramifiée de ce cactus. Mais où sont donc les feuilles ? Elles sont remplacées par des épines, pour limiter la transpiration de la plante.

Les appâts
Comme beaucoup de plantes à fleurs, les orchidées ont besoin des insectes pour transporter leur pollen. Ce cymbidium attire les espèces butineuses par son rouge flamboyant et par le parfum de son nectar.

Des plantes sans fleurs
Certaines plantes ne fleurissent jamais. Leurs ancêtres sont les premières plantes apparues sur terre, il y a quelques centaines de millions d'années. Les plantes sans fleurs ne se reproduisent pas par des graines mais grâce à des cellules, les spores.

Hépatique

Lichen

Mousse

La plante se fixe à l'arbre par des vrilles.

LES FEUILLES

Les feuilles jouent un rôle important dans la survie des végétaux. Elles fabriquent un liquide nourrissant, appelé sève élaborée, dont la plante a besoin pour grandir. Elles règlent aussi les échanges avec l'extérieur, de façon à maintenir l'humidité interne à un bon niveau. Froid, chaleur, sécheresse, chaque feuille est adaptée à un milieu, et il suffit parfois d'examiner la forme, la texture, la taille d'une feuille pour savoir d'où elle vient.

De vraies citernes
Les agaves poussent dans des régions désertiques, où les pluies sont rares et faibles. Mais elles constituent des réserves : leurs feuilles regorgent d'eau.

Un vêtement imperméable
Le pin sylvestre affronte des hivers longs, parfois très rudes. Ses feuilles sont des aiguilles allongées et étroites, recouvertes d'une substance cireuse qui les protège de la pluie et de la neige.

Flexibles et résistantes, les aiguilles ne craignent pas le souffle du vent.

Les feuilles d'agave peuvent atteindre 2 m de long !

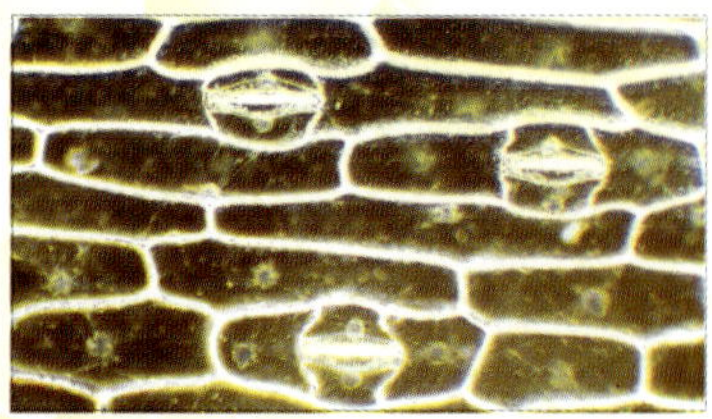

Sésame, ouvre-toi !
Les feuilles sont recouvertes d'une mince pellicule, l'épiderme, qui présente une multitude de petites ouvertures. Ces stomates peuvent s'ouvrir pour évacuer l'excès d'eau ou se fermer par temps chaud pour conserver l'eau nécessaire.

Différents types de feuille

Érable du Japon

Bouleau de l'Himalaya

Figuier

Acacia

Marronnier

Goutte à goutte

Les forêts tropicales croissent dans une atmosphère chaude et humide. Les plantes transpirent abondamment. Les gouttes d'eau glissent sur les feuilles.

Le philodendron grimpe le long des troncs. Plus il s'approche de la lumière, plus ses feuilles sont grandes.

Aïe, ça pique !

Les feuilles du houx sont piquantes, mais cela n'empêche pas les chèvres de les adorer ! L'épiderme sécrète une cire qui rend la plante luisante.

Les feuilles épaisses résistent bien sous nos climats.

À l'ombre

Cette fougère, nommée capillaire, pousse dans les sous-bois ombragés et humides pour protéger ses feuilles de la sécheresse de l'air.

J'ai soif !

Les plantes s'expriment à leur façon. Les feuilles de ce cyclamen, ramollies par le manque d'eau, commencent à se faner. La terre dans le pot est sèche, et la plante réclame de l'eau.

Les plantes transpirent

Comme tous les êtres vivants, les végétaux perdent de l'eau au cours de leurs échanges avec l'extérieur. Tu peux observer la transpiration des plantes grâce à une expérience. Mets une plante sous un sac en plastique transparent. Peu de temps après, tu verras de la buée et même des gouttes d'eau apparaître à l'intérieur du sac : ta plante a transpiré !

QU'EST-CE QUE LA PHOTOSYNTHÈSE ?

Pour rechercher leur nourriture, les animaux peuvent se déplacer. Les plantes, elles, sont fixées au sol par leurs racines et doivent donc la fabriquer sur place ou, plus précisément, la «synthétiser». Cette opération s'effectue dans les feuilles. Les éléments nécessaires à cette «fabrication» sont l'eau, les substances minérales du sol et le gaz carbonique de l'air. Ensemble, ils subissent une transformation que l'on appelle la photosynthèse. Celle-ci se produit grâce à l'énergie solaire que les plantes absorbent tout au long de la journée.

En quête de lumière
Ces palmiers poussent à l'ombre des grands arbres. Leurs feuilles sont disposées en éventail afin de capter le maximum de lumière solaire.

Une parure haute en couleur
La chlorophylle est présente dans presque toutes les feuilles. Mais, parfois, sa couleur verte est masquée par d'autres coloris, comme le rouge ou l'orangé.

Les feuilles de presque toutes les plantes contiennent un pigment de couleur verte : c'est la chlorophylle.

Les racines puisent l'eau et les sels minéraux dans le sol. La sève dite brute est alors acheminée par la tige jusqu'aux feuilles.

Les feuilles captent la lumière du soleil.

Certains sucres sont stockés dans les feuilles.

Le gaz carbonique présent dans l'air pénètre dans les feuilles.

En fabriquant leur nourriture, les plantes dégagent de l'oxygène dans l'atmosphère.

La sève chargée de nourriture est redistribuée dans toute la plante jusqu'aux racines. C'est la sève élaborée.

Dans le noir
La nuit, sans lumière, les plantes ne fabriquent pas de substances nutritives. Mais elles continuent à se développer et à respirer.

La photosynthèse
La chlorophylle des feuilles absorbe l'énergie solaire qui permet à la plante de transformer l'eau, les sels minéraux et le gaz carbonique en éléments nutritifs.

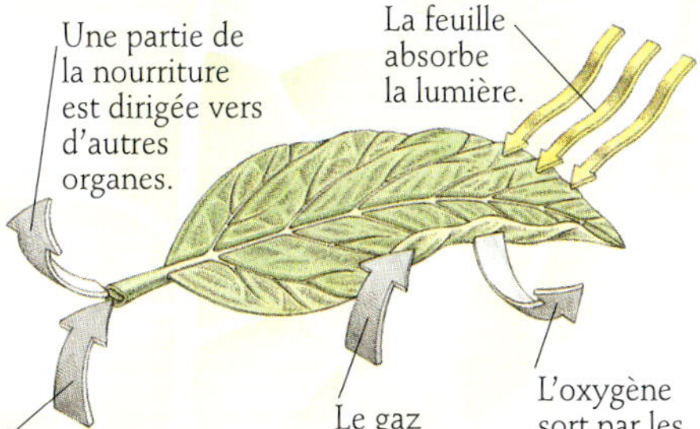

Arbre feuillu, en été

Arbre sans feuilles, en hiver

Hibernation
En hiver, la lumière baisse et l'eau gèle souvent. Comme les plantes ont des difficultés pour se nourrir, elles poussent très peu à cette époque de l'année.

LES PLANTES CARNIVORES

Les plantes qui se nourrissent de petits animaux sont dites carnivores. Pour attirer et capturer leurs proies, elles ont mis au point des techniques très astucieuses. De nombreux insectes, trompés par les odeurs et les couleurs de ces plantes, se laissent prendre au piège…

Cette partie du népenthès fait office de parapluie en empêchant l'eau de s'accumuler dans l'urne.

Le bord de l'urne est recouvert d'une substance gluante au goût sucré.

L'urne contient toujours de l'eau.

Restes de mouches

Glissade périlleuse
Les mouches sont attirées par l'étrange coupe ouverte du népenthès. Elles glissent sur son bord et tombent au fond de l'urne, dans un mélange d'eau et de substances acides qui les dissout.

Pièges en cornet
Une plante à urnes a plusieurs feuilles arquées en cornet. Cela lui permet de capturer plus d'insectes.

L'attrape-mouche
Si l'insecte effleure deux fois l'attrape-mouche, la fermeture du piège se déclenche. Un liquide gluant digère ensuite le captif.

Ce coussin semble une bonne aire d'atterrissage. Mais le piège se referme.

Dangereux marécages
Ces *Darlingtonia* poussent dans des régions pauvres en substances minérales. Elles emprisonnent des insectes qui leur apportent un complément précieux d'éléments nutritifs, notamment de l'azote et du phosphore.

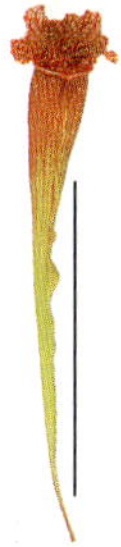

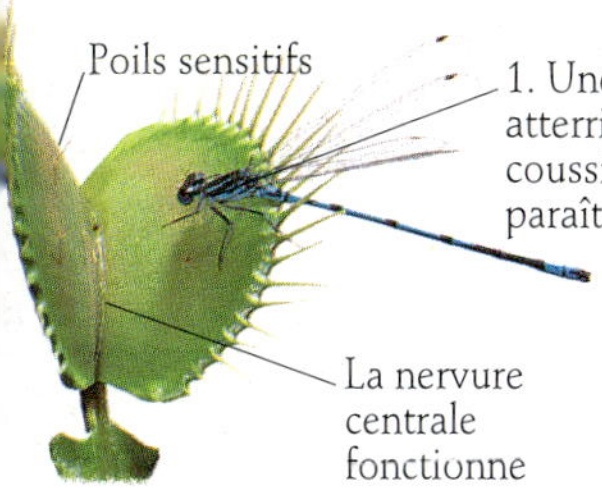

Poils sensitifs

1. Une libellule atterrit sur un coussin qui lui paraît sûr.

La nervure centrale fonctionne comme une charnière.

2. La libellule touche les poils sensitifs. Mais ce n'est qu'au deuxième contact que ces derniers déclenchent la fermeture de la feuille.

Poils sensitifs

3. Les lobes se rapprochent en moins d'une seconde.

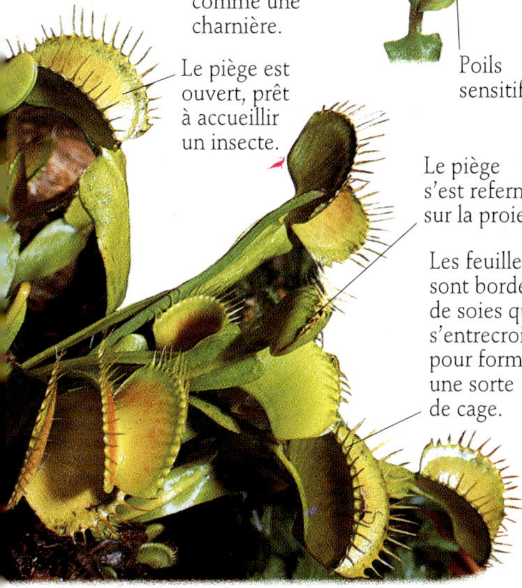

Le piège est ouvert, prêt à accueillir un insecte.

Le piège s'est refermé sur la proie.

Les feuilles sont bordées de soies qui s'entrecroisent pour former une sorte de cage.

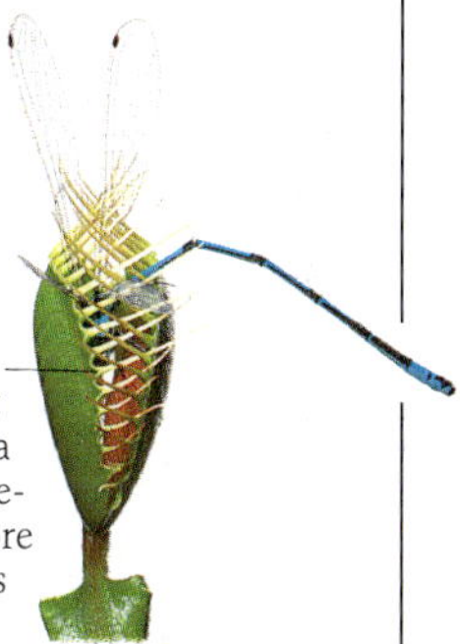

4. Les soies emprisonnent définitivement la libellule. Mais l'attrape-mouche mettra encore près de deux semaines pour digérer sa victime.

Une colle mortelle
Les feuilles dorées et luisantes de la grassette sont un piège mortel. La mouche qui se risque sur ce plateau collant ne peut plus s'envoler. Elle a beau se débattre, les bords de la feuille se recourbent et l'immobilisent.

Un film d'épouvante
L'insecte qui viendra se poser sur ce drosera vivra un cauchemar : en quelques secondes, ses pattes seront prises dans les longs poils gluants qui recouvrent les feuilles. Ces sortes de tentacules se referment et la digestion commence.

LES TIGES

Les tiges portent les feuilles, les fleurs et les fruits de la plante. Leur fonction la plus importante est d'acheminer la sève brute des racines jusqu'aux feuilles, où elle est transformée en sève élaborée. D'autres vaisseaux des tiges se chargent alors d'assurer le passage de ce liquide nutritif vers les divers organes de la plante. Il existe des tiges souterraines, qui renferment des réserves de nourriture mises au frais et à l'abri de la lumière.

À table !
Ce puceron sait où aller pour se nourrir ! Il lui suffit de percer l'enveloppe tendre de la tige d'une plante et de sucer la sève…

Cet eucalyptus a environ deux ans. Lorsqu'il aura sept ou huit ans, ses feuilles prendront une forme de faux.

Un arbre développe des rameaux là où il y a de la lumière.

Avec le temps, la tige principale grossit et forme le tronc de l'arbre.

La tige véhicule la sève brute des racines jusqu'aux feuilles.

Vers le soleil
Les tournesols pivotent sur leurs tiges pour suivre le mouvement du soleil.

Pour grimper vite
Au lieu de développer une tige vigoureuse, les petits pois lancent leurs vrilles autour d'autres végétaux pour grimper plus vite et profiter du moindre rayon de soleil.

Des « faux troncs »
Les branches du figuier banian créent des racines aériennes qui plongent dans le sol et développent ensuite de véritables tuyaux en bois. À Calcutta, en Inde, il existe un arbre qui compte plus de 1 000 tiges (ou « faux troncs ») de ce genre.

Une tige creuse

La tige du bambou est un chaume, c'est-à-dire un cylindre creux. Dans certaines régions du monde, il existe de véritables forêts de bambous.

Une plante astucieuse

Les tiges ne peuvent porter les fruits de la courge, qui pèsent plusieurs kilos chacun ! Mais la plante a trouvé une solution : ses tiges et ses fruits s'étalent au sol.

Le chaume du bambou est creux.

Les branches sont encore jeunes et fragiles.

La nourriture fabriquée dans les feuilles forme la sève élaborée, qui descend par la tige jusqu'aux racines.

Qui s'y frotte s'y pique !

Les animaux évitent les plantes épineuses, tels le chardon ou l'euphorbe africaine.

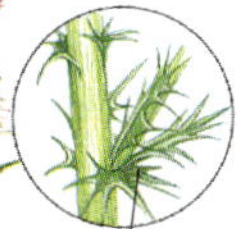

Épine de chardon

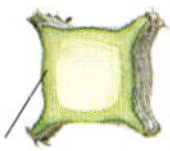

Euphorbe (en coupe)

Une tige-réservoir

Les euphorbes du désert utilisent leur tige comme un réservoir d'eau. Les animaux le savent bien, mais ils ne peuvent y goûter à cause des épines.

Un tronc-réservoir

Les baobabs survivent grâce à un système de stockage de l'eau. À la saison des pluies, leur tronc se remplit d'eau, qui sera progressivement consommée pendant la période sèche.

LES RACINES

Une plante peut vivre sans fleurs mais pas sans racines. Celles-ci la fixent au sol et assurent sa stabilité face aux poussées du vent. Les racines descendent parfois jusqu'à plusieurs mètres de profondeur à la recherche d'eau et de substances minérales qu'elles envoient ensuite aux feuilles grâce à un astucieux système de pompage. Si l'on sait comment les racines parviennent à s'enfoncer dans le sol, on ne peut toujours pas expliquer comment la sève remonte par la tige jusqu'aux feuilles.

Il y a de l'air dans le sol. Si celui-ci était compact, les racines périraient.

Les racines se faufilent dans les fissures.

Les vers de terre sont très utiles, car ils aèrent le sol.

Les racines de cet arbre poussent près de la surface, dans l'humus.

Le cyprès respire
Le cyprès chauve vit dans des milieux humides, où il n'y a pas assez d'air. Les racines présentent des boursouflures de plus de 1 m, qui facilitent la respiration de l'arbre.

De l'eau !
À la recherche d'eau, les racines superficielles des peupliers, très courants en bordure de route, ont grossi et soulevé le macadam !

Cas extraordinaire
La barbe de capucin n'a pas besoin de racines. Elle vit sous un climat subtropical, où l'humidité est élevée. Ses feuilles, très fines, absorbent l'eau et le gaz carbonique de l'air. Les substances minérales, elles, proviennent de dépôts de poussières.

Des alpinistes
Les gentianes se tiennent près de la paroi rocheuse pour se protéger des vents forts et des avalanches. Leurs racines pénètrent dans les fissures et s'accrochent à la pierre.

La plupart des racines s'enfoncent dans le sol jusqu'à environ 30 cm de profondeur. C'est dans cette couche qu'elles trouvent le plus de substances minérales. Quand le sol n'est pas suffisamment aéré, les racines sont superficielles.

L'absorption de sels minéraux ne se fait qu'à l'extrémité de la racine, par une multitude de petits poils.

Aquaculture
Les plantes ont besoin d'eau et de substances minérales, mais elles peuvent vivre hors sol. Beaucoup d'espèces sont cultivées sur un support formé d'eau et de cailloux. On doit ajouter à l'eau une solution nutritive nécessaire à la croissance des plantes.

LES FLEURS

Des spectaculaires orchidées aux minuscules fleurs de l'avocatier, les fleurs nous enchantent par leurs formes et leurs couleurs. Fleur unique ou groupe de fleurs composé d'innombrables petits boutons, cette partie de la plante n'est pas une simple parure. Regarde de plus près : toutes les plantes possèdent un pistil et des étamines qui donnent naissance au fruit dans lequel se trouvent les graines.

Hibiscus

La reproduction
Les plantes font mûrir des graines pour se reproduire. Le lis renferme les organes de reproduction mâle et femelle.

L'étamine (organe mâle) se termine par une anthère. Celle-ci fabrique d'infimes grains de pollen.

Les insectes déposent du pollen sur le stigmate, qui se situe au sommet du pistil (organe femelle de la fleur).

Lis

Fleur ou feuille ?
Ce qui ressemble à une fleur rouge chez ce poinsettia n'est en fait qu'une touffe de feuilles appelées bractées. Ses vraies fleurs sont les petites boules qui se trouvent au milieu.

Lente floraison
Toutes les plantes ne fleurissent pas chaque année. Le Puya raimondii est l'une des plus lentes à fleurir : il lui faut 150 ans pour développer un épi floral de 10 m de haut ! La plante s'éteint ensuite, épuisée, après avoir donné des graines dont quelques-unes germeront.

Des plantes très anciennes
Il est possible que les derniers dinosaures aient brouté des magnolias comme ceux-ci. Ces arbres sont en effet parmi les plus anciennes plantes à fleurs connues. Ils sont apparus sur terre il y a quelque 100 millions d'années.

Les pétales de ce lis, d'un rose éclatant, sont parsemés de touches rouges qui attirent les insectes.

Étranges orchidées
Les orchidées des régions tropicales peuvent être facilement prises pour des insectes étranges, aux ailes éclatantes de couleurs.

Les fleurs de l'orchidée araignée peuvent atteindre 60 cm de long.

Où est la fleur ?
Observe les différents emplacements de la fleur sur sa tige, que l'on nomme pédoncule.

Les fleurs se penchent pour se protéger de la pluie.

Fritillaire

Cette boule est formée de petites fleurs distinctes.

Echinops ritro

Des centaines de petites fleurs s'ouvrent sur un seul épi.

Molène

Des centaines de fleurs sont groupées en capitules.

Gerbera

Les pétales du coquelicot s'ouvrent à la lumière.

Coquelicot

Les fleurs, petites et nombreuses, sont serrées et réunies sur une même queue.

Achillée

QU'EST-CE QUE LA POLLINISATION ?

Comme les plantes ne peuvent se déplacer, elles comptent sur les animaux ou le vent pour se reproduire, c'est-à-dire pour transporter les grains de pollen produits par l'organe mâle de la fleur, l'étamine, vers l'organe femelle, le pistil. Lorsqu'une abeille se pose sur une fleur, un peu de pollen s'accroche à son corps ; en voltigeant d'une coupe de nectar à l'autre, elle emporte et sème des grains de pollen sur les pistils des fleurs. Cette opération s'appelle la pollinisation. Les grains de pollen sont souvent si légers que le vent les soulève et les dépose sur la partie supérieure du pistil d'une fleur, le stigmate.

Péché mignon
Pendant qu'il se régale du nectar d'une fleur, l'opossum australien tache sa fourrure de pollen.

De fleur en fleur
Les abeilles butinent toute la journée. Chaque fois qu'elles se posent sur une fleur, elles se couvrent de grains de pollen.

L'abeille pollinise la fleur qu'elle butine.

Cette orchidée ressemble à une mouche.

Une idée de génie
Cette orchidée a reçu le surnom d'ophrys mouche parce qu'elle a l'aspect et l'odeur de cet insecte. Les mouches mâles se posent sur la fleur puis s'envolent, emportant le pollen de l'orchidée sur leurs pattes.

Le pollen des anthères de la fleur colle au corps du papillon.

Les gourmands
Les fleurs de couleurs vives attirent les papillons.

Un déluge de pollen
Les fleurs mâles du chaton de saule fabriquent du pollen en abondance, ainsi quelques grains arriveront, grâce au vent, sur les stigmates des fleurs femelles.

Du pollen plein les plumes
Le colibri plonge son long bec dans la fleur pour boire le nectar. Lorsqu'il s'envole, son duvet est recouvert de pollen.

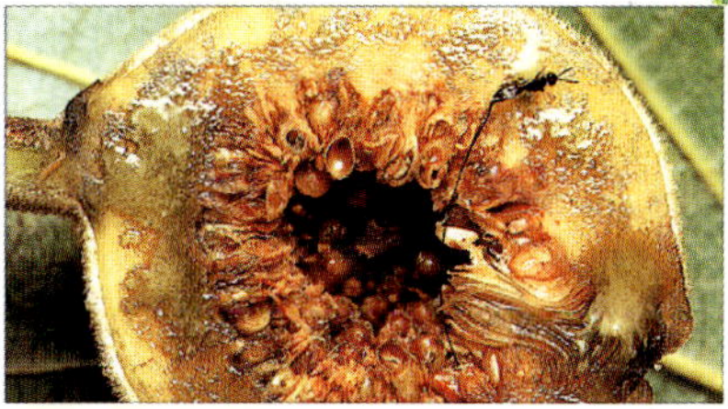

Pollinisation en famille
Les fleurs du figuier sont à l'intérieur des figues ! Elles sont pollinisées par des mouches qui vivent dans le fruit. Certaines mouches quittent ce nid pour s'installer dans une autre figue et, ce faisant, elles pollinisent les fleurs.

Le pollen s'accroche au corps de la chauve-souris.

Certaines chauves-souris se nourrissent du nectar des fleurs.

Fleur ou oiseau ?
La fleur baptisée oiseau de paradis pousse sous les Tropiques. Sa pollinisation est assurée par des chauves-souris et des oiseaux.

Une chauve-souris peut polliniser de nombreuses fleurs en une nuit.

La chauve-souris est un animal actif la nuit. Elle repère facilement l'oiseau de paradis à sa forme et à l'odeur qu'il dégage.

LA FLEUR DEVIENT FRUIT

Après la pollinisation, une partie de la fleur, l'ovaire, se transforme en fruit. Celui-ci renferme des graines capables de donner le jour à des plantes identiques. On connaît une grande variété de fruits, du melon juteux jusqu'aux petites capsules du pavot, en passant par les glands des grands chênes. Les plantes produisent des fruits et des graines qui sont toujours adaptés au milieu dans lequel ils se développent. Certaines graines peuvent même retarder ou accélérer leur germination en fonction des conditions extérieures. Les graines germent sur place ou bien sont disséminées par le vent ou encore par les animaux qui les mangent puis les éliminent intactes dans leurs selles.

La vie en rose
Les abeilles sont attirées par l'odeur de la rose. Tant de douceur promet assurément un nectar exquis !

1. La partie enflée de la fleur est l'ovaire. Elle se transformera en fruit.

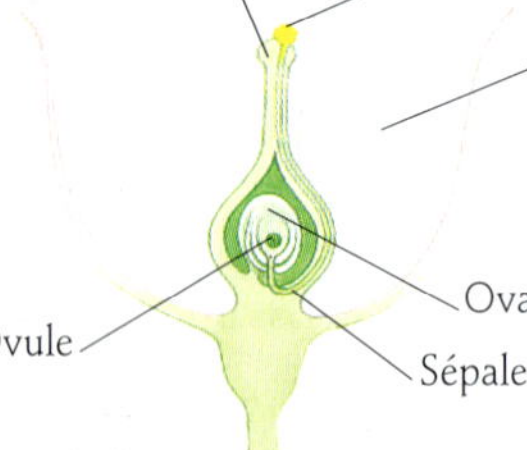

Fécondation
L'insecte dépose le pollen sur le stigmate d'une fleur. Les grains de pollen se développent et produisent de longs tubes qui descendent jusqu'aux ovules renfermés dans l'ovaire. Il suffit qu'une cellule sexuelle mâle, contenue dans le tube pollinique, rencontre un ovule pour qu'une graine naisse.

La dissémination
Le vent et les animaux jouent un grand rôle dans la dispersion des graines, mais les plantes ont trouvé d'autres «astuces» pour faire voyager leurs graines loin de la plante mère. Certaines sont équipées de capsules qui, à maturité, explosent au moindre contact et lancent des graines en l'air.

Le vent fait sauter les graines de pavot.

Les gousses sèches de la vesce explosent.

2. Une fois qu'elle a été fécondée, la fleur se fane : elle n'a plus besoin d'attirer les insectes.

3. L'ovaire grossit et change de couleur. Les graines poussent à l'intérieur.

4. L'ovaire est devenu une enveloppe charnue qui protège les graines mûres.

Écrin de graines

Les pommes de pin conservent leurs graines dans des enveloppes bien fermées jusqu'à la germination. Dans nos régions, elles somnolent ainsi pendant trois ans puis, en été, les écailles de la pomme s'ouvrent et les graines sont emportées par le vent.

5. Le fruit de la rose a une couleur rouge vif qui attire les oiseaux butineurs.

6. Quand un oiseau mange le fruit, ces petites graines passent dans son ventre et sont ensuite éliminées, intactes.

Le fruit de la bardane s'accroche au pelage des animaux.

Chaque point est une graine.

Semer ce que l'on a mangé !

Le quetzal vit dans la forêt mexicaine, où il se nourrit d'avocats sauvages. De cette façon, il transporte les graines un peu partout dans la jungle, loin de leur arbre d'origine. Et une nouvelle génération d'avocatiers pousse sur son passage !

LES GRAINES GERMENT

Enfouie dans le sol, la graine attend le moment propice pour donner une nouvelle plante. Elle ne peut se développer sans chaleur ni humidité. Et en effet, dès que la terre se réchauffe, la graine se met à absorber l'eau du sol. Elle gonfle peu à peu jusqu'à ce que son enveloppe, qui ne peut plus la contenir, craque. La germination a commencé, la plante sort de terre en quête de lumière, et la racine s'enfonce dans le sol, à la recherche d'eau et de substances minérales.

Murs fleuris
Des graines poussent sur un toit dans les fissures d'un mur.

Les feuilles s'ouvrent en éventail.

Après la floraison, l'arachide enterre ses fruits, les cacahouètes, qui mûrissent sous terre.

Cacahouète

Arachide

Caféier

Grains de café

Devinette
Peux-tu dire quelle plante sortira de ces graines ?

Chêne

Glands

Citronnier

Pépins de citron

Les racines percent la noix de coco pour s'enfoncer dans le sol.

Sur la plage
Une noix de coco peut voyager sur la mer. Quand les vagues la rejettent sur le rivage, elle se niche dans le sable et germe.

Coquilles d'œuf

Graines de moutarde et de cresson

Coton humide

Record de vitesse
Prends une coquille d'œuf vide et nettoie-la. Tapisse-la de coton bien mouillé et dispose des graines de cresson dessus. Examine-les tous les jours et prends soin de maintenir le coton humide. Une semaine et demie après, tu pourras déguster une bonne salade «maison».

Le besoin de chaleur
Il existe des graines qui ont besoin de la chaleur du feu pour germer. Les incendies qui ravagent les terres arides de l'Australie réveillent parfois ces graines d'acacia de leur sommeil.

La tige est recouverte par les gaines des feuilles.

La noix de coco est la graine du cocotier. Ses réserves, le lait de coco, lui permettent de survivre même par temps très sec.

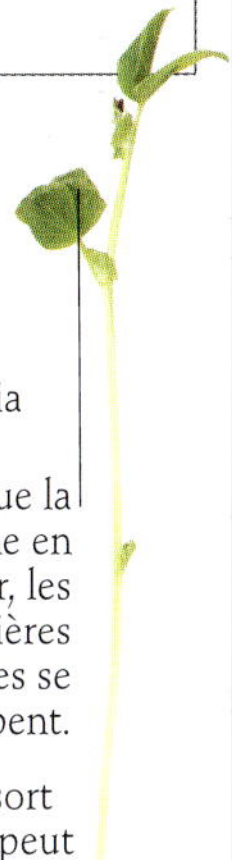

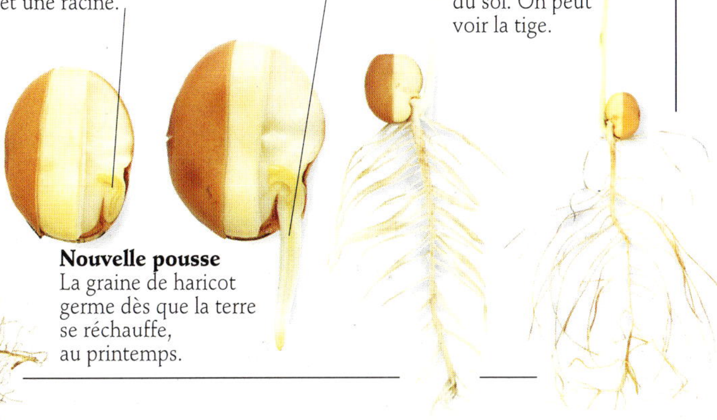

La graine contient déjà une plantule, avec une tige et une racine.

Premier signe de vie : la racine a percé l'enveloppe de la graine.

La pousse sort du sol. On peut voir la tige.

Dès que la tige gagne en vigueur, les premières feuilles se développent.

Nouvelle pousse
La graine de haricot germe dès que la terre se réchauffe, au printemps.

LA REPRODUCTION SANS GRAINES

Tolmiea meuziesi

La reproduction de certaines plantes ne se fait pas par l'intermédiaire de la fleur et de la graine, mais grâce à un autre organe : la tige, la racine ou la feuille. Ces plantes n'ont besoin ni d'insectes, ni d'oiseaux, ni de vent pour assurer leur pollinisation. Cette multiplication «directe» fait que certains végétaux, comme la jacinthe d'eau, peuvent croître en abondance sur de grandes surfaces, et ce, très rapidement.

Une mère protectrice
Quand la plante fleurit, les bourgeons des feuilles situées à la base se développent. Peu à peu, la broméliacée adulte se fane, mais les rejetons y restent attachés. On peut les séparer pour multiplier la plante.

Des légumes racines
Si l'on n'arrachait pas les patates douces de la terre où elles mûrissent, elles donneraient une tige avec des feuilles et des fleurs. La patate douce est en fait une tige gonflée par les réserves accumulées : on l'appelle tubercule.

En avant !
Le gingembre possède une tige souterraine charnue, appelée rhizome qui donne de nouvelles plantes lorsqu'il se fragmente.

La famille s'agrandit
Une famille de joubarbes ressemble à un amas d'artichauts. Dans un premier temps, la plante mère s'entoure de petites plantes qui, à leur tour, donnent naissance à d'autres plantes, et ainsi de suite !

Par la tige...
Le papyrus aime les sols gorgés d'eau. Il a une curieuse façon de se perpétuer : ses tiges se courbent de plus en plus pour atteindre la terre trempée, puis il s'y enracine. Les vieilles tiges sèchent, tandis que les nouvelles s'élancent avec vigueur.

Par le bulbe...
La jonquille se multiplie dans le sol par son bulbe qui se couvre de bulbilles. Là où il n'y avait qu'un seul bulbe au départ, on peut en compter l'année suivante quatre, cinq et plus !

Par les feuilles...
Le crassula garde l'eau dans ses feuilles. Quand une feuille tombe au sol, elle s'enracine et sa réserve d'eau lui permet d'attendre que ses racines soient assez puissantes pour explorer le sol.

Jeune plantule

Par les stolons...
Les fraisiers ont une remarquable capacité d'expansion grâce à leurs tiges rampantes appelées stolons. Ceux-ci courent à la surface du sol et s'enracinent de place en place.

Par les plantules...
Sur les feuilles grasses du kalanchoe apparaissent des plantules. Ces feuilles miniatures se détachent et tombent au sol, où elles prennent racine.

LES ARBRES

Araucaria

Plus grands que les autres végétaux, les arbres vivent aussi plus longtemps. Le tronc s'élève à plusieurs mètres au-dessus du sol, permettant de capter beaucoup de lumière. Certains arbres perdent leurs feuilles à la fin de l'automne : ce sont les arbres à feuilles caduques. D'autres restent verts toute l'année, car les feuilles sont remplacées au fur et à mesure : ce sont les arbres à feuilles persistantes. Dans nos régions, une bonne partie d'entre eux sont des conifères.

Le cœur est la partie la plus ancienne de l'arbre. Il est composé de tissus morts mais très solides.

L'écorce a une fonction importante. Elle protège les tissus vivants du tronc.

Cette partie du tronc est vigoureuse et très active. Elle assure le transport de la sève dans l'ensemble de l'arbre.

Une féerie de couleurs
Avant de tomber, les feuilles de nombreux arbres changent de couleur. La chlorophylle disparaît, laissant apparaître d'autres pigments responsables des jaunes et rouges que revêtent les forêts en automne.

Bouleau argenté d'Europe

Érable

Cerisier de Chine

Parures
Quand l'arbre grandit, son tronc grossit et l'écorce craque, créant des motifs en relief.

Une coupe dans le vent
Au fil des ans, le vent a modelé la silhouette de cet arbre, mais son tronc et ses racines résistent à la tempête.

Arbres feuillus

Chêne tauzin

Sorbier d'Amérique

Saule pleureur

Les anneaux de la vie

L'arbre se développe en permanence. Son tronc et ses branches s'enrichissent chaque année d'une nouvelle couche de bois. Celle-ci forme une sorte d'anneau, ou cerne, que l'on peut observer sur cette coupe d'un tronc assez vieux. Compte les anneaux : leur nombre t'indiquera l'âge exact de l'arbre.

Un anneau large signifie que l'arbre a grandi de façon importante cette année-là.

Ce cerne étroit indique une maigre croissance. Certaines années, les arbres poussent très peu, notamment en raison de la sécheresse.

Carya ovata d'Amérique

Chêne-liège d'Europe

Érable à écorce jaspée de Chine

Arbres à feuilles persistantes

Cèdre de l'Himalaya

Eucalyptus d'Australie

Épicéa d'Europe

Un vrai monument !

Ce séquoia vit en Californie. Son tronc a une circonférence de 24 m, et son sommet s'élève à 83 m. Il a été baptisé « général Sherman », du nom du célèbre officier de la guerre de Sécession.

LA VIE SOUS-MARINE

La surface de la Terre est recouverte aux trois quarts par des mers et des océans. Ces milliards de tonnes d'eau salée abritent requins, dauphins, baleines, crabes, pieuvres géantes, tortues et des poissons de toutes les tailles et de toutes les couleurs. Des jardins sous-marins formés de coraux aux couleurs magnifiques hébergent des anémones de mer aux tentacules brûlants, des limaces de mer venimeuses et des anguilles électriques mortelles.

Le fond des mers et des océans est souvent trop profond, trop sombre et trop froid pour accueillir la vie, si ce n'est sous ses formes les plus simples. Par endroits, les profondeurs sont telles que personne n'a jamais pu les explorer. Peut-être un jour découvrirons-nous dans ce monde silencieux d'autres formes de plantes et d'autres animaux, encore plus incroyables que tout ce que nous pouvons imaginer.

Tortue luth

Récif de corail

Baleine bleue

Coquillages des tropiques

Carrelet dont la couleur est propice au camouflage

Lottes de mer mâles, sous une énorme lotte de mer femelle

Tourteau

Bébé phoque

Étoile de mer commune

LE PLANCTON

Dans l'eau de mer vivent des milliards de minuscules organismes, plantes et animaux, que l'on appelle le plancton. Ces organismes, pour la plupart, mesurent moins de 1 mm de longueur. Si le plancton n'existait pas, très peu d'autres êtres vivants pourraient survivre dans les eaux salées. Il constitue en effet la nourriture principale de nombreux poissons, des baleines et même de certains oiseaux. À cause de sa petite taille, il n'est pas assez robuste pour nager contre les courants. Aussi dérive-t-il au gré des flots.

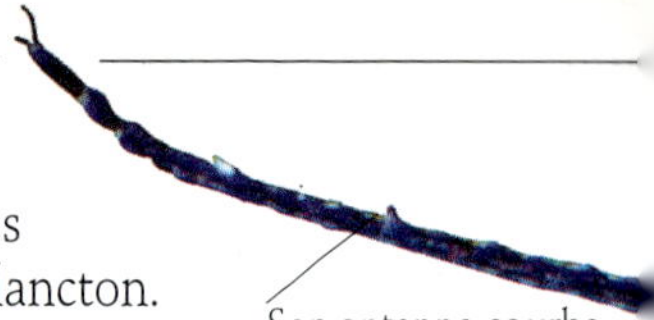

Son antenne courbe couverte de poils sensoriels permet au copépode de trouver sa nourriture.

Le plancton animal peut être 100 fois plus gros que les plantes qu'il mange.

Que de monde !
Les microscopiques copépodes, ou puces d'eau, sont du plancton animal. Dans un seau d'eau de mer, il y en a plus de 1 million !

Plancton mangé par une puce d'eau, mangée par un poisson, mangé par un oiseau

La chaîne alimentaire
Oiseaux, tortues et phoques mangent des poissons et des mollusques qui, eux, mangent du plancton. Tous mourraient s'il n'y avait pas de plancton.

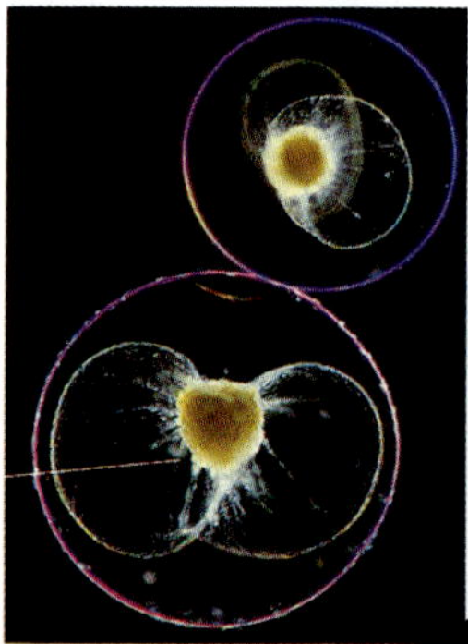

Le plancton végétal fabrique sa nourriture avec la lumière du soleil.

Plancton à mi-temps
Ces animaux, pas plus gros que du plancton, au début de leur vie, grossissent ensuite.

Crabe

Étoile de mer

Pieuvre

Explosion !
Il peut arriver que la mer devienne verte, et même rouge. C'est parce qu'il y a une véritable explosion de vie planctonique.

Il existe de nombreuses espèces de copépodes. Ce mâle devient brillant pour attirer une femelle.

En agitant ses poils, il repousse l'eau vers ses branchies et recueille le plancton végétal.

Des copépodes à foison
Ce sont les animaux les plus répandus dans la mer.

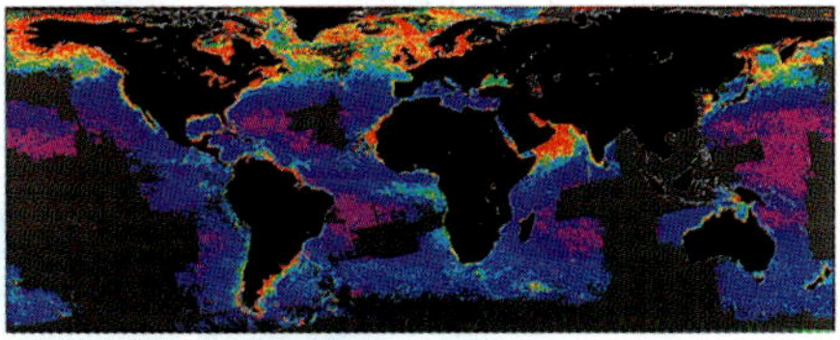

Une soupe des mers !
Le plancton végétal vit à la surface des mers, là où il y a le plus de lumière. Il préfère les eaux froides, plus riches en minéraux. Le plancton animal, qui s'en nourrit, se trouve dans les mêmes zones. Les parties rouges, jaunes et vertes sont plus riches en plancton que les bleues, violettes et roses.
Il n'y a pas de plancton dans les zones grises.

La nuit, les copépodes remontent en surface pour trouver leur nourriture. Le jour, ils s'enfoncent sous l'eau pour se protéger des poissons et des oiseaux.

Ils ne peuvent pas nager contre le courant, mais leurs antennes leur servent de rames.

Zooplancton (animaux)

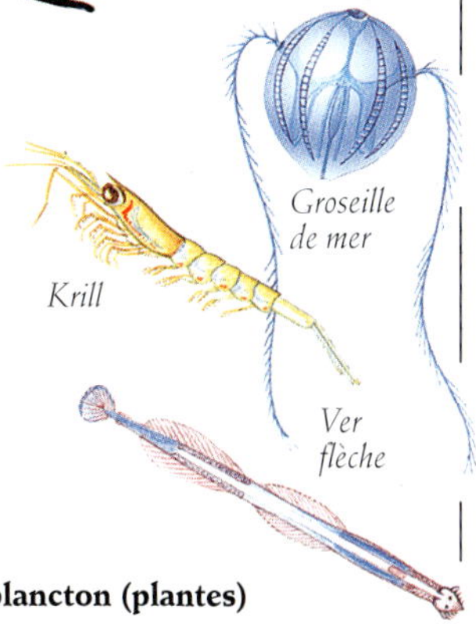

Phytoplancton (plantes)

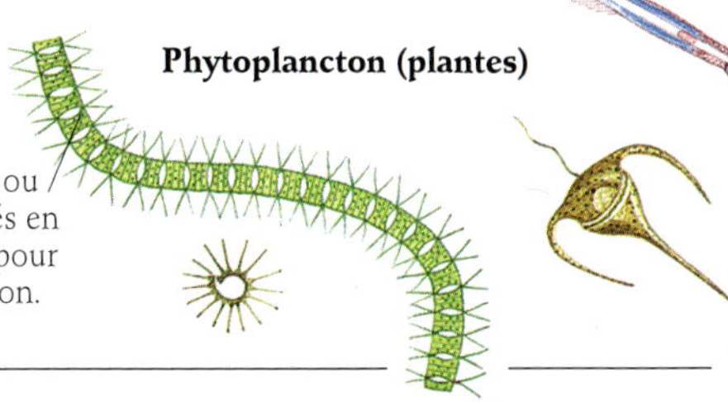

Des végétaux planctoniques, ou phytoplancton, se sont soudés en une chaîne, trop importante pour être mangée par le zooplancton.

LES MOLLUSQUES

Les coquillages trouvés sur les plages sont les « maisons » vides d'animaux à corps mou, appelés mollusques. Ils s'y protègent de leurs prédateurs : étoiles de mer, crabes, poissons et oiseaux. Les mollusques les plus répandus sont les gastropodes et les bivalves, ou lamellibranches. Les premiers sont des sortes d'escargots aquatiques, qui fabriquent une coquille en spirale et se déplacent sur leur pied musculeux. Les seconds vivent dans une coquille à deux valves, s'ouvrant et se refermant.

Croissance
Les jeunes mollusques grandissent dans une minuscule coquille qui se développe en même temps qu'eux.

À l'intérieur
Les lamellibranches, les gastropodes et d'autres mollusques, telles les pieuvres, ont le corps mou. Ils n'ont pas de squelette interne.

En avant !
En captant l'eau, puis en la rejetant, la coquille Saint-Jacques se propulse en avant.

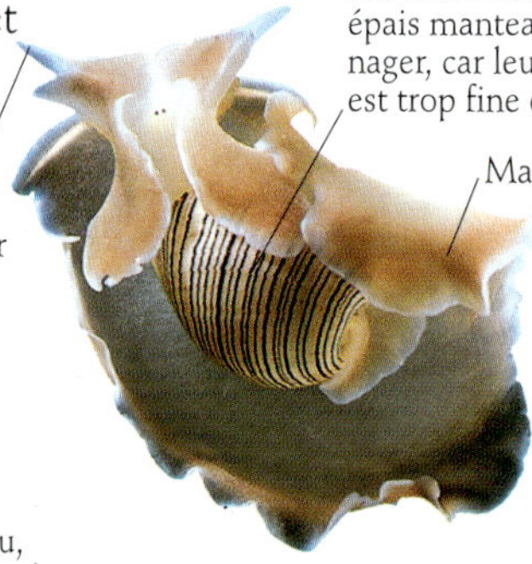

Les bulles utilisent leur épais manteau pour nager, car leur coquille est trop fine et légère.

Enterrés vivants
Les bivalves creusent un trou avec leur pied puis déploient un tube, ou siphon, dans la mer pour ramener l'eau dans leurs branchies et capturer leur nourriture.

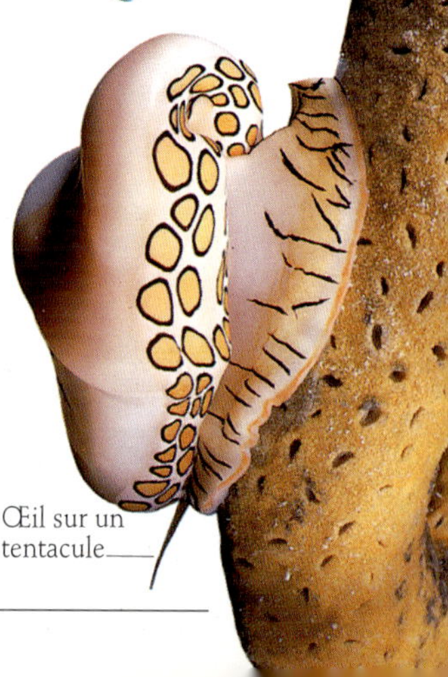

Un coquillage géant ! Le bénitier, ou tridacme, est le plus gros mollusque du monde. Ce bivalve vit dans les eaux chaudes et mesure plus de 1 m de large ! Tu tiendrais entre ses deux valves, mais tu n'y resterais pas coincé, car les bénitiers ne peuvent les refermer que très lentement. Tu aurais le temps de fuir !

Quelques mollusques

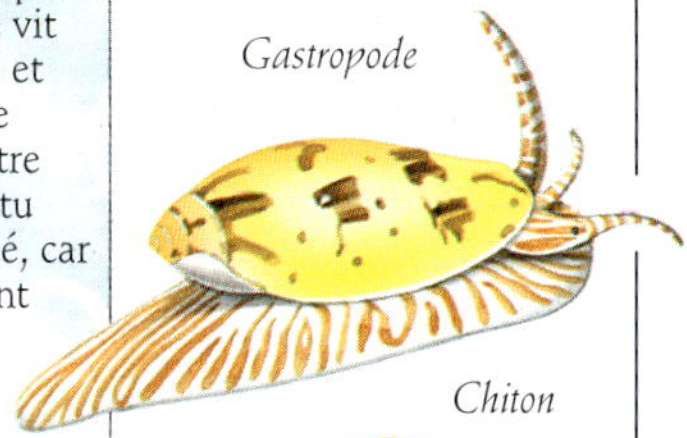

Gastropode

Chiton

Bivalve

Tentacules pour attraper le plancton

Taret

Pied

Cette peau molle, colorée, est appelée le manteau. Elle enveloppe parfois la coquille tout entière. Ses frottements sur celle-ci entaillent la surface.

Coquille blanche

Lorsqu'il a peur, cet ovule de mer rentre dans sa coquille. Certains mollusques n'ont pas besoin de se cacher : leurs coquilles coniques peuvent tuer des gens en leur injectant un poison !

Corail

Des mangeuses de corail
Avec leur langue râpeuse, ces porcelaines extraient des coraux de minuscules animaux. D'autres mollusques mangent des algues et même des poissons !

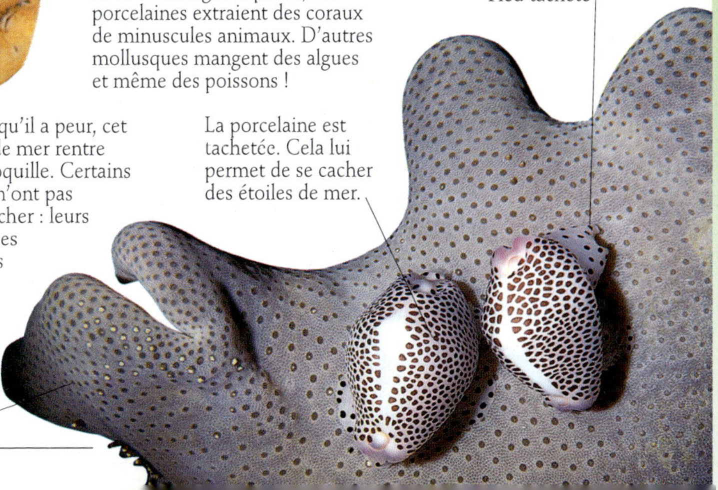

La porcelaine est tachetée. Cela lui permet de se cacher des étoiles de mer.

Pied tacheté

LES CRUSTACÉS

Qui vit dans la mer ou sur terre, n'est pas toujours de la même couleur, a ses yeux au bout de pédicules, nage, marche de côté et porte sa maison sur son dos ¿ C'est, bien sûr, le crabe ! Ce crustacé vit un peu partout dans la mer, tant dans les grandes profondeurs que sur les plages.

Face de crabe !

Les mangeurs de crabes
Les crabes sont mangés par les poissons, les oiseaux, les pieuvres, les phoques et les hommes !

Ce crabe est si laid qu'on l'appelle le crabe affreux !

Les pinces des homards sont si puissantes qu'elles pourraient te couper un doigt. Attention !

Deux bons amis

Le bernard-l'hermite n'a pas de coquille dure : il investit des coquilles abandonnées. Sur celle-ci, une anémone de mer s'est aussi fixée. Elle mange les déchets du bernard-l'hermite et pique de ses tentacules leurs ennemis communs.

Les crustacés

Les crabes sont des crustacés ; cela veut dire qu'ils ont une carapace et au moins cinq paires de pattes. Il en existe des milliers d'espèces. En voici quelques-unes très répandues :

Crabe pois, taille réelle

Pince d'araignée japonaise, ici réduite de moitié

Petits et gros

Les crabes mesurent en moyenne 15 cm de large, mais il en existe de plus gros et de plus petits. L'araignée japonaise mesure presque 4 m, et le crabe pois a la taille d'un... petit pois !

Tourteau, ou dormeur

Galatée

LES ÉTOILES DE MER

Les astéries ont le corps en forme d'étoile, d'où leur nom : étoiles de mer. Mais ce ne sont pas des poissons. Comme les oursins, ce sont des échinodermes, des animaux à peau épineuse. Les étoiles de mer sont incapables de nager, mais elles rampent fort bien. Elles se déplacent sur les bancs d'algues et grimpent sur les rochers. On en trouve même dans les profondeurs sous-marines très peu éclairées.

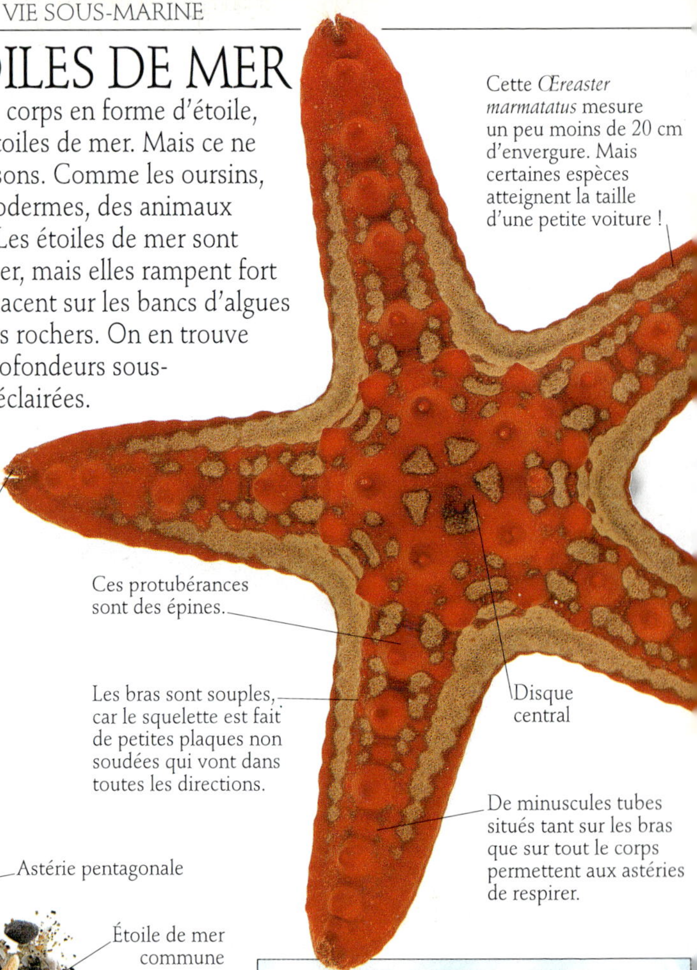

Quel estomac !
L'astérie se nourrit de mollusques : à l'aide de milliers de petits pieds tubulaires situés sur ses bras, elle ouvre les valves, puis plaque son estomac sur l'animal et le digère.

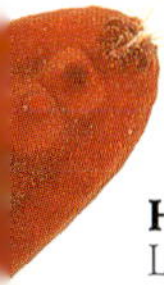

Hérissons des mers
Les oursins, proches parents des astéries, sont des échinides. Avec leurs longs piquants, parfois venimeux, ils ont l'air de hérissons.

Certaines astéries ont bien plus de cinq bras ! Le crossaster en a douze !

Manchote !
Cette astérie fabrique deux bras, les anciens ayant été dévorés par un poisson. Tant qu'elle a son disque central et un bras, elle ne meurt pas.

Les échinodermes
Il existe plus de 6 000 espèces différentes d'échinodermes, divisées en cinq grandes classes.

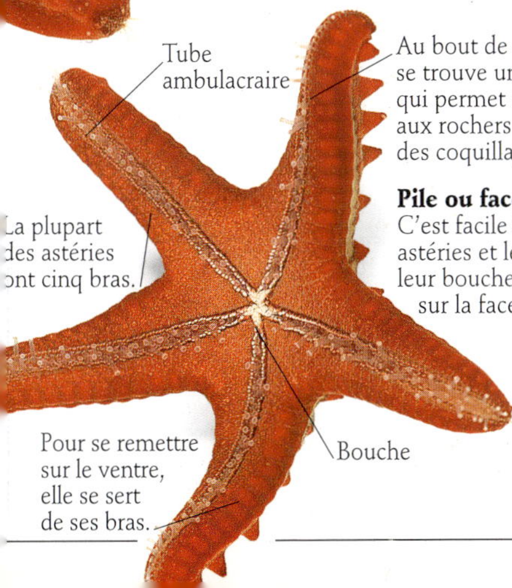

Au bout de chaque tube se trouve une ventouse qui permet de se fixer aux rochers ou d'ouvrir des coquillages.

Pile ou face ?
C'est facile à dire pour les astéries et les oursins : leur bouche est toujours sur la face ventrale.

LES PIEUVRES

Sais-tu que les pieuvres sont proches parentes des escargots ? Mais, contrairement à la plupart des mollusques, elles n'ont pas de coquille pour se protéger. En revanche, ces animaux à huit bras, ou tentacules, au corps mou, se faufilent dans les failles et les trous des rochers. Une fois qu'elles sont cachées, congres, requins, phoques et hommes n'ont guère de chances de les trouver et d'en faire leur repas !

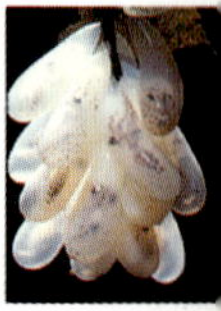

Bouquet d'œufs
Dans chacun de ces œufs à coquille molle, il y a un bébé pieuvre.

Grâce à leurs gros yeux, les pieuvres voient bien les formes et les couleurs.

Tentacule

Membrane

Cette pieuvre mesure 10 cm. Mais la plus grande de toutes mesure plus de 9 m d'envergure !

Une pieuvre peut projeter de l'encre, ou sépia, par son siphon. Ce nuage noir reste en suspension dans l'eau et la protège de ses ennemis.

À l'attaque !
Les pieuvres se nourrissent de poissons, d'étoiles de mer et de crabes. Certaines ont une membrane entre les tentacules pour capturer leurs proies.

Siphon

En avant !
Pour fuir, la pieuvre contracte la paroi musculeuse qui recouvre son corps, rejette l'eau par son siphon et file ainsi droit devant !

Des ventouses
Des rangées de ventouses très puissantes permettent aux pieuvres de s'accrocher aux rochers, de capturer leur nourriture et de se déplacer dans l'eau.

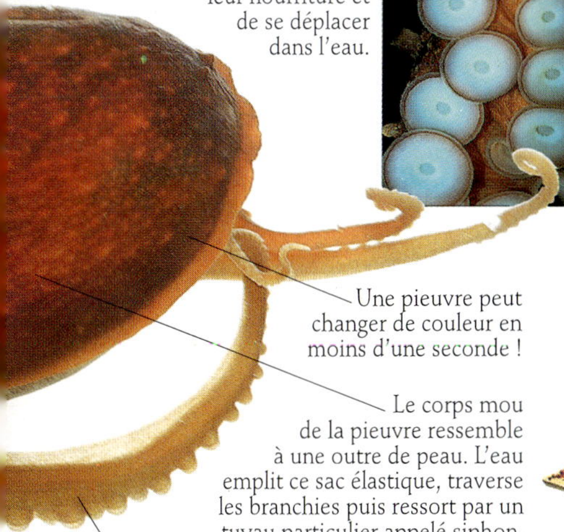

Une pieuvre peut changer de couleur en moins d'une seconde !

Le corps mou de la pieuvre ressemble à une outre de peau. L'eau emplit ce sac élastique, traverse les branchies puis ressort par un tuyau particulier appelé siphon.

Ventouse

Les céphalopodes
Les pieuvres sont des céphalopodes, des mollusques dotés d'une grosse tête et d'un pied à tentacules munis de ventouses.

Seiche

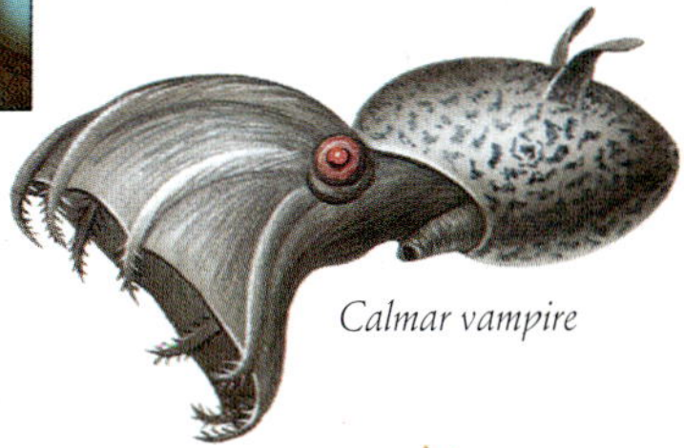

Calmar vampire

Calmar

Nautile

Pieuvre

Bataille de géants
Aucune pieuvre ne mange les hommes ni ne se bat contre les cachalots. Il existe néanmoins des calmars géants qui mesurent 20 m de long et sont les plus grands invertébrés existant. Mais ils ne mangent que des poissons et des crustacés.

Cachalot

Calmar géant

LES POISSONS

Tous les êtres vivants ont besoin d'oxygène pour vivre. Ce gaz est invisible, mais il est partout, dans l'air et dans l'eau. Toi, tu respires grâce à tes poumons, mais, si tu nages sous l'eau, tu retiens ta respiration ou tu as recours à un masque de plongée avec un tuba. Les poissons, eux, n'ont pas besoin de tout cela ! Ils sont capables de capter l'oxygène directement dans l'eau, grâce à leurs branchies.

Œufs gélatineux
Certains poissons gardent leurs œufs en eux jusqu'à l'éclosion. D'autres, comme la morue, les abandonnent par millions dans la mer : c'est le frai.

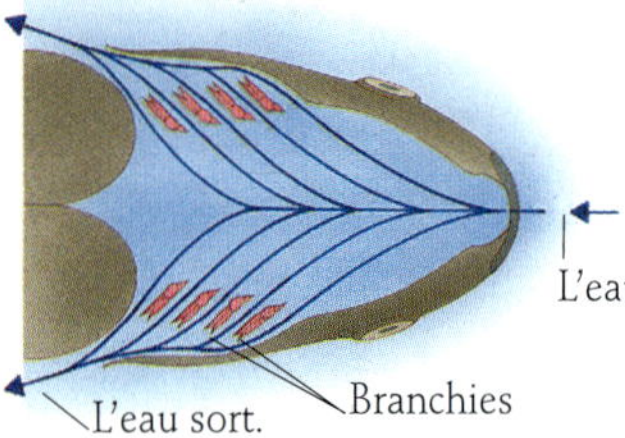

Respirer sous l'eau
L'eau entre par la bouche, passe par les branchies, et ressort par les opercules. Ce sont les branchies qui captent l'oxygène de l'eau.

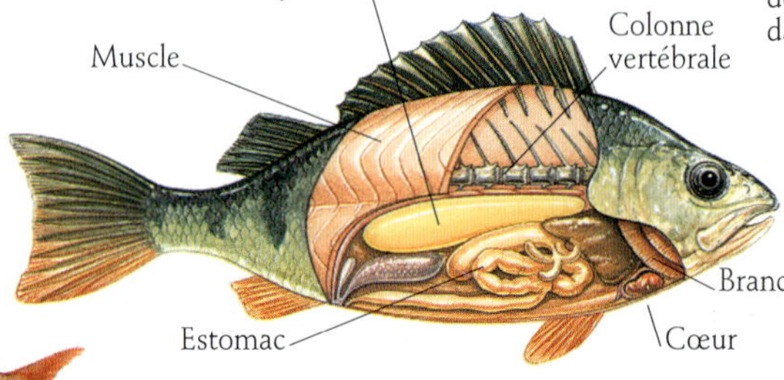

Organisation interne
Les organes principaux des poissons osseux sont situés dans la moitié inférieure de leur corps. Dans la partie supérieure se trouvent de nombreux muscles qui font bouger la queue.

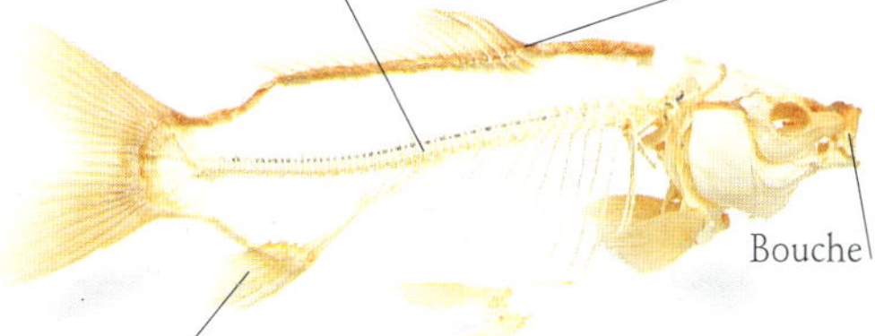

Le squelette
Les os à l'intérieur d'un corps forment le squelette. Les poissons ont été les premiers animaux à en développer un.

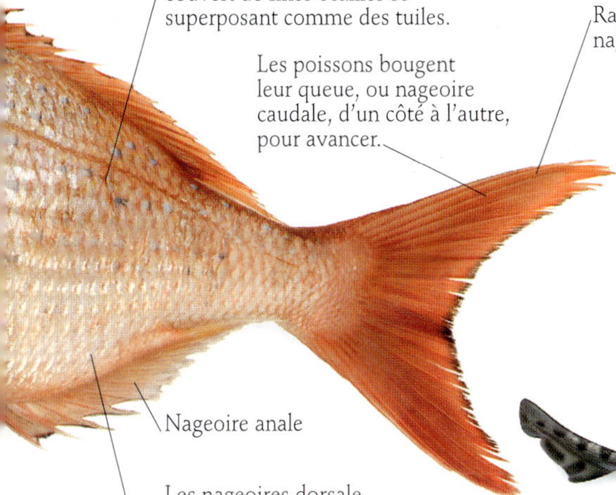

Le corps de cette dorsale est couvert de fines écailles se superposant comme des tuiles.

Les poissons bougent leur queue, ou nageoire caudale, d'un côté à l'autre, pour avancer.

Les nageoires dorsale et anale empêchent les poissons de rouler ou de tanguer.

Sous leur peau, les poissons ont un tube fin, appelé ligne latérale, le long duquel se trouvent de petites excroissances. Ces récepteurs tactiles permettent aux poissons de détecter tout ce qui bouge autour d'eux.

Les divers ordres des poissons
On distingue les poissons à squelette ossifié (les téléostéens), ceux à squelette cartilagineux (les sélaciens) et ceux qui n'ont pas de mâchoire (les cyclostomes).

Téléostéens

Maquereau

Hippocampe

Carrelet

Sélaciens

Requin-léopard

Cyclostomes

Lamproie

Sa bouche est une ventouse.

LES REQUINS

Les requins sont les plus grands prédateurs des mers. Avec leurs terribles dents et leurs énormes mâchoires, ils peuvent déchiqueter phoques, tortues, poissons et même bateaux en bois ! Les requins-tigres et le grand requin blanc attaquent parfois les hommes, mais la majorité des espèces en a peur et s'éloigne très vite.

Quelle énorme mâchoire !

De vrais rasoirs !
Les dents de requins découpent la chair et broyent les os, mais elles ne durent que quelques semaines. Elles tombent et de nouvelles poussent. Le requin-pèlerin n'a pas besoin de dents : il ne mange que du plancton.

Nageoire dorsale

Les requins sentent les animaux blessés, ou toute autre proie, même à des centaines de mètres.

Tous les animaux produisent un peu d'électricité. Tu ne peux la voir, contrairement au requin. Lui, il a de petites fossettes sur la tête qui, à la façon d'un radar, l'informent sur les cachettes de ses proies.

Cinq opercules de chaque côté de la tête amènent de l'eau dans les branchies.

Nageoire pectorale

De bons nageurs
Pour nager, le requin bouge en premier sa tête, puis son corps et enfin sa longue queue. Ce mouvement ondoyant et progressif le propulse dans la mer.

Le requin attaque
Juste avant d'attaquer, le requin relève le nez et avance les dents.

Grand requin blanc

Requin-tigre

Requin bleu

Peau de requin en gros plan

Drôle de peau !
La peau des requins, couverte d'écailles cornées pointues, ressemble à du papier de verre.

Quelques requins
Tous les requins ne ressemblent pas à ceux des films. Il y en a de petits, et d'autres aux formes étranges.

Requin-cigare

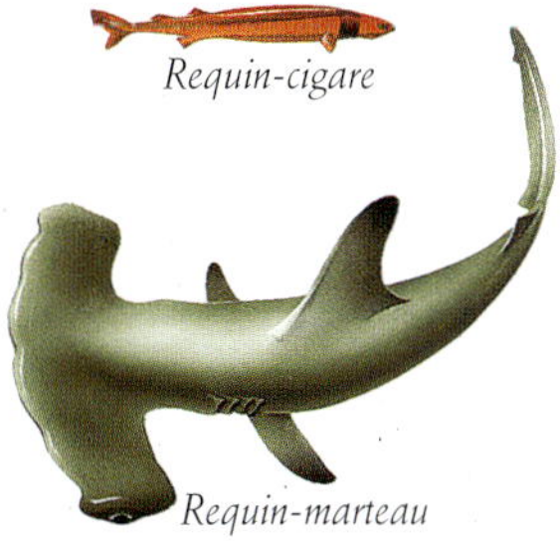

Requin-marteau

Queue, ou nageoire caudale

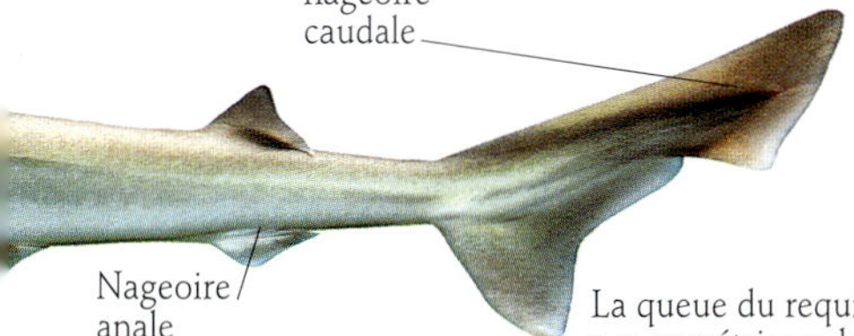

Nageoire anale

La queue du requin n'est pas symétrique, la partie supérieure est plus grande que la partie inférieure.

De nombreux requins ont une deuxième nageoire dorsale.

Nageoire pelvienne

Roussette à petites taches

Requin marbré

Grand requin blanc

Certains grands requins blancs font 8 m de long.

Impossible de couler !
Les requins ont une densité plus élevée que l'eau : ils devraient donc couler. Pour éviter cela, les poissons osseux sont dotés d'une vessie gonflable. Les requins, eux, ont un énorme foie empli d'huile. Plus légère que l'eau, celle-ci les aide à flotter. Le foie du requin-pèlerin contient assez d'huile pour remplir cinq grands seaux !

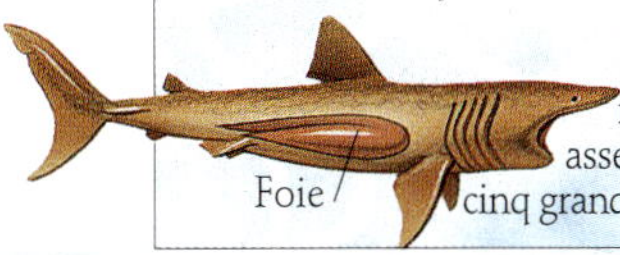

LES RAIES

Les raies sont des poissons cartilagineux comme les requins, mais peu leur ressemblent. Elles ont un corps aplati en forme de losange et des nageoires pectorales très développées. Ce sont des poissons timides et inoffensifs, très répandus dans les mers. Certaines raies nagent gracieusement tandis que d'autres passent la plupart de leur temps tapies sur les fonds marins.

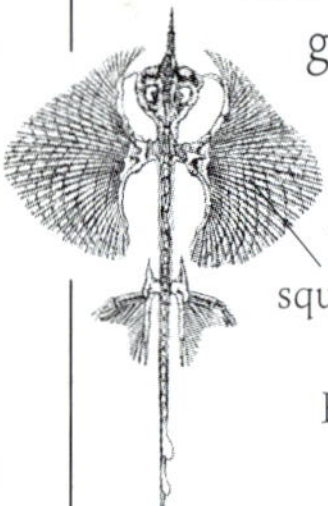

Les raies ont un squelette cartilagineux.

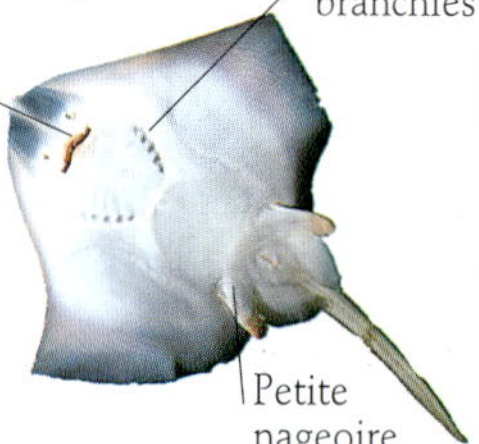

Côté ventre
Sur le ventre de la raie se trouvent les fentes des branchies et la bouche.

En arrière des yeux, la raie a deux petits évents qui laissent passer l'eau propre, et donc l'oxygène, lorsque les opercules des branchies sont fermés, notamment quand la raie est au fond de la mer.

Cet aiguillon pointu protège la raie. La pastenague en a un venimeux, dont elle se sert pour piquer ses ennemis.

Avec ses nageoires, la raie agite le sable et déniche des crabes dont elle se nourrit.

Le diable des mers !
Une raie mesure en général moins de 2 m. La mante des mers tropicales, ou diable de mer, fait 8 m, pèse plus de 2 t et saute à 2 m au-dessus de la surface de la mer.

« Vol » sous l'eau
La raie est un poisson gracieux. Lorsqu'elle fait onduler ses nageoires, elle semble voler, tel un oiseau sous-marin.

Mortelle !
Quand la raie électrique, ou torpille, attrape un poisson, elle lui envoie une décharge électrique de plus de 200 volts grâce aux petites plaques des fibres de son tissu musculaire. Si un homme marche par mégarde sur cette raie, il reçoit une décharge.

Coucou !
Lorsque les raies se cachent dans le sable, leurs gros yeux globuleux affleurent. Ce qui leur permet de guetter leurs proies ou leurs prédateurs.

Quelques raies
Il existe plus de 450 espèces de raies. En voici quelques-unes :

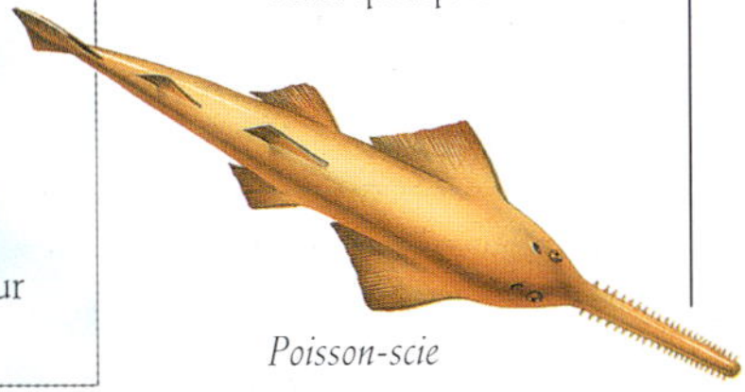

Poisson-scie

Guitare de mer

Raie

Aigle de mer

Pastenague

LES BALEINES

Il y a environ 60 millions d'années, les ancêtres des baleines ont abandonné la terre ferme et ont commencé à peupler les eaux. Ils ont alors évolué : ils sont devenus de plus en plus gros, leurs membres postérieurs ont disparu et leurs membres antérieurs se sont transformés en nageoires. Les baleines, qui font partie de l'ordre des cétacés, sont désormais incapables de vivre sur terre, mais demeurent des mammifères. Elles allaitent leurs petits et viennent respirer en surface. Il existe deux espèces de cétacés : ceux qui sont dotés de dents et ceux qui n'en ont pas. Ces derniers sont appelés cétacés à fanons.

De petites crevettes
Les cétacés à fanons se nourrissent de krill. Ils en consomment 2 t par jour : la moitié du poids d'un éléphant !

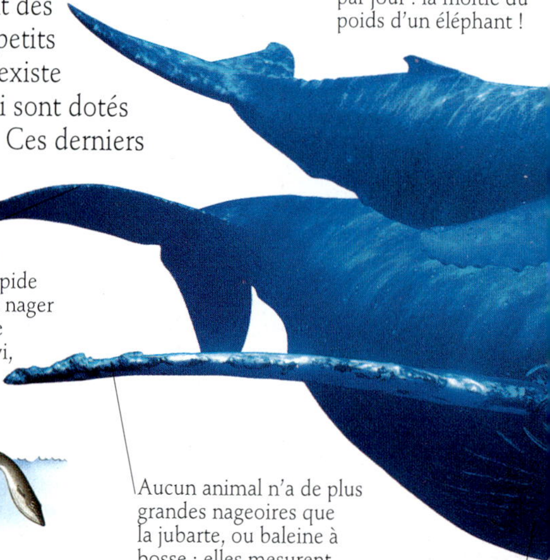

Les baleines avancent en agitant la queue de haut en bas. La baleine la plus rapide est le rorqual bleu, qui peut nager à une vitesse de croisière de 25 km/h et, s'il est poursuivi, atteindre les 50 km/h.

Aucun animal n'a de plus grandes nageoires que la jubarte, ou baleine à bosse : elles mesurent presque 5 m !

Les baleines ont une épaisse couche de graisse sous la peau.

Quel souffle !
Lorsqu'une baleine remonte à la surface pour emplir ses poumons d'air frais, elle expire par son évent l'air chaud qui s'y trouvait. Il se transforme en un nuage de vapeur. Le « souffle » de la baleine bleue peut s'élever à 9 m.

La gueule des baleines à fanons peut s'ouvrir très grand. Celles-ci avalent ainsi d'énormes quantités d'eau et de plancton.

Des sauts étonnants
Malgré ses 60 t et ses 19 m de long, la jubarte peut faire de grands sauts hors de l'eau et même exécuter une sorte de saut périlleux arrière !

À la trappe !
Les fanons sont de minces lames suspendues de chaque côté du palais. Ils servent de filtre : l'eau passe au travers, le krill et les poissons restent dans la bouche.

La narine d'un cétacé s'appelle un évent. Lorsqu'une baleine dort, celui-ci pointe toujours au-dessus de la surface de l'eau.

Les jubartes sont célèbres pour leur « chant ». Leurs gémissements, grognements, cris et rugissements se propagent sous les flots et remontent parfois à la surface.

Cétacés à fanons, ou mysticètes

Baleine grise

Rorqual boréal

Baleine du Groenland

Cétacés à dents, ou odontocètes

Béluga

Narval

Cachalot

Dinosaure et rorqual
Le rorqual bleu est le plus gros animal existant. Il peut mesurer 33 m de long et peser 120 t.

Tyrannosaure

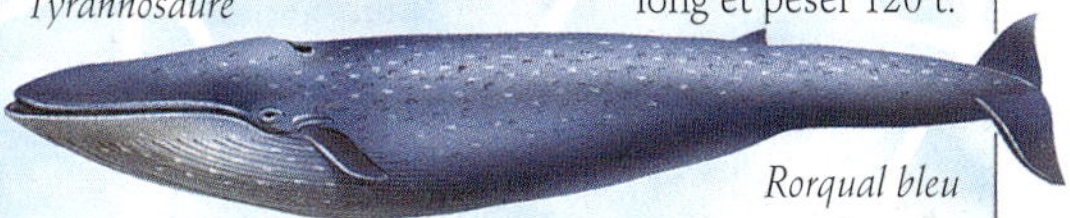

Rorqual bleu

LES DAUPHINS

Les dauphins sont des cétacés à dents, communs dans les mers du monde entier. Ces mammifères très joueurs, au corps aérodynamique, passent pour être aussi intelligents que les hommes, dont ils sont d'ailleurs les amis. Ne dit-on pas que certains ont sauvé des marins perdus en mer ? Ils communiquent entre eux par des sifflements et des clics ultrasoniques. Ces excellents nageurs peuvent descendre jusqu'à plus de 200 m de fond et rester sous l'eau pendant environ 8 min.

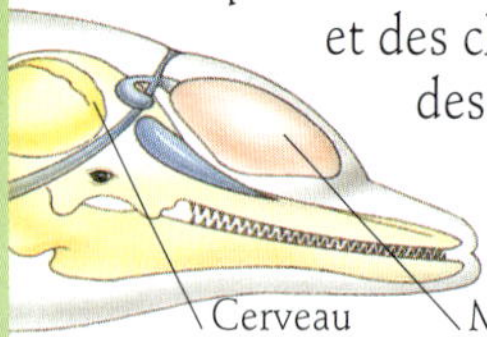

Les dauphins n'ont pas besoin de boire. Les poissons et les calmars qu'ils mangent leur fournissent l'eau dont ils ont besoin.

En raison de la forme de sa tête le dauphin semble avoir toujours le sourire.

Écholocation
Le melon, de substance huileuse, émet des clics ultrasoniques qui reviennent à leur point de départ après avoir heurté quelque chose. L'écho renseigne le dauphin sur la taille d'une proie éventuelle.

Quel sourire !
Dans la bouche du dauphin, il y a plus de 100 dents pointues d'environ 8 mm de long.

Sur la vague
Une grosse vague se crée à l'avant des bateaux. Les dauphins adorent nager là. Comme les amateurs de surf, ils « prennent » la vague qui les porte en avant, sur la mer.

Les dauphins ont un long museau, appelé bec.

Vie de famille

Les dauphins vivent en bandes de 20 à 400 individus. Les jeunes restent avec leur mère de nombreuses années. Ils apprennent à attraper les poissons, à échanger des signaux sonores et à échapper aux requins.

Les dauphins, comme tous les cétacés à dents, ont seulement un évent. Les baleines à fanons ont deux naseaux.

Les tursiops sont très joueurs. Ils aiment faire des bonds hors de l'eau.

Nageoire caudale

Tout comme tu as une voix bien personnelle, chaque dauphin a un sifflement particulier, que les autres dauphins reconnaissent.

Les delphinidés

Le plus gros des dauphins

Les épaulards mesurent jusqu'à 9 m de long. Celui-ci pourchasse une otarie pour la manger.

LES PHOQUES

Les phoques et les autres pinnipèdes sont des mammifères à sang chaud, c'est-à-dire qu'ils maintiennent leur température constante grâce à des mécanismes de régulation interne. Ils nagent dans des eaux souvent très froides et, pour s'isoler du froid, ils sont dotés d'une fourrure serrée et d'une épaisse couche de graisse. Quand ils se retrouvent dans des eaux plus chaudes, il leur arrive d'agiter leurs nageoires pour se refroidir ! Ils vivent dans l'eau mais, pour se reproduire, ils s'établissent en colonies sur les côtes.

Des boules de fourrure
Les bébés phoques naissent à terre. Pendar quelques semaines, ils sont couverts d'une douce fourrure blanche

Tous les pinnipèdes ont une bonne ouïe, mais seuls les lions de mer et les morses ont des pavillons auriculaires. Le phoque n'a que deux petits trous.

Lorsqu'il plonge, le phoque ferme son nez, sa bouche et ses oreilles.

Les moustaches du phoque, ou vibrisses, décèlent les vibrations de l'eau provoquées par des proies : poissons, calmars, pieuvres et mollusques.

Quel tas !
Lorsque les morses viennent sur les plages, ils s'entassent souvent les uns sur les autres pour se tenir chaud.

En avant !
Les otaries sont habiles à se déplacer sur terre. En repliant vers l'avant leurs nageoires postérieures, elles marchent, et même, courent ! Les phoques ne peuvent pas se mouvoir de la sorte : ils rampent donc lorsqu'ils quittent l'eau.

Les pinnipèdes
Cet ordre se divise en trois genres :

Phoque gris

Phoques à fourrure

Éléphant de mer

Grâce à son corps fuselé, le phoque peut s'éloigner à grande vitesse de ses prédateurs : les épaulards et les ours polaires.

La couche de graisse est épaisse de 7 à 10 cm.

Mangeurs de phoques
Les léopards de mer sont féroces. Ils sautent hors de l'eau et, sur la glace, attrapent les pingouins et les phoques.

Le phoque mesure moins de 2 m de long. L'éléphant de mer, lui, peut faire 6 m, autrement dit, il est plus long qu'une girafe n'est haute.

Les phoques à fourrure se propulsent dans l'eau en agitant de haut en bas leurs nageoires postérieures.

Otaries à oreilles

Éléphant de mer du Nord

Otarie de Californie

Morses

Les morses mâles se battent en utilisant leurs défenses.

LES INSECTES ET LES ARAIGNÉES

Il y a des millions d'années, bien avant l'arrivée des dinosaures, des insectes vivaient sur la Terre. Les scientifiques en ont déjà identifié plus de un million de variétés ; pourtant, une multitude d'autres restent encore à découvrir. Tous les insectes débutent leur vie dans un œuf, et la plupart passent par un stade larvaire. Leur corps est divisé en trois parties : la tête, le thorax et l'abdomen. Les adultes ont six pattes et presque tous ont des ailes. Les araignées ne sont pas des insectes : ce sont des arachnides. À la différence des insectes, elles ont huit pattes et leur tête et leur thorax ne font qu'un. Les araignées mangent les insectes. Les araignées et les insectes vivent en général cachés, passant inaperçus dans les sous-bois, les jardins et les forêts ; quelquefois, il leur arrive d'habiter nos maisons.

Épeire (dite araignée des jardins)

Libellule

Abeille

Paon de jour

Chenille du paon de jour

Longicornes du cactus

Fourmis rouges

Sauterelle

Mouche commune

LES MOUCHES

Les mouches sont des insectes que nous connaissons bien et qui, souvent, nous gênent. Elles vrombissent à nos oreilles, se promènent sur nos aliments et transmettent des maladies. Aussi les considérons-nous comme des insectes nuisibles. Pourtant, les mouches ont aussi leur utilité : elles fécondent ou pollinisent les végétaux en transportant le pollen et servent de nourriture à de nombreux animaux. Leurs larves sont les asticots, qui recyclent la matière organique dans le sol.

L'envol d'un syrphe

Des sens aiguisés
Les mouches ont des sens très développés. Elles voient remarquablement bien et ont un goût et un odorat très sensibles.

Des yeux composés
L'œil de la mouche est formé de milliers de cristallins (l'œil humain n'en a qu'un) qui ne perçoivent chacun qu'un fragment d'image. La mouche reçoit donc une image composée.

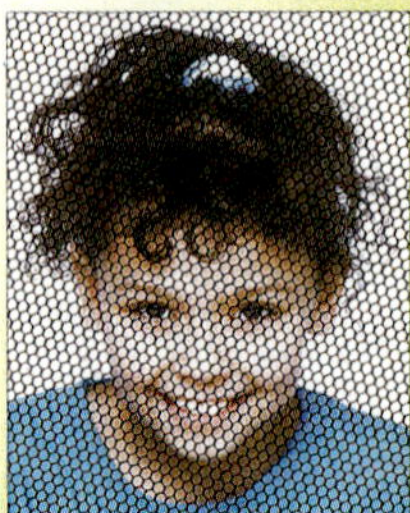

Avec leurs deux gros yeux composés, les mouches distinguent bien les formes et les couleurs.

De nombreuses mouches, comme la mouche domestique, ont de courtes antennes.

Les mouches aspirent les aliments liquides. Elles décomposent les aliments solides en les imbibant de salive, puis elles les aspirent.

La trompe de la mouche se termine par deux coussinets qui ressemblent à des lèvres.

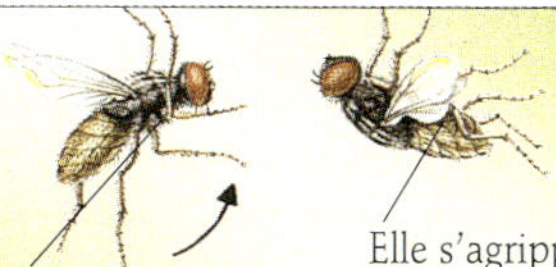

En se posant, elle lève ses pattes antérieures au-dessus de sa tête.

Elle s'agrippe au plafond avec ses pattes, bascule le corps et marche la tête en bas.

Marcher au plafond
Les pattes des mouches se terminent par des griffes qui leur permettent de s'agripper au plafond. Elles sont également dotées de ventouses qui adhèrent parfaitement aux surfaces lisses.

Mydas d'Amérique du Sud

Asilidé

Volucelle

Diopsis

Hippobosque

Tipule

Il existe environ 10 000 espèces de tipules. Elles ont des pattes très longues et grêles et ne piquent pas, contrairement aux moustiques.

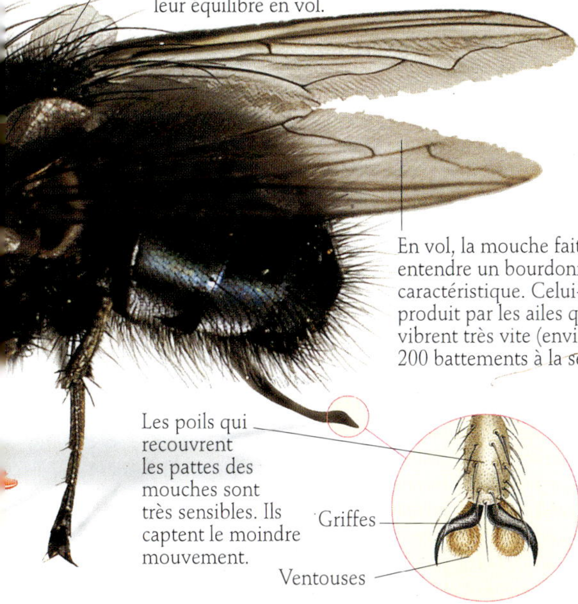

Les mouches n'ont pas d'ailes postérieures. Celles-ci sont remplacées par des organes ressemblant à des baguettes de tambour et appelés balanciers. Ils permettent aux mouches de maintenir leur équilibre en vol.

En vol, la mouche fait entendre un bourdonnement caractéristique. Celui-ci est produit par les ailes qui vibrent très vite (environ 200 battements à la seconde).

Les poils qui recouvrent les pattes des mouches sont très sensibles. Ils captent le moindre mouvement.

LES COLÉOPTÈRES

De tous les animaux, les coléoptères sont ceux qui comptent le plus grand nombre d'espèces différentes. Il en existe plus de 300 000. Ils se sont adaptés aux modes de vie les plus divers et ont envahi tous les milieux capables d'héberger des êtres vivants. Beaucoup sont herbivores, mais quelques-uns dévorent les autres insectes. Certaines espèces attaquent les cultures. La plupart des coléoptères sont pourtant utiles : ils mangent des cadavres d'animaux et des matières végétales en décomposition, et détruisent de nombreux insectes dévastateurs de cultures.

Prêt à se battre
Telle une armure, la carapace protège le coléoptère.

Prête à voler
La coccinelle vole, ce qui n'est pas le cas de tous les coléoptères. Elle se sert de ses ailes postérieures pour voler.

Le combat
Ces deux adversaires sont des lucanes cerfs-volants. Les mâles peuvent mesurer jusqu'à 8 cm de long et sont pourvus de mandibules qui ressemblent aux bois des cerfs. Comme ces derniers, ils s'en servent pour se battre et défendre leur territoire.

Les élytres, noirs et durs, protègent les ailes postérieures fragiles.

Avec ses griffes, le lucane cerf-volant s'agrippe au sol.

Petits et grands
Les ptiliides sont les plus petits insectes connus. Ils sont si petits qu'ils peuvent se poser sur la tête d'une épingle. Le plus grand des coléoptères est le dynaste hercule, qui peut mesurer jusqu'à 17 cm de long. Malgré sa taille impressionnante, cet insecte est inoffensif. Sa larve se nourrit de bois et ressemble à un énorme ver blanc.

Quelques coléoptères

Staphylin

Casside

Charançon-girafe

En cas de danger, il émet un nuage chimique accompagné d'un bruit d'explosion.

Bombardier

Qui brille la nuit ?
Les vers luisants ne sont pas des vers, mais des coléoptères. La nuit, grâce à une substance chimique particulière qui les rend phosphorescentes, les femelles émettent des signaux lumineux pour attirer les mâles.

L'un des lucanes cerfs-volants enserre son adversaire avec ses mandibules et le soulève en l'air.

Grosses mandibules

Palpes (organes servant à tâter les aliments)

Pilules d'excréments
Les bousiers, pour nourrir leurs larves, ramassent des excréments d'animaux, qu'ils transforment en pilules. Ils les roulent au fond de leur nid souterrain et déposent leurs œufs au milieu. Lorsque les larves éclosent, elles ont tout ce qu'il faut pour se nourrir, jusqu'au jour où elles ont atteint l'âge adulte.

Réserve de pilules

LES CHENILLES

Les chenilles ne sont jamais rassasiées : elles passent leur temps à grignoter des feuilles, mais beaucoup d'entre elles ne dévorent que l'espèce végétale sur laquelle l'œuf a été déposé. Les chenilles sont les larves des papillons. Elles sortent des œufs que les papillons femelles déposent sur les plantes. Comme elles mangent sans cesse, elles grossissent rapidement, jusqu'à ce qu'elles soient prêtes à se métamorphoser en un gracieux papillon.

Peau neuve
Leur peau n'est pas extensible. Quand elle devient trop petite, la chenille s'en débarrasse. Dessous se trouve une nouvelle peau, plus grande, que la chenille gardera jusqu'à la prochaine mue.

Éclosion
La femelle dépose ses œufs sur l'envers d'une feuille.

L'œuf devient de plus en plus sombre, au fur et à mesure que la chenille s'y développe.

La chenille mange une partie de la coquille et sort de l'œuf.

Les chenilles produisent de la soie grâce à des glandes spéciales ; celle-ci sort par un trou nommé filière, situé sous la tête.

Pour se déplacer et s'agripper aux feuilles, la chenille utilise ses trois paires de pattes antérieures, ou pattes thoraciques.

Les chenilles ont 12 petits yeux simples nommés stemmates.

Les chenilles sont dotées de deux puissantes mâchoires appelées mandibules.

Les chenilles tâtent les aliments et les portent à leur bouche avec de petits organes appelés palpes maxillaires.

Le corps des chenilles compte 13 segments.

La coquille constitue une excellente nourriture pour le premier repas de la chenille.

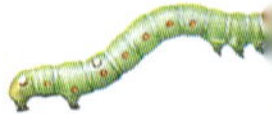

De curieuses chenilles

Certaines chenilles sont recouvertes de poils, d'autres ont des épines.

Chenille de l'écaille

Chenille de la piéride du chou

Chenille du paon de nuit

Chenille de la queue-fourchue

Comme la plupart des insectes, les chenilles respirent par des orifices spéciaux, les stigmates.

Les chenilles ont cinq paires de pattes postérieures, en forme de ventouses, nommées fausses pattes. Celles-ci leur permettent de s'agripper aux tiges.

Les vers à soie

La plus belle soie est produite par la chenille du bombyx du mûrier, que l'on élève depuis plus de 5 000 ans. Pendant longtemps, seuls les Chinois en connurent le secret.

Chaque cocon fournit de 300 à 1 500 m de fil. La soie est ensuite transformée en fils plus gros, puis en étoffes.

Se camoufler pour survivre

Les chenilles de certains sphinx ressemblent à un serpent venimeux ; celles du staurope, à une pince de homard, et celles de quelques porte-queue, à une feuille morte. D'autres projettent un liquide corrosif pour se défendre.

Sphinx

Staurope

Porte-queue

Un cocon douillet

Les chenilles des papillons de nuit tissent, avec la soie qu'elles sécrètent, un cocon à l'intérieur duquel elles subissent des changements très importants.

LES PAPILLONS DE JOUR

Les papillons de jour comptent certainement parmi les plus beaux des insectes. Il est difficile d'imaginer qu'une grosse chenille qui se déplace en rampant puisse devenir une gracieuse créature qui virevolte dans les airs ! Et pourtant, dès que la chenille s'est transformée en chrysalide, tous ses organes commencent à subir des changements très importants. Après un mois de métamorphose, un papillon se dégage délicatement de la chrysalide.

Réveille-toi !
Le papillon sort de la chrysalide en 3 temps. Au cours de cette opération, il est une proie facile pour les oiseaux et les araignées.

1. C'est un magnifique papillon qui sort de la chrysalide, les ailes recroquevillées. Le porte-queue européen représenté ici porte le nom de machaon.

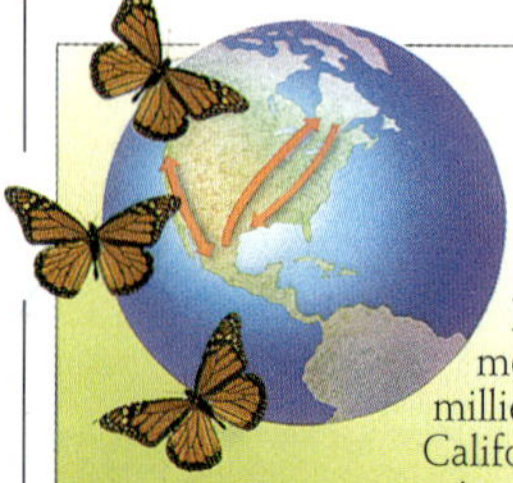

Les monarques
La plupart des papillons naissent, vivent et meurent au même endroit. Mais, à l'approche de l'hiver, les papillons appelés monarques migrent par milliers vers le sud de la Californie et le Mexique. Au printemps, ils entreprennent le voyage de retour vers le nord.

Atterrissage réussi
Ce souci se pose sans difficulté sur un chardon. Les papillons contrôlent parfaitement leur vol : ils peuvent changer brusquement de direction et se poser où ils veulent.

Les papillons aspirent les aliments avec leur trompe. Au repos, elle est enroulée.

Les antennes des papillons de jour se terminent par une massue.

2. Le papillon doit rester immobile quelques heures, le temps que le sang irrigue ses ailes. Une fois ses ailes dépliées, il les ouvre pour les faire sécher.

Bien caché
Pour échapper aux oiseaux, il faut se confondre avec le milieu environnant. Les ailes des kallimas, déployées, ont des taches orange vif, mais, lorsqu'elles sont repliées, les kallimas ressemblent à des feuilles mortes. Il devient alors difficile de les repérer sur une branche d'arbre.

Ailes ouvertes

Ailes fermées

3. Dès que ses ailes sont sèches, le papillon est prêt à s'envoler à la recherche de nectar.

Des couleurs éclatantes

Ornithoptère (mâle)

Porte-queue

Callicore

Des ailes couvertes d'écailles
Les ailes des papillons sont couvertes de minuscules écailles, qui se chevauchent comme les tuiles d'un toit. Elles sont souvent de couleurs vives, soit pour attirer un partenaire, soit pour signaler aux prédateurs que le papillon n'est pas comestible.

Morpho (mâle)

LES PAPILLONS DE NUIT

Sur 165 000 espèces de papillons connues, 140 000 sont des papillons de nuit. La plupart vivent dans les régions tempérées et surtout tropicales. Grâce à leur ouïe et à leur odorat très développés, ils sont bien adaptés à la vie nocturne : ils se dirigent facilement dans l'obscurité, mais sont aveuglés par la lumière, bien qu'elle les attire. Pendant le jour, ils dorment. Comme ils sont souvent de la même couleur que les troncs d'arbres et les feuilles, les oiseaux et les lézards – qui sont leurs ennemis naturels – ont du mal à les repérer.

Les papillons de nuit ont des antennes filiformes. Elles servent à détecter le nectar ou la présence d'autres papillons.

Ailes au repos

On distingue un papillon de jour d'un papillon de nuit à leurs ailes au repos. Les premiers replient leurs ailes à la verticale, les seconds les rabattent à plat sur le dos.

Nymphale (papillon de jour)

Écaille tigrée (papillon de nuit)

La thysanie gigantesque est le plus grand des papillons de nuit. Ailes déployées, elle mesure jusqu'à 30 cm de large.

Les papillons de nuit ont un corps épais et trapu.

Les ailes sont fixées l'une à l'autre par une sorte de minuscule crochet.

Défense passive

Pour effrayer leurs ennemis, certains papillons de nuit ont, sur leurs ailes, des dessins inquiétants. Ainsi, les yeux de hibou sur les ailes du grand paon de nuit dissuadent les oiseaux de s'attaquer à lui. L'autre moyen de défense reste la fuite !

Papillons de nuit qui volent aussi le jour

Castiniide colombienne

Noctuelle malgache

Sphinx de la vigne vierge

Uranie

Étrange repas

Certaines pyraustines ont une façon de se nourrir tout à fait surprenante. Avec leur longue trompe, elles aspirent les larmes de certains animaux, comme les vaches et les buffles, mais sans leur faire mal à l'œil.

Le sang circulant dans les nervures des ailes permet au papillon de régler sa température interne.

Cherchez le papillon !

La couleur, la forme et les dessins des ailes de ce géomètre de Bornéo imitent à la perfection le lichen qui pousse sur les troncs d'arbres.

LES FOURMIS

Les fourmis vivent en colonies dans des nids qui ressemblent à de véritables villes souterraines. Une seule fourmilière peut abriter jusqu'à 500 000 fourmis. La plupart sont des femelles qui travaillent : on les appelle les ouvrières. Elles construisent et réparent le nid, tandis que des « fourmis soldats » en gardent l'entrée. D'autres amassent de la nourriture pour les larves et pour la reine. Celle-ci est très grosse et pond des millions d'œufs. La survie de la fourmilière dépend d'elle.

Des couturières
Les fourmis tisserandes construisent leur nid dans les arbres. Elles cousent ensemble des feuilles avec un fil de soie collant sécrété par leurs larves. La reine vit à l'abri à l'intérieur de ce nid de feuilles.

En cas de danger, certaines fourmis émettent une substance chimique à l'odeur nauséabonde.

Les fourmis ont de puissantes mâchoires, ou mandibules, pour broyer les aliments. Leur bouche est juste en dessous.

Les antennes des fourmis renferment des « messages » chimiques que les fourmis se transmettent en se touchant avec leurs antennes.

Les fourmis se déplacent très vite grâce à leurs longues pattes.

Culture de champignons
Les fourmis-parasols découpent des feuilles et les rapportent dans le nid. Les fourmis mangent ensuite les champignons qui ont poussé sur ces feuilles alors flétries.

Une armée en marche

Les fourmis chasseuses, ou légionnaires, se trouvent en Amérique du Sud et en Afrique. Ce sont de redoutables insectes. Elles tuent et dévorent tout ce qui se trouve sur leur passage. Ici, elles prennent d'assaut un nid de guêpes.

Garde-manger vivants

Les fourmis pots-de-miel sont des ouvrières dont le seul travail consiste à se nourrir continuellement de nectar. Lorsqu'elles ont faim, les autres ouvrières viennent aspirer le nectar qui remplit leur énorme abdomen.

Des fourmis actives

Fourmi rouge

Fourmi noire

Fourmi moissonneuse

Fourmi rousse

Dinoponère, la plus grande des fourmis

À l'intérieur d'une fourmilière

Pour que la fourmilière fonctionne bien, les fourmis se répartissent les tâches et travaillent sans cesse.

La reine pond ses œufs dans la chambre royale.

Soldat défendant l'entrée

Fourmi broyant des graines

Des ouvrières aptères (sans ailes) s'occupent des larves.

Un réseau de galeries relie les chambres de la fourmilière.

LES CRIQUETS

Les criquets font des sauts impressionnants et émettent un son étrange appelé stridulation. Il en existe dans le monde plusieurs milliers d'espèces. Les criquets sont végétariens. Habituellement, ils vivent en solitaires. Mais, dans certaines conditions de climat et de surpopulation, l'apparence physique et le comportement de certaines espèces changent : leur taille s'accroît et leurs couleurs deviennent plus vives. Ils se rassemblent par millions et forment un essaim. C'est notamment le cas des criquets migrateur et pèlerin.

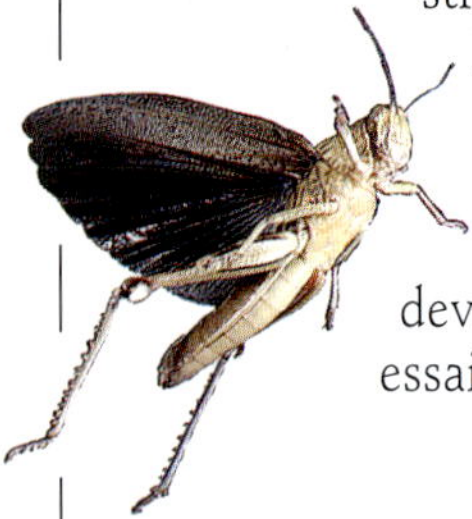

Grâce à ses longues pattes postérieures, le criquet ensanglanté peut faire des bonds de plus de 1 m.

Les pattes du criquet sont hérissées de piquants. Il peut ainsi se défendre contre ses ennemis.

Les criquets voient et entendent remarquablement bien.

Les criquets sont souvent de la même couleur que le milieu dans lequel ils vivent.

Des dons musicaux

Le criquet stridule en se servant de son corps comme d'un violon. Avec la face interne de ses cuisses, il frotte une grosse nervure saillante de ses élytres. La sauterelle et le grillon produisent des sons en frottant leurs ailes l'une contre l'autre. L'une porte une grosse nervure appelée râpe stridulatoire ; l'autre, une arête appelée archet. Ils frottent la râpe sur l'archet.

Cousins musiciens

Comme les criquets, les sauterelles sont des orthoptères. Mais elles ont des antennes plus longues et mangent des insectes.

Métamorphose

Grâce à son abdomen, la femelle fore dans le sable une galerie au fond de laquelle elle dépose une centaine d'œufs. Ils s'y développent en toute sécurité. Les nouveau-nés, appelés juvéniles, remontent à la surface. Avant d'atteindre leur taille adulte, ils muent, c'est-à-dire qu'ils changent de peau, entre trois et cinq fois. Lors de la dernière mue, leurs ailes atteignent leur taille maximale.

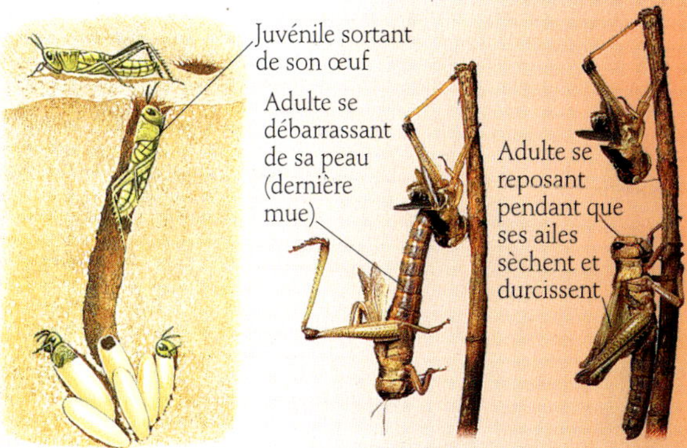

Régions habitées par les criquets migrateurs

Des insectes envahissants

Lors de pluies abondantes dans des régions chaudes et arides, la végétation se développe rapidement. La nourriture devenant exubérante, les criquets pullulent par milliers. Ces énormes concentrations d'individus produisent un effet de stress. Ils s'envolent alors à la recherche de nourriture, formant d'immenses nuées qui s'abattent sur les cultures. En 2 jours, un criquet adulte absorbe l'équivalent de son poids !

De curieux parents des criquets

Ces insectes aux formes étranges sont difficiles à repérer. En effet, ils se confondent à s'y méprendre avec les feuilles et les brindilles.

Phyllie

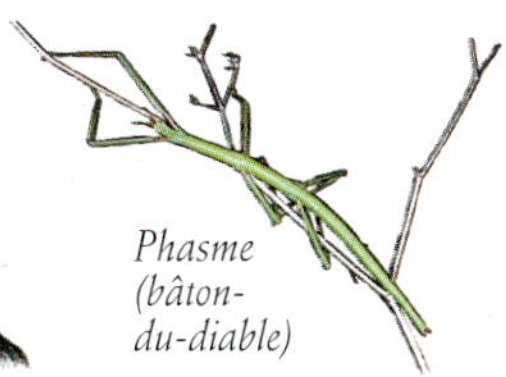

Phasme (bâton-du-diable)

Mante religieuse

LES ABEILLES

Bourdon

Au cours du printemps et de l'été, les abeilles amassent la nourriture nécessaire pour passer l'hiver. Il existe des milliers d'espèces d'abeilles. Beaucoup d'entre elles sont solitaires. D'autres, telle l'abeille mellifère, vivent en société dans de grands nids appelés ruches. Si un insecte d'une autre espèce, attiré par l'odeur de miel, essaie d'entrer dans la ruche, il est aussitôt chassé à coups d'aiguillon.

Le nid
Le nid de certaines abeilles est fait de feuilles mâchées, de boue et de poils d'animaux.

Les ruches
Les ruches construites par l'homme sont souvent placées dans les vergers pour que les abeilles féconden les arbres.

Lorsque l'abeille vole de fleur en fleur, une poudre jaune, appelée pollen, s'accroche à ses poils. L'abeille transporte le pollen jusqu'à la ruche, où il est transformé en nourriture.

Cette abeille mellifère boit un liquide sucré qui se trouve dans la fleur, le nectar. Elle l'aspire avec sa trompe.

Les abeilles contribuent à la fécondation des fleurs, ou pollinisation, en transportant le pollen de fleur en fleur.

L'abeille porte un aiguillon à l'extrémité de son abdomen.

.a vie dans la ruche
)ans la ruche, les abeilles
tockent le miel dans un rayon
ormé de milliers d'alvéoles
ecouverts de cire. Pendant
'hiver, elles puisent dans leurs
éserves de miel.

Une grande ruche peut abriter jusqu'à 50 000 abeilles.

Les abeilles ouvrières s'occupent des jeunes et transforment le nectar en une substance sucrée que nous appelons miel.

Quelques abeilles

Abeille à miel d'Afrique

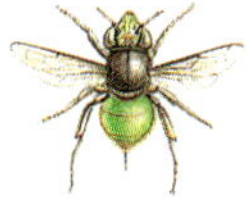

Abeille des orchidées

Abeille parasite

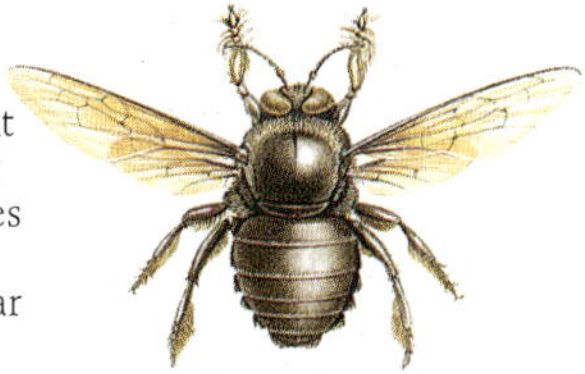

Xylocope d'Asie

La danse des abeilles
Dès que les ouvrières découvrent de la nourriture, elles se mettent à danser devant les autres abeilles en décrivant des huit. L'angle de la branche centrale du « huit » par rapport à la position du soleil dans le ciel indique aux abeilles où se trouve la nourriture.

.a reine
l n'y a qu'une reine par ruche. Elle
'accouple avec le mâle appelé faux
ourdon. Elle est la seule à pondre
les œufs : de 1 500 à 3 000 par jour.
:n été, les jeunes reines quittent la
uche, emmenant avec
lles des ouvrières
our créer de
ouvelles
olonies.

Gelée royale
Les abeilles sécrètent de la gelée royale, riche en sucre, en protéines et en vitamines. Elle constitue pour les larves la nourriture exclusive pendant les premiers jours de leur vie ; elle est le seul aliment donné en abondance aux larves royales et à la reine. La gelée royale est utilisée pour fabriquer des comprimés vitaminés, ainsi que des cosmétiques, savons ou crèmes.

Produits à base de gelée royale

LES LIBELLULES

Parmi les insectes volants, aucun ne peut rivaliser avec les libellules. Des millions d'années avant notre ère, certaines atteignaient 70 cm d'envergure. Aujourd'hui, elles ne mesurent plus que quelques centimètres mais figurent toujours parmi les insectes les plus grands. Les larves se développent dans l'eau ; elles en sortent pour se métamorphoser en adultes. Les libellules sont très rapides et volent à une vitesse qui peut atteindre 56 km/h. Leurs principaux prédateurs sont les oiseaux.

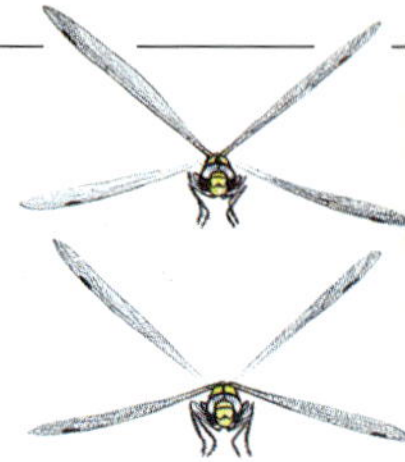

Des ailes puissantes
Les muscles qui actionnent la base des ailes des libellules sont très puissants. En vol, les ailes forment un X et battent à toute vitesse.

Danses
Pendant la période de reproduction, les mâles « dansent » dans les airs pour attirer les femelles.

Libellules accouplées

La ponte
Lorsque la femelle est prête à pondre, elle plonge son abdomen dans l'eau. Les œufs s'enfoncent en profondeur.

Les libellules planent, car leurs deux paires d'ailes peuvent battre séparément.

Les libellules ont une excellente vue. Leurs deux gros yeux ont jusqu'à 30 000 facettes, ou ommatidies.

Les soies de ses pattes antérieures l'aident à attraper ses proies en vol.

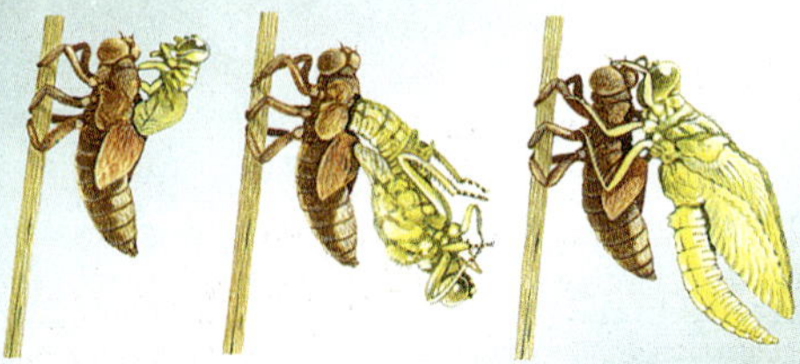

Métamorphose
Lorsque sa croissance est terminée, la larve sort de l'eau. Sa peau enveloppant la larve se déchire, et la libellule apparaît : d'abord la tête, puis le thorax et les pattes, enfin les ailes.

Une vie éphémère

Les demoiselles et les éphémères sont apparentés aux libellules. Ils passent la majeure partie de leur vie dans l'eau sous forme de larves. Une fois adultes, ils vivent une journée environ et doivent assurer sans tarder la descendance de l'espèce.

Éphémère (mouche de mai)

Demoiselle (caloptéryx éclatant)

Quelques libellules

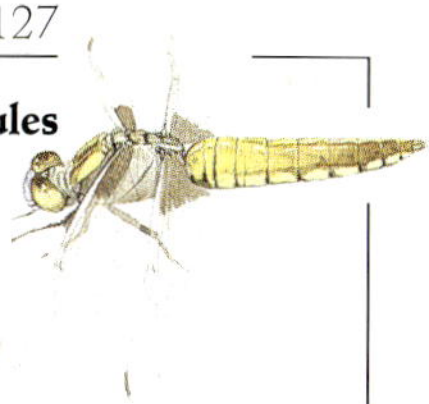

Libellule déprimée

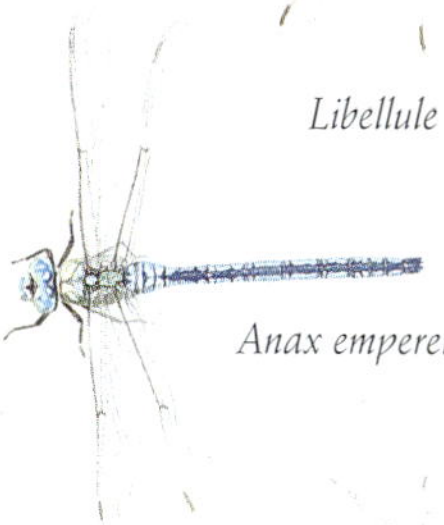

Anax empereur

Gomphe vulgaire

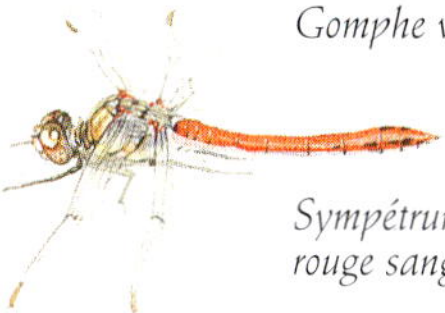

Sympétrum rouge sang

Au repos, les ailes des libellules sont grandes ouvertes.

Les libellules sont généralement très colorées. Leur corps est long et élancé.

LES ARAIGNÉES TISSEUSES

Les araignées se distinguent des insectes à plus d'un titre. Elles appartiennent à une classe différente, celle des arachnides. Contrairement aux insectes, leur tête et leur thorax sont soudés. Elles ont quatre paires de pattes ambulatoires et n'ont pas d'antennes. Elles sont toutes carnivores. Certaines araignées tissent des toiles pour capturer leurs proies. L'observation d'une toile permet souvent d'identifier l'araignée qui l'a construite.

Des provisions
Lorsqu'une araignée capture un insecte sans avoir faim, elle ne le tue pas, mais lui injecte un poison. Puis elle l'enveloppe dans de la soie et le garde pour plus tard.

Un peu de voltige
Pour se déplacer, les araignées choisissent la voie des airs. Bien que n'ayant pas d'ailes, elles sont capables de voler. Elles sécrètent un fil de soie avec lequel elles se déplacent, comme un cerf-volant.

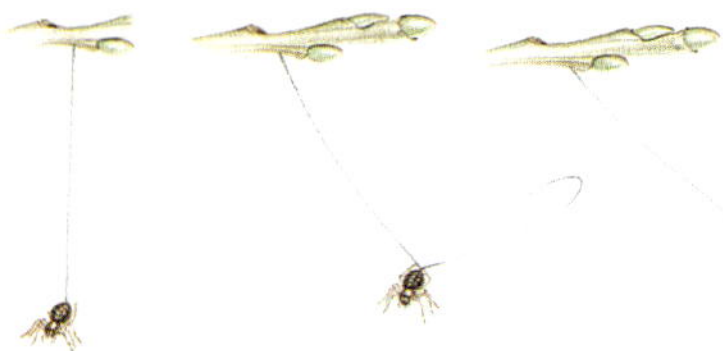

La jeune araignée se suspend à un long fil.

Elle fait une boucle qui se balance sous l'action du vent.

Lorsqu'elle est prête à s'envoler, elle coupe le fil.

Les araignées n'ont pas d'os. Leur tête et leur thorax sont protégés par un tégument rigide.

La soie sort par des trous nommés filières, situés à l'extrémité de l'abdomen.

L'abdomen, en forr de sac, abrite le cœ les poumons, les glandes produisant la soie et les organe reproducteurs.

Pris au piège
Les insectes se dirigent et trouvent leur nourriture grâce aux rayons ultraviolets. Or les toiles d'araignée réfléchissent ces rayons et attirent ainsi les insectes.

Prête à attaquer
L'atrax (Australie) est une des araignées les plus venimeuses. Elle est ici en position d'attaque. Quand elle attrape une proie, elle la tue en lui injectant du venin avec ses crochets, appelés chélicères. L'atrax dissout les entrailles de l'insecte avec ses sucs digestifs pour pouvoir ensuite les aspirer.

Les araignées et leurs toiles

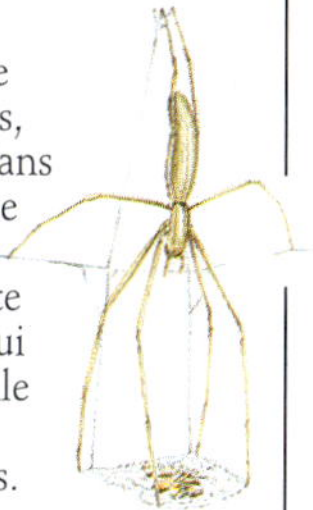

L'araignée rétiaire vit dans les arbres, le plus souvent dans la jungle. Elle tisse une sorte de filet gluant qu'elle jette sur les insectes qui passent devant elle et dans lequel ils sont emprisonnés.

L'argyronète tisse sous l'eau une toile en forme de cloche qu'elle remplit d'air. Elle se déplace à l'intérieur de cette cloche.

La toile de l'épeire fasciée ressemble à une cible. Cette araignée met environ une heure pour la tisser.

La femelle de l'atype brun de poix vit cachée dans une poche en soie. Lorsqu'un insecte se pose sur la poche, l'araignée le poignarde à travers la soie et l'entraîne sous terre, où elle le dévore.

La plupart des araignées tisseuses ont huit yeux simples, ou ocelles. Mais elles ne voient pas très bien.

Les araignées possèdent deux appendices, ou pédipalpes, situés de part et d'autre de la bouche, avec lesquels elles attrapent leurs proies.

Les araignées ont huit pattes.

Bien que les araignées n'aient pas d'oreilles, elles perçoivent ce qui se passe autour d'elles grâce à leurs toiles. Celles-ci sont extrêmement sensibles aux vibrations de l'air.

Tissage de la toile
Le tissage d'une toile est un travail long et délicat. Une araignée ne tisse une nouvelle toile que lorsque l'ancienne est abîmée.

LES ARAIGNÉES CHASSEUSES

Les araignées chasseuses n'ont pas besoin de tisser une toile pour capturer leurs proies. Elles arpentent leur territoire, prêtes à se jeter sur un insecte, ou se cachent dans un trou et attendent leur proie. Contrairement aux tisseuses, les chasseuses ont des pattes puissantes qui leur permettent de sauter ; elles voient très bien et repèrent ainsi facilement leurs proies. Certaines, comme les mygales, peuvent se passer de nourriture pendant plusieurs semaines, voire plusieurs mois.

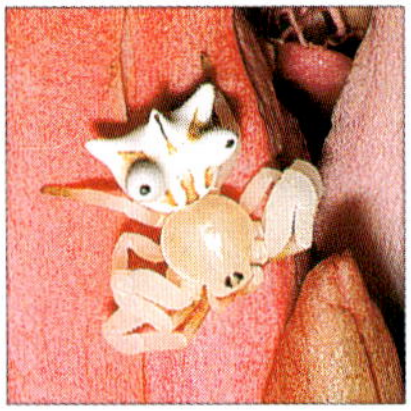

La mygale chilienne est la plus grande chasseuse. Elle mesure plus de 12 cm de long. Elle chasse la nuit et se nourrit de souris et d'oiseaux.

Une araignée chasseuse a huit yeux simples sur le devant de la tête. Aussi peut-elle voir dans toutes les directions en bougeant à peine la tête.

Les poils recouvrant le corps des araignées sont très sensibles aux vibrations que produit un insecte en mouvement.

Avec ses pattes puissantes, l'araignée creuse de gros trous.

Guet-apens

Après avoir creusé un terrier profond avec ses puissantes mâchoires, la cténize construit une trappe à l'entrée de ce trou. Puis elle s'y cache, prête à bondir dès qu'un insecte imprudent s'aventure dans les parages. Si aucun ne se présente, elle sort la nuit pour chasser. Quand elle rentre dans son terrier, elle referme la trappe avec ses pattes.

À l'affût

Les araignées qui chassent leur proie à la course ont une excellente vue pour repérer leur future victime et sont capables de calculer la longueur exacte du saut qu'elles doivent faire tout en pourchassant leur victime.

Rapides comme l'éclair

Les lycoses chassent le jour. Cette lycose d'Australie est à l'affût à l'entrée de son tunnel tapissé de soie, prête à s'élancer à la poursuite de sa victime.

Cloué au sol

Lorsqu'elles ont faim et qu'elles repèrent un insecte, les araignées cracheuses émettent avec leurs crochets, ou chélicères, un brouillard toxique et collant. L'insecte se retrouve englué au sol jusqu'à ce que l'araignée vienne le manger.

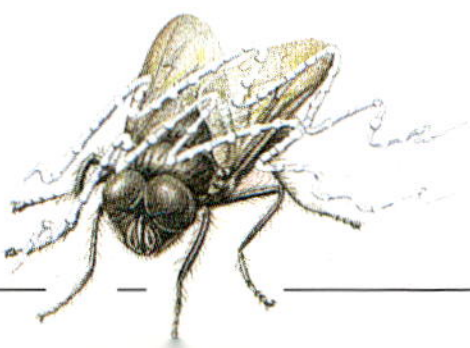

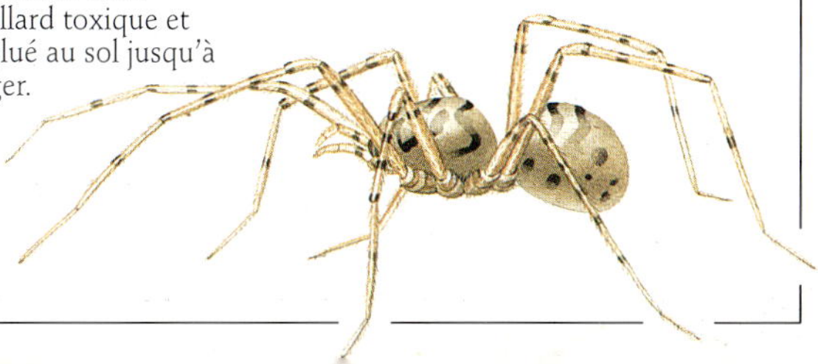

Quelques araignées chasseuses

Araignée vagabonde du Brésil

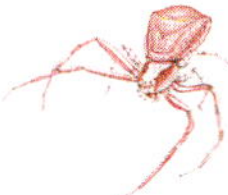

Thomise (araignée-crabe)

Dolomède

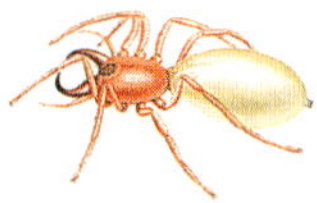

Dysdère

LES DINOSAURES

Tu auras beau voyager dans les pays les plus lointains, tu ne verras jamais de dinosaure vivant. Aucun être humain n'en a jamais vu : en effet, ils ont disparu il y a environ 65 millions d'années, bien avant l'apparition des premiers hommes. Des squelettes de dinosaures et des dinosaures reconstitués en taille réelle peuvent nous aider à imaginer l'apparence de ces animaux incroyables. Nous savons que les dinosaures étaient ovipares et qu'ils arrivaient à leur taille adulte en quelques années seulement. Les scientifiques pensent que certains vivaient comme nous, en famille, et que les adultes prenaient soin de leurs petits. Certains dinosaures avaient un cerveau minuscule ; d'autres, au cerveau plus développé, étaient assez intelligents pour chasser en groupes.

Les dinosaures ont été les plus grands animaux terrestres de tous les temps, et ils ne ressemblaient à rien de ce qui existe dans le monde vivant aujourd'hui.

Tête de tyrannosaure

Croissance d'un maiasaura

Crâne de camarasaure

Famille de maiasaura

Barosaure

Tricératops

Griffe articulée de deinonychus

DES CENTAINES D'ESPÈCES

Le mot « dinosaure » a été inventé il y a près de 150 ans pour désigner un groupe de grands reptiles de l'ère secondaire. Dès les premières découvertes, ces animaux fantastiques ont passionné l'homme. Leur grande diversité est l'une des raisons de cette fascination. Aujourd'hui, les connaissances scientifiques ont beaucoup progressé. Des milliers de restes fossilisés ont été retrouvés ; ils appartiennent à des centaines d'espèces différentes de dinosaures.

Une longue ère
Il y a 230 million d'années vivait l'herrérasaure, l'un des premiers dinosaures. Le tyrannosaure, l'un des derniers, s'est éteint il y a 65 millions d'années. Il s'est écoulé plus de temps entre ces deux dinosaures que depuis la disparition du dernie

L'ancêtre des dinosaures
L'évolution des grands reptiles a pris plus de 100 millions d'années. Les chercheurs pensent que toutes les espèces de dinosaures se sont développées à partir d'un seul animal, appelé « lagosuchus ».

Le jurassique
Période centrale de l'ère des dinosaures, il débuta il y a 200 millions d'années et s'acheva il y a 135 millions d'années.

Le temps des dinosaures
Les dinosaures n'ont pas tous vécu en même temps. Lorsqu'une espèce s'éteignait, une autre apparaissait. L'ère des dinosaures est partagée en trois périodes : le trias, le jurassique et le crétacé. Les dinosaures sont apparus au trias, il y a environ 230 millions d'années.

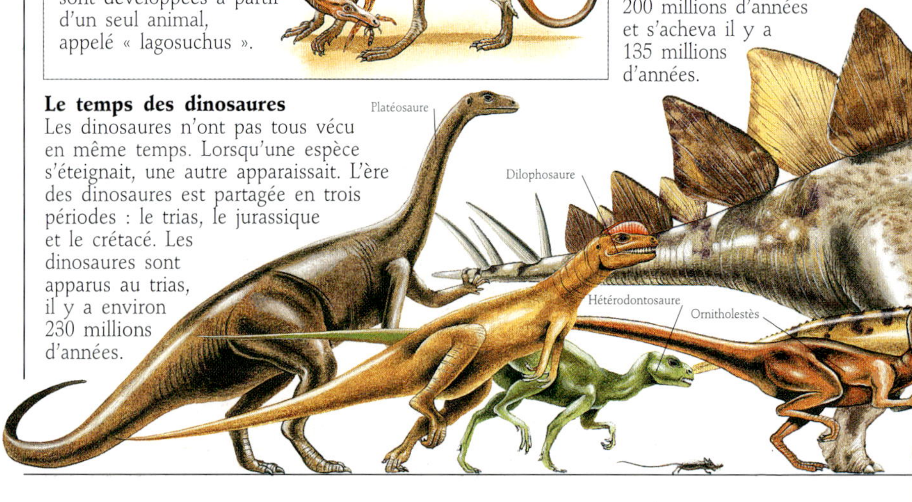

.a forme des os
.es dinosaures sont répartis en deux ;rands groupes. Soit ils ont un bassin emblable à celui d'un oiseau, on les ppelle alors ornithischiens, soit leur assin est semblable à celui des lézards, s sont alors appelés saurischiens.

Comme un oiseau
'iguanodon faisait partie du ;roupe des ornithischiens, avec : tricératops, l'euoplocéphalus t le stégosaure.

Comme un lézard
Les saurischiens regroupent les grands carnivores qui marchaient sur leurs pattes arrière, et les grands herbivores, comme le diplodocus.

Créatures du crétacé
Le crétacé est la dernière période de l'histoire des dinosaures. Il a duré environ 75 millions d'années. Les plus terribles carnivores ont vécu à cette époque. Leurs proies étaient protégées par de fortes carapaces.

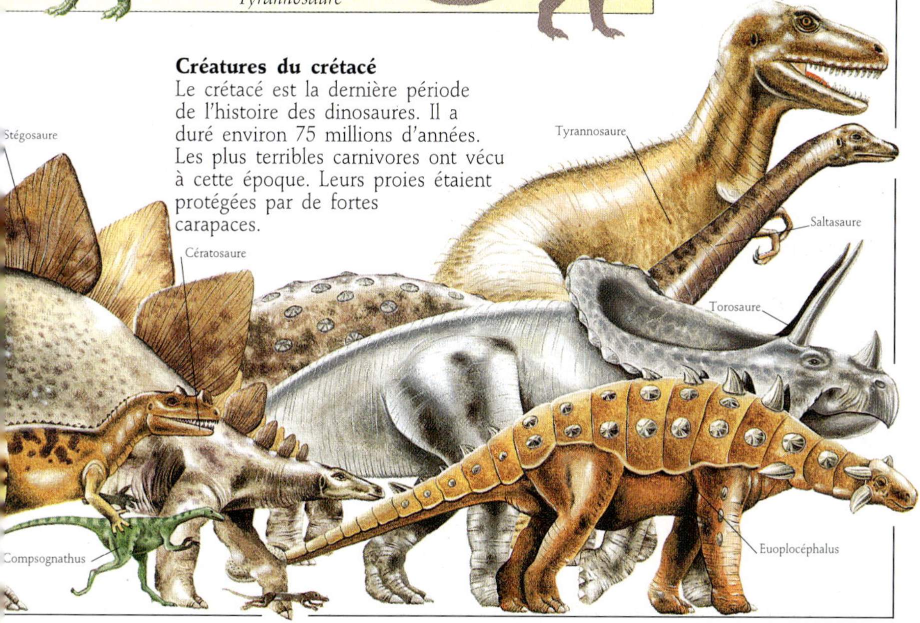

À LA RECHERCHE DES FOSSILES

Les fossiles de dinosaures sont très rares, car on ne les retrouve que dans certains types de terrains. Les grands reptiles se sont éteints à la fin du crétacé. Toutes les roches qui se sont formées après cette période ne contiennent donc aucun fossile de dinosaure. De plus, ces animaux ne vivaient pas dans les océans. Ainsi, en général, les couches qui constituaient le fond des mers anciennes n'en renferment pas non plus. Les meilleurs endroits pour rechercher des fossiles de dinosaures sont les roches qui se sont formées dans les fonds des marais, des lacs et des rivières.

Ce squelette a été très bien préservé. La plus grande partie est encore enterrée dans le sol.

Lors des fouilles, le dessin des ossements est un travail important.

Autour du fossile, la roche a été dégagée lentement et avec précaution.

Ce squelette de tyrannosaure fait 12 m de long. Il repose enroulé sur son côté gauche.

Radar sondeur
Ce radar qui envoie ses ondes dans le sol peut servir à repérer des ossements enterrés. Dans les années 1980, un dinosaure appelé seismosaure a été découvert au Nouveau-Mexique grâce à cette méthode.

Piège à dinosaures
Aux États-Unis, le Dinosaur National Monument est l'un des gisements les plus riches du monde en fossiles de dinosaures. Jadis, c'était un lit de rivière sableux. Beaucoup de dinosaures morts s'y sont trouvés ensevelis et leurs os ont été préservés.

Fossiles fragiles
Si, de leur vivant, les dinosaures étaient très robustes, leurs fossiles sont aujourd'hui devenus très fragiles. Les fouilles pour dégager un squelette du sol sont une longue et délicate entreprise.

1. Les épaisses couches de terrain situées au-dessus du fossile sont soit enlevées à la pelle mécanique soit détruites à l'aide d'explosifs.

2. Les 20 derniers centimètres de roche au-dessus du dinosaure sont dégagés avec précaution au moyen de petits outils.

3. On relève ensuite la position exacte des ossements à l'aide de dessins et de photographies.

4. Très fragiles, les os doivent être enduits de plâtre afin d'être protégés. Ensuite, ils pourront être retirés du site des fouilles.

Collection de fossiles
Les os de dinosaures ne sont pas les seuls fossiles que l'on retrouve.

Empreinte

Peau

Pierres dans l'estomac

Œuf

Crottes

Dents

5. Enfin, les os ainsi renforcés sont emportés sur des camions. Ils seront étudiés en détail au laboratoire.

RECONSTITUER UN DINOSAURE

Dans le cou du tyrannosaure, des os très épais soutenaient sa lourde tête.

Un puzzle peut être difficile à assembler, surtout s'il manque des pièces ou qu'elles ont été mélangées avec celles d'un autre jeu. Les gens qui reconstituent des squelettes de dinosaures sont confrontés aux mêmes difficultés. C'est un travail long et minutieux qui demande de grandes connaissances en anatomie. Les spécialistes doivent d'abord veiller à ne pas mélanger les ossements de plusieurs fossiles. Ensuite, avant de pouvoir reconstruire l'animal, il faut remplacer les os qui manquent. Pour cela, on les fabrique en copiant sur des dinosaures déjà reconstitués. Il faut enfin nettoyer et réparer les os cassés avant de pouvoir les assembler.

Au laboratoire
Revenus au laboratoire, les spécialistes vont nettoyer et réparer les ossements afin de préparer la reconstitution. Les fossiles originaux servent à effectuer des études et ne sont jamais exposés dans les musées.

Le dinosaure impossible
Au début du siècle, les savants se demandaient comment reconstituer le squelette du diplodocus. Certains le voyaient comme le lézard, avec de longues pattes sur les côtés du corps, ce qui était impossible, vu son gros ventre !

1. D'abord, le solide plâtre protecteur doit être séparé de l'os.

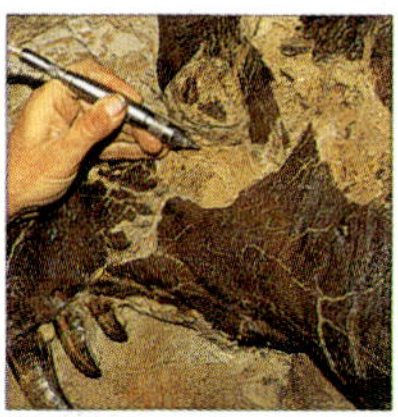

2. Ensuite, les os doivent être nettoyés avec précaution, ce qui est très long.

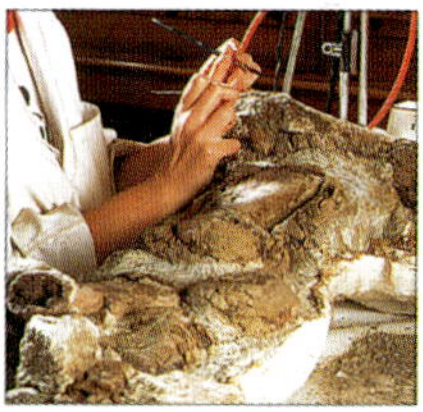

3. Les os sont alors enduits de résine qui va les rendre plus solides. Au besoin, ils sont aussi réparés.

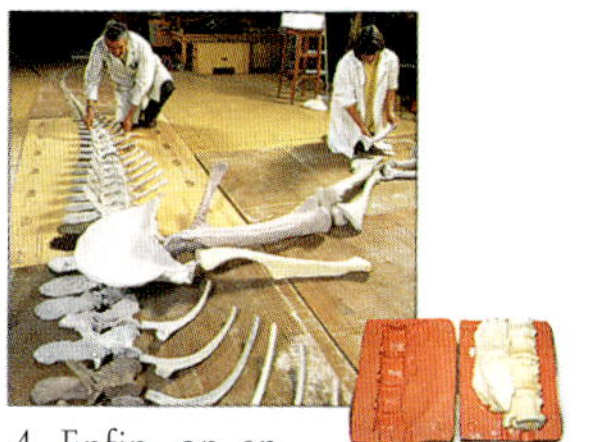

4. Enfin, on en fabrique des copies dans des matériaux légers. Ces moulages, une fois assemblés, sont exposés.

Longue conservation
Certains fossiles sont presque parfaitement conservés. Enfoui des millions d'années dans la roche, ce crâne de tyrannosaure est à peu près intact.

Défaut de fabrication
Ce squelette de tyrannosaure est exposé dans un musée américain depuis 1915. Aujourd'hui, les scientifiques pensent qu'une erreur a été commise à l'époque de cette reconstitution : l'animal maintenait sa queue haut au-dessus du sol.

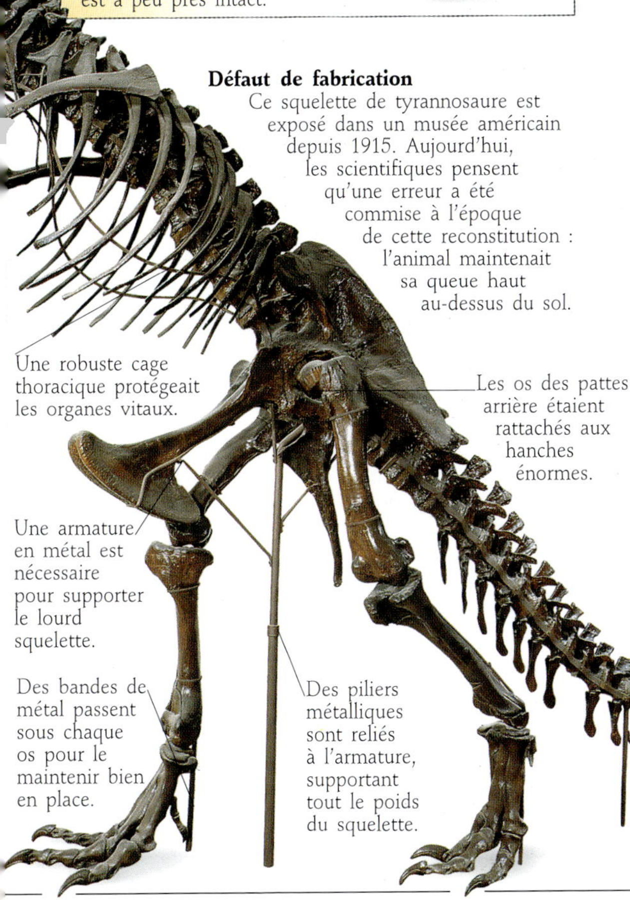

Une robuste cage thoracique protégeait les organes vitaux.

Les os des pattes arrière étaient rattachés aux hanches énormes.

Une armature en métal est nécessaire pour supporter le lourd squelette.

Des bandes de métal passent sous chaque os pour le maintenir bien en place.

Des piliers métalliques sont reliés à l'armature, supportant tout le poids du squelette.

Les os de la queue étaient une extension de la colonne vertébrale.

Maquettes
Ces modèles de maiasaura au nid ont été réalisés par un artiste scientifique.

1. Les « squelettes » des animaux sont fabriqués avec du bois et du fil de fer.

2. Les squelettes de fil de fer sont recouverts de papier et d'argile. Le nid est représenté tout autour.

3. Les modèles d'argile sont peints d'une couleur sable. Dans la réalité, le maiasaura était certainement très bien camouflé.

OBSERVONS LES DINOSAURES

Les squelettes des dinosaures ne suffisent pas à nous donner une image exacte de ce qu'étaient ces animaux lorsqu'ils étaient en vie. De quelle couleur étaient-ils, quelle était la taille de leur cœur et de leurs poumons, combien de muscles avaient-ils ? Tout cela, les fossiles ne nous le disent pas. Il faut donc faire des comparaisons avec les animaux qui vivent de nos jours. Cela nous donne des indices intéressants pour imaginer l'allure que pouvaient avoir les dinosaures. Ainsi, on peut par exemple déduire la coloration probable de leur peau, et même la façon dont était fait l'intérieur de leur organisme.

Poids lourds
Le barosaure et le brachiosaure étaient des sauropodes très lourds. Leur colonne vertébrale était formée d'os creux. Leur poids était ainsi allégé et la charge pesant sur leur musculature, réduite.

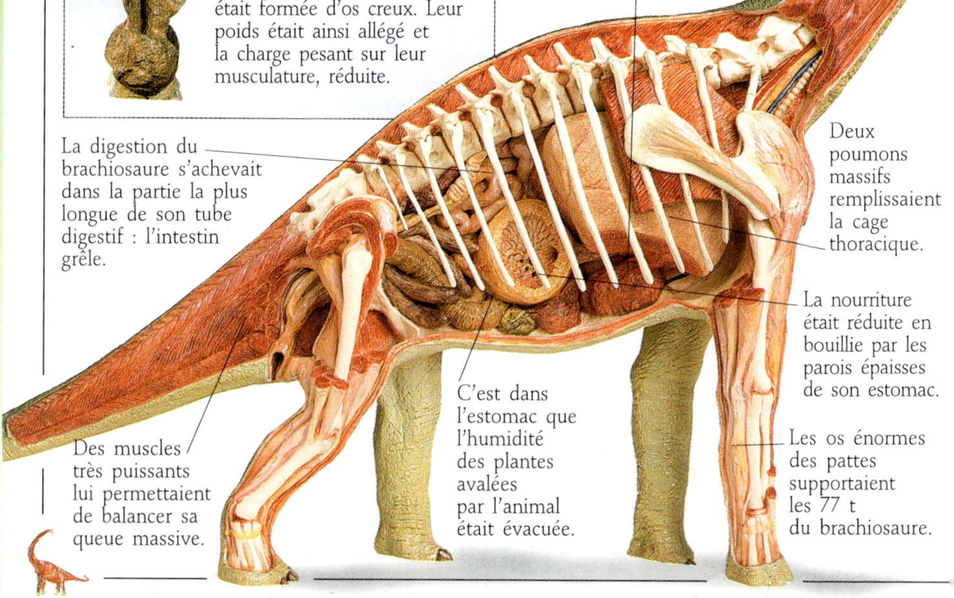

Le cœur du brachiosaure se trouvait sous les poumons. Il devait entretenir une très forte pression sanguine afin de pouvoir pomper le sang de toutes les parties du corps gigantesque de l'animal.

La digestion du brachiosaure s'achevait dans la partie la plus longue de son tube digestif : l'intestin grêle.

Deux poumons massifs remplissaient la cage thoracique.

La nourriture était réduite en bouillie par les parois épaisses de son estomac.

C'est dans l'estomac que l'humidité des plantes avalées par l'animal était évacuée.

Des muscles très puissants lui permettaient de balancer sa queue massive.

Les os énormes des pattes supportaient les 77 t du brachiosaure.

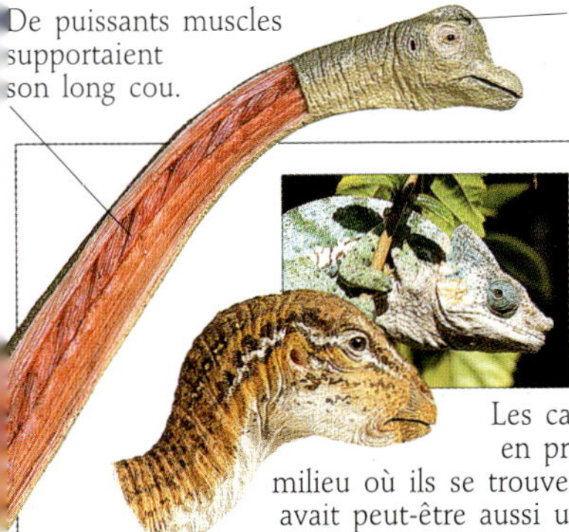

De puissants muscles supportaient son long cou.

Les narines étaient situées au sommet du crâne.

Couleurs vives

Les fossiles ne conservent pas les chairs et ne nous disent rien sur la couleur des dinosaures. Elle reste à imaginer !

Les caméléons se cachent en prenant la couleur du milieu où ils se trouvent. L'hypsilophodon avait peut-être aussi une coloration brune pour se confondre avec son environnement.

Ce cacatoès coloré peut reconnaître ses semblables grâce aux vives couleurs de leur huppe. Il en était peut-être de même pour le corythosaure, porteur d'une crête colorée.

Les couleurs vives de ce serpent venimeux mettent en garde les prédateurs. Le deinonychus, un petit chasseur, était peut-être couvert de rayures colorées.

Vieilles peaux

On a retrouvé des empreintes parfaites de peau de dinosaures. Cette peau était épaisse, coriace et couverte d'écailles bombées qui ne se chevauchaient pas.

Peau d'un hadrosaure

Peau d'un scolosaure

Peau d'un sauropode

La peau et les os

Cette reconstitution de brachiosaure a été effectuée en replaçant des muscles autour de son squelette. Puis on l'a recouvert de peau pour lui donner l'aspect d'un animal vivant.

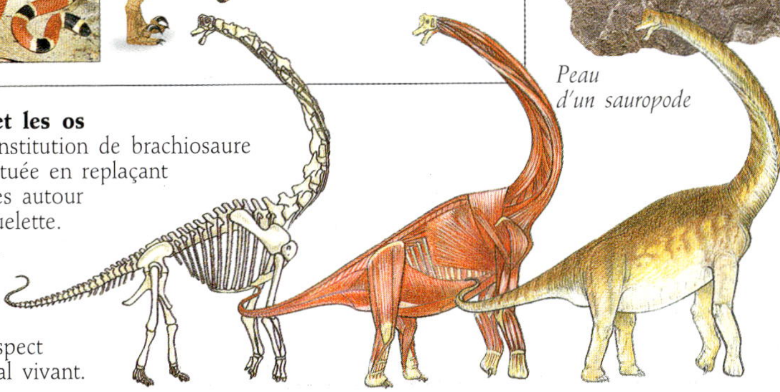

LES GRANDS VÉGÉTARIENS

Les dinosaures herbivores ont été parmi les plus grands animaux ayant jamais vécu sur terre. Imagine-toi dans l'empreinte d'un barosaure : elle serait assez grande pour que tu y prennes un bain ! Les grands dinosaures végétariens étaient des sauropodes. Ce nom signifie « pied de reptile ». En ne mangeant que des plantes, qui sont des aliments très peu nourrissants, ces animaux ont quand même pu atteindre des tailles gigantesques.

Gentils géants
Les sauropodes avaient une petite tête, un gros corps, une queue et un cou très longs.

Brachiosaure

Camarasaure

Mamenchisaure

Apatosaure

Petites dents
Beaucoup de grands sauropodes végétariens avaient des dents peu efficaces. Ils ne mâchaient donc pas et avalaient leur nourriture tout rond. Pour digérer, ils absorbaient des pierres, dites « gastrolithes », qui aidaient leur estomac à broyer les plantes.

La longue queue du barosaure pouvait lui être utile pour frapper un ennemi. Mais elle devait surtout lui donner de l'équilibre.

Les pieds étaient plats et rembourrés comme ceux d'un éléphant.

Long cou

Pourquoi ces animaux avaient-ils un si long cou ? Il existe plusieurs explications.

1. Cela les aidait à atteindre leur nourriture à terre ou dans l'eau.

2. Quand il était dans l'eau, le barosaure aurait pu, grâce à son long cou, garder les narines au-dessus de la surface. Mais la pression de l'eau sur son corps, en appuyant sur ses poumons, l'aurait empêché de respirer.

3. Le barosaure broutait la cime des arbres. Mais, s'il levait la tête trop haut, le sang n'atteignait plus son cerveau et il s'évanouissait.

Festin

Scules les plantes mesurant plus de 15 m de haut étaient à l'abri d'un sauropode.

Le conifère était l'un des aliments favoris des dinosaures végétariens.

Aucune fougère n'était trop grande pour le barosaure, même celles de la taille d'un arbre.

Le barosaure mangeait des cycas, arbustes qui poussent encore sous les climats chauds.

De très grosses pattes supportaient l'énorme animal.

LES MANGEURS DE PLANTES

Presque tous les grands dinosaures qui broutaient le sommet des arbres se sont éteints à la fin de la période jurassique, il y a environ 135 millions d'années. Les très grands végétaux ont disparu en même temps qu'eux. Puis sont apparus des dinosaures plus petits, comme l'iguanodon. Celui-ci mastiquait facilement les plantes. Ses mâchoires étaient garnies de rangées de dents portant de nombreuses crêtes. Grâce à elles, l'iguanodon broyait les feuilles qu'il allait cueillir avec son museau en forme de bec tranchant.

De bonnes joues
Tes joues retiennent la nourriture dans ta bouche pendant que tu la mâches. L'iguanodon avait aussi des joues qui jouaient ce rôle, ce qui n'était pas le cas des grands sauropodes.

La nourriture était stockée dans les joues charnues de l'iguanodon, pendant qu'il mastiquait.

Le bec acéré de l'iguanodon coupait les feuilles. Puis les dents puissantes du fond de la bouche les réduisaient en bouillie.

L'iguanodon mangeait des plantes, mais pas de viande.

L'iguanodon broutait des fougères et des prêles.

Griffe d'iguanodon
Un doigt articulé permettait à l'iguanodon de saisir les plantes. À la place du pouce, une griffe acérée lui servait à déchirer les feuilles.

Une bouche pour brouter
La bouche de ces dinosaures était adaptée à leur régime d'herbivore. L'hétérodontosaure avait trois types de dents pour couper, percer et broyer. L'hypsilophodon avait un bec osseux et de courtes dents, situées au fond de la bouche, pour mastiquer. L'edmontosaure avait un large museau pour attraper de grosses bouchées.

Hétérodontosaure

Edmontosaure

Hypsilophodon

Mâchoire d'edmontosaure
Rangées de dents pour broyer les plantes

Tout en bec
Comme les tortues, l'iguanodon avait un bec pour couper les plantes. Ce bec corné poussait sans arrêt, mais il s'usait aussi en permanence à force de saisir des végétaux coriaces. Dans la bouche, la nourriture était broyée par des dents robustes.

Le combat des fleurs
Les premières plantes à fleurs sont apparues il y a 100 millions d'années environ. Elles se sont multipliées facilement et rapidement grâce à leurs graines qui se dispersaient et qui donnaient de nouvelles plantes.

Quand les plantes résistent
Les sauropodes sont les plus gros herbivores de tous les temps. Les plantes devaient se défendre pour leur résister. Certaines ont si bien réussi que l'on peut encore les observer.

L'araucaria, avec ses piquants, rebutait les dinosaures. Aucun animal actuel ne s'en nourrit.

Les aiguilles de pin étaient dures à digérer pour les dinosaures.

LES CHASSEURS EN BANDES

Tous les dinosaures n'étaient pas des herbivores. Des meutes de reptiles carnivores affamés rôdaient, à la recherche de leur prochain repas. Le deinonychus était un petit dinosaure qui chassait en bandes. Il rattrapait ses proies à la course et fondait sur elles avec une précision redoutable. Des animaux bien plus gros que lui vivaient dans la crainte de ce chasseur rusé. Son nom, deinonychus, signifie « terrible griffe » ; ses puissantes griffes étaient en effet des armes mortelles.

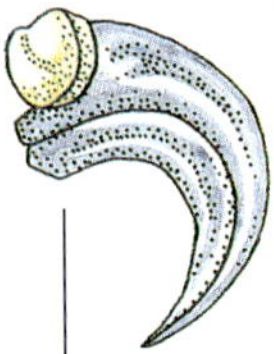

Reptiles coureurs
Le deinonychus est de la famille des dinosaures carnivores appelés les dromaeosauridés. Ce nom signifie « reptiles coureurs ».

Compsognathus

Compsognathus (fossile)

Bavarisaure

Velociraptor

Lézard au menu
De nombreux dinosaures carnivores chassaient les autres dinosaures. Mais les plus petits préféraient les lézards ou de petits mammifères. Le compsognathus était de la taille d'une poule. Le fossile de celui-ci avait dans l'estomac les os de sa dernière proie : un lézard bavarisaure.

Le deinonychus était léger et rapide. Cela lui permettait de rattraper facilement ses proies à la course.

Dromaeosaure

Sténonychosaure

Griffe mortelle
Le deinonychus avait une griffe à chaque doigt. Mais l'une d'elles était plus grosse que les autres. L'animal frappait sa proie d'un coup de patte circulaire. La griffe déchirait la chair de l'animal, lui infligeant une blessure mortelle.

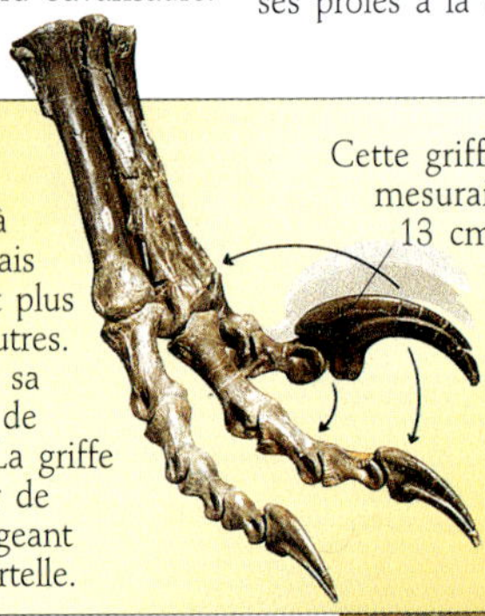

Cette griffe mesurait 13 cm.

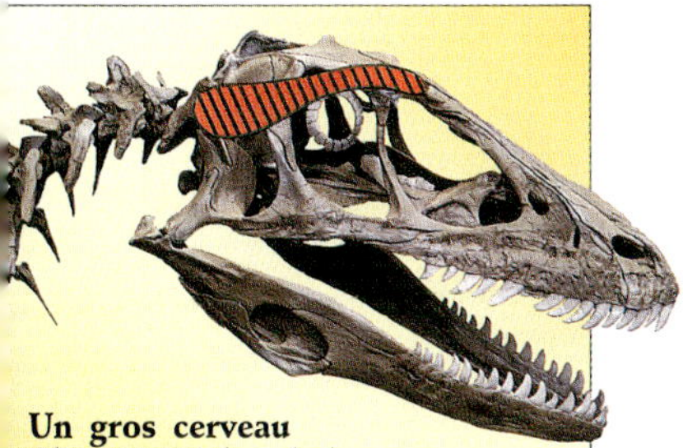

Un gros cerveau
Chaque membre de la bande de dinosaures agissait en fonction du reste de la troupe et communiquait avec les autres. Pour cela, le deinonychus, qui avait un grand crâne, disposait d'un assez gros cerveau.

Pourquoi chasser en bandes ?
Un loup peut difficilement s'attaquer seul à un renne. Mais une meute peut en venir à bout. À l'époque des dinosaures, les raisons étaient les mêmes : les petits reptiles carnivores unissaient leurs efforts.

Les dents acérées étaient recourbées vers l'arrière, assurant ainsi une prise puissante.

Le deinonychus avait une bonne vue grâce à laquelle il repérait ses proies.

Le deinonychus mesurait environ 3 m de long et 1,80 m de haut. Il était souvent quatre fois plus petit que sa proie.

Ce ténontosaure herbivore a été blessé à mort par une bande de deinonychus.

LES GÉANTS CARNIVORES

Comme les tigres actuels, le tyrannosaure devait chasser seul. Il est vrai qu'il n'avait guère besoin d'aide... Ce terrible dinosaure était le plus gros carnivore ayant jamais vécu sur notre planète. Il se nourrissait de la chair d'autres reptiles et terrorisait ses proies en les attaquant par surprise. Il les renversait probablement sur le sol, puis les déchiquetait de ses dents acérées.

Le tyrannosaure était plus lourd qu'un éléphant et aussi haut qu'un immeuble de deux étages. Il mesurait plus de 12 m de long. Son nom signifie « lézard tyran ».

Les prédateurs ont besoin de bons yeux et d'un odorat très fin. Une grande partie du cerveau du tyrannosaure servait à contrôler la vue et l'odorat.

Le tyrannosaure avait un crâne massif. Il résistait au choc brutal contre la proie, à plus de 30 km/h, au moment où il frappait.

Le tyrannosaure chargeait sans doute la gueule ouverte, prêt à plonger ses dents dans le corps de sa proie.

Les « bras » du tyrannosaure étaient trop courts pour atteindre sa gueule, mais ils devaient lui servir à attraper et à tuer ses proies.

Bec de canard au dîner

Le tyrannosaure chassait sans doute des dinosaures « à bec de canard », les hadrosaures. Il se cachait derrière des arbres, à l'affût, et surveillait le paisible troupeau d'herbivores, attendant le bon moment pour charger.

Dent longue
Une dent de tyrannosaure pouvait atteindre 18 cm de long.

Elle était recouverte d'un émail épais.

Le bord coupant était dentelé comme la lame d'un couteau.

Regarde comme une dent humaine est petite à côté !

Pour se relever
Le tyrannosaure se reposait couché au sol. Pour se relever, il s'aidait sans doute de ses petits « bras ».

1. Le tyrannosaure commence à se relever en s'appuyant sur ses petits bras.

2. Il rejette ensuite sa tête et son corps vers l'arrière en étendant ses pattes arrière.

3. Il se redresse enfin. Le poids de sa queue équilibre celui de sa grosse tête.

Dinosaures cannibales
Un cannibale est un être vivant qui mange ses semblables. Des dinosaures carnivores ont dû être cannibales. Leurs fossiles le prouvent. Ce squelette de cœlophysis renfermait de petits os là où était son estomac. Ces restes, fossilisés avec l'animal, sont ceux d'un bébé cœlophysis.

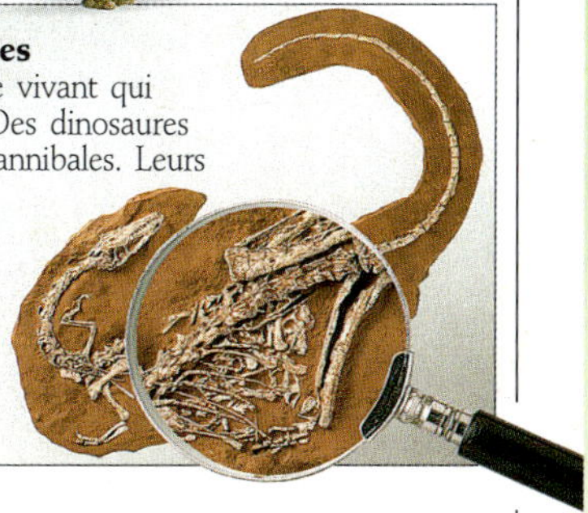

Voici la famille
Les grands carnivores appartiennent au groupe des carnosaures, ce qui signifie « lézards à viande ».

LA FIN DES DINOSAURES

On peut connaître l'âge des fossiles d'après l'âge des roches dans lesquelles on les a découverts. C'est ainsi que nous savons que les derniers dinosaures ont disparu de la surface de la Terre il y a 65 millions d'années. Les ptérosaures, les reptiles marins et de nombreux autres animaux se sont éteints à la même période. En revanche, on ne peut qu'imaginer la cause de leur extinction. Il est possible qu'une grande catastrophe les ait tous tués presque d'un seul coup, à moins qu'ils n'aient disparu progressivement sur une période plus longue.

Preuves dans la terre
Les roches sont formées par des couches, les plus profondes étant les plus anciennes. Aucun dinosaure n'a été trouvé dans les couches ayant moins de 65 millions d'années. Cela prouve que les derniers dinosaures ont disparu vers cette date.

La mort venue de l'espace
Des scientifiques pensent qu'un énorme astéroïde s'est écrasé sur la Terre à la fin du crétacé. Cet impact pourrait être à l'origine de la mort des dinosaures.

L'astéroïde aurait heurté la Terre à la vitesse de 241 350 km/h, provoquant la catastrophe.

Lente extinction ?

Les dinosaures n'ont peut-être pas disparu d'un seul coup. La Terre a pu mettre des millions d'années à se refroidir, tuant lentement ces grands reptiles. Sous ces climats plus froids, de nouvelles plantes sont apparues. Les jungles chaudes qui recouvraient la planète se sont transformées en forêts.

Trou gigantesque

On pense aujourd'hui qu'un gigantesque cratère (au Yucatan) a été créé par un astéroïde qui heurta la Terre à la fin du crétacé, c'est-à-dire à l'époque de l'extinction des dinosaures.

Suppositions

Certaines théories sont moins vraisemblables que d'autres. Des mammifères ont-ils dévoré les œufs des dinosaures ?

Les reptiles furent-ils empoisonnés par de nouvelles plantes toxiques ? En fait, aucune théorie ne parvient bien à expliquer ce qui s'est passé.

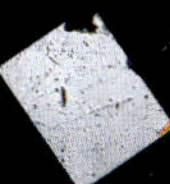

Quartz retrouvé dans le cratère du Yucatan

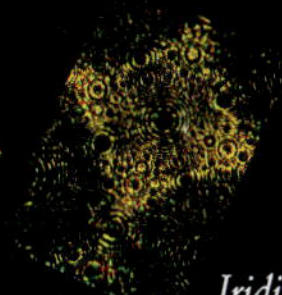

Iridium

Preuves dans le métal

L'iridium, un métal très rare sur terre, est présent dans les astéroïdes. Or on trouve partout de fortes quantités d'iridium dans les couches de roches contenant les derniers fossiles de dinosaures. Ce métal, pulvérisé dans l'atmosphère lors du choc, serait retombé au sol un peu partout.

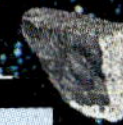

Les survivants

Toute la vie sur Terre n'a pas disparu avec les dinosaures. Oiseaux, mammifères, amphibiens et certains reptiles furent parmi les survivants et sont encore là aujourd'hui.

Oiseau

Mammifère

Reptile

Amphibien

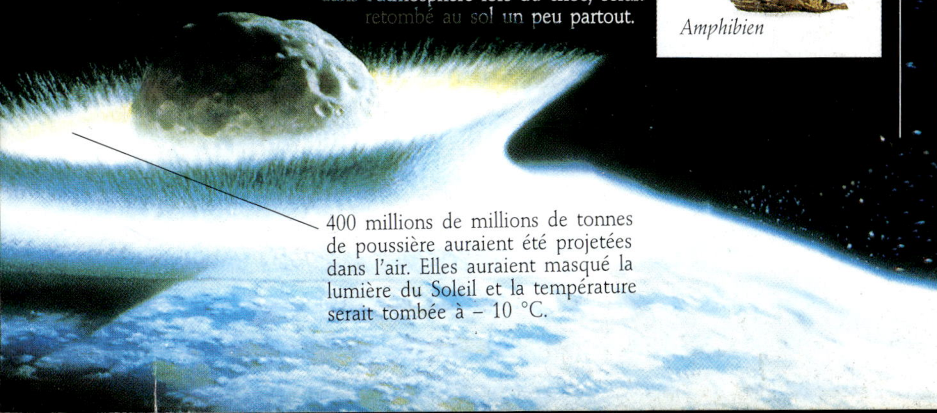

400 millions de millions de tonnes de poussière auraient été projetées dans l'air. Elles auraient masqué la lumière du Soleil et la température serait tombée à – 10 °C.

LES OISEAUX

Tout animal à plumes est un oiseau. Certains peuvent être plus grands que les hommes, d'autres sont aussi petits que des abeilles. Tous les oiseaux sont ovipares et pondent leurs œufs dans des nids. Ils ont tous des plumes et des ailes, même ceux qui ne volent pas. Comme ils n'ont pas de dents, ils ne mâchent pas, mais broient leur nourriture dans leur gésier. Une partie de ce qu'ils mangent reste dans une poche appelée jabot et peut être régurgitée plus tard, pour alimenter les petits. Comme nous, les oiseaux ont des poumons pour respirer. Leur corps lisse leur permet de glisser dans les airs comme un planeur, de survoler les montagnes, de traverser les jungles humides ou d'affleurer les vagues des océans. Plus de 100 000 millions d'oiseaux vivent sur la Terre.

Nid de mésange bleue

Plumes de perroquet

Plumes de perruche

Plume de hibou

Squelette de perroquet à ailes vertes

Canard carolin

Crécerelle

Vol d'étourneaux

Œuf de mésange bleue

Œuf de pie

Œuf de merle américain

Œuf de guillemot

Perroquet du Sénégal

EN VOL

Les oiseaux sont des spécialistes du vol grâce à leurs plumes qui couvrent presque entièrement leur corps. Seuls le bec, les yeux, les pattes et les doigts sont nus. Les plumes protègent les oiseaux du froid et de l'eau, et leur servent également à se maintenir dans l'air. De plus, les couleurs et les dessins du plumage donnent aux oiseaux des indications qui leur permettent de connaître l'âge et, souvent, le sexe des membres de leur espèce. Les oiseaux veillent avec soin au bon état de ce précieux manteau et consacrent de longs moments à son entretien.

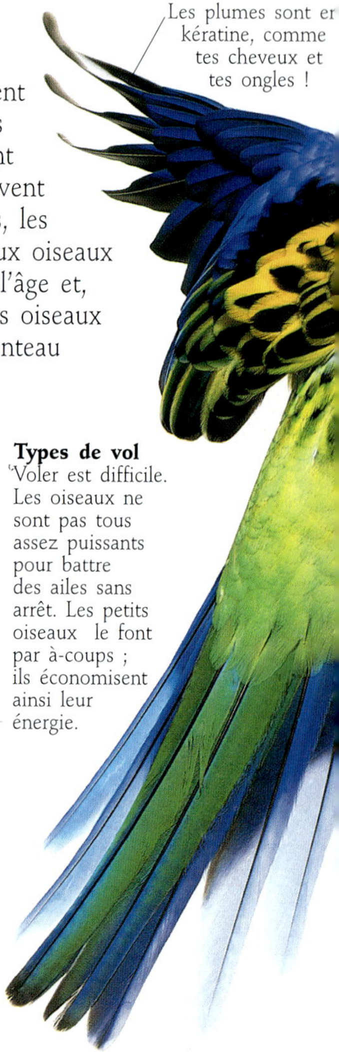

Les plumes sont en kératine, comme tes cheveux et tes ongles !

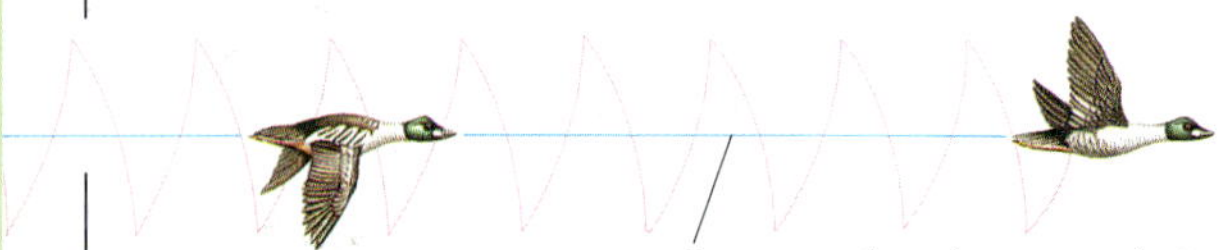

Les canards volent tout droit.

Battement

Repos

Les tangaras montent et descendent selon qu'ils battent des ailes ou non.

Types de vol

Voler est difficile. Les oiseaux ne sont pas tous assez puissants pour battre des ailes sans arrêt. Les petits oiseaux le font par à-coups ; ils économisent ainsi leur énergie.

La force du vent

Tiens une feuille de papier près de ta bouche et souffle dessus : la feuille va se soulever. Quand un oiseau vole, l'air glisse sur ses plumes et les soulève. L'air glisse plus rapidement sur la plume que sous la plume : cette différence de vitesse permet à l'oiseau de s'élever et de se maintenir en l'air.

Vol battu
Quand l'aile descend, ses plumes se resserrent pour mieux repousser l'air. Au contraire, quand l'aile remonte, les plumes s'écartent pour laisser passer l'air.

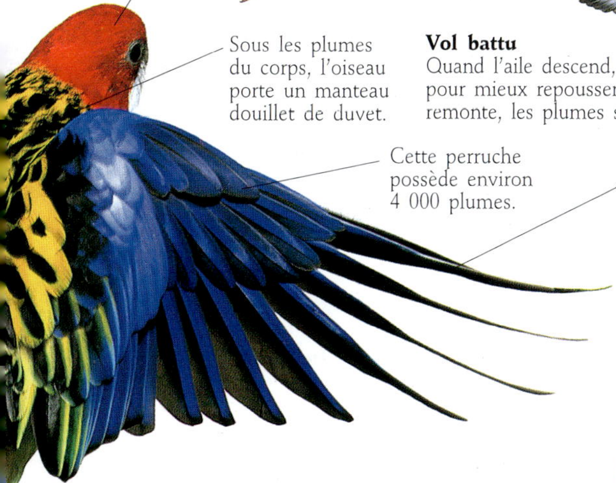

Les plumes du corps gardent l'oiseau au sec.

Sous les plumes du corps, l'oiseau porte un manteau douillet de duvet.

Cette perruche possède environ 4 000 plumes.

Les vieilles plumes tombent et sont remplacées par de nouvelles plumes. C'est la mue.

Les rémiges primaires tournent un peu comme des hélices. Elles font avancer l'oiseau.

Les rémiges secondaires aident l'oiseau à rester en l'air.

Les rectrices servent à se diriger et à freiner.

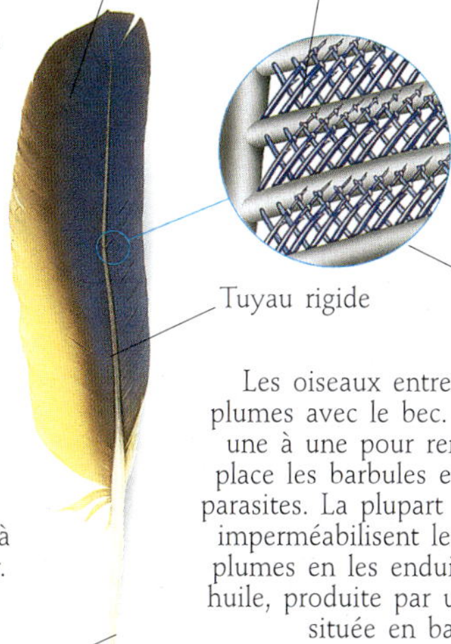

Crochets
Sur chaque plume de vol, il y a plus de un million de minuscules crochets, appelés barbules. Ces crochets s'enchevêtrent et permettent à la plume de garder sa forme, même par grand vent.

Toilette
Les oiseaux entretiennent leurs plumes avec le bec. Ils les lissent une à une pour remettre à leur place les barbules et chasser les parasites. La plupart des oiseaux imperméabilisent leurs propres plumes en les enduisant d'une huile, produite par une glande située en bas du dos.

LE TEMPS DES NIDS

Le nid protège les œufs et les poussins contre leurs ennemis, les rats ou les serpents par exemple. Les verdiers construisent leur nid en forme de coupe à l'abri des feuillages, tandis que l'énorme nid des aigles est bien visible mais inaccessible. Certains oiseaux ne bâtissent aucun nid et préfèrent s'installer dans un trou d'arbre ou creuser une petite cuvette dans la terre. Quelques-uns se contentent de déposer leurs œufs à même le sol ou directement sur la roche. Quelle que soit sa méthode, chaque espèce essaie de donner à ses jeunes la meilleure chance de survie.

Parades
Avant de fonder une famille, le mâle doit séduire une femelle. Le paon sait se faire remarquer !

Poils

Graines

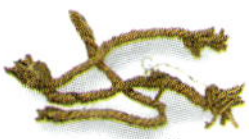

Ficelle

Papier d'aluminium

Les matériaux
Les oiseaux se servent de matériaux divers pour fabriquer leurs nids : la plupart sont faits de tiges et de feuilles, mais certains comportent des éléments plus originaux, comme de la ficelle.

Les petits oiseaux renforcent leur nid avec des toiles d'araignée !

Il faut parfois des milliers de voyages pour réunir tous les matériaux.

Mâle et femelle ensemble
Ces grands hérons goliaths se servent de rameaux pour faire un immense nid en forme de coupe, qu'ils bâtissent ensemble.

Œufs cachés
Les gravelots ne font pas de nid. Leurs œufs se confondent avec les galets.

Sans professeur
Les tisserins sont d'adroits bâtisseurs qui ne prennent exemple sur personne. Ils savent d'eux-mêmes comment il faut tisser un nid. C'est ce que l'on appelle l'instinct.

Un nid tissé
Pour faire des nœuds, le tisserin se sert de son bec et de ses pattes.

Les brins d'herbe sont disposés en forme d'anneau.

Après avoir tissé les murs, le toit et l'entrée du nid, le tisserin se suspend à l'envers pour attirer une femelle.

Le rebord du nid empêche les œufs de rouler à l'extérieur.

Les poussins n'ont pas besoin d'oreillers… avec ce matelas de plumes douillettes !

Dans les arbres et les buissons, les nids sont protégés par les feuilles.

Le lichen sert à camoufler le nid.

Pour façonner ce creux au centre de son nid, le verdier a appuyé sur les matériaux avec sa poitrine en tournant sur lui-même.

La mousse sèche permet de garder les œufs bien au chaud.

Le terrier du guêpier carmin
Le mâle choisit la berge sableuse d'un cours d'eau et creuse avec son bec, puis il y entre et l'agrandit à l'aide de ses pattes. La femelle y pénètre lorsque tout le travail est terminé ! Elle peut alors pondre tout au fond du tunnel.

EN FAMILLE

Pour la plupart des oiseaux, la vie de famille est brève mais bien remplie. Après l'accouplement, la femelle pond ses œufs. Les espèces de grande taille ne pondent souvent qu'une fois par an, voire tous les deux ans, alors que les oiseaux de taille plus modeste ont plusieurs pontes annuelles. Après l'éclosion, les poussins mangent beaucoup, deviennent de plus en plus gros, puis, dès qu'ils peuvent voler, ils quittent le nid pour toujours.

Dans le nid
Les œufs doivent être tenus au chaud, « incubés », sinon les poussins meurent. Il e donc nécessaire que le adultes les couvent.

Dans un œuf
Tous les œufs d'oiseaux contiennent un bébé ou embryon. Il grandit en se nourrissant du « jaune », et du « blanc », liquide qui le protège des chocs. Certains poussins éclosent au bout de 11 jours, d'autres au bout de 11 semaines.

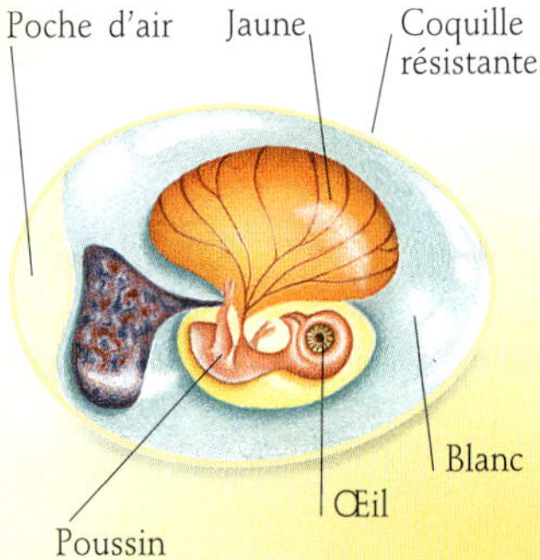

Œuf d'autruche (taille réelle)

Œuf de colibri (taille réelle)

L'éclosion
Le poussin frappe la coquille jusqu'à ce qu'elle se casse. Cela peut prendre des heures, parfois même des jours entiers !

Premier trou

Le poussin pépie pour avertir ses parents qu'il est en train d'éclore.

Le poussin casse le gros côté de l'œuf avec le bout corné de son bec, appelé diamant.

Coquille vide

Presque des grands
Quand les poussins quittent le nid, ils sont appelés juvéniles. Beaucoup sont la proie des chats et des rapaces, mais d'autres survivent et pourront à leur tour nicher.

J'ai faim !
Au début, les poussins nus et aveugles sont fragiles. Ils doivent manger pour grandir.

Les parents engouffrent la nourriture dans les gosiers de leurs petits.

Bon appétit !
Les mésanges bleues apportent chaque jour à leurs poussins affamés plus de 1 000 chenilles et mouches.

Chenille

Les yeux des canetons s'ouvrent dès l'éclosion.

Le duvet humide et collant sèche rapidement.

À sa sortie de l'œuf, le poussin est épuisé par ses efforts.

Le diamant tombe après quelques jours.

À la queue leu leu
Les canetons suivent le premier être volumineux qu'ils voient, en général l'un des parents. On appelle cela l'imprégnation.

Comme beaucoup d'oiseaux d'eau, ce caneton peut marcher, voir, nager et se nourrir au bout d'une heure.

LE GRAND NORD GLACÉ

Le pôle Nord est situé au milieu d'un océan glacé entouré d'une terre froide, enneigée, plate et nue, la toundra. Peu d'oiseaux supportent son long hiver sombre. Tout change avec l'été, saison où le soleil ne se couche pas. Des millions d'oiseaux arrivent alors pour élever leurs nichées. Les fleurs s'épanouissent et les insectes bourdonnent. Mais, en quelques semaines, la magie de l'été s'achève et les oiseaux doivent repartir vers le sud. Quelques-uns, au plumage blanc, très bien adaptés au froid, sont pourtant capables de rester sur place pour affronter la mauvaise saison.

Que d'eau !
En été, la glace fond, mais l'eau de fonte ne peut pénétrer le sol durci par le gel. Cette eau forme de nombreux lacs qui font le bonheur des canards.

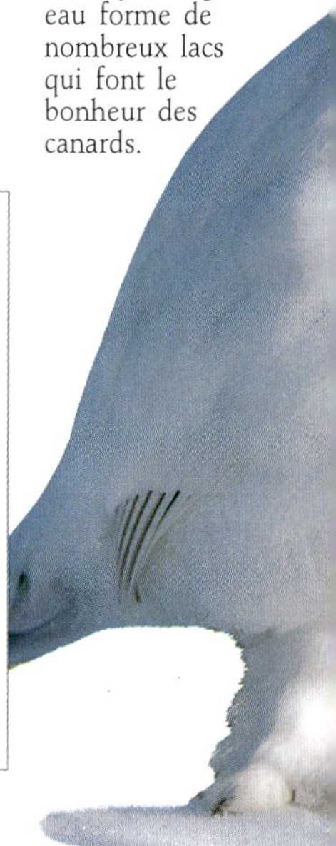

Comment les oiseaux voient-ils ?
Les yeux des rapaces sont placés sur le devant de la tête et permettent de connaître la distance à laquelle se trouve la proie. À l'inverse, les oiseaux chassés ont les yeux situés sur les côtés de la tête. Ils peuvent ainsi repérer le danger tout autour d'eux.

Chouette harfang

Les deux yeux voient la zone sombre.

Zone aveugle

Lagopède

Un seul œil perçoit la zone claire.

Les habitants de la toundra

Chouette harfang

Bruant des neiges

Faucon gerfaut

Grand corbeau

En hiver, le robuste lagopède survit en mangeant des tiges de saule nain.

Les oiseaux ont une troisième paupière transparente. Grâce à elle, l'œil reste humide.

Le lagopède frissonne pour garder la chaleur.

Les plumes couleur de neige sont un camouflage.

Un tourbillon

Le phalarope capture les insectes du fond des mares en nageant en cercle, ce qui provoque un tourbillon qui fait remonter les proies à la surface. Essaie, toi aussi : place des boutons dans un bol et fais tourner l'eau.

Un habit estival

En été, le lagopède des saules n'a plus besoin de son chaud manteau blanc. Il mue et se couvre de plumes brunes.

Ces plumes protègent les pattes et les doigts comme d'épaisses chaussettes de laine.

Chaud duvet

L'eider arrache de sa poitrine des plumes douces, qui constituent son duvet, et il en tapisse son nid.

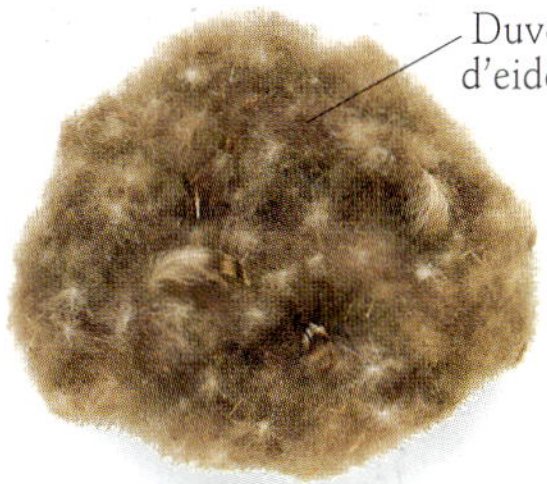

Duvet d'eider

Le lagopède des saules mesure 35 cm et vit dans l'Arctique.

Les visiteurs de l'été

Combattant

Phalarope

Bernache à cou roux

Eider à tête grise

LES FORÊTS NORDIQUES

Notre planète est couverte de conifères sur un dixième de sa surface. Ces grands arbres, pins, cèdres et sapins, ont des aiguilles comme feuilles et des cônes en guise de fleurs. Les forêts nordiques abritent de nombreux oiseaux, contrairement aux forêts de conifères plantées par l'homme qui retiennent moins d'espèces d'oiseaux, car tous les arbres ont la même taille et cela empêche la lumière d'atteindre le sol.

La queue du tarin s'étale pour servir de frein.

Ces plumes forment l'alule, reliée au pouce de l'oiseau.

Les pattes avancent pour saisir la branche.

Ce jaseur du Japon porte sur la tête une touffe de plumes appelée huppe.

Les rémiges des jaseurs sont terminées par un ornement rouge.

Dormir tranquille
Quand un oiseau fléchit les pattes, ses muscles forcent ses doigts à se refermer. Comme cela, il ne peut tomber de son perchoir, même en dormant !

Bain de fourmis
Ce geai de Steller vient à bout des parasites en laissant les fourmis grimper sur lui. Elles pulvérisent de l'acide formique qui tue les parasites !

Fourmis agressives

La famine

Certaines années, quand l'hiver est terrible, jaseurs et becs-croisés quittent les forêts glacées pour des bois moins froids, où ils trouvent de quoi se nourrir.

Les ailes sont ramenées vers l'avant pour mieux freiner.

Atterrissage

Les oiseaux doivent ralentir pour se poser. Mais, s'ils volent trop lentement, ils peuvent s'écraser. En sortant l'alule, ils modifient la façon dont l'air glisse sur leur corps, et ils contrôlent ainsi leur atterrissage.

Ouvreur de cônes

Le bec du bec-croisé peut ouvrir les cônes, même les plus gros, à la façon d'un ouvre-boîtes.

Ce bec-croisé vert est une femelle ; seuls les mâles sont rouges.

Cône de mélèze

Cône d'épicéa

Cône de pin

Dans un cône

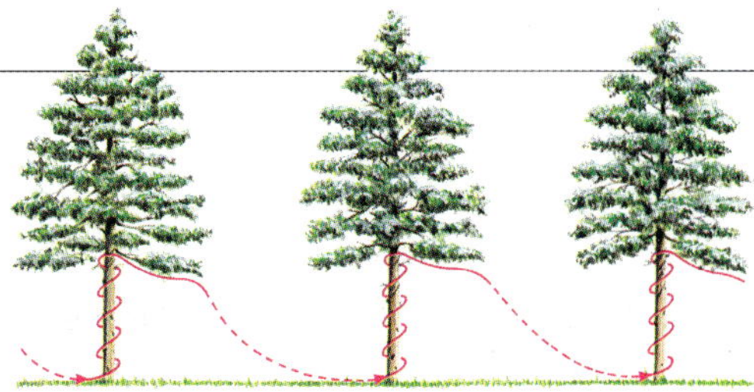

De bas en haut

Le grimpereau escalade les troncs à la recherche d'araignées et d'insectes, qu'il gobe. Il commence en bas de l'arbre, monte en spirale, longe la première grosse branche, puis s'envole vers la base de l'arbre suivant.

DANS LES BOIS

L'Europe et une grande partie de l'Amérique étaient autrefois couvertes de forêts. Presque tous les érables, bouleaux et chênes ont été abattus pour céder la place aux champs et aux villes. Dans les bois qui existent encore, on trouve quelques beaux oiseaux. Même si on ne les voit pas derrière l'écran des feuilles, on les entend chanter dans la journée. Le rossignol, lui, lance ses mélodies flûtées, harmonieuses et variées de jour comme de nuit.

Champions du vol
Les oiseaux forestiers, comme cette petite mésange bleue, ont des ailes courtes pour se faufiler entre les arbres.

Gobe-mouches noir en pleine action

Avec deux doigts vers l'arrière, les pattes des pics sont parfaites pour grimper.

Bec robuste

Ce pic épeiche a un crâne résistant qui protège son cerveau quand le bec frappe l'arbre.

Qui est là ?
Toc-toc : c'est le bruit que font les pics lorsqu'ils creusent le bois avec leur bec pour chercher des insectes.

Les pics peuvent se nourrir le long des troncs d'arbres en s'appuyant sur les plumes raides et solides de leur queue.

Le jour, la hulotte dort. Celle-ci a été réveillée par des oiseaux qui la trouvaient trop proche de leurs nids.

Le rouge-gorge chante p
marquer son territoire.

La grive musicienne casse les escargots sur une pierre.

La chute des feuilles
En plaine, la plupart des arbres perdent leurs feuilles avant l'hiver. Avant qu'elles ne tombent, certains arbres donnent des fruits - comme ce sorbier - dont se régalent les oiseaux.

Les coucous sont paresseux
Les femelles pondent dans le nid d'autres oiseaux et laissent ceux-ci élever leurs petits.

Un coucou a pondu son gros œuf dans le nid d'un accenteur.

À peine éclos, le poussin du coucou pousse les autres œufs en dehors du nid.

L'accenteur continue à nourrir le jeune coucou même quand il est plus grand que lui !

DANS LES VASIÈRES ET LES MARAIS

Avocette

Pour des milliers d'oiseaux, ces eaux peu profondes et ces sols boueux sont un habitat idéal, très riche en nourriture. Les oiseaux qui fréquentent les marais marchent ou nagent au milieu des roseaux. Ceux qui marchent sont appelés limicoles. Ces petits échassiers ont de longues pattes minces, parfois plus fines qu'un crayon !

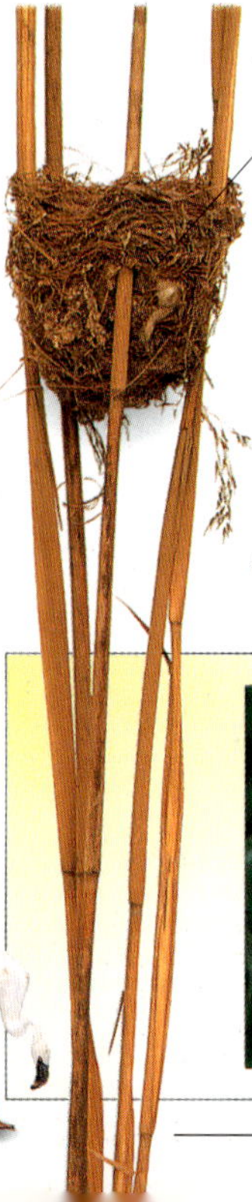

Pour garder au sec leurs œufs et leurs jeunes, les rousserolles placent leur nid bien au-dessus de l'eau.

Les jeunes ibis ont des plumes grises. Ils ne deviennent rouges qu'après plusieurs années.

Le bout des ailes est noir.

Ceci n'est pas le genou, mais le talon.

Vase protectrice
Les prédateurs qui volent les œufs, comme les renards, ne savent pas marcher sur la vase. La rousserolle installe donc son nid dans les roseaux des marais : sa nichée est en sécurité.

L'ibis rouge mesure environ 46 cm de haut et vit en Amérique du Sud.

Haut perchée
Avec des échasses, tu peux marcher dans les flaques sans mouiller tes vêtements. L'échasse blanche n'aime pas trop se mouiller les plumes ; c'est pourquoi, comme son nom l'indique, elle possède des pattes vraiment très longues.

Le bec qu'il faut
Le jabiru saisit, le bec-en-sabot creuse, le flamant et la spatule filtrent. Chaque bec est adapté à une certaine nourriture.

Spatule

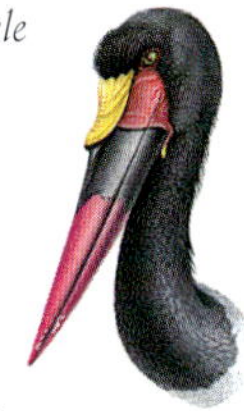

Jabiru

Bec-en-sabot

Flamant rose

L'oiseau-ombrelle
Les reflets du soleil sur l'eau empêchent de voir les poissons. Pour éviter cela, l'aigrette ardoisée étend ses ailes.

SUR LES FLEUVES ET LES LACS

Les étangs, les lacs et les cours d'eau offrent de bonnes réserves de nourriture aux canards, aux oies, aux cygnes et à bien d'autres oiseaux moins connus. Où que tu habites, tu peux observer ces merveilleux oiseaux d'eau occupés à plonger ou à nager. Sur les pièces d'eau des villes, ils sont même devenus très confiants et se laissent admirer de tout près.

Palmes
Beaucoup d'oiseaux aquatiques ont les pieds palmés qui servent de nageoires pour brasser l'eau.

Plouf !
Le superbe martin-pêcheur aux reflets métalliques plonge pour capturer des vairons deux fois plus petits que lui. Ailes repliées, narines et yeux fermés, il se laisse tomber dans l'eau. Il remonte ensuite à la surface en s'aidant de ses ailes, puis il s'envole, sa proie au bec.

Parade aquatique
Ces grands grèbes mâles dansent. Ils foncent en ligne à la surface de l'eau. Le meilleur danseur sera choisi par une femelle.

Décollage
Certains oiseaux d'eau, telle cette nette rousse, ont besoin de place pour se poser ou s'envoler.

Se nourrir

Certains canards se nourrissent de petits animaux et de végétaux en surface. D'autres plongent à plusieurs mètres pour atteindre algues, moules ou poissons au fond de l'eau.

Le colvert vit dans le monde entier. Il mesure 40 cm.

Oiseaux d'eau

Cygne noir

Grèbe esclavon

Jacana

Érismature rousse

Il est facile de distinguer les mâles des femelles : les mâles ont une tête verte.

L'eau glisse sur les plumes du canard, car elles sont imperméables.

Colvert mâle

Ils perdent toutes leurs rémiges en même temps et ne peuvent plus voler pendant quelques semaines.

La femelle colvert cancane plus fort que le mâle.

Colvert femelle

L'air emprisonné dans les 12 000 plumes du colvert aide celui-ci à flotter.

Les colverts peuvent vivre 16 ans, mais ne survivent souvent que deux ou trois ans.

Pieds palmés

LES OISEAUX DE MER

Comme tous les oiseaux marins, les macareux joueurs et les fous de Bassan élégants pêchent, se posent et dorment en mer pendant la plus grande partie de l'année. Chaque printemps, ils viennent à terre pour se reproduire. La plupart des oiseaux de mer nichent en grandes troupes appelées colonies. Leur nombre important assure ainsi la sécurité des nichées : des milliers de paires d'yeux guettent le danger ! Certains oiseaux se regroupent sur des falaises vertigineuses, à l'abri des pilleurs d'œufs.

Un fou de Bassan a repéré sa proie
Il replie ses ailes et pique vers le sol. Dix secondes après, sa proie déjà avalée, il est à nouveau en vol.

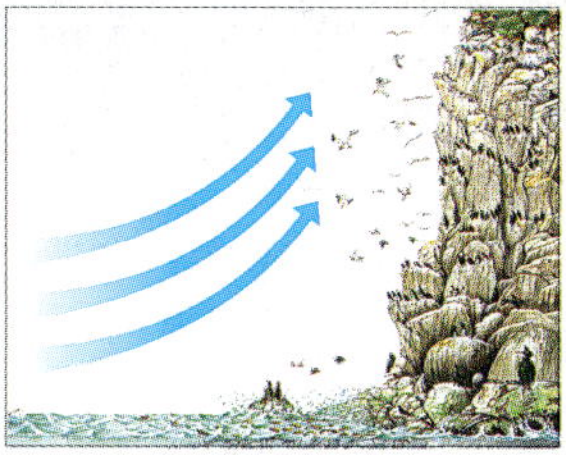

Ascenseur aérien
Le vent en heurtant la falaise se dirige vers le haut. Les oiseaux de mer profitent de ce courant pour atteindre leurs nids plus facilement, ou pour planer sans effort.

Bec à astuce
Le bec du macareux est articulé : il peut ainsi attraper un poisson tout en maintenant ceux qui sont déjà capturés.

Des œufs tournants
Les guillemots ne construisent pas de nid. Bousculés, leurs œufs pointus tournent sur eux-mêmes sans tomber.

À chaque étage
Les cormorans nichent au « rez-de-chaussée » de la falaise, au creux des rochers.

Galets remuants
Les gravelots vivent sur le rivage. Il est très difficile de les repérer parmi les galets.

LES FORÊTS TROPICALES

Des arbres géants forment une voûte immense au-dessus de la forêt tropicale. Dans la pénombre, sous cette épaisse couverture verte, vivent des milliers d'oiseaux superbes et colorés. Les jungles chaudes et humides abritent plus de la moitié des 9 000 espèces d'oiseaux existant aujourd'hui à travers le monde. Les perroquets criards se régalent de fruits et de noix, les colibris multicolores sucent le nectar des fleurs et l'aigle harpie fonce sur les singes bavards.

Le toucan toco vit en Amérique du Sud et mesure 35 cm.

Pour dormir, le toucan appuie son gros bec sur son dos.

Ce bec n'est pas lourd car il est creux et renforcé à l'intérieur par des tiges osseuses.

Pour entamer les gros fruits, le toucan se sert de son bec dentelé comme d'une scie.

À portée de bec

Grâce à son énorme bec coloré, le toucan peut atteindre facilement les fruits et les baies. Il les cueille, puis il les gobe en renversant la tête.

Le perroquet à front rouge mesure 25 cm et vit en Afrique.

Avec leur bec puissant, les perroquets cassent des noix résistantes.

Les perroquets sont souvent colorés. Ceux au plumage vert sont difficiles à voir au milieu des feuillages.

Les perroquets tiennent leurs aliments avec leurs doigts ; il y a des droitiers et des gauchers !

Grâce à sa forme et à sa taille, le bec du colibri peut aller au fond de la fleur.

Les colibris sont les seuls oiseaux qui peuvent voler à reculons !

Vol sur place
En battant très vite des ailes, les colibris volent sur place devant les fleurs pour en aspirer le nectar.

Superbes plumes

Paradisier du prince Albert

Diphyllode magnifique

Manucode royal

Paradisier de Guillaume (tête en bas)

Cocorico !
Les oiseaux tropicaux sauvages, comme le coq bankiva ou le coq de Java, sont à l'origine des poules domestiques.

LES PRAIRIES

Grue couronnée

Entre les forêts humides et les déserts, il existe de vastes étendues d'herbes. Ces « océans » verts portent des noms différents selon les régions du monde. En Afrique tropicale, on parle de la savane. Ailleurs, les herbages sont appelés prairies, pampas ou steppes. Ces régions naturelles sont appréciées par les hommes, car elles conviennent à l'agriculture. Pour les oiseaux, elles sont idéales. Ils y trouvent de hautes herbes où se cacher, et des graines, des sauterelles et des vers dont ils se régalent.

Un travail d'équipe
L'indicateur adore la cire des abeilles, mais il ne peut l'atteindre. Il compte alors sur les griffes d'un ratel pour éventrer le nid.

Le ratel observe attentivement l'oiseau.

L'indicateur montre le chemin.

Il attend ensuite patiemment son tour.

Abeilles

Si un pique-bœuf aperçoit un lion, il avertit le buffle du danger en poussant un cri.

Le pique-bœuf s'accroche aux poils grâce à ses fortes griffes.

Le buffle ignore le pique-bœuf, sauf s'il fouille son oreille !

Docteur pique-bœuf !
Les pique-bœufs ôtent les tiques qui sucent le sang des buffles et des zèbres. Cette « chirurgie » aide les mammifères à rester en bonne santé.

Le pique-bœuf vit en Afrique et mesure 12 cm.

Oiseaux des prairies

Sturnelle

Pintade vulturine

Perruche

Diamant de Gould

Pitié pour les tétras !
Les tétras cupidons sont de moins en moins nombreux car les prairies américaines sont transformées en champs de maïs où les parades nuptiales ne peuvent plus avoir lieu.

Perroquets des prairies
Les perruches sont de petits perroquets australiens. Les années pluvieuses, les perruches sont plus nombreuses que toute autre espèce.

Gorge-blanche

À l'affût
Le guêpier à gorge blanche capture de nombreux insectes, mais il adore les abeilles sauvages. Il les tue et les avale entières.

Après avoir tué l'abeille en la frappant sur son perchoir, le guêpier la presse du bec pour faire sortir le dard.

À cheval !
Les guêpiers se servent de l'outarde kori comme d'un perchoir pour guetter les mouches.

Le dos de l'outarde sert de piste d'envol et d'atterrissage !

L'outarde kori pèse environ 23 kg.

LES DÉSERTS

À midi, les déserts brûlants sont silencieux et semblent vides. Ce n'est qu'à l'aube et le soir que les oiseaux quittent leurs abris pour se nourrir et boire, quand l'air et le sol sont plus frais. Les chouettes ont la chance de pouvoir se passer d'eau, car elles mangent de la chair juteuse. Les gangas, eux, picorent des graines sèches et doivent parcourir chaque jour près de 50 km pour trouver de l'eau.

Aspiration
La plupart des oiseaux doivent renverser la tête pour avaler l'eau. Mais les gangas peuvent l'aspirer, comme toi.

Transport d'eau
En se couchant dans une mare, le ganga mâle imbibe d'eau les plumes de son ventre. Puis il retourne vers ses jeunes, qui boivent en suçant l'eau de ses plumes.

Huppe

Le coucou peut courir, mais il sait aussi voler.

Dans les dessins animés, le coucou terrestre fait « bip-bip ». En réalité, il claque du bec.

Après la froide nuit du désert, le coucou terrestre se réchauffe en prenant un bon bain de soleil.

Le coucou terrestre avale des serpents à sonnette longs de 50 cm.

Le coucou terrestre peut filer aussi vite qu'un coureur olympique !

Comme beaucoup d'oiseaux terrestres, ce coucou a de longues pattes.

La queue du coucou terrestre lui sert de balancier quand il court en zigzag.

Le coucou terrestre mesure 30 cm. Il vit au Mexique et en Amérique du Nord.

Un château de sable pour nid

Le leipoa entasse des feuilles dans un trou et les recouvre de sable. La chaleur des feuilles pourrissantes suffit à réchauffer les œufs.

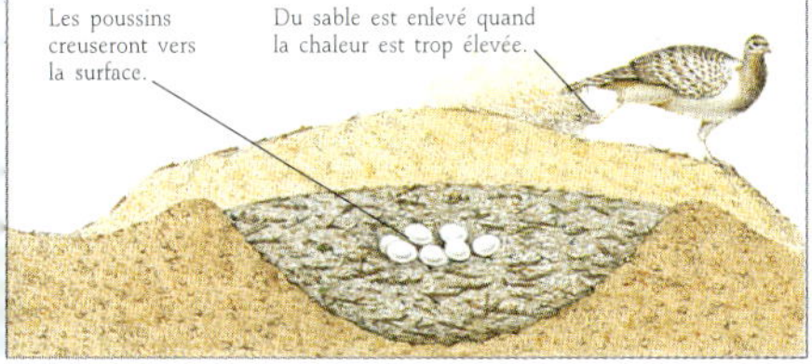

Couleur de sable

Les plumes claires renvoient la chaleur et sont un bon camouflage.

La chevêchette elfe s'abrite du soleil dans un trou creusé par un pic de la Gila.

Le verdin se suspend sous les branches des cactus pour traquer les insectes.

Le troglodyte des cactus a des pattes écailleuses et des plumes dures pour pouvoir marcher sur les cactus.

Le pic de la Gila arrache des morceaux de cactus mort pour chercher les insectes.

Le merle bleu de l'Ouest prend le frais dans les buissons.

Le colin de Gambel cherche graines et scorpions sous les pierres.

LES GLACES DU SUD

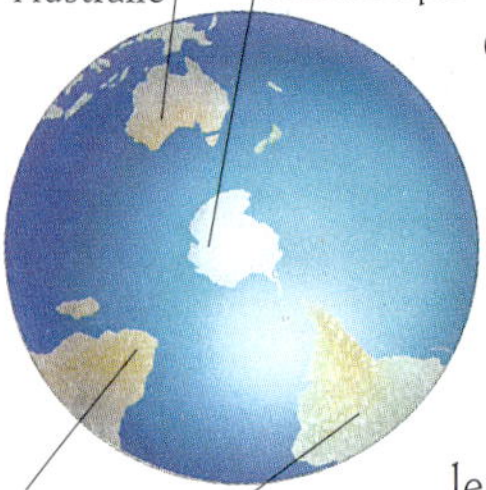

L'Antarctique, ce continent qui entoure le pôle Sud, est presque vide. Le manteau de glace épais de 2 km, le blizzard et le froid intense empêchent plantes et bêtes terrestres de survivre dans ces régions. Mais l'océan qui baigne l'Antarctique regorge de poissons et de krill, et la côte accueille donc des millions d'oiseaux. Les manchots sont les plus connus des habitants de ce sud enneigé, mais on y trouve aussi des oiseaux de mer tels que les skuas, les pétrels et les sternes. Les manchots ne se déplacent qu'en marchant ou en nageant, alors que les autres espèces sont des artistes du vol.

Manchot à jugulaire

Luge ventrale
Pour se déplacer rapidement sur la glace, il suffit de glisser. Les manchots n'ont pas de luge comme toi, mais ils rampent sur leur large ventre.

Voleur d'œufs
Les skuas ont rarement faim, car ils peuvent toujours voler un œuf ou un poussin de manchot : un skua occupe les parents manchots, l'autre chaparde la proie.

Les manchots prennent appui sur leurs pattes et leurs ailes pour se traîner.

Entre leur colonie et l'océan, ces manchots Adélie doivent parcourir 100 km en glissant.

Les manchots ne volent pas, mais ils nagent très bien.

Ils mangent de minuscules crevettes, le krill.

La nuit la plus longue
Le soleil de l'hiver antarctique couché, la nuit dure deux mois.

Sur la glace
Le manchot empereur femelle pond un œuf au début de l'hiver. Durant 64 jours, le mâle reste immobile pour couver l'œuf.

Le mâle et la femelle recrachent la nourriture de leur estomac pour nourrir leur jeune.

Le plumage épais et imperméable à l'eau garde l'air chaud.

Le poussin reste au chaud sur les pattes de l'adulte.

La graisse qu'il a sous la peau isole le manchot du froid.

Le manchot empereur est le plus grand oiseau de l'Antarctique. Il peut mesurer 1,20 m.

La sécurité du groupe
Quand leurs parents pêchent, les petits manchots duveteux forment des groupes appelés crèches. Ainsi, ils sont au chaud et échappent aux skuas.

Les manchots montent respirer à la surface toutes les 15 s.

Les manchots Adélie peuvent nager à 32 km/h.

En accélérant, ils jaillissent hors de l'eau.

Le léopard de mer guette les manchots pour les attraper.

LES RAPACES

Les aigles, les buses et les faucons sont des oiseaux de proie, ou rapaces. Ces oiseaux puissants et rapides chassent d'autres oiseaux ainsi que divers animaux. Qu'ils soient petits ou avec une envergure de 3 m comme le condor, les rapaces ont trois choses en commun : un bec crochu, des serres acérées et une bonne vue qui leur permet, par exemple, de repérer un lapin à 5 km !

Tenue adaptée
La tête du vautour est nue car, pour manger, il la plonge dans les cadavres : s'il avait des plumes, il se les salirait

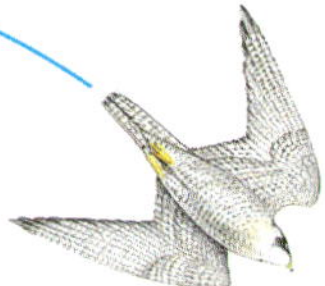

En piqué
Le faucon pèlerin fonce à 160 km/h en piqué. Au dernier moment, il tend les pattes et frappe sa proie avec l'ongle pointu de ses doigts de derrière.

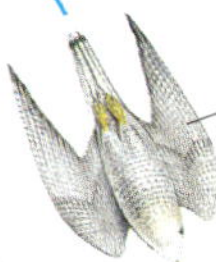

Ailes à demi repliées et queue fermée comme un éventail

Le pigeon meurt et tombe au sol.

Ses ailes sont assez fortes pour permettr au faucon de voler, même avec un cana mort dans les serres.

Avec ses ailes pointues, le faucon pèlerin peut voler plus vite que tout autre oiseau.

La queue sert de gouvernail.

Le plus gros nid du monde
Le nid de l'aigle royal, l'aire, mesure plus de 4 m de large. L'aigle ne construit pas un nouveau nid chaque année, mais il revient à son ancienne aire. Ainsi, certains nids sont vieux de plusieurs siècles.

Le faucon pèlerin mesure 32 cm et vit dans le monde entier.

Pattes adroites
Le serpentaire gymnogène se sert de ses longues pattes pour attraper œufs, poussins ou chauves-souris au fond des trous. Ses pattes peuvent s'orienter dans tous les sens, ce qui lui facilite la tâche.

La fauconnerie
Répandue au Moyen Âge, la fauconnerie, l'art de dresser les faucons pour la chasse, est désormais réglementée. Autrefois, ce faucon lanier aurait été l'oiseau d'un écuyer, jeune garçon au service d'un chevalier.

Le gant protège la main des serres.

Les rapaces voient très bien les couleurs.

Narine

Le puissant bec crochu permet de découper les proies trop grosses pour pouvoir être avalées entières.

Comme les autres rapaces, le pèlerin passe plus de temps à se reposer ou à soigner son plumage qu'à chasser.

Certains rapaces ont les pattes nues, d'autres portent des « culottes ».

Les ongles arqués et acérés servent à saisir les proies.

Trois rapaces

Crécerelle américaine

Autour

Aigle harpie

L'aigle américain
Le pygargue est l'emblème des États-Unis.

LES ÉMEUS, KIWIS, MANCHOTS...

Émeu

Kagou

Gros œil
L'œil de l'autruche est presque aussi gros qu'une balle de tennis !

Voler, décoller ou battre des ailes demande beaucoup d'énergie. Pour la plupart des oiseaux, cet effort leur permet de fuir un danger ou de se nourrir. Mais d'autres oiseaux, comme les kiwis ou les kagous, ont vécu sur des îles sans prédateurs, ou ont appris à courir ou à nager pour se nourrir. En quelques millions d'années, les autruches, les émeus et les manchots ont ainsi perdu la faculté de voler ; ils sont devenus des oiseaux « sans ailes », appelés oiseaux aptères.

Super-œuf
Les autruches sont les oiseaux qui pondent les plus gros œufs. Ils sont 24 fois plus gros qu'un œuf de poule ! Leur poids peut dépasser un kilo et demi. La coquille est si solide que tu pourrais monter dessus sans la briser.

La coquille a près de 2 mm d'épaisseur.

Les petites ailes sont cachées sous les plumes brunes.

Les narines du kiwi sont situées au bout du long bec.

Un bon odorat
Le kiwi, oiseau de la Nouvelle-Zélande, peut sentir les vers enfouis dans le sol.

Championnes
Les autruches vivent en Afrique. Elles échappent aux lions et aux hyènes en courant à toute vitesse. Elles foncent à 70 km/h, bien plus vite qu'un cheval au galop.

[L]e nandou mesure 1,50 m, [p]èse plus de 20 kg [e]t vit en Amérique [d]u Sud.

[U]n mâle qui couve
[C]hez les nandous, c'est le mâle qui [c]ouve les œufs et qui s'occupe des [g]rands poussins durant cinq mois.

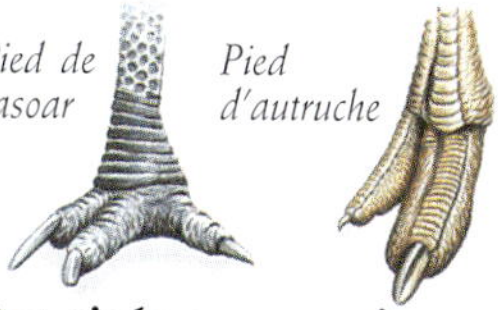

[D]es pieds pour courir
[L]'autruche est la seule à avoir deux [o]rteils. Elle court ainsi plus facilement.

LES OISEAUX DE NUIT

Quand le soleil se couche, la plupart des oiseaux vont dormir, mais certains au contraire s'éveillent. On appelle ces oiseaux qui vivent dans l'obscurité, comme les hiboux, des oiseaux nocturnes. La nuit, il y a moins de compétition pour la nourriture et beaucoup de rapaces chasseurs d'oiseaux sont endormis. Les chouettes s'appellent dans la pénombre. On les entend souvent, mais on ne peut les apercevoir qu'en de rares occasions.

Pêche de nuit
Les échassiers se nourrissent dans l'eau peu profonde. Si la marée est basse dans la nuit, ils pêchent à ce moment-là.

Les chouettes et les hiboux volent sans bruit grâce à leurs plumes couvertes d'un duvet ras, doux comme du velours.

À l'affût
Dans le noir, l'effraie se sert de ses oreilles plus que de ses yeux pour repérer ses proies. Elle peut même entendre une souris grignoter.

De nombreux oiseaux de nuit ont des plumes qui leur permettent de se cacher dans l'obscurité.

Où se trouve l'engoulevent ?

La queue est courte.

Cherche l'oiseau
Le jour, les engoulevents dorment à terre. Leurs plumes sont de la couleur des feuilles. S'ils ne bougent pas, les renards ne les trouvent pas.

Bout de bois

Si un podarge t'aperçoit, il va tendre le cou et essayer de ressembler à une branche cassée. Il garde quand même un œil entrouvert au cas où tu n'aurais pas été piégé !

.es hiboux 'oient dix 'ois mieux ue toi lans e noir !

Les hiboux ne peuvent pas bouger les yeux, mais ils peuvent tourner la tête et regarder derrière eux.

Les trous des oreilles sont cachés sous les plumes.

Le boubouk est un hibou de la famille des ninox d'Asie et d'Océanie.

Plumes molles

Les serres peuvent tuer rats, lézards et insectes.

Le boubouk mesure 20 cm. Il vit en Australie et en Nouvelle-Zélande.

Face à face

Hibou moyen duc

Chevêchette elfe

Effraie

Grand duc

Pelotes

Les hiboux avalent leur proie tout entière ! Les plumes, les poils et les petits os qui ne peuvent être digérés forment des pelotes qu'ils recrachent.

Poils de campagnol

Os de patte de souris

Côte de campagnol

Crâne

Os du bassin

Mâchoire

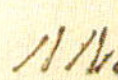

Os des pattes

Omoplates

LES MAMMIFÈRES

Les mammifères sont des animaux étonnants. Certains grimpent aux arbres, d'autres filent à toute allure sur le sol ou creusent des terriers, d'autres encore volent, comme la chauve-souris, ou vivent dans l'eau, comme les phoques. Ils paraissent tous différents : une girafe est grande, une souris est toute petite et un ornithorynque ressemble à une loutre qui aurait un bec de canard. Pourtant ils ont des points communs : des poils, des poumons pour respirer, une température constante et élevée parce que leur corps fabrique de la chaleur, et enfin ils allaitent leurs petits.

Les mammifères sont presque tous vivipares, c'est-à-dire qu'ils sortent, déjà formés, du ventre de leur mère, hormis les ornithorynques qui pondent des œufs. Les marsupiaux aussi diffèrent des autres mammifères car ils donnent naissance à des petits à moitié formés ; ces minuscules créatures se développent bien au chaud et en sécurité, blotties dans une poche située sur le ventre de leur mère. De nombreux mammifères ne mangent que des plantes, quelques-uns se nourrissent de viande ou d'insectes. L'homme, lui aussi, est un mammifère.

Souris kangourou

Lièvre à queue noire

Souris dorées

Panda géant

Gélada

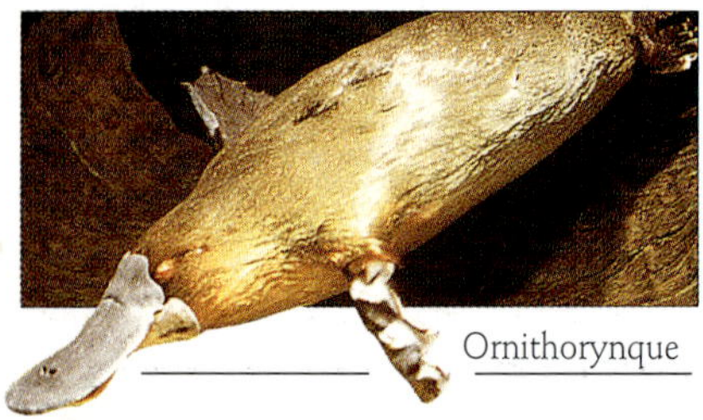

Ornithorynque

Bébé léopard des neiges
Petites chauves-souris
Girafe
Éléphant d'Asie
Tigre
Koala
Loutre géante
Antilope royale
Hérisson du désert

LES MARSUPIAUX

Le marsupial a une poche sur le ventre pour transporter ses petits. Ceux-ci s'y abritent du danger et s'y nourrissent de lait. Aujourd'hui, presque tous les mammifères à poche vivent en Australie, mais, voici 100 millions d'années, ils peuplaient le monde entier. La plupart des marsupiaux ont disparu lorsque des mammifères plus évolués, comme les chevaux, les félins ou les rats, se sont développés. Toutefois, ils ont survécu en Australie, pays lointain et isolé que les « nouveaux » mammifères n'ont pu atteindre. Les kangourous sont les plus connus des marsupiaux, mais il en existe aussi qui ressemblent à des souris et même à des chiens.

La femelle du kangourou roux mesure 1 m de haut. Le mâle est deux fois plus grand. Ils vivent en Australie.

Comme le cerf, le kangourou a la tête allongée pour faire place aux grosses dents aplaties qui servent à broyer l'herbe.

Les kangourous ne peuvent reculer !

La femelle du kangourou roux possède une fourrure bleu-gris et saute plus vite que le mâle.

La queue permet de maintenir l'équilibre en bondissant.

Pour se rafraîchir, le kangourou lèche fréquemment la zone de peau nue de ses avant-bras.

Seules les femelles ont une poche puisqu'elles seules portent les petits et les allaitent !

Le jeune saute dans la poche dès qu'il voit un aigle ou un dingo.

Pattes très musclées

Sauter ou courir ?

Il tomberait sur le nez s'il essayait de courir. Il doit donc sauter. Le kangourou roux atteint 65 km/h en effectuant des bonds de 12 m chacun.

Un marsupial disparu
Le tigre de Tasmanie, ou loup marsupial, avait des rayures et une queue épaisse, comme celle du kangourou. Il fut exterminé par les éleveurs dont il tuait les moutons.

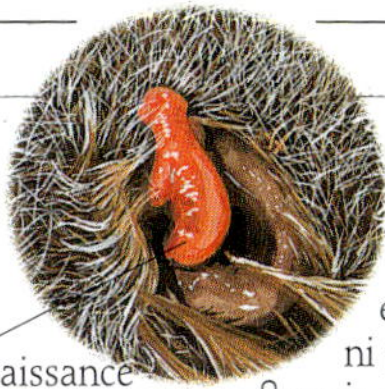

Naissance

Haricot sauteur
Le nouveau-né ressemble à un haricot : il mesure moins de 2 cm et n'a ni pattes, ni poils, ni yeux ! Il finira, 8 mois durant, sa croissance dans la poche de sa mère.

Le petit wallaby se faufile à travers l'épaisse fourrure maternelle en rampant.

Rusé
Les opossums sont les seuls marsupiaux actuels américains. Quand l'opossum de Virginie est menacé, il sort la langue et se couche, immobile, pour faire le mort. Il trompe ainsi ses ennemis.

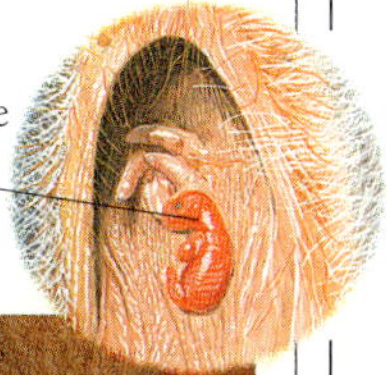

Il atteint la poche en 3 min.

Il s'accroche à une mamelle et se met à téter.

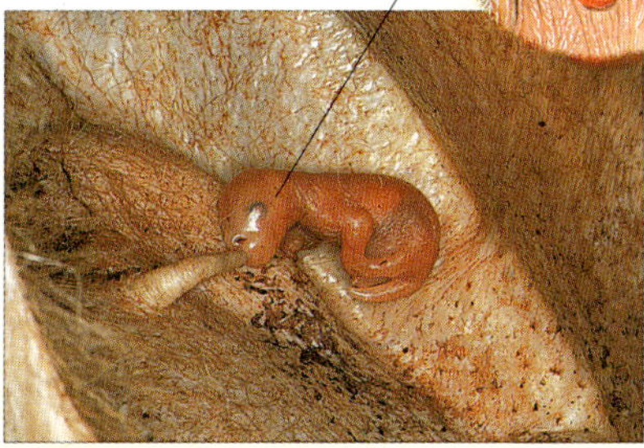

Accroche-toi, koala !
Quand le petit koala ne tient plus dans la poche de sa mère, il agrippe sa fourrure tandis qu'elle grimpe dans les branches d'un eucalyptus. Il reste ainsi plusieurs mois blotti contre sa mère.

Mammifères à poche

Souris à miel

Fourmilier marsupial

Wallaby des rochers

Diable de Tasmanie

LES INSECTIVORES

Les insectivores ont un long nez, des dents pointues et se nourrissent d'insectes, de vers, de limaces et d'escargots. Ils sont constamment en activité et mangent sans cesse pour reconstituer leurs réserves d'énergie transformée en chaleur. Mais comment faire pour se nourrir pendant l'hiver lorsque les insectes sont rares ? Les musaraignes fouillent parmi les feuilles en décomposition et réussissent à y dénicher leur nourriture. Les taupes restent enfouies dans le sol, où elles mangent les vers. Quant aux hérissons, blottis dans un nid de brindilles et de feuilles sèches, ils hibernent pendant 6 à 8 mois.

Un bel appétit !
Cet énorme tas de nourriture est la ration quotidienne de la musaraigne.

Morsure mortelle
La musaraigne aquatique est l'un des rares mammifères venimeux. Sa salive tue les grenouilles, mais pas les hommes !

Les yeux minuscules sont recouverts de fourrure. La taupe distingue seulement le jour de la nuit.

Des sortes de petits bourgeons sur le nez et sur la queue permettent à cette taupe commune de savoir où elle va.

Les larges pattes de la taupe sont en forme de pelle pour l'aider à creuser.

Taupinière

Le nid d'herbes est gros comme un ballon de football.

La taupe attrape les ver tombés dans ses galeries.

La taupe fait demi-tour en roulé-boulé. Si la galerie est trop étroite elle avance à reculons.

La taupe mange plus de 50 vers par jour et met en réserve le surplus dans un garde-manger.

Quelle gourmande !
La musaraigne mange souvent des animaux plus grands qu'elle. Ce gros lombric lui remplira l'estomac pour deux ou trois heures seulement !

Sevrés à une semaine
Le tenrec, petit mammifère primitif vivant essentiellement à Madagascar, se développe rapidement : il cesse de boire du lait pour manger des vers dès l'âge de 6 jours.

Le hérisson peut rester roulé en boule pendant des heures.

Tête

Une pelote d'épingles
Le hérisson ne fuit pas devant le danger. Il hérisse ses piquants et se roule en boule. Pas un prédateur ne prendra le risque de se piquer le museau !

Quelques renards et blaireaux ont appris à pousser le hérisson dans une flaque pour l'obliger à se dérouler.

La peau du hérisson est plus large que son corps. Quand il se roule en boule, il peut se couvrir la tête de peau hérissée de piquants.

Le hérisson d'Europe adulte possède plus de 5 000 piquants.

Les piquants sont des poils raides et creux.

Mangeurs d'insectes

Taupe dorée

Desman

Taupe à nez étoilé

Solénodon

Ces petites crocidures d'une semaine se tiennent par la queue pour ne pas se perdre.

Crocidures leucodes

LES FÉLINS

Les félins sont des carnivores. La plupart traquent leur proie en s'approchant lentement et silencieusement. Tout à coup, ils fondent sur elle et profitent de l'effet de surprise pour la tuer d'un seul coup de dents. Le plus grand des félins est le tigre, capable d'avaler 25 kg de viande en un seul repas. Mais la plupart des félins sont plus petits, comme le chat domestique. Ils n'en sont pas moins des chasseurs féroces et efficaces. Les félins sont des animaux solitaires, sauf le lion, qui vit en famille avec plusieurs lionnes et les jeunes lionceaux.

L'accélération du guépa
vaut celle d'une Ferrari.

Tigres

En embuscade
Tous les félins grimpent aux arbres. Ce jaguar attend le passage d'un pécari ou d'un tapir. Il attaque même les grands alligators.

« Avoir un œil de lynx »
Quand la lumière pénètre dans l'œil d'un félin, il luit comme un réflecteur de bicyclette car une membrane reflète et concentre les rayons lumineux. Le félin voit six fois mieux que toi dans l'obscurité.

Les reines de la savar
Le lion n'est pas le « roi de la jungle » car il ne vi pas dans la jungle et qu laisse les lionnes mener troupe et chasser. Le lic se sert le premier, les lionnes et les lionceaux se contentent des restes

Rapide
Le guépard est le seul félin à chasser à la course. C'est le plus rapide des mammifères et il peut atteindre 100 km/h.

Colonne vertébrale souple

Le guépard ne maintient sa vitesse de pointe que pendant 20 s avant de manquer de souffle.

Joute amicale
Les jeunes félins sont très joueurs. Ils se pourchassent, bondissent et jouent avec leur queue. C'est lors de ces jeux qu'ils apprennent à chasser.

Le vrai chat sauvage
Les chats domestiques descendent de chats sauvages capturés voici 3 000 ans. Ce chat sauvage d'Écosse est beaucoup plus féroce que le chat domestique, qui lui ressemble tant.

léopard mesure
0 cm au garrot.
l vit en Afrique
en Asie du Sud.

Moustaches très sensibles

La langue râpeuse gratte les os.

Les gros félins rugissent et ne savent pas ronronner.

Le léopard dort 16 h par jour, par petits sommes brefs.

Une panthère noire peut naître de parents à pelage tacheté ou noir.

Les panthères noires sont tachetées mais les taches sont difficiles à voir.

Le léopard vit et chasse seul. Les lions se mettent parfois à plusieurs pour lui voler son butin, s'il n'a pu le mettre à l'abri dans un arbre.

Les félins nettoient et lissent leur fourrure avec la langue.

Sous les pieds, les coussinets servent de semelles silencieuses.

Rentre tes griffes !
De petits muscles permettent à la plupart des félins de rentrer leurs griffes, afin qu'elles ne s'abîment pas.

LES CHIENS, LES LOUPS ET LES RENARDS

Chiens, loups, renards et chacals forment avec quelques autres la famille des canidés. Elle a souvent été traitée en ennemie : les loups ont été exterminés dans de nombreux pays ; les renards, plus petits, plus rusés et plus adaptables aux modifications de l'environnement, sont moins menacés ; les dholes, dingos, lycaons et chacals ne vivent plus que dans les zones peu fréquentées par l'homme. Les canidés sont carnivores, certains se regroupent en meutes pour chasser.

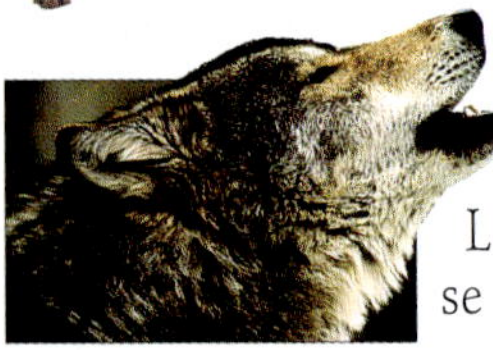

Hurler avec les loups
Au cœur de la nuit, la meute de loups se réunit et hurle. Ils préviennent ainsi les autres loups qu'ils ne doivent pas pénétrer sur leur territoire.

Tous les chiens apprivoisés descendent du lou gris. Les premiers chiens ont été domestiqués voic plus de 12 000 ans

Un loup entend le tic-tac d'une montre à plus de 10 m de distance.

L'animal halète pour éliminer la chaleur.

Le loup gris mesure environ 1 m au garrot. Il vit au Canada, aux États-Unis et en Asie du Nord.

Les crocs mordent la proie. Les molaires coupent la viande en petits morceaux qui sont avalés entiers.

Le loup gris parcourt plus de 60 km par jour sur la piste d'un élan ou d'un bœuf musqué.

Ce louveteau a 8 semaines. Il mange déjà de la viande mais il ne partira chasser avec la meute qu'à l'âge de 6 mois.

La vie de groupe
Le lycaon est un grand chien sauvage de la savane africaine. Les chiots appartiennent à la meute tout entière et sont allaités par d'autres femelles que la mère.

Un nouveau voisin
Les renards roux vivaient autrefois dans les bois, mais beaucoup ont envahi les abords des villes. La nuit, ils cherchent des souris à manger ou des poubelles à piller.

Les éboueurs de la savane
Les chacals se contentent des restes laissés par les lions. Les carnivores qui ne tuent pas eux-mêmes leurs proies sont des charognards. Les vautours débarrassent la plaine des carcasses des gros herbivores.

La queue du renard est très touffue.

Le nez fin
Tu peux reconnaître une fleur à l'odeur. Le chien, lui, sait qui, la veille, a touché la fleur ! Cet odorat lui permet de suivre des pistes anciennes et de retrouver la trace de gens ou de gibier.

Le langage du corps
Chacun connaît sa place dans la meute et il ne peut y avoir qu'un chef. Pour faire comprendre qu'ils donnent ou, au contraire, qu'ils reçoivent les ordres, les membres de la meute utilisent diverses mimiques ou postures.

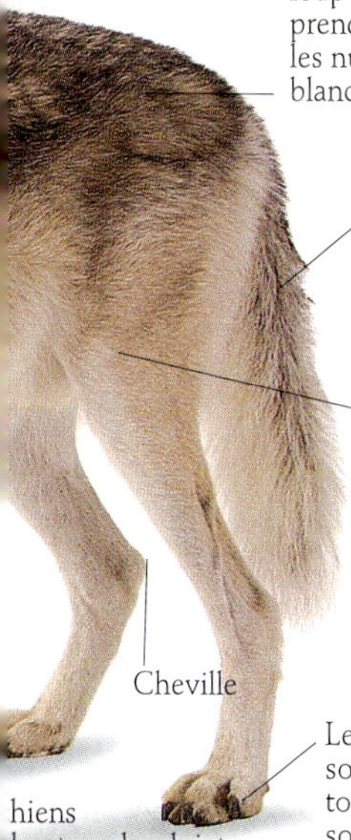

L'épaisse fourrure du loup gris peut prendre toutes les nuances, du blanc au noir.

Queue touffue

Les canidés sont des coureurs de fond, pas des sprinters. La vitesse du loup à la course est de 45 km/h, beaucoup moins que le lion ou le guépard.

Cheville

Les griffes sont toujours sorties.

hiens
hent sur les doigts.

Lorsqu'ils sont contents, les canidés remuent la queue.

Le chef de la meute relève la queue et retrousse les babines.

Ce dhole ne veut pas se battre et roule sur le dos pour le faire savoir.

LES OURS

L'ours brun est le plus répandu, mais le grand panda est le plus connu. Les scientifiques discutent depuis des années pour savoir si le grand panda est un ours. Aujourd'hui, ils le décrivent comme un gros ours noir et blanc. Malgré leur air pataud, ce sont des animaux féroces. Les hommes ont tellement chassé les ours qu'ils ne survivent plus que dans les régions de montagne les moins accessibles ou dans le grand désert blanc de l'Arctique.

Le grand sommeil
Les ours des pays froids passent l'hiver dans une caverne. Les oursons, souvent des jumeaux, naissent pendant le sommeil de la mère.

Empreintes d'ours blanc

Voici quelques mets favoris de l'ours
La plupart des ours mangent toutes sortes de nourriture : on dit qu'ils sont omnivores.

Miel

Baies

Graminées

La pêche au saumon
Le grizzly attend, au milieu du torrent, que le saumon, qui remonte le courant, lui saute dans la gueule.

Un carnivore
L'ours blanc, dans l'Arctique, est le seul ours exclusivement carnivore. Sa nourriture préférée est la graisse de phoque.

mpreintes

es talons des ours
ouchent le sol lors
e la marche. Les ours
ont des plantigrades.

Sous la patte du panda, un petit bourgeon de peau lui sert de pouce pour tenir les pousses de bambou.

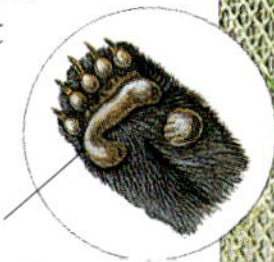

Ce grand ours brun est deux fois plus gros qu'un tigre.

Tous les ours ont de petites oreilles arrondies.

Les ours voient, entendent et sentent très bien.

Pour se gratter le dos, l'ours se frotte contre l'écorce des arbres.

Sauver le grand panda !

Il reste moins de 1 000 grands pandas en Chine, leur pays d'origine. Les femelles ne sont fécondes que trois jours par an, ce qui complique leur reproduction. De plus, ils doivent manger 20 kg de bambous par jour.

Beaucoup d'ours ont les dents gâtées parce qu'ils adorent les nourritures sucrées, surtout le miel.

Les grandes pattes puissantes de l'ours peuvent étouffer un homme.

L'extrémité grise des poils du grizzly donne à sa fourrure un aspect grisonnant. C'est là l'origine du nom de cet ours brun d'Amérique.

Le grizzly mesure au plus 3 m de haut. Il vit au Canada et aux États-Unis.

Comme une massue, les pattes antérieures assomment les gros animaux.

LES GRANDS SINGES

Joyeux

Réclamant sa nourritu

Il y a quatre types de grands singes : le chimpanzé, l'orang-outang, le gorille et le gibbon. Ils vivent longtemps, possèdent un gros cerveau, marchent sur deux pattes et n'ont pas de queue. Ce sont les plus proches parents de l'homme. Le gorille est le plus gros, mais il est tout à fait pacifique. Le chimpanzé est effronté et plus dangereux car il tue volontiers cerfs et singes pour les manger. La communauté est très importante pour ces animaux intelligents. Seul l'orang-outang mène une vie solitaire dans les grands arbres des forêts de Bornéo et de Sumatra.

Orang-outang (mâle)

L'heure du jeu
Les jeunes grandissent lentement. Leur mère les allaite pendant cinq à six ans, et ils ont donc du temps pour jouer et pour apprendre les règles de la vie en société.

Un animal intelligent
Le chimpanzé est l'un des rares animaux à utiliser des outils. Par exemple, il mâche des feuilles et en fait une boule qu'il trempe dans l'eau et qu'il presse dans sa bouche.

Végétarien
La banane est le mets favori du gorille. Il aime aussi les orties, le céleri géant et les feuilles de bananier.

Démarche de singe
Les grands singes peuvent marcher debout, mais ils avancent plus souvent à quatre pattes.

Les grands singes marchent sur les articulations des doigts.

Effrayé

En colère

Pas un mot

Le chimpanzé est l'un des rares mammifères à faire des grimaces pour manifester son humeur.

Des mains pour attraper

Les singes ont, comme toi, des pouces opposés, très pratiques pour s'accrocher aux branches, cueillir des fruits, manipuler des outils ou se gratter !

Les singes ont des mains très sensibles.

Le gorille mâle mesure 1,70 m. La femelle est deux fois moins grande. Ils vivent en Afrique.

Les grands orteils de l'orang-outang peuvent tout attraper.

Un lit pour la nuit

Chaque soir, l'orang-outang construit un nid. Il fabrique un matelas de branches et une couverture de feuilles.

Le gorille n'a pas beaucoup plus de poils qu'un homme. Mais il paraît très velu parce que ses poils sont longs et qu'ils poussent sur tout le corps.

Gros cerveau

Le gorille sait grimper dans les arbres mais il passe le plus clair de son temps à paresser au sol.

Les singes voient le monde en couleurs, comme toi.

Tous les grands singes peuvent s'asseoir droit.

Le gorillon rampe à 10 semaines, grimpe à 5 mois et marche à 8 mois. Il peut vivre jusqu'à 40 ans.

LES SINGES

Sapajou

Les singes sont des primates. Parce qu'ils ont une queue, on les distingue facilement des primates plus intelligents que sont les grands singes. Certains, tel le mandrill, vivent au sol ; mais la plupart sautent ou se balancent entre les arbres. Ils sont pourtant très prudents et regardent toujours avant de sauter, car le danger est partout : les grands aigles tournoient dans le ciel et les léopards rôdent au sol. Et, s'ils ratent leur atterrissage, ils peuvent tomber de 60 m, l'équivalent d'un immeuble de 13 étages ! La plupart des singes vivent dans les grandes forêts des zones tropicales d'Afrique, d'Asie et d'Amérique.

Un équilibriste
Si tu perds l'équilil
tu te sers de tes bra
comme balancier.
singes utilisent leu
queue, ce qui libèr
les bras pour grimp
porter son petit ou
cueillir un fruit.

Toujours plus propre !
Ces macaques rhésus s'ôtent mutuellement insectes et saletés de leur fourrure et se nettoient les dents. Ces séances d'épouillage renforcent aussi la cohésion du groupe.

Les singes vivent presque toujours en bandes.

Face-à-face

Mandrill (mâle)

Nasique (mâle)

Ouakari chauve

Pinché

Signe de ralliement
Les makis-cattas, des lémuriens, vivent en bande. Ils dressent leur queue pour ne pas se perdre dans la savane de Madagascar.

Ce maki-catta suit la queue d'un compère.

Une queue pour attraper

La queue est un troisième bras car elle attrape tout et s'agrippe aux branches. Le singe araignée peut ainsi se suspendre par la queue et libérer ses mains pour saisir la nourriture et la manger.

Les deux yeux sont situés de face pour repérer le lieu d'atterrissage.

Tous les primates distinguent les couleurs.

Poitrine étroite

Crinière de poils soyeux

Les singes ne sont pas difficiles. Ils mangent des fruits, des fleurs, des lézards, des papillons, etc.

Les jambes des singes sont plus courtes que les bras.

Ce tamarin ne pèse que 600 g ; il est donc assez léger pour grimper sur les branches les plus minces sans les casser, à l'abri des prédateurs.

Les hommes ont détruit la forêt et il ne reste plus beaucoup de tamarins lions dans la nature.

Queue touffue

Le tamarin lion mesure 22 cm. Il vit au Brésil.

L'heure du bain

Le macaque du Japon n'a jamais froid. Il passe l'hiver dans les bassins naturels d'eau chaude qui jaillit du plus profond de la terre.

LES CHAUVES-SOURIS

Les chauves-souris sont des mammifères volants couverts de fourrure. Leurs ailes sont une mince membrane de peau étirée entre les doigts. Les chauves-souris habitent le monde entier, mais tu ne les verras pas souvent voler. La plupart se suspendent la tête en bas pour dormir pendant le jour. Elles chassent pendant la nuit. Les plus petites mangent des souris et des moustiques. Les plus grandes sont végétariennes et se nourrissent de fruits et de nectar. Les chauves-souris sont de plus en plus rares parce que l'homme détruit leurs gîtes et leurs proies.

Les oreilles de cet oreillard sont presque aussi longues que son corps. Il les replie sous les ailes pour dormir.

Les chauves-souris entendent mieux que les autres animaux.

Les chauves-souris sont des acrobates aériens qui atteignent 55 km/h en vol, ce qui est suffisant pour échapper aux hiboux et aux chouettes.

Poignet

Corps velu, comme une souris

Papillon de nuit

Les chauves-souris crient pour se repérer dans l'obscurité. Celle-ci, appelée oreillard, a la bouche pleine et devra émettre des sons par le nez !

Des animaux utiles
Les chauves-souris mangent des fruits, transportent le pollen des fleurs et dispersent les graines qu'elles recrachent ou éjectent dans leurs excréments.

Dans la caverne
Presque toutes les chauves-souris sont nocturnes. Elles dorment pendant la journée dans une grotte ou dans un arbre creux et, au coucher du soleil, elles prennent leur essor.

Bâtisseuses
Ces chauves-souris blanches du Honduras reconstruisent leur abri tous les jours ! Elles rongent la nervure centrale d'une grande feuille jusqu'à ce qu'elle retombe en formant une petite tente, sous laquelle elles se suspendent.

Le plus petit mammifère
La chauve-souris à nez de cochon mesure 3 cm de long. Elle pèse moins qu'un grain de raisin. Pour se nourrir, elle attrape de petits insectes.

Voici le pouce. Les chauves-souris s'en servent pour peigner leur fourrure et pour s'accrocher aux arbres et aux murs.

L'aile peut servir à capturer les insectes en vol, comme dans un filet.

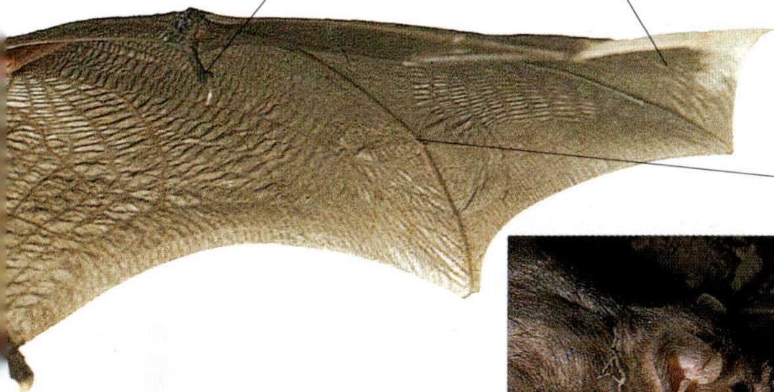

Long doigt

L'oreillard a une envergure de 28 cm. Il vit en Europe du Nord.

Repas de vampire
Cette chauve-souris se nourrit de sang. Avec ses dents pointues, elle perce la peau d'un poulet endormi. Elle va boire l'équivalent d'une cuillerée à soupe de sang.

Entendre pour voir
Beaucoup de chauves-souris se servent de leurs oreilles pour « voir ». Ce noctilion pêcheur d'Amérique émet des claquements en volant au-dessus d'un étang. Si l'écho lui indique la présence de rides sur la surface, il sait qu'il y a un poisson juste au-dessous.

La chauve-souris perçoit l'infime écho et plonge sur le poisson.

LES PETITS RONGEURS

Comme son nom l'indique, un rongeur est un animal qui ronge la nourriture avec ses dents en biseau. La plupart ressemblent à une souris et ils sont végétariens : ils mangent des tiges, des graines et des racines. 40 % des mammifères sont des rongeurs. Ils habitent le monde entier, de la jungle africaine dont les arbres abritent le rat à crinière aux déserts torrides dans lesquels sautille la gerboise. La souris domestique a même atteint les régions de l'Antarctique, sur les cargos amenant les hommes. Les rongeurs, qui se reproduisent rapidement, peuvent devenir très nuisibles.

Muscardin

Ces petites souris nouveau-nées ne savent que couiner, dormir et téter. Elles sont sans défense.

Déménagements en masse
Tous les trois ou quatre ans, des milliers de lemmings fuient leurs quartiers surpeuplés. Beaucoup meurent dans cette quête frénétique d'un nouveau gîte.

L'appétit des rats
Tous les ans, des millions de rats détruisent un cinquième des récoltes mondiales de nourriture.

Le surmulot, ou rat d'égout, a des pattes qui servent de nageoires : il peut ainsi rester trois jours dans l'eau.

Queue écailleuse

La fourrure graisseuse du rat laisse des traces sales sur tout ce qu'il touche.

Les dents plates du fond de la gueule servent à broyer les herbes et le grain.

Les rats marchent sur la nourriture après avoir piétiné des immondices. C'est ainsi qu'ils transmettent les maladies.

Nid de paille

À l'âge de 10 jours, les yeux s'ouvrent et la fourrure apparaît.

Les petites souris sont prêtes à quitter le nid à 18 jours.

Le mammifère le plus commun

La souris domestique est sans défense, mais l'espèce n'est pas en danger, car elle se reproduit très vite. La femelle peut avoir des petits dès l'âge de 6 semaines et mettre bas 10 portées par an. Si tous ses petits survivaient, elle aurait un million de descendants en un an.

Un grimpeur

Le rat des moissons est capable de grimper le long des plantes, comme un singe sur un arbre. Il se tient accroché par la queue, qu'il enroule autour des tiges.

Le rat des moissons ne pèse que 5 g et ploie à peine les tiges les plus minces.

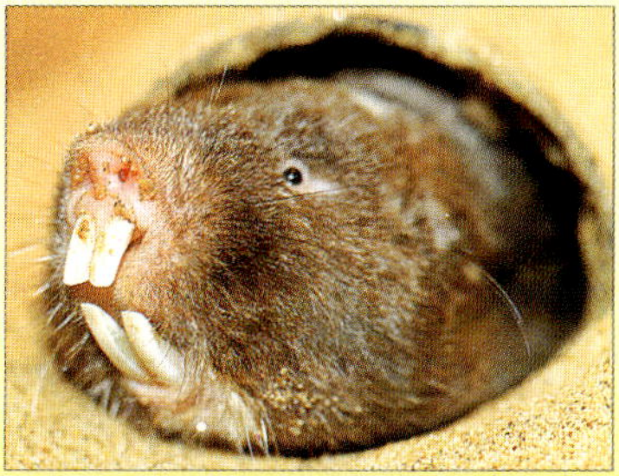

Des dents qui poussent tout le temps

Tes dents grandissent dans l'espace laissé par les dents de lait. Elles cessent dès que le trou est comblé. Mais les dents des rongeurs ne cessent jamais de pousser. Pour les empêcher de devenir trop longues, ils doivent sans cesse ronger.

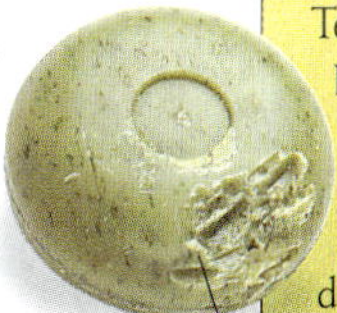

Ils mangent même du savon.

Dent qui pousse

Petits rongeurs

Souris-kangourou pâle

Lagure des steppes

Grande gerboise

Gerbille des Indes

Loir gris

Rat à crinière

LES GROS RONGEURS

La plupart des rongeurs sont petits et ressemblent aux souris ; mais quelques-uns sont beaucoup plus gros. Il y a deux sortes de gros rongeurs : ceux qui ressemblent aux écureuils et ceux qui, comme le porc-épic, ressemblent à un petit cochon. Tous les rongeurs doivent utiliser leurs dents en permanence pour les empêcher de devenir trop longues. Certains, comme le castor, modifient leur environnement en construisant des barrages.

Écureuil rayé

Gros comme un mouton
Le cabiai, ou cochon d'eau, proche parent du cobaye, est le plus gros rongeur du monde.

Qui s'y frotte s'y pique !
Le porc-épic recule pour planter ses piquants dans le nez de l'ennemi et le faire fuir.

Le porc-épic entend tomber un fruit à plusieurs mètres de distance.

Piquant creux, rayé

Le nid a la taille d'un ballon de football.

Le porc-épic ronge de vieux os pour aiguiser ses dents.

Le porc-épic d'Afrique en colère frappe le sol du pied et agite les piquants pour intimider les intrus.

Les piquants pointus ne sont dressés que lorsque l'animal est attaqué.

Très gros rongeurs

Écureuil roux d'Europe

Chinchilla

Cobaye des rochers

Lièvre sauteur

Monax

Paître au clair de lune
Les hippopotames sortent de l'eau chaque nuit pour aller paître des prairies parfois très éloignées pendant 5 ou 6 h. Ils reviennent à l'eau bien avant le lever du soleil, en suivant toujours les mêmes sentiers.

Courageux pécari
Si un puma attaque une troupe de pécaris, le mâle se précipite vers le félin. Il y perd la vie mais son sacrifice permet aux femelles de fuir avec les petits.

Quelques espèces

Potamochère

Pécari à collier

Ballet aquatique
L'hippopotame peut retenir sa respiration pendant plus de 5 min. Il a tout à fait le temps de plonger et de faire une petite promenade au fond du lac.

Chaque pied compte quatre doigts.

Hippopotame amphibie

Hippopotame nain

L'hippopotame doit passer 16 h par jour dans l'eau pour se rafraîchir et maintenir l'humidité de sa peau.

L'hippopotame ferme le nez et les oreilles pour plonger.

L'épaisse peau de l'hippopotame le protège des dents du crocodile.

Les hippopotames mangent des nénuphars, mais ils préfèrent l'herbe.

LES CHAMEAUX ET LES LAMAS

Les chameaux, les dromadaires et leurs petits cousins d'Amérique du Sud, les vigognes et les guanacos, vivent dans les déserts de sable, sur les plaines rocheuses ou sur les montagnes arides. La vigogne respire l'air léger de la haute montagne, tandis que le dromadaire s'accommode des nuits glaciales et des jours brûlants du désert. Les hommes ont su utiliser ces qualités rustiques, et les camélidés ont tous été domestiqués. Très peu vivent encore aujourd'hui à l'état sauvage.

Domestiqué
Les dromadaires servent de montures et fournissent du lait et de la viande. La peau sert à faire des chaussures, les poils donnent de la laine, et les bouses séchées sont le seul combustible dans le désert.

Que d'eau !
Après 10 mois sans boire, le dromadaire peut avaler 9 seaux d'eau en 15 min : il est prêt pour une traversée du désert.

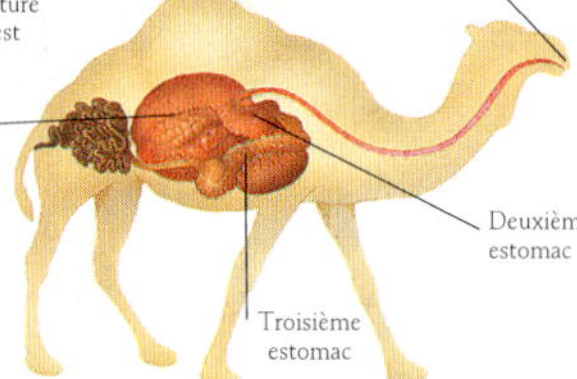

Les ruminants
Pour extraire les éléments nutritifs de l'herbe, certains mammifères ont plusieurs estomacs et mâchent leur nourriture deux fois : ils ruminent.

Les oreilles et les narines peuvent se refermer lorsque se lève le vent de sable.

Deux rangées de cils protègent les yeux du sable ainsi que du gel pendant les nuits glacées.

Le chameau ne gaspille pas l'eau. Si son nez coule, le liquide va vers la bouche le long de sa lèvre fendue.

Les chameaux crachent sur ce qui les dérange.

La peau des lèvres est durcie pour arracher les plantes épineuses du désert.

Le chameau ne transpire presque pas pour économiser l'eau.

Le chameau marche d'une allure chaloupée parce qu'il avance les deux pattes du même côté en même temps.

Les deux doigts s'écartent pour empêcher l'animal de s'enfoncer dans le sable.

Le chameau de Bactriane mesure 2,20 m au garrot. Il vit dans le désert de Gobi, en Asie centrale.

Combien de bosses ?

Dromadaire

Chameau de Bactriane

Guanaco

Vigogne

En sentinelle
Pendant que les vigognes femelles broutent, le mâle fait le guet. S'il repère un puma, il siffle pour avertir le troupeau, qui s'enfuit.

Les races domestiques
Le lama donne du lait et transporte les charges, tandis que l'alpaga fournit une laine soyeuse. Avec la vigogne, ils sont les seuls camélidés américains.

Alpaga

Lama

LES BOVINS ET LES ANTILOPES

Gazelle-girafe (mâle)

Comme les chèvres et les moutons, les bovins et les antilopes sont tous des bovidés. La tête de tous les mâles, et souvent celle des femelles, est ornée de cornes. La gazelle-girafe et beaucoup d'autres antilopes mangent surtout des feuilles, mais le bison et les autres bovins préfèrent brouter l'herbe. Cette nourriture n'est pas très riche et, pour en tirer toutes les matières nutritives dont ils ont besoin, les bovidés doivent mâcher à nouveau les aliments : comme les chameaux et les cerfs, ce sont des ruminants. Ils broutent à l'aube et au crépuscule, mais passent les heures chaudes de la journée à ruminer à l'ombre d'un arbre.

Formez le cercle !
Les bœufs musqués se mettent en cercle autour des petits pour les protéger des loups qui ne peuvent franchir ce mur de cornes.

Tous les bovins ont quatre estomacs.

Le bison a quatre doigts et deux sabots à chaque pied.

Les migrations
À l'approche de la saison sèche, les troupeaux de gnous se mettent en route et parcourent 1 600 km vers des pâturages plus riches. Ils reviennent avec la saison des pluies.

Oryx d'Arabie

Ces cornes mesurent environ 70 cm de long.

Cet oryx d'Arabie, qui est devenu très rare, rumine en parcourant le désert.

Il sent le vent pour savoir où est tombée la pluie et se met en marche vers de nouveaux pâturages.

Chauffage central
Le yack du Tibet vit dans l'Himalaya. Il est protégé par une épaisse fourrure, et la mousse dont il se nourrit produit de la chaleur en se décomposant dans son estomac et elle fonctionne comme une bouillotte.

Cet épais pelage d'hiver tombe par grosses plaques au printemps. On dit que le bison mue.

La couleur sombre retient la chaleur du soleil. Ce pelage foncé permet au bison de conserver la chaleur par temps froid.

Les mâles se battent pour conquérir les femelles. Ils se poussent front contre front ; le vainqueur est celui qui aura fait reculer l'autre.

Les cornes sont caractéristiques de l'espèce. Elles sont souvent plus petites chez la femelle.

Le bison mâle pèse à peu près 1 t !

Les troupeaux de bisons passent la plus grande partie du jour à paître, et la nuit à ruminer.

Le bison d'Amérique mesure 2 m au garrot. Il vit au Canada et aux États-Unis.

Bêtes à cornes

Buffle du Cap (mâle)

Antilope cervicapre (mâle)

Chèvre sauvage (mâle)

Mouton bighorn (mâle)

LES ÉLÉPHANTS

Une famille unie
Le chef du troupeau est une vieille femelle. Elle est suivie par toutes les femelles de sa famille et leurs petits de moins de 12 ans.

Les éléphants sont les plus gros mammifères terrestres. Ils pèsent en moyenne 5 t (plus que six voitures). En raison de leur force et de leur taille, ils modifient de façon considérable le paysage dans lequel ils vivent. Ils créent de larges passages dans la brousse, ils creusent des puits dans le lit des rivières à sec pour trouver de l'eau, ils fertilisent le sol de leurs excréments, ils piétinent l'herbe, qui repoussera plus drue, et ils déracinent les arbres, ce qui aère la forêt.

Du plus gros au plus petit
Le plus proche parent de l'éléphant est le daman. Il y a plusieurs millions d'années, les damans étaient énormes. Les seuls points communs restent les défenses et les ongles.

Les rides retiennent l'eau, et l'éléphant reste au frais plus longtemps.

Défenses d'ivoire
Beaucoup d'éléphants sont tués à cause de leurs défenses en ivoire. Des amas de défenses ont été brûlés pour protester contre ce massacre.

Les éléphants ne cessent jamais de grandir.

Les défenses sont des dents. Elles s'allongent de 17 cm par an et peuvent atteindre plus de 2 m.

Cheville

Les éléphants peuvent manger de l'herbe, des écorces et des feuilles pendant 20 h par jour.

L'ongle de l'éléphant est plus large que ta main.

Qui est qui ?
Il y a deux espèces d'éléphants.

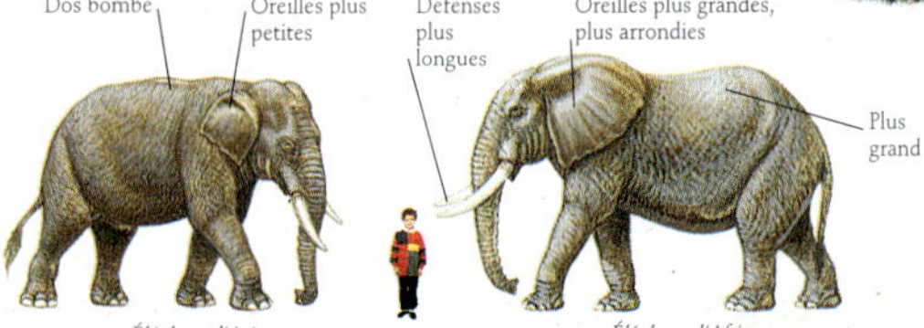

Éléphant d'Asie

Éléphant d'Afrique

Les jeunes femelles surveillent les petits.

Les mâles quittent leur famille vers l'âge de 14 ans.

Restons au frais
Pour se rafraîchir, les éléphants peuvent se baigner dans l'eau boueuse, s'asperger d'eau ou même de poussière. Ils savent aussi agiter les oreilles comme des éventails.

Les oreilles de l'éléphant sont presque aussi grandes que les draps de ton lit !

L'éléphant écarte les oreilles pour se donner un air menaçant et paraître plus imposant qu'il n'est.

Les éléphants communiquent entre eux par des grondements venus de l'estomac.

Le nez et la lèvre supérieure forment la trompe. Elle sert à respirer, à sentir, à toucher, à ramasser les objets et à aspirer l'eau.

Les plus vieux éléphants peuvent vivre jusqu'à 80 ans.

Voici l'une des quatre premières dents de l'éléphant.

Les dernières dents sont plus grosses qu'une brique !

Vu de l'intérieur
L'éléphant marche sur la pointe des pieds.

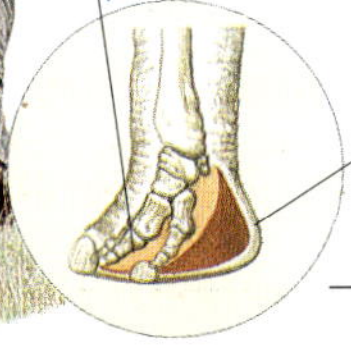

Doigt

Le talon repose sur un coussin de graisse.

Des dents toutes neuves
L'éléphant n'a que quatre dents. Elles sont remplacées au bout de quelques années. Des dents plus grosses poussent et provoquent la chute des dents usées. L'éléphant change cinq fois de denture dans sa vie.

LE CORPS HUMAIN

Ton corps est l'une des machines les plus extraordinaires qui existent sur terre. Il est composé de milliers d'éléments qui fonctionnent conjointement. Tous ces éléments sont regroupés en plusieurs systèmes : l'appareil digestif, le système nerveux, le squelette, la circulation sanguine et les muscles. Ils forment un enchevêtrement tellement compliqué qu'il est plus facile de décrire chaque système séparément. Toutefois, ils fonctionnent ensemble et, pour vivre, tous te sont indispensables. À la naissance, tu sais dormir, manger et pleurer. La découverte de ton corps et de son fonctionnement demande beaucoup de temps. Au fur et à mesure de ta croissance, tu apprends à faire des choses de plus en plus difficiles, comme ramper, marcher, puis faire du vélo.

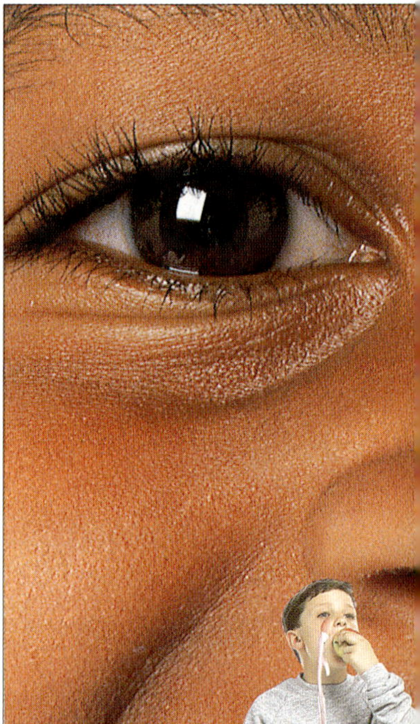

Il y a plus de 100 muscles dans ton visage.

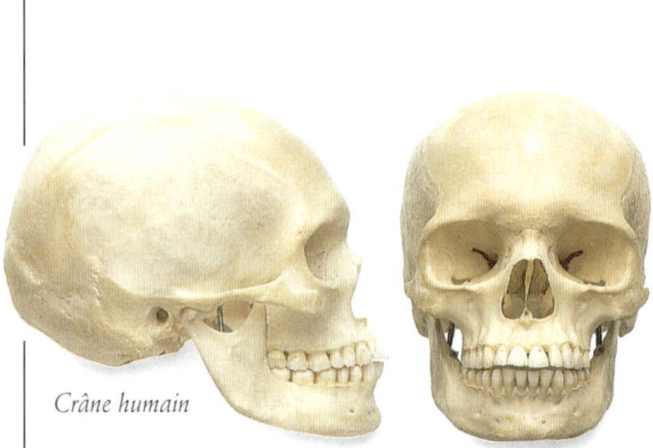

Crâne humain

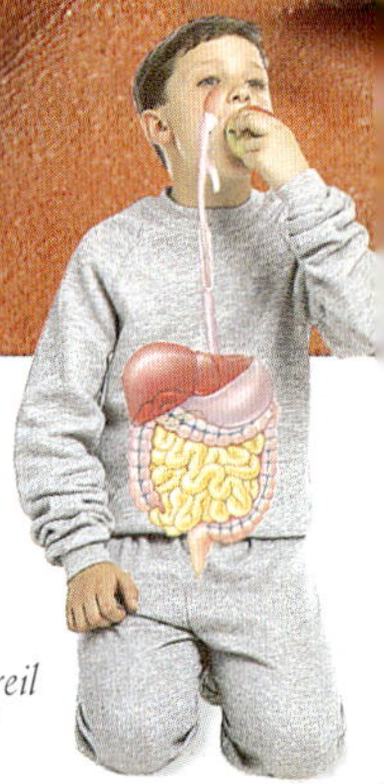

L'appareil digestif

Aller à quatre pattes (à 10 mois environ)

Marcher (à 15 mois environ)

Sautiller (à 4 ans environ)

Sauter à la corde (à 5 ans environ)

Faire du vélo sans roulettes (à 5 ans environ)

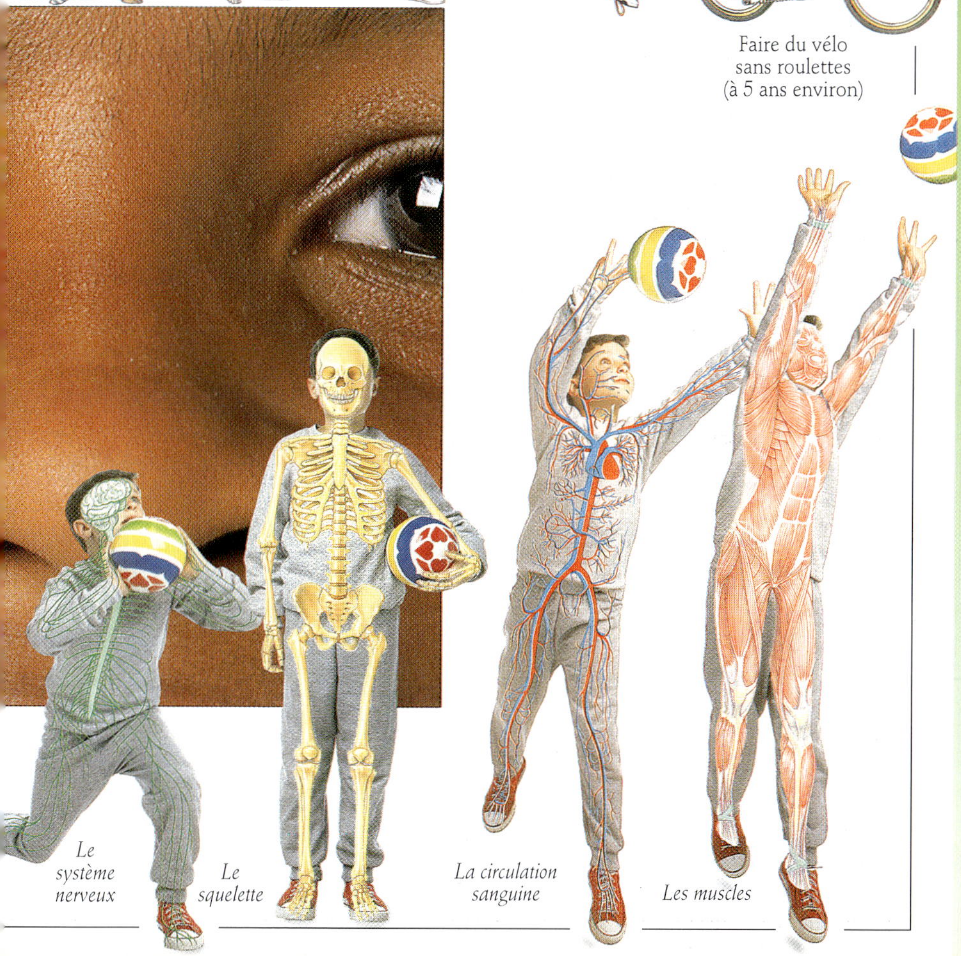

Le système nerveux

Le squelette

La circulation sanguine

Les muscles

L'OUÏE

L'ouïe est l'un de nos cinq sens. Les oreilles sont un organe important et délicat : elles détectent les sons et transmettent des messages au cerveau. Les sons se propagent sous forme d'ondes. Situées de part et d'autre de la tête et ressemblant à des coquillages, les oreilles externes captent les ondes sonores, les canalisent vers l'intérieur où elles rebondissent sur le tympan, en le faisant vibrer. Les oreilles moyenne et interne se chargent ensuite de transformer ces vibrations en impulsions électriques que le cerveau déchiffre et reconnaît.

« Boîtéléphone »
Deux boîtes de conserve vides reliées par une ficelle font un téléphone. Lorsque tu parles dans une des boîtes, les vibrations de ta voix voyagent le long de la ficelle jusqu'à l'autre boîte où l'on t'entendra.

Mère

S'agenouiller

La faim

L'espoir

Le langage des signes
Une personne née sourde, qui n'a jamais entendu la parole, n'a généralement pas pu apprendre à parler. Mais de plus en plus de sourds apprennent le langage des signes qui leur permet de communiquer. Ils apprennent ainsi à épeler à l'aide de leurs mains et à lire sur les lèvres suivant la forme de la bouche des gens qui parlent.

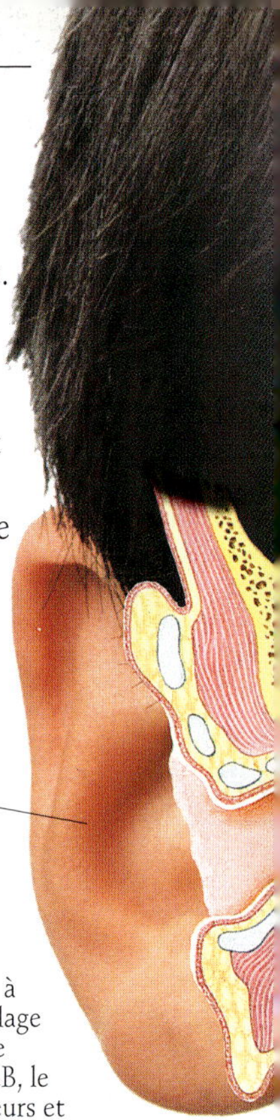

L'oreille externe détecte les sons et les canalise à l'intérieur du conduit auditif.

Boum !
L'intensité du son se mesure en décibels (dB). Un murmure est évalué à moins de 25 dB, le claquement de cymbales à environ 90 dB et le décollage d'un avion atteint plus de 130 dB. Au-delà de 120 dB, le bruit provoque des douleurs et peut endommager les oreilles.

Le marteau, l'enclume et l'étrier sont les trois minuscules osselets de l'oreille moyenne qui transmettent les vibrations sonores du tympan à la cochlée.

Les canaux semi-circulaires aident à tenir en équilibre.

Les nerfs

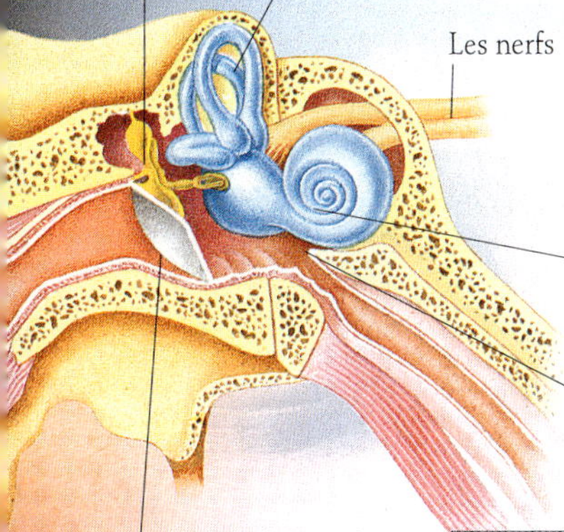

Les cellules nerveuses de la cochlée transmettent des messages sonores au cerveau.

L'oreille interne est composée de la cochlée et des canaux semi-circulaires. Elle est remplie de liquide.

Le tympan est une fine membrane de peau qui vibre lorsqu'elle est heurtée par les ondes sonores, exactement comme un tambour.

Bonjour... bonjour !
Lorsque tu cries dans un endroit vaste et vide, les ondes sonores de ta voix rebondissent contre la première surface rencontrée et te reviennent aux oreilles. C'est ce qu'on appelle l'écho. Plus le son parcourt de distance avant de rebondir, plus l'écho met de temps à revenir.

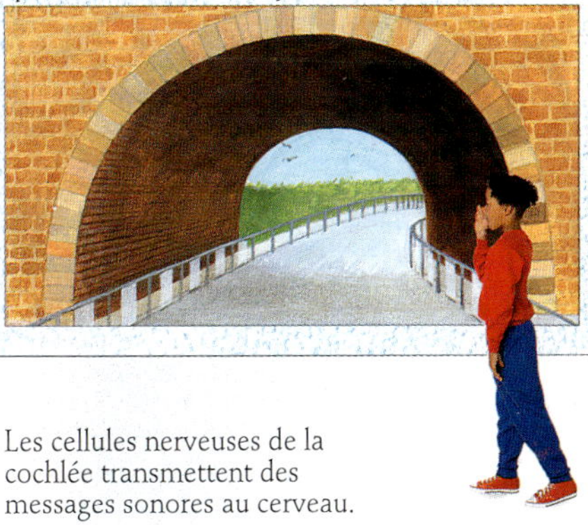

Oreille visible, oreille invisible
L'ouïe des animaux ne fonctionne pas forcément comme la nôtre. Certaines bêtes ne possèdent pas d'oreilles extérieures.

Les éléphants ont de gigantesques oreilles externes, et ils entendent très bien.

Les oiseaux et les lézards ont une ouïe excellente mais pas d'oreilles externes.

Le lapin peut tourner ses oreilles pour capter des sons venant de tout côté.

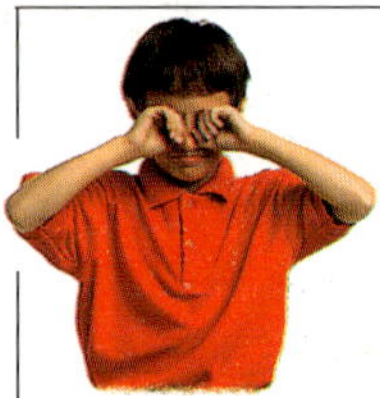

Trop de larmes !
Les larmes humidifient les yeux et les nettoient. Lorsque tu en produis trop, elles ne peuvent s'écouler naturellement par le nez et débordent alors par les yeux.

LA VUE

La vue est peut-être le plus important de nos cinq sens. La vision est possible grâce à l'association des yeux et du cerveau. Les rayons lumineux pénètrent par la cornée, à l'avant de l'œil, puis par le cristallin ; ils sont ensuite projetés sur la rétine, au fond de l'œil, où ils forment une image de ce que tu regardes. Mais l'image est à l'envers ! Les cellules nerveuses de la rétine transmettent alors des messages au cerveau, qui les déchiffre de façon à rétablir l'image.

Yeux trompeurs
Nos yeux nous jouent parfois des tours : c'est ce qu'on appelle les illusions d'optique. En voici des exemples.

Laquelle de ces deux filles est la plus grande ?

Lequel de ces cercles rouges est le plus grand ? Celui de gauche ou celui de droite ?

Quelle est la ligne la plus longue ?

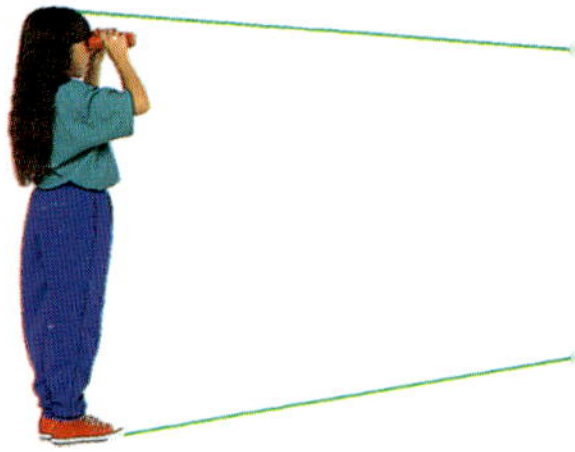

La vision binoculaire
Comme les yeux sont écartés, ils perçoivent chacun une image légèrement différente. C'est le cerveau qui superpose les deux images. On appelle cela la vision binoculaire ou stéréoscopique. Elle te permet d'évaluer la profondeur et les distances. Fais un essai : ferme un œil, pointe un objet avec le doigt, puis, sans bouger le doigt, regarde-le avec l'autre œil. Indiques-tu toujours le même objet ?

La surveillance des yeux
On peut consulter un ophtalmologiste pour vérifier qu'on n'a pas de troubles de la vision. Les lunettes ou les lentilles de contact compensent la vue si elle est défectueuse. Les yeux sont très importants, il faut les faire surveiller régulièrement.

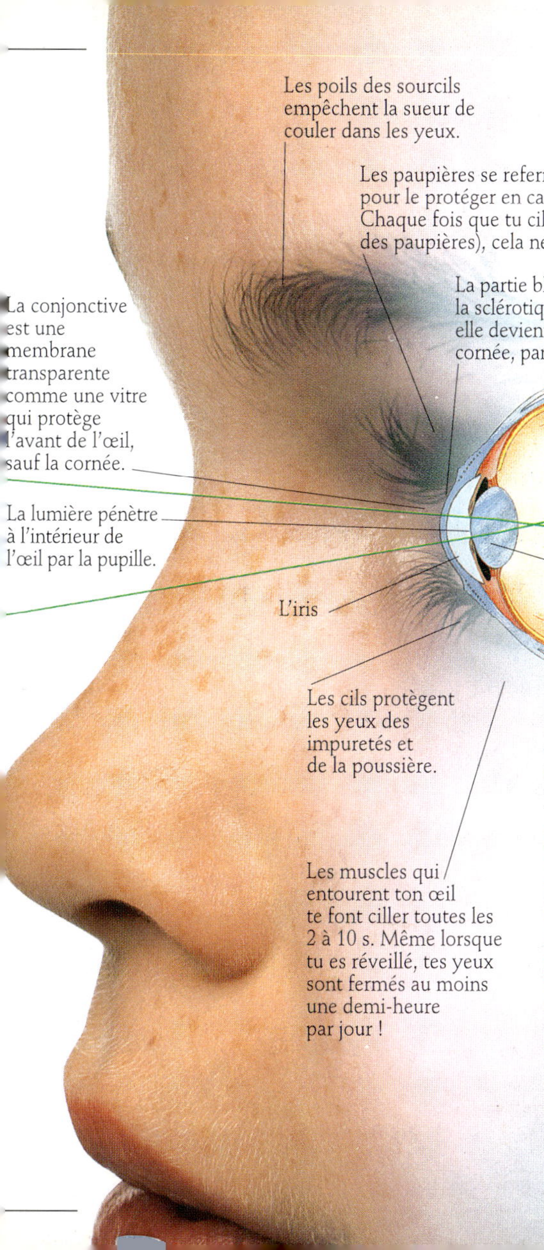

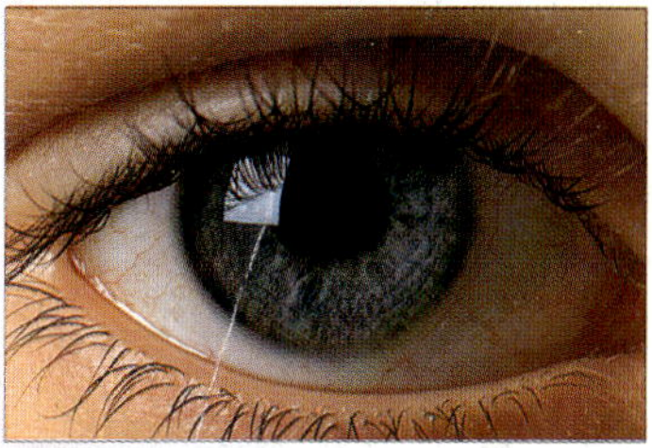

Le trou noir

Le cercle noir au centre de l'œil, la pupille, est un trou. L'iris, qui est un muscle coloré, se contracte pour le rétrécir lorsqu'il y a trop de lumière et se dilate pour l'agrandir s'il fait sombre.

LE CERVEAU

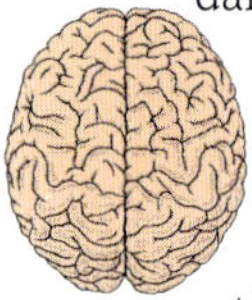

Ton cerveau se trouve à l'intérieur de la tête, bien à l'abri dans la boîte crânienne. Tout bosselé, il ressemble à une noix, mais c'est le siège de toutes les commandes qui régissent ton corps. Il est irrigué avec du sang très oxygéné que le cœur envoie par une multitude de tubes appelés artères. Il suffit de 4 min sans oxygène pour que les cellules du cerveau commencent à mourir, et elles ne peuvent être remplacées. Ton cerveau est divisé en deux hémisphères qui contrôlent chacun des activités différentes.

Équipement de pointe
Il faut toujours porter un casque pour te protéger la tête et donc le cerveau lorsque tu pratiques un sport violent.

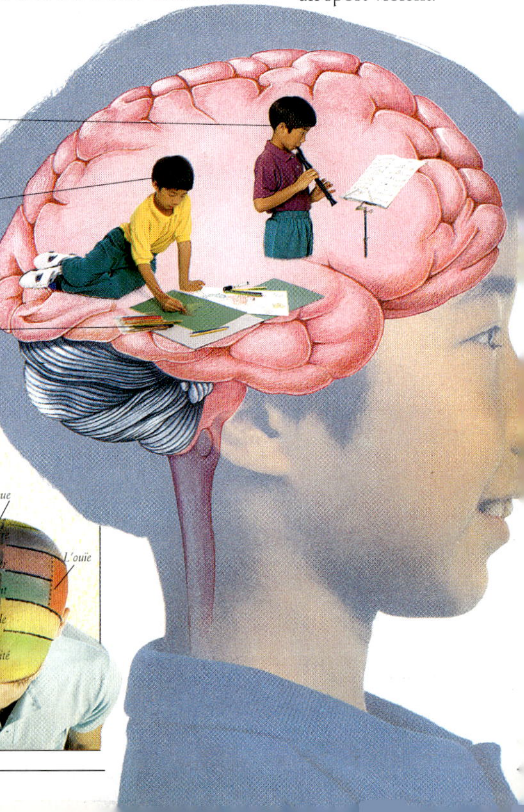

Les talents musicaux sont situés du côté droit du cerveau.

Le siège de l'imagination, de la fantaisie et des rêves est situé du côté droit du cerveau.

Les dons comme le dessin et la peinture relèvent également du côté droit du cerveau.

La maîtrise du cerveau
Le cerveau est ce que tu as de plus précieux. C'est le centre de contrôle de l'ensemble du corps, et pourtant il est à peine plus grand que tes deux poings réunis !

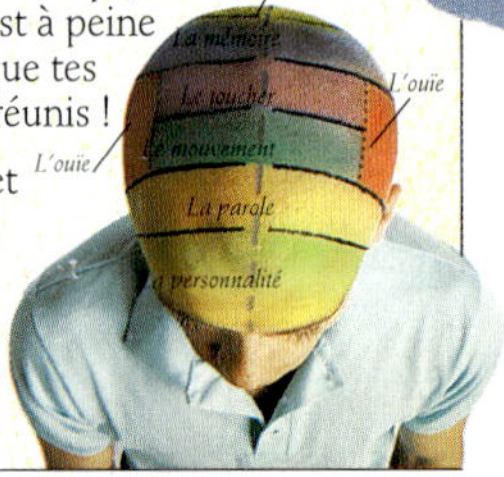

Tout ce que ton corps émet ou enregistre, que ce soit avec les yeux, la bouche, les oreilles ou la peau, est contrôlé par différentes zones de ton cerveau.

Le jeu de Kim
Lorsqu'on apprend, on a besoin de sa mémoire. Tu peux l'évaluer avec ce jeu. Dispose quelques objets devant toi et observe-les quelques instants. Demande ensuite à un ami d'en retirer un, puis essaie de deviner lequel.

Cerveaux variés
Le cerveau des animaux, de tailles et de formes diverses, est adapté à leur mode de vie.

Poisson

Oiseau

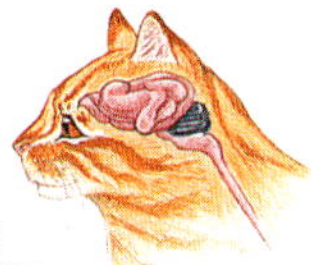

Chat

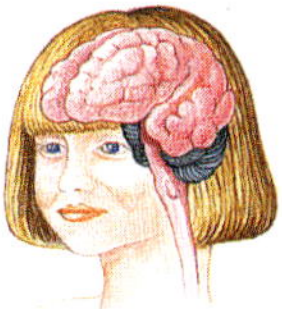

Humain

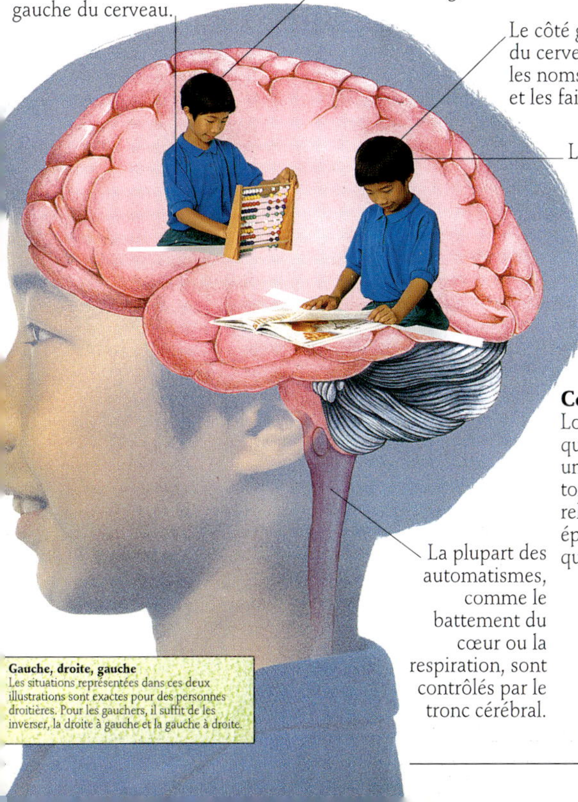

Le bras droit est contrôlé par le côté gauche du cerveau.

Les problèmes de mathématiques et de logique sont traités par le côté gauche du cerveau.

Le côté gauche du cerveau retient les noms, les dates et les faits.

Le côté gauche du cerveau est le siège du langage. Il commande la parole, la lecture et l'écriture.

La plupart des automatismes, comme le battement du cœur ou la respiration, sont contrôlés par le tronc cérébral.

Gauche, droite, gauche
Les situations représentées dans ces deux illustrations sont exactes pour des personnes droitières. Pour les gauchers, il suffit de les inverser, la droite à gauche et la gauche à droite.

Cerveau relais
Lorsque tu as l'intention de toucher quelque chose, ton cerveau envoie un message que d'autres parties de ton corps se transmettent comme un relais. Le message passe par la moelle épinière, puis par les nerfs moteurs qui ordonnent aux muscles de bouger.

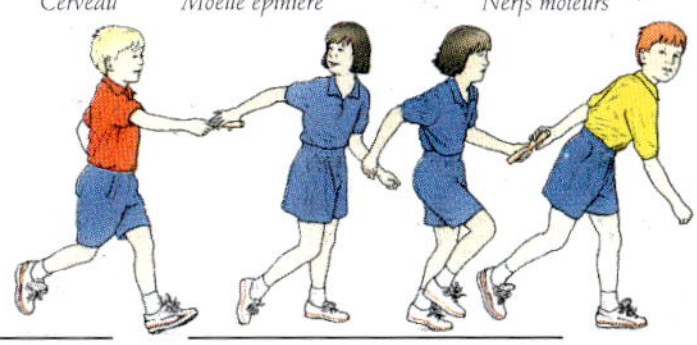

LES NERFS

Les nerfs ressemblent à des câbles de téléphone qui véhiculent l'information entre le cerveau et tout le reste du corps. Un ensemble de nerfs – les nerfs sensitifs – acheminent les signaux de tes sens vers le cerveau, lui signalant ce qui se passe autour de toi. Une fois que le cerveau a décidé de l'action à entreprendre, il transmet des signaux le long d'un autre ensemble de nerfs – les nerfs moteurs – pour actionner tes muscles.

Réseau nerveux

Réflexes instantanés
Si quelqu'un frappe des mains devant ton visage, ton cerveau pense qu'un objet menace tes yeux et réagit immédiatement en provoquant un battement de paupières.

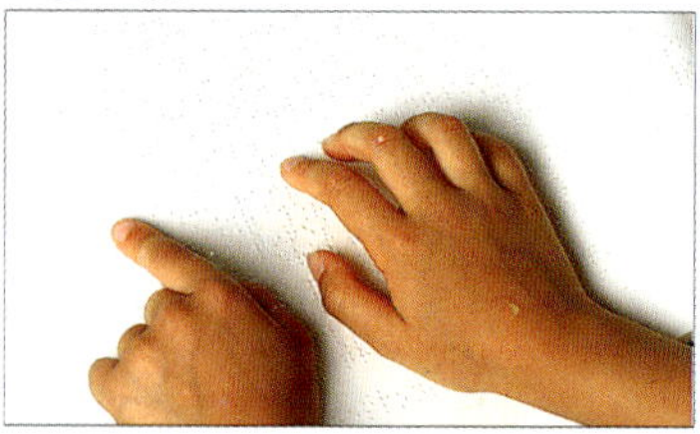

Lire avec ses doigts
Les aveugles doivent apprendre un alphabet spécial, composé de points en relief et appelé braille. Ils identifient ces points avec le bout de leurs doigts.

Message reçu ?
Les nerfs sensitifs et la moelle épinière transmettent au cerveau des messages sur la consistance des objets pour qu'il les déchiffre.

La « table tactile »
Le toucher, un autre de tes cinq sens, est très important. Des récepteurs sensoriels situés sous la peau envoient à ton cerveau, par le biais des nerfs sensitifs, des messages l'informant de ce que ressentent tes doigts.

Pourrais-tu, les yeux fermés, reconnaître que c'est un ours en peluche ?

Une bouteille est dure et lisse.

Si tu touches du miel, tes doigts auront une sensation poisseuse.

La glace est froide et glissante. En fondant, elle devient liquide.

La sensibilité de la peau

Ce test te permet de découvrir quelle est la partie la plus sensible de ta peau. Ferme les yeux et demande à un ami de toucher différents endroits de ton corps avec la pointe de deux crayons. Fais-le sur le bout des doigts et sur les genoux pour voir là où tu sens les deux pointes et là où tu n'en sens qu'une seule.

Yeux bandés

Tes doigts perçoivent si une surface est douce. Il est agréable, par exemple, d'utiliser des serviettes en tissu doux.

Lorsqu'il fait froid, il est agréable de tenir des objets chauds. Mais si la chaleur est trop intense, tes nerfs avertiront le cerveau pour que ta main se retire sans tarder.

Le bois est dur et rugueux au toucher.

Même avec les yeux bandés, tu reconnaîtrais que cet objet rond et lisse est un ballon.

Les poils de cette brosse sont drus et piquants.

es plumes sont
ouces et légères.
arrive qu'elles chatouillent, en particulier
rsqu'on caresse son visage avec.

Les yeux informent le cerveau du poids probable d'un objet. Les muscles sont alors préparés pour soulever ce poids. Si tu ne peux pas juger du poids de l'objet, tu seras surpris lorsque tu essaieras de le soulever.

LA PEAU

Si tu pouvais dérouler ta peau, tu serais étonné de la quantité qu'il y a : suffisamment pour couvrir une grande serviette. Elle recouvre toutes les bosses et tous les creux, tous les recoins de ton corps. Ta peau grandit en même temps que toi et, à la fin de la croissance, elle mesure environ 1,7 m^2. C'est une couche imperméable et protectrice qui peut se renouveler lorsqu'elle est endommagée.

La peau se renouvelle sans cesse. L'ancienne tombe toute seule par frottement et forme une partie de la poussière des maisons !

Empreintes uniques
Les empreintes digitales sont le réseau de lignes et de spirales que nous avons sur le bout des doigts. Chacun d'entre nous possède une empreinte unique, ce qui permet de nous identifier. Il existe trois principaux types de motifs.

Arqué *En boucle* *En spirale*

C'est sur les paupières que la peau est la plus fine.

Les poils poussent partout sur la peau, sauf sur les lèvres, la paume des mains et la plante des pieds.

Un ongle met environ six mois à pousser depuis la base jusqu'à l'extrémité, au rythme de 0,5 mm par semaine.

Les ongles sont faits de cellules mortes qui contiennent une protéine appelée kératine.

La pellicule qui recouvre la racine de l'ongle s'appelle la cuticule.

La partie située à la base de l'ongle (et qu'on appelle lunule à cause de sa forme en croissant de lune) est blanche car elle n'est pas fixée à la peau en dessous.

La couleur de la peau

La peau contient une substance appelée mélanine. Les peaux foncées en contiennent plus que les peaux claires. Pour se protéger des brûlures du soleil, la peau fabrique davantage de mélanine : c'est ce qui provoque le hâle.

La racine de nos cheveux est vivante et pousse au rythme approximatif de 2 mm par semaine. Lorsqu'ils atteignent la surface de la peau, les cheveux meurent. C'est pour cela que tu n'as absolument pas mal quand on te les coupe.

Vieillir

La peau est élastique. Si on la pince et qu'on la relâche, elle reprend immédiatement sa place. Avec le vieillissement, la peau perd de son élasticité et se ride. Les cheveux deviennent blancs quand ils ne fabriquent plus de mélanine.

Morte ou vivante ?

Ta peau se compose de deux couches. La couche extérieure, faite de peau morte, s'appelle l'épiderme ; elle protège le derme, la couche de peau vivante.

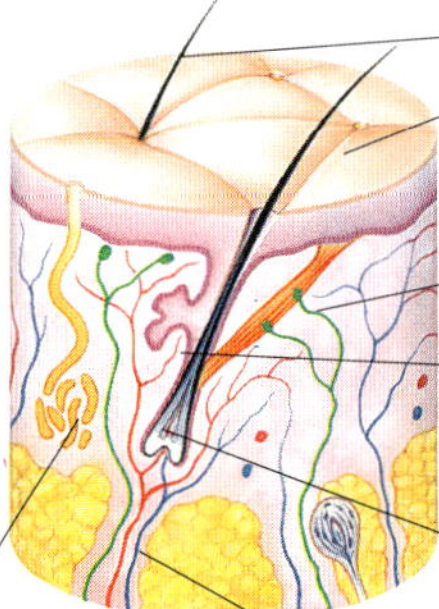

Types de cheveux

Tes cheveux sont bouclés ou raides selon la forme du follicule, sorte de petite poche, dans laquelle pousse chacun d'eux. Leur couleur dépend de la mélanine noire ou rouge contenue par les follicules.

LE SANG

Le cœur pompe le sang et le propulse dans tout l'organisme. Le sang circule dans de longs tubes appelés vaisseaux sanguins. Avant d'entreprendre ce périple, il est envoyé dans les poumons pour faire le plein d'oxygène. Il retourne ensuite au cœur qui le renvoie à travers le corps. Le sang transporte aussi vers les cellules des éléments nutritifs provenant de la nourriture.

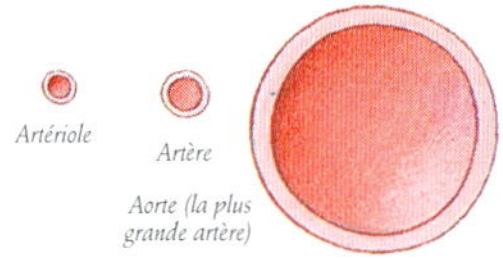

Aller...
Les vaisseaux sanguins qui acheminent le sang dans tout le corps s'appellent des artères.

Une pompe puissante
Le cœur est un muscle très puissant. En 1 min seulement, il envoie une goutte de sang jusqu'au bout du gros orteil et la fait revenir jusqu'à lui !

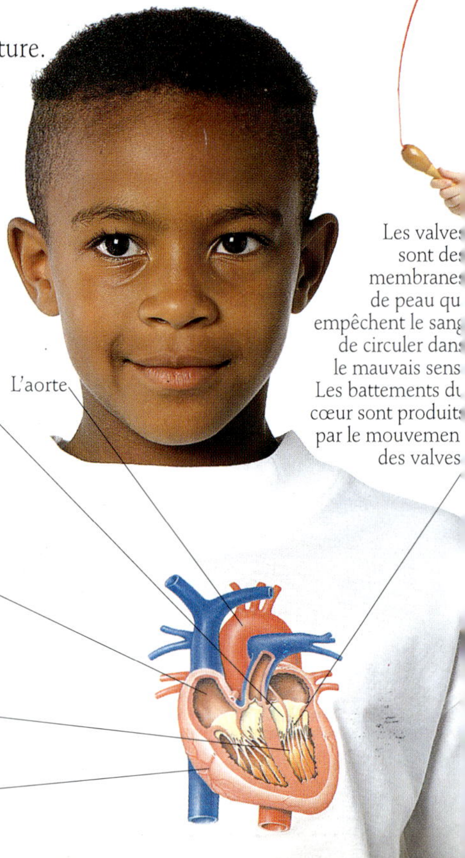

Le cœur est divisé en quatre parties, deux cavités en haut, les oreillettes, et deux en bas, les ventricules. Une épaisse cloison musculaire les sépare.

L'aorte

Les valves sont des membranes de peau qu empêchent le sang de circuler dans le mauvais sens. Les battements du cœur sont produits par le mouvemen des valves.

Le sang pénètre dans l'oreillette droite par la veine cave. Il descend ensuite dans le ventricule d'où il est propulsé vers les poumons.

Du sang chargé en oxygène provenant des poumons entre dans l'oreillette gauche. Il descend ensuite dans le ventricule d'où il est envoyé vers l'ensemble de ton corps.

Après son périple à travers le corps, le sang retourne au côté droit du cœur pour un nouveau circuit.

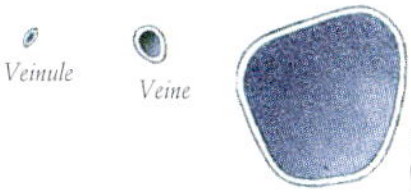

... Retour

Et les veines sont les vaisseaux sanguins qui ramènent le sang au cœur.

Sentir la pression

Nous sentons les battements de notre cœur lorsqu'il propulse à haute pression le sang dans les artères. C'est ce que l'on appelle le pouls. Pour le sentir, pose ton index sur l'intérieur du poignet opposé, dans l'alignement du pouce. Pour entendre les battements au niveau du cœur, il faut utiliser un stéthoscope ou poser l'oreille sur la poitrine d'un ami.

Faire travailler son cœur

Lorsque tu fais du sport, tes muscles ont besoin de plus d'oxygène et d'éléments nutritifs apportés par le sang. Ton cœur est donc obligé de pomper plus vite.

4 l de sang environ circulent dans tes veines. Dans celles d'un adulte, il y en a plus, et dans celles d'un bébé, moins.

Une goutte de sang circule dans toutes les parties du corps plus de 1 000 fois par jour. Toutes les 5 min, la totalité du sang est filtrée par les reins.

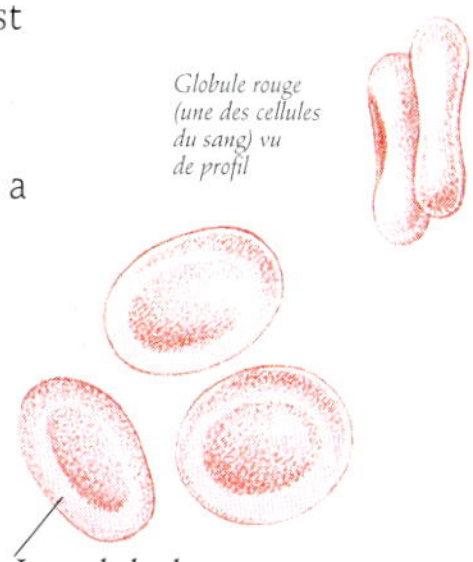

Globule rouge (une des cellules du sang) vu de profil

Les globules rouges apportent l'oxygène. Ils sont fabriqués dans la moelle osseuse.

Super-cellules

Dans une seule minuscule goutte de sang, il y a des globules rouges, des globules blancs et des plaquettes. Ils flottent tous dans un liquide appelé plasma. Le sang oxygéné qui circule dans tes artères est d'un rouge plus vif que celui de tes veines.

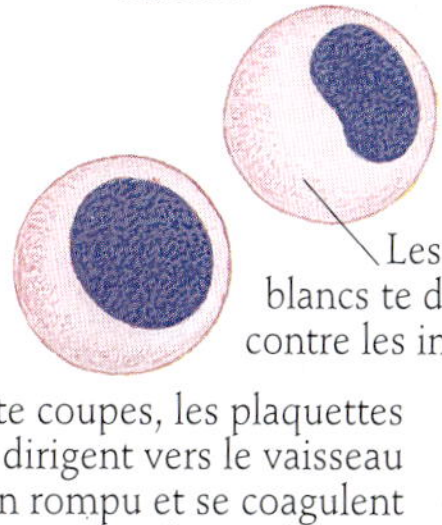

Les globules blancs te défendent contre les infections.

Si tu te coupes, les plaquettes se dirigent vers le vaisseau sanguin rompu et se coagulent pour refermer le trou.

Capacité respiratoire
Inspire profondément, puis souffle dans un ballon jusqu'à ce que tu n'aies plus de souffle. Fais un nœud au ballon. Voilà la quantité d'air que contiennent tes poumons.

LA RESPIRATION

Pour rester en vie, il faut sans cesse respirer. Si tu essaies de retenir ta respiration plus de 1 min environ, ton corps te contraindra à la reprendre. L'air que nous respirons est composé de différents gaz mélangés (oxygène, azote et gaz carbonique), mais seul l'oxygène est indispensable à ton organisme. Si tu manquais d'oxygène, ne serait-ce que quelques instants, tu mourrais. L'air que tu respires est absorbé par les poumons, qui sont semblables à des éponges douces et humides. Tu en as deux, un de chaque côté de la poitrine.

Air pollué
L'air que l'on respire contient parfois des gaz nocifs. Cette femme porte un masque pour se protéger des gaz d'échappement des voitures.

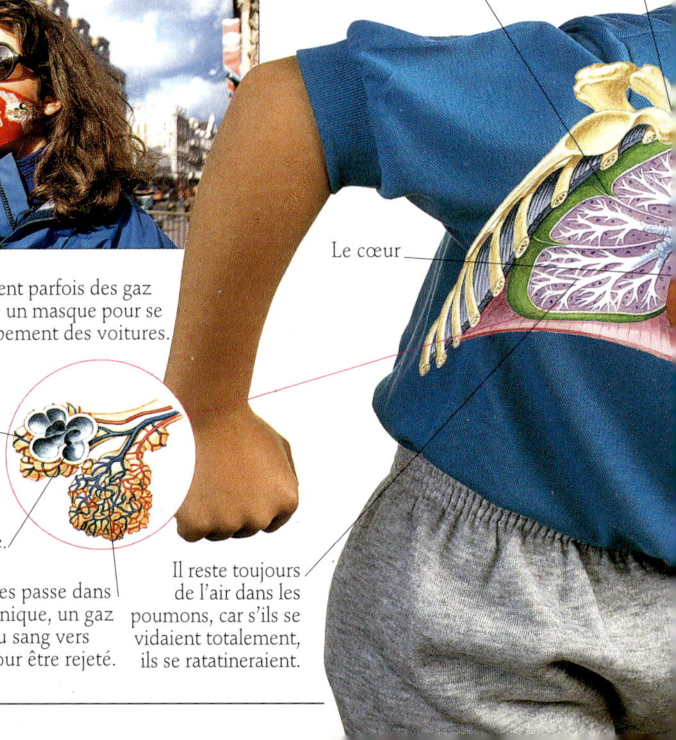

On respire de l'air par la trachée-artère, une sorte de tube.

L'air entre dans les poumons par deux gros conduits : les bronches. Chacune se ramifie en une multitude de bronchioles, au bout desquelles on trouve les alvéoles.

Les côtes forment la cage thoracique, qui protège les poumons.

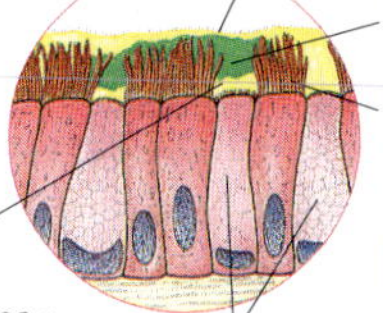

L'air chaud
L'air que l'on expire est chaud et humide. Tu peux le constater en respirant devant un miroir. L'humidité de ta respiration se refroidit et se transforme en buée au contact de la surface froide du miroir. Si tu touches le miroir, tu sentiras qu'il est mouillé. Lorsqu'il fait froid, l'humidité de ta respiration forme un petit nuage.

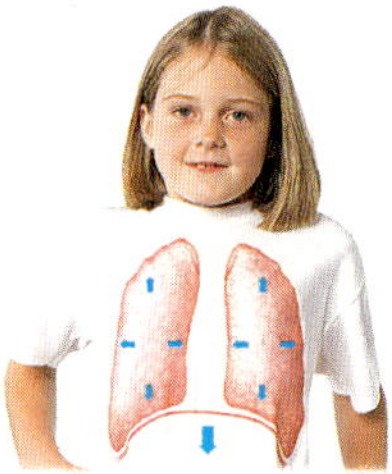

Inspirer
Le diaphragme, un muscle puissant, aide à faire entrer l'air dans tes poumons. Lorsque ce muscle se contracte, il s'abaisse, laissant plus d'espace aux poumons. Ceux-ci se dilatent pour occuper plus d'espace et se remplissent d'air.

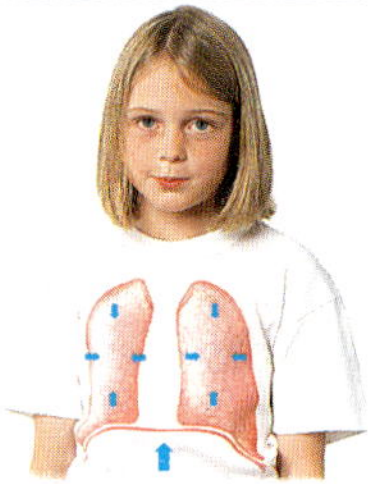

Expirer
Lorsque le diaphragme se détend, il reprend sa place, comprimant les poumons. Il n'y a alors plus assez de place pour tout cet air qui se retrouve expulsé par la trachée-artère, et ensuite par le nez ou la bouche.

Éternuer
Un accès soudain expulse du nez poussière et microbes.

Tousser
La poussière ou les microbes incrustés dans les bronches sont chassés.

Rire
Les soubresauts du diaphragme poussent l'air vers les cordes vocales.

LE GOÛT ET L'ODORAT

Notre sens du goût et celui de l'odorat sont étroitement liés. Ils dépendent l'un de l'autre. De minuscules papilles sur la langue et des cils en haut des fosses nasales détectent les composants chimiques des saveurs et des odeurs. Des cellules sensorielles spéciales transmettent des messages que ton cerveau interprète. L'odorat est 20 fois plus développé que le sens du goût ! Et souvent, lorsque tu penses sentir le goût d'un aliment, c'est en réalité son odeur que tu perçois avec le nez.

Bon et mauvais !
L'homme est capable de distinguer plusieurs milliers d'odeurs différentes. Les mauvaises odeurs nous mettent en garde contre des aliments qui ont pourri, afin que nous ne les mangions ou que nous ne les buvions pas.

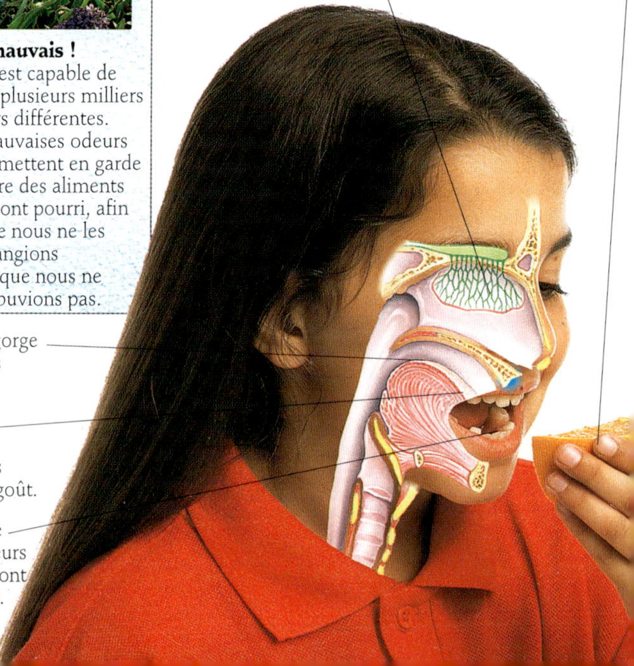

Pour sentir quelque chose, il faut renifler bien fort pour que l'air atteigne le haut du nez, où se situent les cellules sensorielles olfactives.

Les bonnes odeurs de nourriture mettent automatiquement l'eau à la bouche : elles activent la production de salive.

Le palais, l'arrière de la gorge et la langue sont tapissés de papilles gustatives.

Quand la nourriture est poussée dans la bouche par la langue, les papilles gustatives en captent le goût.

Les papilles gustatives ne peuvent détecter les saveurs que lorsque les aliments ont été dissous dans la salive.

Papilles trompées
Lorsque nous mangeons quelque chose, notre odorat contribue à reconnaître le goût. Bouche-toi le nez et goûte des carottes et des concombres. Tu constateras qu'il est difficile de les distinguer. Si tu places un oignon sous le nez de quelqu'un en lui donnant de la compote de pommes, il croira manger de l'oignon. D'ailleurs, quand on est enrhumé, le goût est altéré.

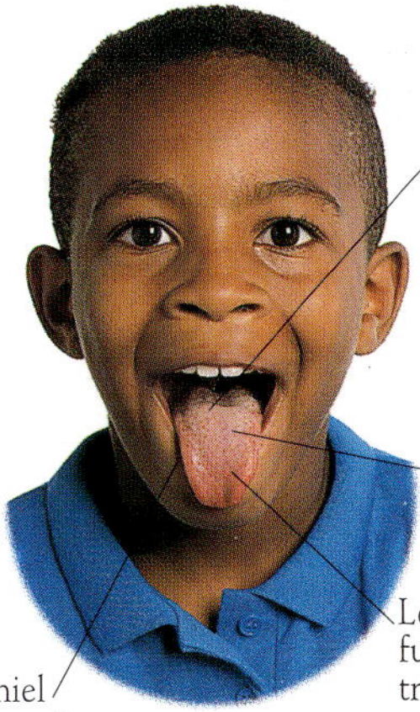

Les grains de café sont amers.

Le citron est acide.

Les harengs fumés sont très salés.

Le miel est sucré.

Appétissant ?
L'aspect visuel de la nourriture joue également un rôle. Le maïs rose a le même goût que le maïs jaune, mais en mangerais-tu ?

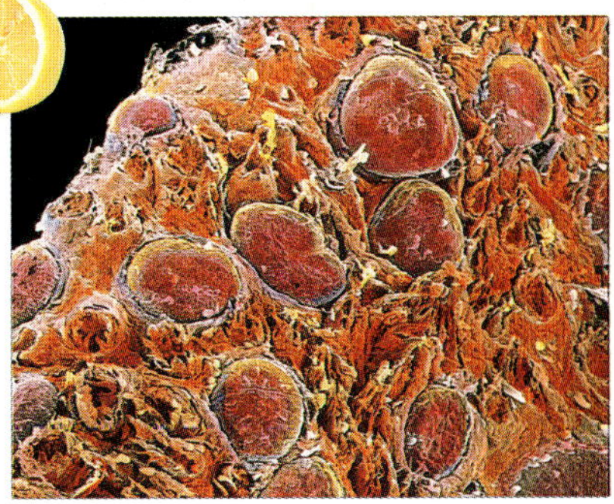

La carte de la langue
Il y a quatre espèces de papilles gustatives. Chacune tapisse une zone différente de la langue et permet de sentir un type de goût différent : le salé, le sucré, l'amer et l'acide.

Papilles actives
Si l'on observe la langue au microscope, on découvre une surface bosselée. Les papilles gustatives, nichées à la base de chaque bosse, contiennent des cellules, les bourgeons du goût, qui détectent les saveurs.

LES DENTS

Nous utilisons nos dents pour déchiqueter la nourriture afin de la réduire en morceaux que nous puissions avaler. Certaines dents sont conçues pour couper et d'autres pour broyer. Sur la durée d'une vie, chacun dispose de deux jeux de dents. D'abord, les 20 dents de lait que nous commençons à perdre vers l'âge de 6 ans. Elles sont alors remplacées, une par une, par les 32 dents du deuxième jeu, celui de l'âge adulte. Ces dents sont solides et devront servir le plus longtemps possible pendant le reste de la vie.

Un sourire à trous
À l'âge où ils perdent leurs dents de lait, les enfants ont des espaces vides dans la mâchoire, le temps que poussent leurs dents d'adulte.

Des gencives saines sont tout aussi indispensables que des dents saines, car ce sont elles qui maintiennent les dents en place.

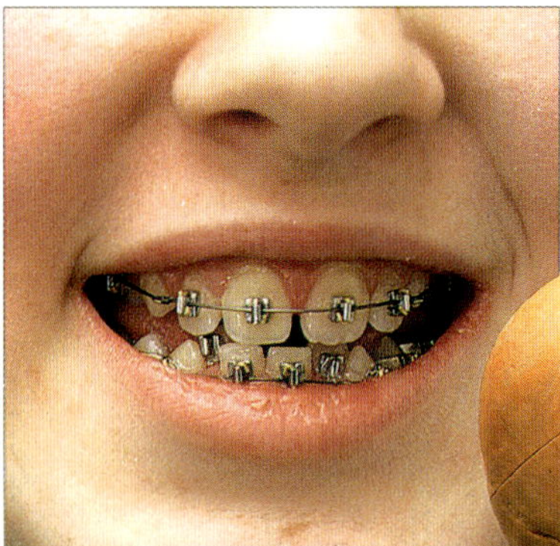

Les appareils dentaires
Les dents poussent parfois de travers ou bien n'ont pas assez de place dans la mâchoire. Il suffit souvent de porter un appareil dentaire pour y remédier.

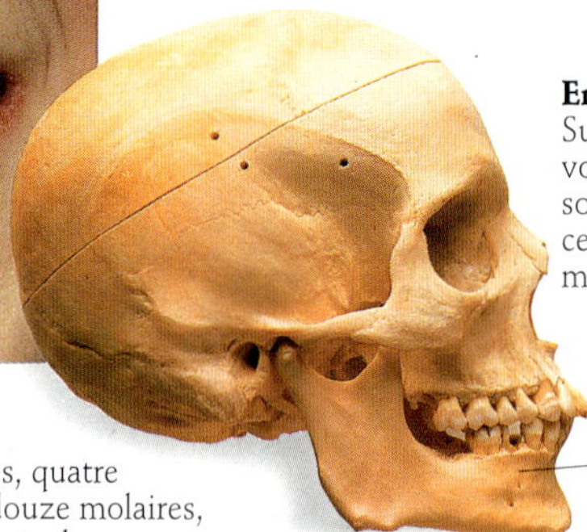

Enracinées
Sur ce crâne humain, on voit comment les dents sont enracinées dans ces deux puissantes mâchoires.

Mâchoire

Un jeu complet
La dentition adulte complète est composée de huit incisives, quatre canines, huit prémolaires et douze molaires, parmi lesquelles les quatre dents de sagesse.

Incisives *Canine* *Prémolaires* *Molaires*

Une histoire interne
Les dents sont vivantes. La couronne est la partie visible ; à l'intérieur de la gencive, il y a la racine.

Les dents sont recouvertes d'une fine couche d'émail, la plus dure des substances fabriquées par l'organisme.

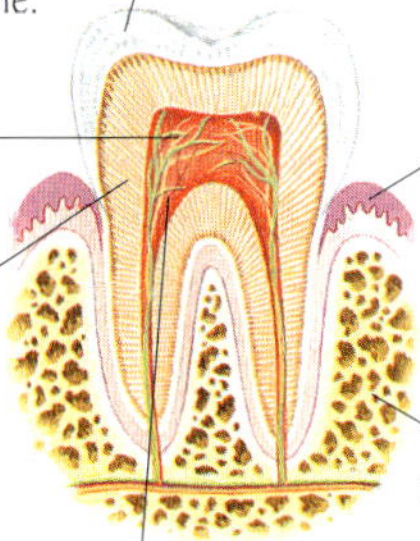

Le nerf

La gencive

Sous l'émail se trouve la dentine, une couche de matière dure qui ressemble à de l'os.

La mâchoire

La pulpe, substance molle qui remplit la cavité dentaire, contient des nerfs et des vaisseaux sanguins.

Se laver les dents
La salive et les résidus de nourriture forment la plaque dentaire. Si on la laisse s'accumuler, les dents se gâtent au point même parfois de tomber. Pour éviter les caries ou autres lésions, il faut se brosser les dents et les gencives après chaque repas.

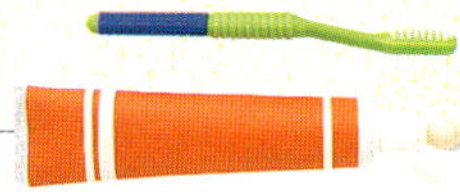

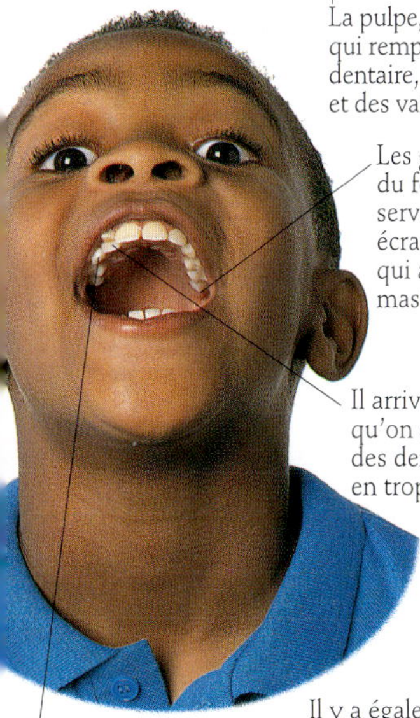

Les grosses molaires du fond de la mâchoire servent à broyer et à écraser la nourriture qui a été mastiquée.

Il arrive qu'on ait des dents en trop.

Pointues et acérées, les canines permettent de transpercer et d'arracher des morceaux de nourriture.

Situées à l'avant de la mâchoire, les incisives sont tranchantes et servent à mordre et à découper les aliments durs.

Chez certains individus, les dents de sagesse se mettent à pousser vers l'âge de 18 ans. Elles apparaissent au fond de la mâchoire.

Il y a également des molaires sur la mâchoire du bas.

Sur les prémolaires, deux crêtes, ou cuspides, permettent de déchirer et de broyer la nourriture.

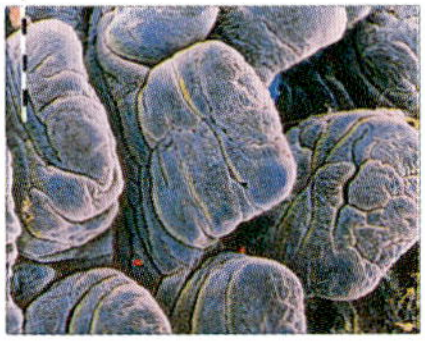

Dedans, dehors
La paroi interne de l'intestin grêle est toute bosselée.

MANGER

La nourriture est le carburant qui fournit l'énergie dont ton organisme a besoin. Cette énergie se mesure en kilojoules. Pour que ton organisme assimile ces aliments, ils doivent être suffisamment désintégrés pour passer dans le sang. C'est la digestion qui se charge de cette transformation en réduisant la nourriture ingérée en une bouillie fluide qui va voyager vers l'estomac puis l'intestin. Les résidus sont expulsés par l'anus. Ce processus dure environ 24 h.

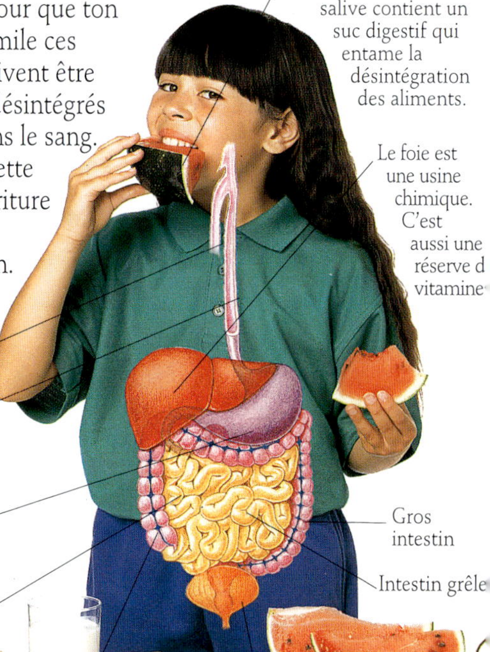

La digestion de la nourriture commence dans la bouche. La salive contient un suc digestif qui entame la désintégration des aliments.

Le foie est une usine chimique. C'est aussi une réserve d vitamine

Trachée

La nourriture descend par l'œsophage, une sorte de tube.

L'estomac est une poche aux parois épaisses. À l'intérieur, la nourriture est brassée et mélangée à de puissants sucs gastriques qui la transforment en une sorte de bouillie.

Après avoir quitté l'estomac, la nourriture aboutit dans l'intestin grêle, puis les éléments nutritifs traversent la fine paroi et passent dans le sang.

Gros intestin

Intestin grêle

Différentes catégories d'aliments
Les matières grasses et les féculents fournissent l'énergie. Les vitamines et les sels minéraux assurent une bonne santé. Les protéines reconstituent les cellules, ce qui permet de grandir et de guérir.

Le gros intestin reçoit les résidus de nourriture que l'organisme n'a pas pu absorber. Ces déchets sont ensuite expulsés par le rectum.

La vessie stocke l'urine. Lorsqu'elle est remplie, on ressent le besoin de faire pipi pour la vider.

Une boule dans la gorge

On est capable d'avaler même en faisant le poirier ! La nourriture ne glisse pas toute seule dans l'œsophage, elle est propulsée le long du tube digestif sous l'action de fortes contractions musculaires. Ce phénomène, le péristaltisme, se produit sans cesse et automatiquement. C'est grâce à ce mouvement que le serpent peut avaler un œuf.

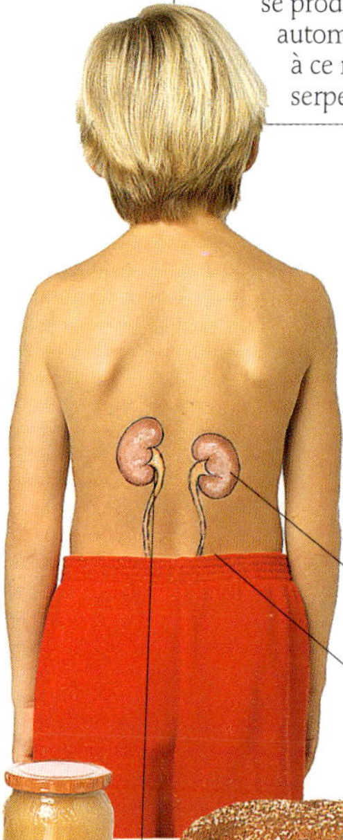

Le sommeil consomme environ 275 kJ/h.

La marche consomme environ 1 000 kJ/h.

Dessiner consomme environ 350 kJ/h.

Le basket et les autres sports énergiques consomment environ 2 300 kJ/h.

Nous avons tous deux reins, de la taille d'un poing.

Brûler du carburant

Lorsqu'une voiture roule très vite, elle consomme plus de carburant que si elle allait lentement. Il en va de même pour l'organisme. Lorsqu'on est actif, on consomme plus d'énergie qu'en dormant.

De fins conduits, les uretères, acheminent l'urine des reins à la vessie.

Féculents

Les reins évacuent en urine toute l'eau dont l'organisme n'a pas besoin.

La longueur du tube digestif

Si l'on pouvait dérouler tout l'appareil digestif, on atteindrait 10 m !

LES MUSCLES

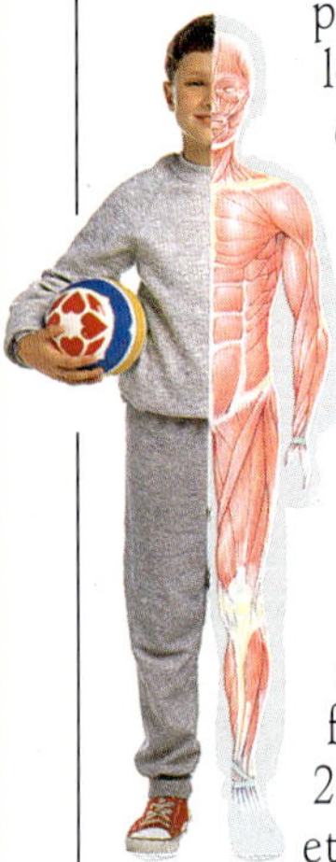

Essaie de t'asseoir et de rester aussi immobile que possible. N'y a-t-il vraiment rien qui bouge ? Même lorsque tu penses être complètement immobile, en réalité de nombreuses parties de ton corps sont en mouvement. Ton cœur bat, tes intestins et tes poumons fonctionnent. Tous ces mouvements sont le fait des muscles. L'ensemble de ton corps en compte plus de 600. Le moindre geste – flexion, extension, torsion, traction, ou autre – que tu effectues dépend d'eux. Chaque fois que tu fais un pas, 200 muscles entrent en action, et bien plus encore quand tu sautes !

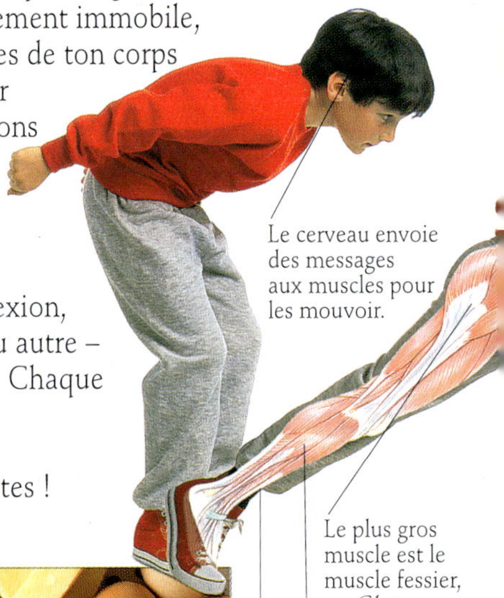

Le cerveau envoie des messages aux muscles pour les mouvoir.

Le plus gros muscle est le muscle fessier, ou *Gluteus maximus*.

Lorsqu'on se tient sur la pointe des pieds, on distingue nettement le muscle du mollet.

Avant de se lancer dans des exercices violents, il faut toujours échauffer ses muscles avec des mouvements d'étirement et de décontraction.

Alimenter les muscles

Pour que tes muscles fonctionnent correctement, ton régime alimentaire doit inclure des protéines. On en trouve surtout dans les viandes, les poissons, les œufs et les laitages.

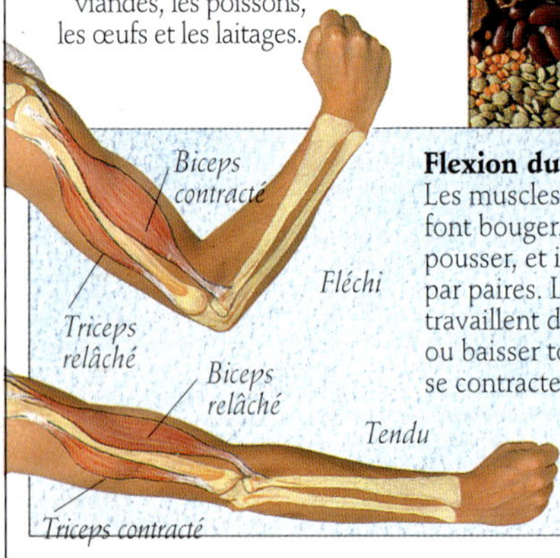

Flexion du bras

Les muscles sont fixés aux os et les font bouger. Ils tirent mais ne peuvent pousser, et ils fonctionnent toujours par paires. Le biceps et le triceps travaillent de concert pour faire lever ou baisser ton bras. Lorsque le biceps se contracte, il devient plus court et plus gros, tirant sur ton bras pour le faire plier. Pendant ce temps, le triceps est relâché.

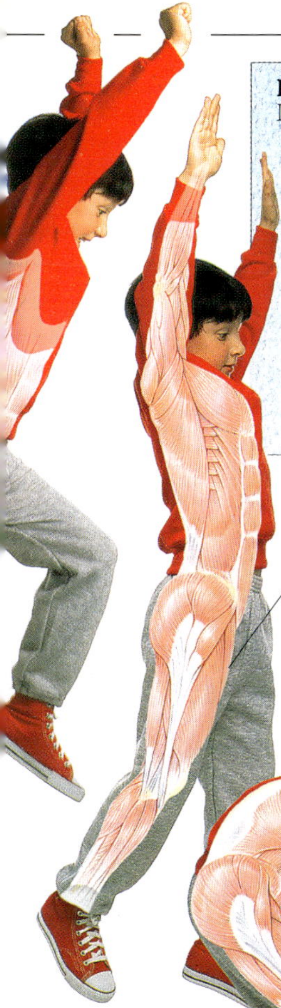

Des mains habiles

Les muscles de tes mains permettent des mouvements sûrs, délicats ou puissants. Tes doigts sont flexibles et possèdent de nombreux petits muscles qui sont très utiles pour effectuer des gestes précis. Les doigts et le pouce travaillent ensemble pour attraper. Tes mains sont assez fortes pour te tenir suspendu à une barre.

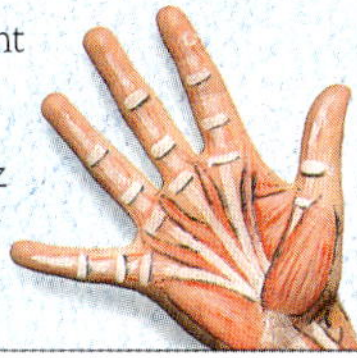

Effrontée !

Ta langue se compose de muscles puissants qui te permettent de manger, de parler et de te lécher les babines…

… ou le menton…

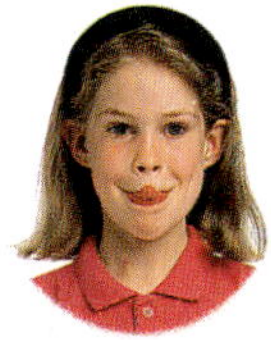

… ou le bout du nez…

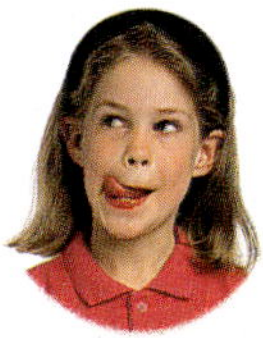

… ou la joue !

Le muscle le plus long est le grand couturier, en haut de la cuisse.

Certains muscles des bras sont fixés aux os du dos. Cette attache très puissante te permet de soulever des poids importants.

Pour un seul sourire, 15 muscles entrent en action !

On apprend à contrôler les muscles de sa vessie en grandissant.

Les muscles des intestins poussent en permanence les restes de nourriture.

Les tendons sont de robustes attaches qui fixent les muscles aux os. À l'arrière de la cheville, on peut en sentir un, le tendon d'Achille.

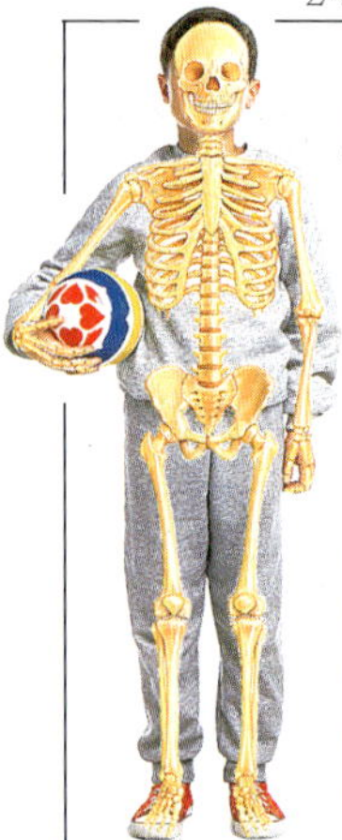

LE SQUELETTE

Sans armature pour supporter le poids de ton corps, tu t'écroulerais, tu serais informe et incapable de faire le moindre mouvement. Cette armature, c'est le squelette, composé de plus de 200 os. Il tient ton corps et protège les organes à l'intérieur. Les os sont suffisamment légers pour que tu puisses te mouvoir sans peine. Ils sont tous reliés par des articulations qui permettent toutes sortes de flexions pour effectuer d'innombrables mouvements.

Les os du « oui » et du « non »
Les vertèbres sont les os de la colonne vertébrale. Les deux du haut, l'atlas et l'axis, s'emboîtent et permettent de faire oui ou non de la tête.

Atlas

Axis

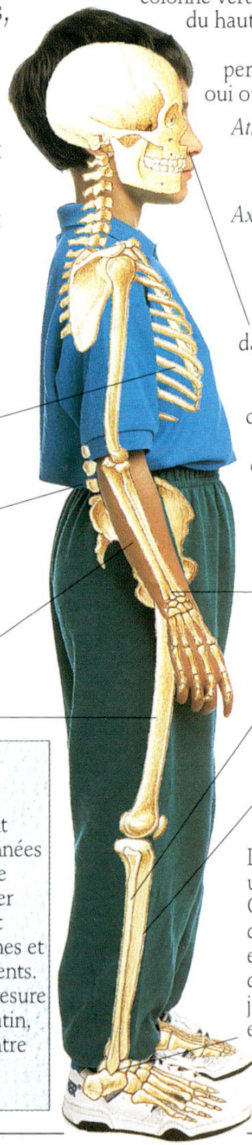

Il n'y a pas d'os dans le nez, mais du cartilage, une matière caoutchouteuse. D'ailleurs, les crânes ont deux trous à la place du nez.

Nous avons chacun 12 paires de côtes, reliées à la colonne vertébrale le long du dos.

De profil, la colonne vertébrale a l'air incurvé comme la lettre S, mais c'est justement ce qui te permet de te tenir droit.

Le radius

Le cubitus

Le péroné

Le fémur

Le tibia

La cheville est une articulation. C'est la jonction des os du pied et de l'extrémité de ceux de la jambe : le tibia et le péroné.

Grande taille !
Les os grandissent continuellement pendant les vingt premières années de notre vie. Nous ne pouvons pas modifier notre taille, elle est définie dans nos gènes et transmise par nos parents. Par contre, le soir, on mesure 1 cm de moins que le matin, parce que le cartilage entre les vertèbres se tasse pendant la journée.

Mou au milieu
Certains animaux comme ce crabe n'ont pas de squelette interne. À la place, ils ont une carapace externe : un exosquelette.

Voir à travers la peau
Tous les os sont dissimulés à l'intérieur du corps. Lorsque les médecins veulent les observer, ils doivent prendre des radiographies au moyen de rayons X. Ces derniers traversent les parties molles du corps mais pas les dures ; ils font ainsi apparaître les os en traversant la peau. Sur cette radio de la main, on voit que l'os du petit doigt est cassé.

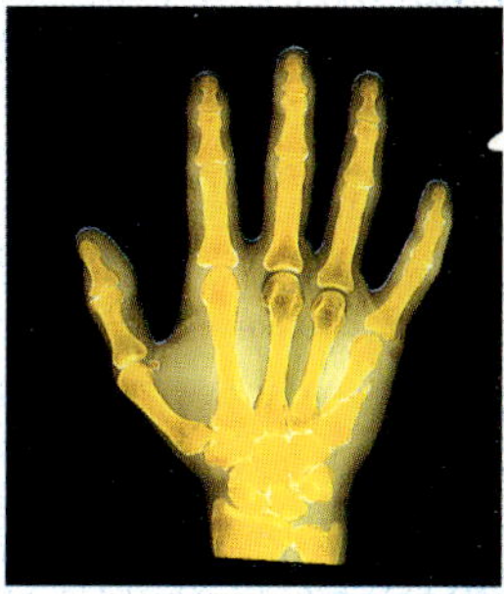

Au niveau de l'articulation de la hanche, le haut du fémur s'emboîte dans une cavité située sur le bassin. Cette articulation te permet de te plier pratiquement en deux vers l'avant.

Le bassin soutient le haut du corps et protège les organes comme la vessie.

Il ne faut pas trop plier sa colonne vertébrale. Si l'on force, on risque d'endommager la moelle épinière, la gaine de nerfs où circulent les informations qui vont et viennent au cerveau.

Crâne

Le bras se plie uniquement au niveau du coude.

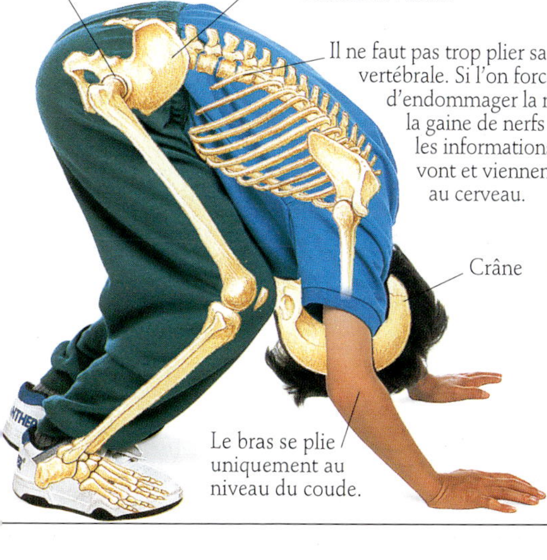

Les os servent de support aux muscles qui y sont fixés. Mais sans les muscles, les os ne pourraient se mouvoir. Les muscles transmettent leur force aux os par les puissantes attaches que sont les tendons.

Les muscles qui actionnent les doigts et le pouce commencent ici. Ils sont fixés à deux os du bras appelés radius et cubitus.

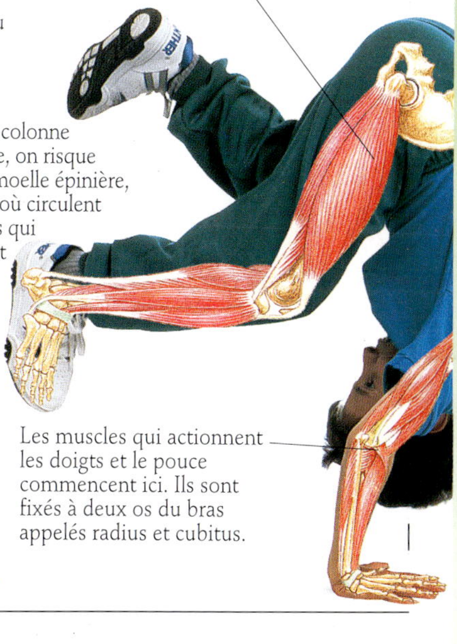

LES OS

Les os sont durs et robustes. Comme ils sont creux, ils ne sont pas aussi lourds qu'on pourrait l'imaginer. Ils ne représentent en réalité que 14 % de notre poids total et sont plus légers que les muscles. Ils ne sont pas morts et secs, mais bien vivants, et ils peuvent se ressouder lorsqu'ils se cassent. Tous les os de ton corps fonctionnent ensemble et sont reliés par des articulations. Sans articulation du genou, tu marcherais avec des jambes raides.

Que contiennent les os ? À l'extérieur, l'os est dur et résistant, mais dedans il est généralement spongieux. Léger et fragile, l'intérieur est fait de travées en croisillons qui renforcent l'os sans l'alourdir. Les hommes ont appliqué cette idée d'ossature à la fois solide et légère en architecture, notamment pour la tour Eiffel.

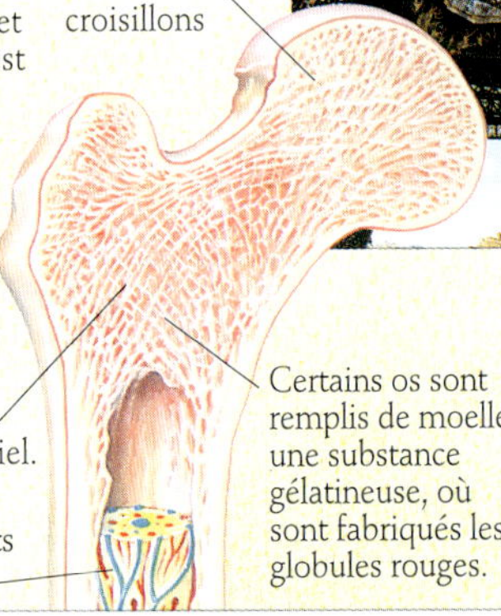

Travées en croisillons

L'intérieur spongieux des os ressemble à des rayons de miel.

Des vaisseaux sanguins apportent oxygène et éléments nutritifs aux cellules des os.

Certains os sont remplis de moelle, une substance gélatineuse, où sont fabriqués les globules rouges.

Le quart des muscles de ton corps se trouve dans tes deux pieds !

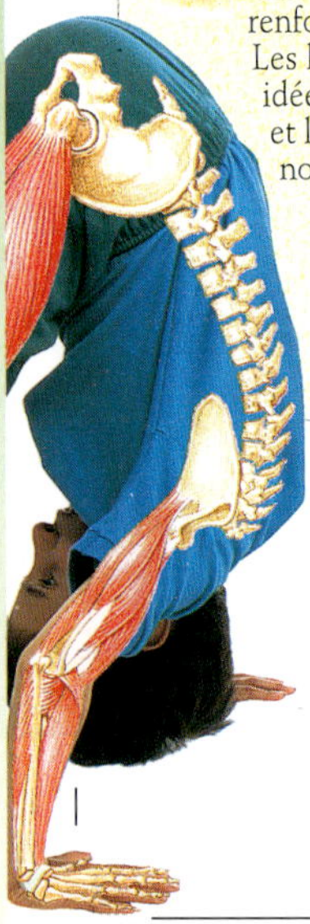

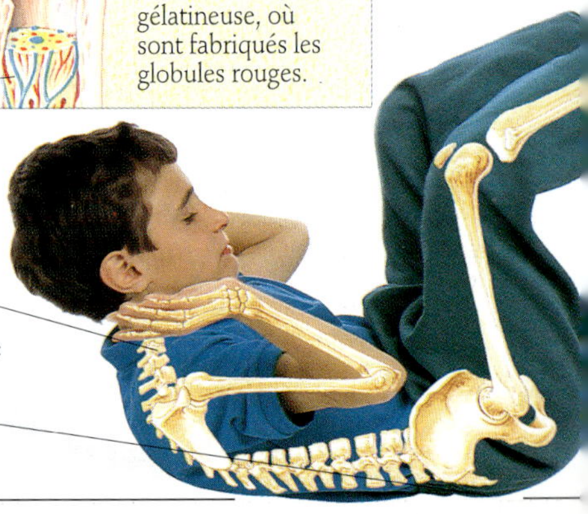

Ton cou est bien plus court que celui d'une girafe, et pourtant il contient le même nombre de vertèbres !

Petites vertèbres en forme de queue à l'extrémité de la colonne vertébrale, appelées coccyx

Les os des bébés

Les nouveau-nés ont des os très flexibles. Ils sont essentiellement composés de cartilage, une matière résistante et caoutchouteuse, qui finit par durcir. Dans ce dessin de la main d'un enfant, on distingue les zones de cartilage qui se transformeront ultérieurement en os.

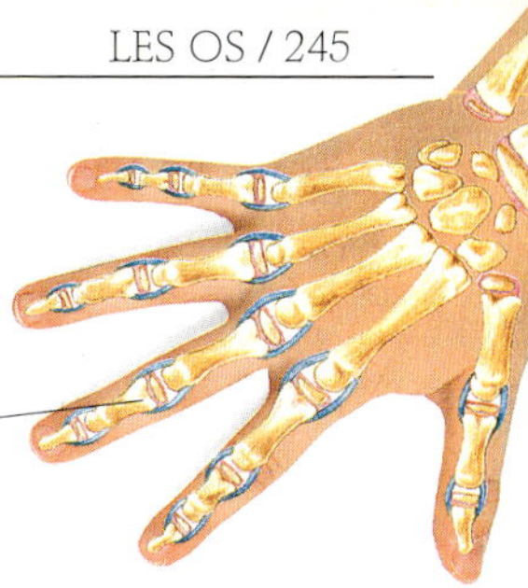

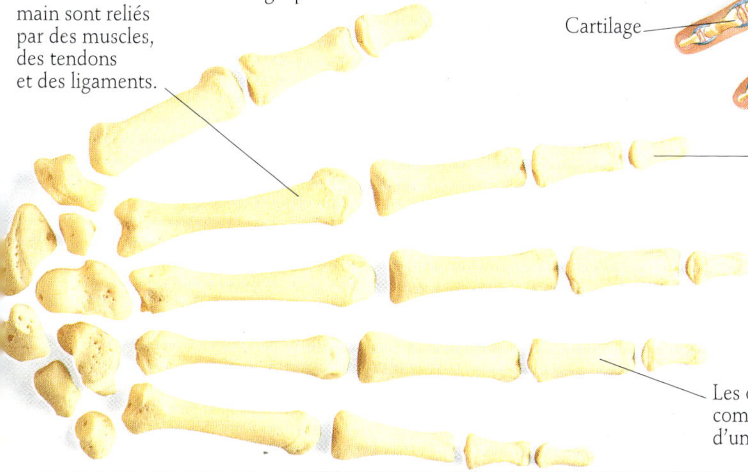

Le travail des os

On possède trois sortes d'os : les os longs, comme ceux de la jambe ; les os courts, comme ceux du poignet ou des vertèbres ; les os plats, comme ceux du crâne ou de l'omoplate. Des articulations les relient entre eux et leur permettent de bouger.

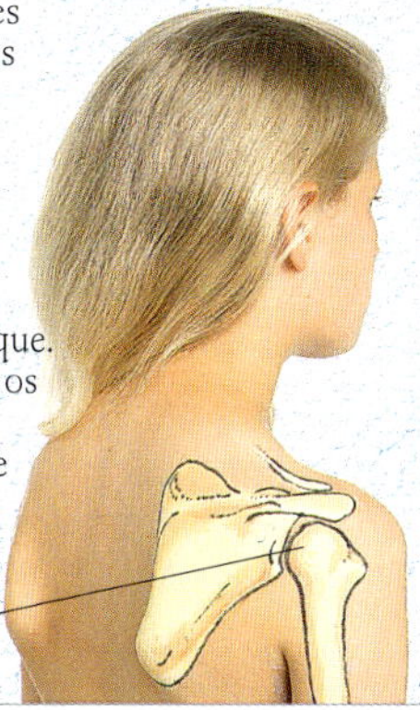

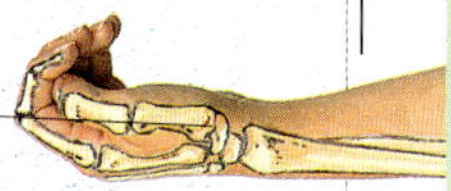

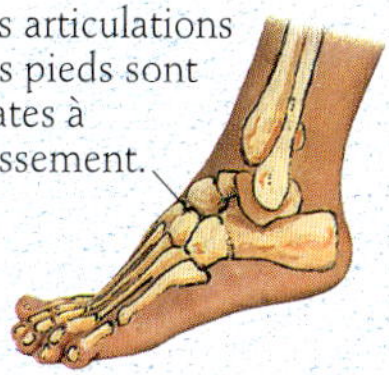

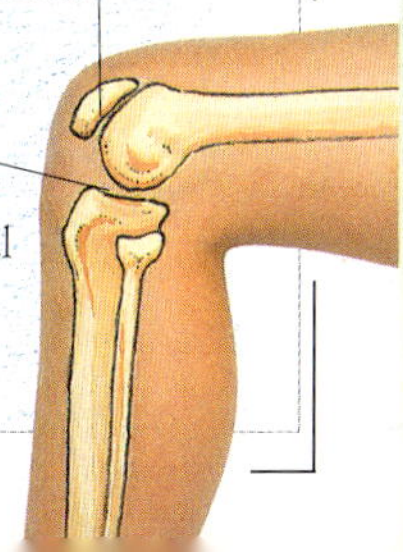

LA VIE AVANT ET APRÈS LA NAISSANCE

D'où viens-tu ? Tu as commencé ta vie sous la forme d'un œuf pas plus grand que ce point. Ce minuscule œuf fécondé, le fœtus, s'est développé pendant environ 9 mois dans le ventre de ta maman jusqu'à ce que tu deviennes un bébé complètement formé et prêt à venir au monde. Pendant tout ce temps, tu tirais ton énergie de ce que ta maman t'apportait naturellement. Après sa naissance, le bébé dépend entièrement de sa mère, mais bien qu'il ne puisse pas faire grand-chose tout seul, c'est déjà une personne complète et unique.

Le commencement

Chacun d'entre nous est fait de milliards d'unités vivantes, les cellules. Pour que le bébé puisse exister, il faut qu'un ovule provenant de la mère, et un spermatozoïde provenant du père, se rencontrent. Pour cela, il faut qu'un homme et une femme, qui éprouvent de l'amour l'un pour l'autre, aient un rapport sexuel. Le pénis de l'homme durci est introduit dans le vagin de la femme, où il projette une substance appelée sperme, contenant les spermatozoïdes qui vont à la rencontre de l'ovule.

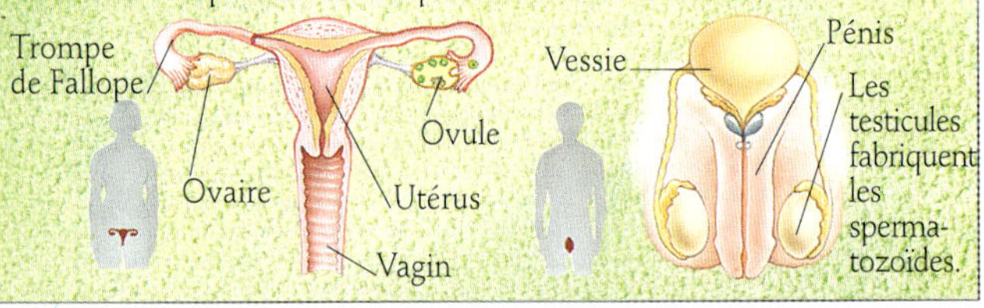

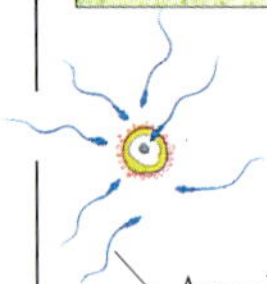

Avec leur longue queue, les spermatozoïdes ressemblent à des têtards. Ils nagent dans le conduit où l'ovule attend, et un seul d'entre eux le fécondera.

Cet œuf fécondé se développe et se divise en deux.

Puis il se divise en quatre, puis en huit, en seize et ainsi de suite…

Tout en se divisant ainsi, il se déplace vers l'utérus.

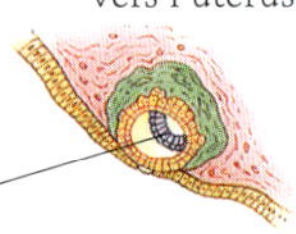

Neuf jours après la fécondation, l'œuf se fixe à la paroi de l'utérus.

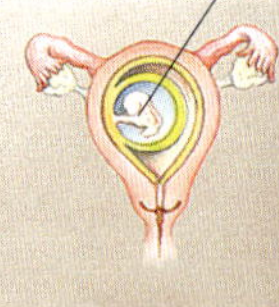

Au bout de huit semaines, ce groupe de cellules commence à prendre forme humaine.

Les doigts, les orteils et le visage sont formés.

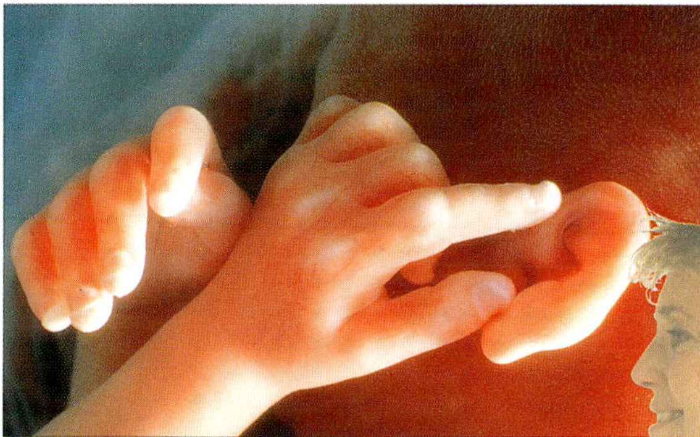

Déjà plein de vie !
Au bout de 19 semaines, le fœtus est entièrement formé, mais il ne pourrait pas encore vivre à l'extérieur de l'utérus. Il se développe très vite et bouge beaucoup dans le ventre de sa mère.

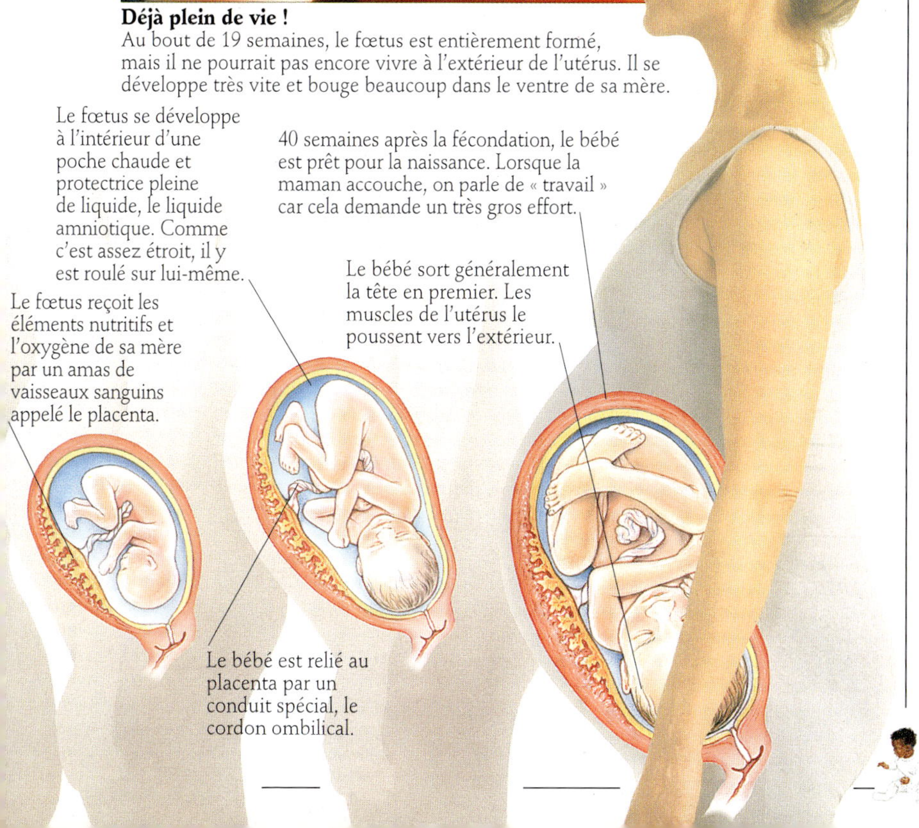

Le fœtus se développe à l'intérieur d'une poche chaude et protectrice pleine de liquide, le liquide amniotique. Comme c'est assez étroit, il y est roulé sur lui-même.

40 semaines après la fécondation, le bébé est prêt pour la naissance. Lorsque la maman accouche, on parle de « travail » car cela demande un très gros effort.

Le fœtus reçoit les éléments nutritifs et l'oxygène de sa mère par un amas de vaisseaux sanguins appelé le placenta.

Le bébé sort généralement la tête en premier. Les muscles de l'utérus le poussent vers l'extérieur.

Le bébé est relié au placenta par un conduit spécial, le cordon ombilical.

CHAPITRE 3

NOTRE MONDE

Les premiers humains chassaient pour manger. Puis ils apprirent à élever des animaux et à cultiver la terre. Aujourd'hui, la plupart des denrées alimentaires de nos supermarchés – viande, laitages, riz et céréales, fruits et légumes – proviennent encore de l'agriculture. On utilise des machines pour effectuer le travail et des engrais pour augmenter les rendements.
À mesure qu'ils devenaient sédentaires, nos ancêtres se regroupèrent en villages, puis ils fondèrent des villes. Ils eurent plus de temps pour se distraire. Pendant longtemps, ils n'eurent comme loisirs que le chant et la danse, puis le théâtre est né et beaucoup plus tard le cinéma et la télévision.
De nos jours, qu'ils vivent dans les montagnes, les déserts ou les régions marécageuses, les hommes doivent toujours se nourrir, se vêtir et se loger. Et, d'un pays à l'autre, ils le font de mille manières différentes.

LES CIVILISATIONS DU PASSÉ

Que de bouleversements entre la vie de nos lointains ancêtres et la nôtre ! Les premiers hommes s'abritaient à l'entrée des cavernes, ils se nourrissaient d'animaux et de plantes sauvages. Avant l'invention de l'écriture et donc de la lecture, il leur fallait apprendre par cœur les histoires et les connaissances utiles à la vie quotidienne.

Peu à peu les marchands qui voyageaient loin, les soldats venus d'autres pays ou les religieux en pèlerinage, firent connaître des façons différentes de vivre, de manger, de fabriquer les objets. De nouvelles habitudes s'installèrent. Certaines inventions, comme la roue ou la presse à imprimer, furent très importantes, entraînant des changements qui transformèrent profondément la vie quotidienne.

Guerrier viking

Doublons d'or (monnaie espagnole) du XVIIIe siècle

Poterie ancienne péruvienne

Vase en céramiq[ue] env. 2200 av. J.-[C.]

Pistolet de cosaque russe, XIXe siècle

Sabre de samouraï, XVIIe siècle

Manuscrit enluminé

Peinture murale égyptienne, env. 1400 av. J.-C.

Coiffe d'un chef indien arapaho

Calames de roseau égyptiens

Mocassins ornés de la tribu des Blackfoot

LES CHASSEURS ET LES CUEILLEURS

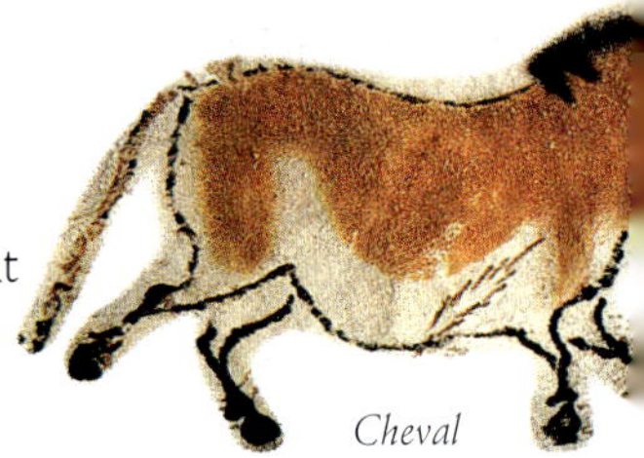
Cheval

Pour se nourrir, les premiers hommes chassaient le gibier, pêchaient le poisson et cueillaient des fruits, des racines et des plantes. Ils se déplaçaient selon les saisons, s'abritaient à l'entrée des grottes ou sous des tentes. Les animaux tués leur fournissaient la viande pour les repas, la graisse pour l'éclairage, les peaux pour les vêtements et les tentes ; avec les os, ils fabriquaient des armes et des outils, mais aussi des bijoux et des jouets.

Les chasseurs-cueilleurs qui vivaient en Europe il y a 16 000 ans peignaient des animaux sur les murs des cavernes. Nous ne savons pas très bien ce que signifiait leur art mais il faisait certainement partie de leur religion.

Le mammouth ressemblait à l'éléphant d'aujourd'hui mais il était couvert de poils. On le chassait pour sa viande, sa fourrure et ses défenses.

Fabriquer un outil de silex

Le silex est une pierre facile à tailler et dont les éclats sont très tranchants. Les chasseurs de la préhistoire s'en servaient pour fabriquer des armes et des outils. À l'aide d'un percuteur de bois ou de pierre, ils détachaient de fines lames qu'ils retaillaient ensuite. Ils retouchaient les bords afin de les rendre coupants comme un rasoir.

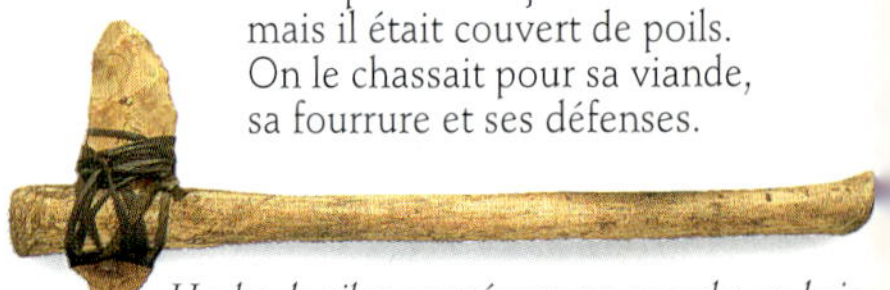
Hache de silex montée sur un manche en bois

Pointe de sagaie en os

Une beauté magique
Les magnifiques animaux peints par les chasseurs de la préhistoire ont subsisté sur les murs des cavernes dans le sud-ouest de la France et le nord de l'Espagne.

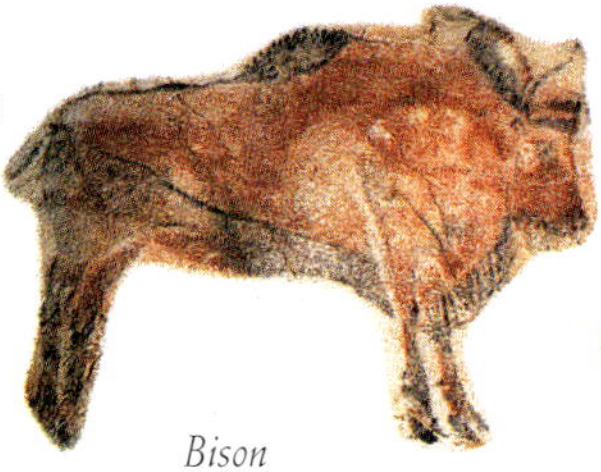

Bison

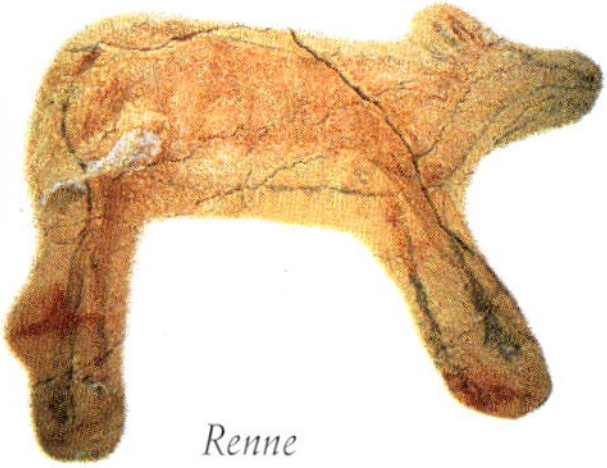

Renne

Les chasseurs jetaient de lourdes pierres sur leur proie.

Les sagaies des chasseurs étaient faites d'une pointe d'os ou de silex fixée sur une hampe de bois.

Les chasseurs étaient vêtus de peaux cousues ensemble.

Parure originale
Les dents ou les petits os étaient utilisés pour les parures, tel ce collier.

À la mode d'autrefois
La peau des animaux servait à confectionner des vêtements. Il fallait d'abord la gratter pour la nettoyer, puis l'assouplir. Les pièces étaient ensuite cousues à l'aide d'aiguilles en os et de fils en fines lanières de peau.

Fine lanière de cuir

Grattoirs

Couteau pour couper les peaux

LES PREMIERS AGRICULTEURS

Il y a environ 12 000 ans, un changement radical apparut dans le mode de vie des hommes : ils cessèrent leur vie nomade pour s'installer et cultiver la terre. Cette révolution eut lieu d'abord dans les monts Zagros (Iran actuel). Le peuple qui y vivait apprit à faire pousser du blé et de l'orge, à élever des animaux qui lui donnaient du lait et de la viande et qui pouvaient tirer de lourdes charrettes.

Devenus sédentaires, les hommes construisirent des maisons. Peu à peu, ils commencèrent à façonner des poteries en terre, à filer et à tisser la laine. C'est la révolution néolithique.

Bœuf

Chèvre

Mouton

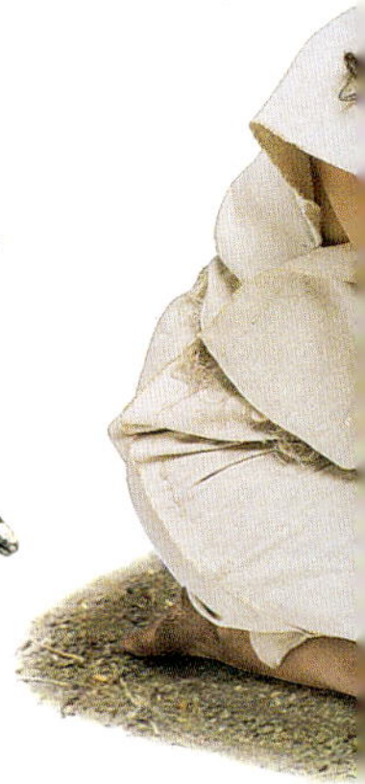

Animaux apprivoisés
Les jeunes animaux sauvages sont capturés par les chasseurs et élevés dans les fermes ; ils deviennent des animaux domestiques et sont ainsi utiles à tout le village.

La récolte
Quand les épis étaient mûrs, ils étaient coupés à la faucille, faite d'une lame de silex courbe fixée à un manche court.

Premières céréales
Voici du blé rustique, issu de céréales sauvages. Ce blé devint la base de l'alimentation pour de nombreux homme

Avant d'être moulu, cet épi de blé devait être battu afin de séparer le grain de la balle.

Le grain, broyé entre deux pierres, était transformé en farine.

La farine, mélangée à de l'eau, puis cuite, donnait des galettes nourrissantes.

Colombin d'argile
Cette fillette roule un rouleau d'argile, un colombin, qu'elle superpose ensuite à d'autres, pour obtenir un vase. C'est la technique des premiers potiers, il y a 9 000 ans.

La naissance des villes
Les hommes se groupèrent d'abord en villages, qui devinrent des cités. La première connue, Çatal Höyük, a été construite il y a 9 000 ans en Turquie.

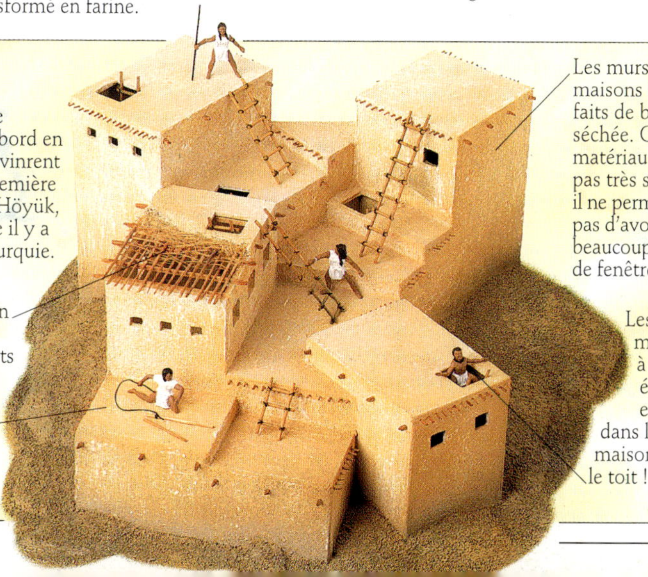

Les toits sont en roseaux et en paille, recouverts de boue.

Les maisons sont collées : il n'y a pas de rues.

Les murs des maisons étaient faits de boue séchée. Ce matériau n'était pas très solide et il ne permettait pas d'avoir beaucoup de fenêtres.

Les gens montaient à une échelle et entraient dans leur maison par le toit !

LES SUMÉRIENS

Il y a 7 000 ans, des agriculteurs gagnèrent un pays fertile, arrosé par deux fleuves, le Tigre et l'Euphrate : la Mésopotamie. Cette zone est aujourd'hui l'Irak. Les Sumériens, installés dans le sud de la Mésopotamie, ont fait plusieurs inventions déterminantes, telles que les premières formes d'écriture et de calcul, la roue et la charrue.

Les Sumériens échangeaient leurs récoltes de céréales contre les matériaux dont ils manquaient, comme le bois, les métaux ou les pierres à bâtir. Leurs charrettes munies de roues et leurs tablettes pour écrire ou compter facilitaient leur commerce avec d'autres peuples.

Un marchand note les marchandises qu'il a vendues.

Les débuts de l'écriture

Les Sumériens traçaient des dessins dans l'argile humide avec un roseau pointu. Ces dessins se lisaient de haut en bas, et de droite à gauche.

Plus tard, ils commencèrent à écrire en lignes, de gauche à droite, et le roseau fut remplacé par le style, un bâtonnet à pointe triangulaire.

Poisson

Oiseau

Orge

Bœuf

Avec le temps, les signes devinrent plus abstraits, s'éloignant des dessins d'origine. Cette écriture est appelée cunéiforme, c'est-à-dire en forme de clous.

Les signes sont rassemblés pour constituer des mots et des phrases.

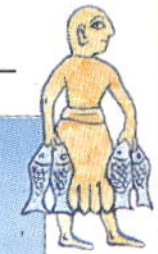

Signez ici !
Au lieu d'inscrire leur nom, les marchands appliquaient leur sceau sur les tablettes pour signer les contrats.

Des réserves d'eau
Au printemps, les crues du Tigre et de l'Euphrate inondaient la Mésopotamie. Les paysans creusaient des canaux et des réservoirs pour ne pas perdre l'eau. Grâce à cette irrigation, la terre restait fertile et donnait de belles récoltes.

Le bois était importé de Syrie ou du Liban.

Les charrettes à roues transportaient sur de longues distances des marchandises lourdes.

Ces jarres sont utilisées pour conserver les grains et l'huile.

Gratter le sol
Les premières charrues étaient en bois. Plus tard, le bronze fut utilisé pour la pointe. Malgré les inondations, Sumer connaissait un climat très chaud. La charrue permettait alors de travailler le sol durci par le soleil.

Traverses

Rayons

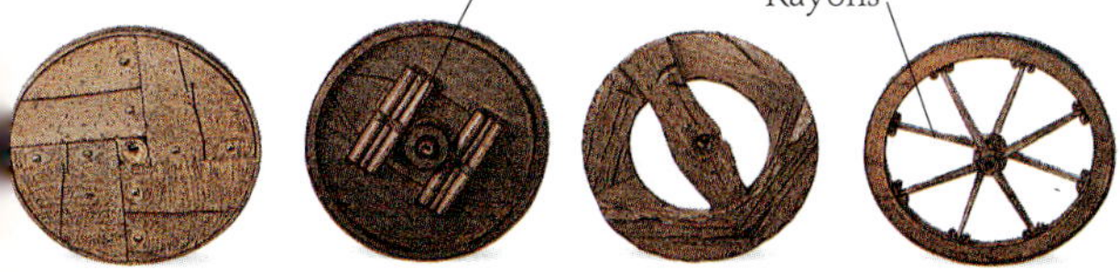

Une invention révolutionnaire
Les premières roues étaient faites de planches en bois très solide, renforcées par des traverses. Elles étaient lourdes et peu pratiques. L'invention des rayons les rendit plus légères et plus maniables.

LES ÉGYPTIENS

Les habitants de l'Égypte ancienne croyaient en une vie éternelle après la mort. Les dieux et les déesses les accompagnaient dans ce voyage. Mais, pour vivre dans l'au-delà, ils avaient besoin de leur corps terrestre ; il fallait donc le conserver en bon état. Le corps des morts subissait alors un traitement appelé momification. Cette opération complexe pouvait durer jusqu'à 70 jours. D'abord on enlevait les organes que l'on enfermait dans des jarres scellées, puis le corps était lavé et enduit d'huiles parfumées, ensuite il était desséché au natron, une sorte de sel. Au bout de 40 jours, on le couvrait de résine fondue. Enfin, il était serré dans des bandelettes de toile. Les momies étaient conservées dans des sarcophages décorés de symboles divins.

Bien conservé
Voici la momie de Sethi Ier, telle qu'elle apparaît sous les bandelettes. Ce pharaon fut enseveli à Thèbes, il y a plus de 3 000 ans, mais on discerne encore fort bien les traits de son visage.

Un portrait du mort était peint sur le sarcophage.

Les bras étaient peints croisés sur la poitrine.

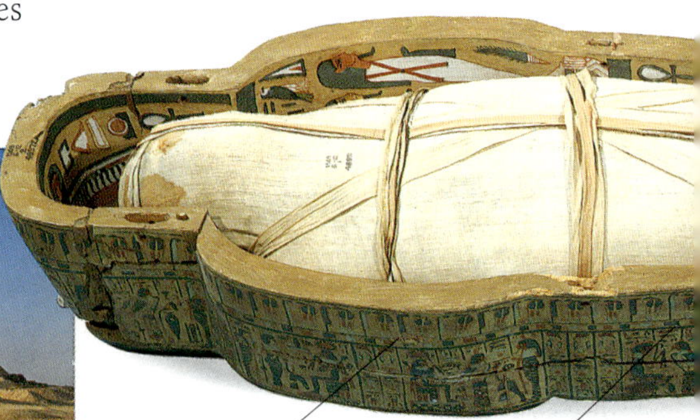

Le sarcophage a la forme du corps qu'il contenait.

Ces hiéroglyphes représentaient un mot ou une idée dans la langue de l'Égypte ancienne.

Sépultures royales
Les pharaons, rois égyptiens, étaient enterrés dans de magnifiques tombes, les pyramides.

Longue vie à tous !
Les Égyptiens croyaient en un grand nombre de dieux et de déesses qui avaient souvent l'apparence d'animaux. Ils momifiaient donc ces animaux, de la même manière que les humains, ce qui donnait des formes étranges comme celles-ci.

Momie d'un crocodile

Momie d'une vache

Momie d'un chat

Ce sarcophage est en bois. Les plus anciens étaient en argile ou en roseau tressé, à la manière des paniers.

Les bandes rouges tracées sur le cercueil indiquaient que la momie était celle d'une prêtresse.

Le couvercle du sarcophage était décoré de symboles divins. Ici, les ailes de Nout, la déesse du ciel.

Ces hiéroglyphes exprimaient des prières pour aider la prêtresse dans son voyage vers l'au-delà.

L'intérieur du sarcophage était orné de personnages et de symboles aux couleurs vives.

Ce sarcophage était placé à l'intérieur d'un deuxième, lui-même contenu dans un autre.

Enveloppez !
Toutes les momies étaient enroulées dans une multitude de bandelettes. Il fallait compter au moins 375 m² de tissu pour envelopper un seul corps.

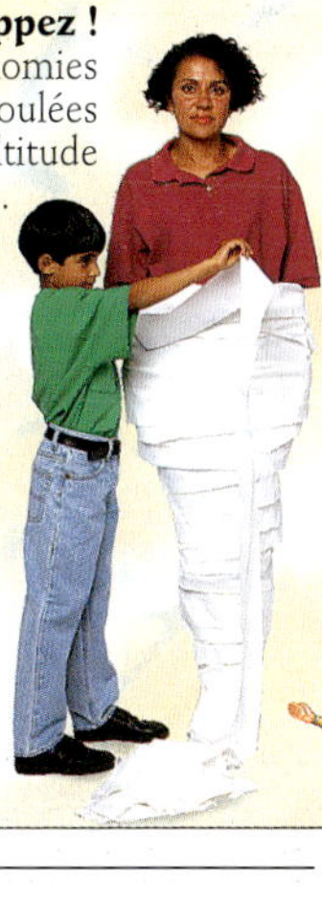

L'INVENTION DES JEUX OLYMPIQUES

Dans la Grèce antique, des fêtes étaient organisées en l'honneur des dieux. Elles comprenaient des compétitions sportives, de la musique et du théâtre. Les plus célèbres d'entre elles, qui se déroulaient à Olympie, eurent lieu à partir de 776 av. J.-C. Les jeux n'étaient pas disputés par des équipes mais par des athlètes individuels, uniquement des hommes. Le vainqueur recevait une simple couronne de lauriers et… la certitude d'être un héros !

Un bon élan
Le saut en longueur était le seul saut que pratiquaient les athlètes grecs.

Le disque était en pierre ou en bronze.

Les athlètes ne portaient ni vêtements ni chaussures.

Rester en forme
L'entraînement maintenait les guerriers en forme. Le lien entre la guerre et le sport est visible sur cette peinture où les coureurs sont armés.

Le pentathlon
Le décor de ce vase montre des athlètes s'entraînant pour le pentathlon. Cette discipline comprenait la lutte, le lancer de javelot et de disque, la course et le saut en longueur.

Le relais
La course de relais ne faisait pas partie des jeux d'Olympie mais elle était pratiquée dans d'autres lieux. Les coureurs se relayaient en se passant une torche.

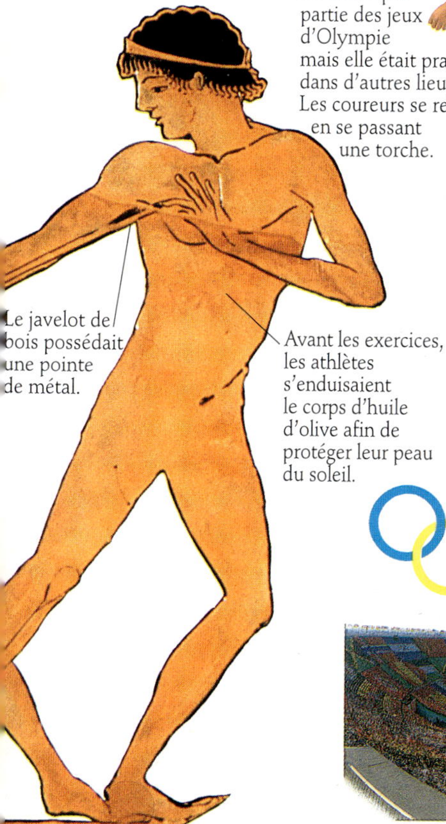

Le javelot de bois possédait une pointe de métal.

Avant les exercices, les athlètes s'enduisaient le corps d'huile d'olive afin de protéger leur peau du soleil.

Égalité des sexes ?
À Olympie, seuls les hommes et les garçons avaient le droit de participer aux jeux, mais dans la cité de Sparte, les filles étaient admises aux compétitions. Cette statuette de bronze représente une jeune Spartiate, vêtue d'une simple tunique et courant pieds nus.

S'inspirer du passé
Nos actuels jeux Olympiques s'inspirent des jeux de la Grèce ancienne, inventés il y a plus de 2 000 ans ! Les cercles olympiques représentent les cinq continents.

LA VIE ROMAINE

Les villes romaines étaient construites selon un plan rigoureux qui prévoyait des bâtiments publics, des temples, des thermes et une place centrale appelée forum. C'est autour de ces lieux que s'organisait la vie de la cité. À côté des riches familles vivant dans de belles maisons, la plupart des habitants s'entassaient dans d'étroits logis au-dessus des échoppes et des ateliers. Pas de cuisine ni de toilettes ! Les repas étaient préparés dehors ou achetés tout chauds. Que de bruit dans ces rues où les Romains mangeaient, vivaient, travaillaient ! Au milieu de cette agitation, d'innombrables chariots essayaient de se frayer un passage pour apporter à la ville les produits de la campagne.

Dans la cuisine
Cette scène nous montre l'intérieur d'une cuisine d'une riche maison ou d'une villa à l'époque romaine.

La vie à la campagne
De belles maisons, appelées villas, étaient construites sur les domaines agricoles, à l'écart de la ville.

Les Romains aimaient la cuisine épicée. De plus, les épices et les aromates permettaient de mieux conserver les aliments.

Le pain était la nourriture de base pour les pauvres.

Casserole en bronze

Ces jarres, appelées amphores, contenaient le vin.

Les riches Romains avaient des esclaves.

Cruche pour servir le vin

Un bateau quitte le port, emportant une lourde cargaison.

Les chats étaient des animaux de compagnie pour les enfants ; ils chassaient aussi les souris.

Les maisons romaines étaient chauffées par le sol. Des canalisations permettaient de faire circuler de l'air chaud sous cette mosaïque.

Tout confort

Contrairement aux populations pauvres dépourvues de tout dans leurs logis surpeuplés, les riches citoyens romains disposaient de vastes maisons très bien équipées : eau courante, toilettes, cuisine, salle de bains et même le chauffage central. Leur habitat n'était pas si éloigné du nôtre !

DES PILLARDS VENUS DE LA MER

À la fin du VIIIe siècle, des hordes de marins nordiques quittèrent leurs pays – la Norvège, le Danemark et la Suède d'aujourd'hui – pour chercher des terres où s'installer. Ils s'appelaient les Vikings. Avec leurs navires robustes et rapides, ils étaient les meilleurs marins de leur temps.

Ils commencèrent par se comporter en redoutables pirates, puis certains colonisèrent les pays qu'ils avaient pillés, tandis que d'autres se lançaient dans le commerce maritime entre le nord et le sud de l'Europe. La plupart se convertirent au christianisme. Ce sont les Vikings qui fondèrent la ville de Dublin en Irlande, celle de Kiev en Ukraine ; les habitants de la Normandie sont leurs descendants.

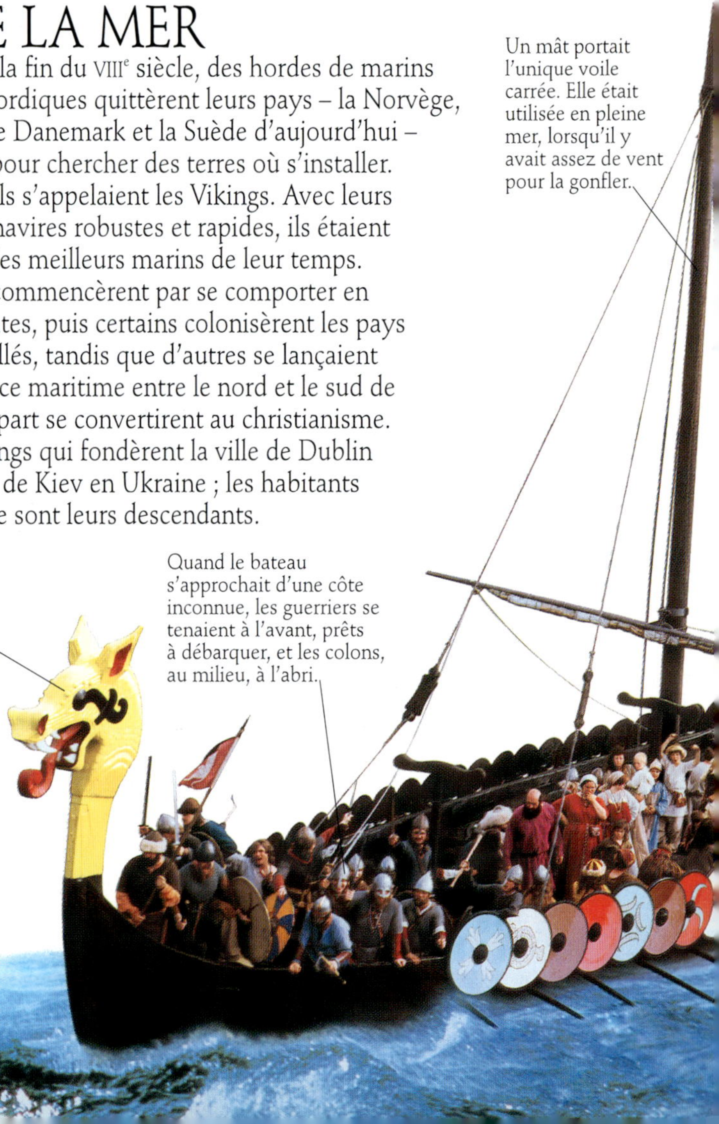

Un mât portait l'unique voile carrée. Elle était utilisée en pleine mer, lorsqu'il y avait assez de vent pour la gonfler.

Quand le bateau s'approchait d'une côte inconnue, les guerriers se tenaient à l'avant, prêts à débarquer, et les colons, au milieu, à l'abri.

Les longs bateaux vikings s'appelaient des drakkars. Leur proue était ornée d'effrayantes têtes d'animaux.

Les routes des Vikings

Les Vikings furent d'intrépides voyageurs. Les marchands venus de Suède traversaient la Russie et la Perse jusqu'à la mer Méditerranée. Ils échangeaient des produits du Nord, tels que des fourrures, de l'ivoire de morse, contre les soieries et l'argent rapportés d'Orient. D'autres Vikings explorèrent l'océan vers l'ouest, colonisèrent l'Islande puis le Groenland et mirent pied en Amérique du Nord, à Terre-Neuve qu'ils appelèrent « Vinland ».

Des signes sur les pierres

Les Vikings dressaient des pierres (pierres runiques) qu'ils gravaient de dessins et de signes appelés runes.

Les bateaux vikings étaient construits avec des planches qui se chevauchaient. À la fois souples et légers, ils pouvaient être aisément transportés d'une rivière à l'autre.

De fabuleuses histoires

Les Vikings aimaient les récits palpitants. Leurs sagas sont de longs poèmes narrant des batailles épiques, des voyages vers des pays lointains. Les gens qui ne savaient ni lire ni écrire apprenaient ces poèmes par cœur.

LES CROISADES

Depuis plusieurs siècles, Jérusalem et la Palestine (Israël et la Jordanie) se partagent entre trois religions : le judaïsme, l'islam et le christianisme. Il y a 900 ans, Jérusalem fut l'enjeu de terribles batailles. Les Turcs musulmans avaient conquis la ville et refusaient de la céder aux chrétiens. C'est pour récupérer Jérusalem que les chevaliers chrétiens partirent se battre. Ils portaient une croix sur leurs vêtements ; de là est né le nom de croisades.

En 1099, après quatre années d'expéditions et de combats, les croisés reprirent Jérusalem puis fondèrent des États chrétiens en Palestine. Mais la ville sainte fut reconquise dès 1187 par le chef musulman Saladin. Malgré les huit croisades qui se succédèrent, les Occidentaux ne parvinrent pas à conserver leurs possessions. De leurs séjours, ils rapportèrent néanmoins des idées, des techniques et des goûts nouveaux.

Ce chevalier portait une armure appelée haubert, ou cotte de mailles.

Sur leur armure, les chevaliers croisés portaient un surcot blanc orné d'une croix.

Les jambes étaient protégées par des mailles de métal.

Forteresse
Les croisés bâtirent des forteresses de style arabe pour défendre les pays conquis. Ici le krak des Chevaliers (Syrie).

Soins de beauté

Les croisés revinrent en Europe avec de nouvelles coutumes découvertes en Orient : le fard pour rosir les joues, le henné pour teindre les cheveux. Les miroirs de verre remplacèrent les disques de métal poli. On se mit à utiliser des parfums pour le corps et les vêtements. Prendre soin de soi devint à la mode.

Chiffres romains

I II III IV V VI VII VIII IX

Chiffres arabes

0 1 2 3 4 5 6 7 8 9

Un, deux, trois...

Les Arabes ont inventé un système de calcul, à partir de dix signes, plus facile à utiliser que l'ancien système romain. Les chiffres arabes sont en usage dans le monde entier.

Un grand savoir

Le savoir arabe était supérieur à celui des croisés. Les Arabes avaient de grandes bibliothèques à une époque où elles étaient peu répandues en Europe. Les croisés rapportèrent un grand nombre de livres avec eux.

Cette poupée représente un soldat musulman combattant un chevalier chrétien. Pendant des siècles, ce genre de figurines servit à raconter toutes sortes d'histoires, d'aventures ou de contes.

Un fantassin musulman se protégeait d'un bouclier rond fait de bois ou de couches de cuir superposées et cousues.

Les soldats musulmans portaient généralement des bottes de cuir ou de feutre.

Médecine

Les médecins musulmans étaient de bons chirurgiens ; ils utilisaient l'opium et la myrrhe pour atténuer la douleur. Ils savaient aussi traiter les maladies par des plantes médicinales.

Instruments de musique

Les musulmans inventèrent un instrument qu'ils nommèrent *al'ud* et qui donna le mot « luth » en français. La guitare actuelle est issue de cet objet.

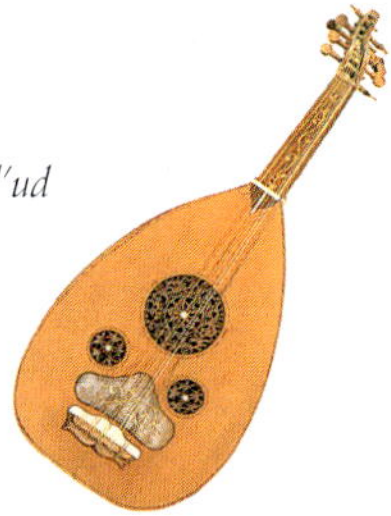

De grands inventeurs

Les musulmans fabriquaient des instruments, tel cet astrolabe qui mesurait la position des astres dans le ciel. Grâce à ces calculs, ils ne se perdaient pas dans le désert.

MARCO POLO

En 1271, un marchand nommé Marco Polo quitta sa ville natale de Venise en compagnie de son père et de son oncle pour entreprendre un extraordinaire voyage vers la Chine. Ils longèrent la route de la soie, une piste empruntée par les caravanes, chargées de soie et de produits précieux, qui commerçaient entre l'Orient et l'Occident. Cette route existait depuis 1700 ans mais c'était la première fois que des Européens la suivaient dans sa totalité. Il n'y avait alors ni voitures ni avions ; c'est à pied, à cheval et à dos de chameau qu'ils parcoururent montagnes et déserts. Leur voyage jusqu'en Chine dura plus de trois ans. La route était dangereuse et ils durent faire face à des attaques de bandits. Pour plus de sécurité, ils se joignaient alors à des caravanes de marchands.

Bonnes affaires
Les Vénitiens échangeaient des bijoux, de l'or et de l'argent contre des produits d'Orient : soie, épices, tapis et porcelaine de Chine qu'ils revendaient très cher en Europe.

La reine du commerce
Venise était le plus riche port européen. Ses marchands naviguaient pour rapporter des produits d'Orient qu'ils revendaient aux villes d'Europe.

Les chameaux peuvent marcher pendant des jours sans boire d'eau. Ils remplaçaient ainsi avantageusement les chevaux dans le désert de l'Asie centrale.

Après avoir franchi le désert, les caravanes devaient escalader de hautes montagnes et traverser des rivières tumultueuses.

Poivre

Clous de girofle

Cannelle

Macis

Noix de muscade

Dans le désert, les voyageurs devaient prévoir leurs rations d'eau et de nourriture.

Une caravane regroupait des marchands voyageant ensemble.

Les chameliers étaient couverts de la tête aux pieds pour se protéger des vents violents du désert.

Tunique de soie

Tapis persan

Vase en porcelaine

À la cour de Kubilaï Khan

Lorsque les Polo arrivèrent en Chine, ce pays était gouverné par l'empereur mongol Kubilaï Khan. Marco Polo séjourna 17 ans à la cour du Grand Khan et devint l'un de ses plus proches conseillers.

LA RENAISSANCE

À partir du XVe siècle, l'Europe fut secouée par de grands changements dans les idées, l'art, la religion et la manière de vivre. La plupart des gens sachant lire et écrire se mirent à réfléchir par eux-mêmes, préférant écouter leur conscience plutôt que de suivre ce que l'Église ou le roi leur ordonnait. Ils redécouvrirent les connaissances et la conception du monde de l'Antiquité grecque et romaine. Les historiens ont nommé cette période « Renaissance ». Le mouvement a débuté dans les villes du nord et du centre de l'Italie et s'est peu à peu répandu à travers toute l'Europe.

Au Moyen Âge, la peinture illustrait des scènes religieuses et mythiques avec des personnages d'une beauté idéalisée. À partir de la Renaissance, les peintres utilisèrent des modèles en chair et en os qu'ils peignaient tels qu'ils étaient, avec leurs défauts.

Les artistes de la Renaissance sont les premiers à peindre des objets de la vie quotidienne.

Cet apprenti prépare la peinture pour le maître. Il broie les couleurs et doit ensuite mélanger la poudre avec de l'huile.

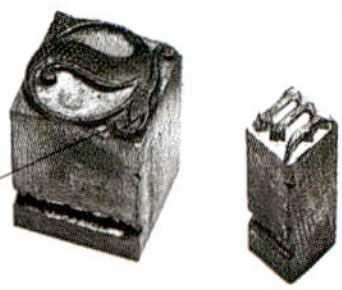

Caractère utilisé en imprimerie

L'imprimerie
L'imprimerie a été inventée en Europe par Gutenberg. Auparavant, les livres étaient copiés à la main et réservés aux personnes riches car ils coûtaient cher.

La Bible de Gutenberg
Ces pages proviennent de la première Bible imprimée par Gutenberg en 1455. Elle fut très appréciée pour ses caractères lisibles et la correction du texte, sans erreurs de copie.

Au XVe siècle, les artistes essayèrent une nouvelle peinture à base d'huile et peignirent sur des toiles, plus légères que les planches de bois d'autrefois.

Les artistes de la Renaissance n'étaient plus des artisans anonymes comme par le passé. Certains étaient célèbres dans toute l'Europe.

Soif de savoir

Les artistes et les savants tentèrent de nombreuses expériences dans tous les domaines afin de mieux connaître le monde dans lequel ils vivaient.

L'invention du télescope permit d'observer pour la première fois les planètes de façon précise.

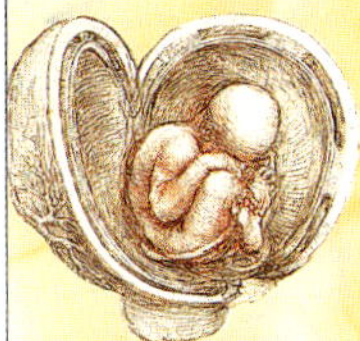

L'artiste Léonard de Vinci s'intéressait au fonctionnement du corps humain. Voici l'un de ses dessins d'anatomie.

Ce modèle de char d'assaut, en bois et métal, fut imaginé par Léonard de Vinci.

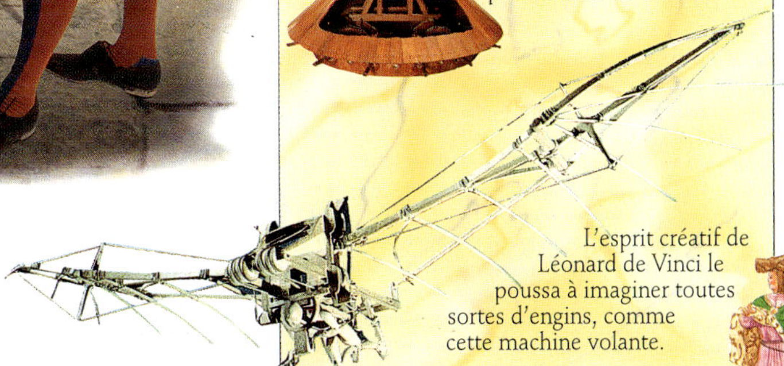

L'esprit créatif de Léonard de Vinci le poussa à imaginer toutes sortes d'engins, comme cette machine volante.

LES SPÉCIALITÉS DU NOUVEAU MONDE

Tournesol

Cacao

Après 1492, les navires européens traversèrent l'océan Atlantique pour conquérir et coloniser un immense continent : l'Amérique. Ils l'appelèrent le Nouveau Monde. Au sud, ils découvrirent de l'or et de l'argent mais les nouvelles terres avaient d'autres trésors à offrir : une quantité de produits et de plantes jusqu'alors inconnus en Europe, comme les pommes de terre, le maïs et de nombreuses plantes médicinales. Aujourd'hui une grande partie de notre alimentation vient de là-bas. Nous avons adopté de nombreux légumes et plantes et, avec eux, de nouvelles habitudes alimentaires. À chaque fois que nous savourons une tomate, de la purée de pommes de terre ou du chocolat, souvenons-nous que nous le devons à l'agriculture des Indiens de l'Amérique précolombienne !

L'Eldorado, le pays de l'or

Les Indiens d'Amérique possédaient de l'or dont ils faisaient des bijoux magnifiques. Les Européens pillèrent une grande partie de ces richesses.

Le maïs se consommait bouilli, grillé ou réduit en farine. Christophe Colomb en rapporta en Europe.

La farine de maïs permettait de faire des galettes ou des bouillies.

Cacahuète

Venus d'Amérique
Le cacao, avec lequel on fait le chocolat, les cacahuètes et le tournesol, sont tous originaires d'Amérique.

L'ananas fait partie des fruits exotiques que découvrirent les explorateurs. Sa chair juteuse donne aussi du vin.

Les plantes qui soignent
Dans le Nouveau Monde, les Européens rencontrèrent des peuples qui utilisaient des plantes inconnues pour guérir la toux, les maux de tête et d'estomac, la fièvre… Ils s'empressèrent de les imiter et certains des médicaments que nous prenons aujourd'hui proviennent de ces plantes.

Feuilles de quinquina

La quinine est utilisée contre la malaria, une maladie grave. Elle est issue de l'écorce de quinquina.

Écorce de quinquina

Pilules de quinine

Haricots noirs

Différentes variétés de haricots viennent du Mexique. Ceux-ci sont des haricots rouges.

Les petits piments rouges portent le nom de chili. Ils servaient à parfumer les bouillies de maïs que les Mexicains mangeaient au petit déjeuner.

Patates douces

Les tomates poussaient comme des mauvaises herbes dans les champs de maïs. Les premières qui arrivèrent chez nous étaient probablement jaunes. Puis les Européens en produisirent d'autres variétés.

Les avocats, semblables à des poires vertes et rugueuses, poussaient à l'origine en Amérique centrale.

Les Européens découvrirent la pomme de terre dans les Andes, hautes montagnes d'Amérique du Sud. Ils en emportèrent pour nourrir les marins pendant la traversée de l'Atlantique.

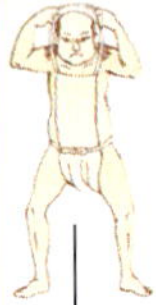

LE JAPON DES SAMOURAÏS

Pendant sept siècles, les samouraïs furent les grands guerriers du Japon. Combattant à cheval et au sabre, ils étaient experts en escrime, en lutte, au tir à l'arc et en acrobatie. Ils obéissaient à un code d'honneur très rigoureux. Le mot samouraï signifie « celui qui sert » et chaque samouraï était d'une fidélité absolue envers son seigneur, toujours prêt à obéir aux ordres qu'il recevait.

Ces guerriers professionnels n'étaient pas violents dans la vie quotidienne ; au contraire, ils pratiquaient le bouddhisme zen qui enseignait le respect de toutes les créatures vivantes. Ils aimaient l'art et la culture, certains avaient appris à peindre, à écrire des poèmes et même à composer des bouquets de fleurs. Les Samouraïs appartenaient aux classes élevées dans la société japonaise. Avec l'arrivée de la culture et plus particulièrement des techniques de guerre occidentales, les Samouraïs disparurent peu à peu.

Le grand casque à cornes était fait pour terrifier l'adversaire et protéger celui qui le portait.

Marchands occidentaux
En arrivant au Japon en 1543, les Portugais y introduisirent les armes à feu qui changèrent l'art de la guerre et firent disparaître les samouraïs.

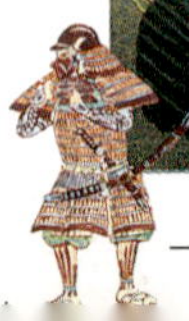

Le rôle des femmes

Comme le samouraï qui obéissait au daimyo, l'épouse du samouraï obéissait à son mari. Le devoir d'une épouse était de veiller sur la maison, d'être une compagne gracieuse et dotée de talents artistiques pour son seigneur. Les paysannes, elles, peinaient dans les champs et étaient considérées comme des bêtes de somme.

Les armes du samouraï consistaient en deux sabres coupants comme des rasoirs, l'un court et l'autre long. À sa naissance, le futur samouraï recevait un sabre qu'il gardait toute sa vie.

L'armure d'un samouraï se composait de six pièces : le casque, le masque facial, la cuirasse (sur la poitrine), les épaulières, les jambières et la braconnière pour les reins.

Chacun à sa place

La société d'autrefois était très hiérarchisée. À sa naissance, chacun avait une place et ne pouvait en changer. Les samouraïs appartenaient aux classes élevées.

Le Japon était gouverné par un empereur mais le pouvoir réel était entre les mains d'un puissant chef militaire, le shogun.

Shogun

Daimyo

Sorte de seigneurs locaux, les daimyos étaient servis par les guerriers samouraïs. Ils jugeaient déshonorant de toucher à l'argent et d'en gagner en faisant du commerce.

Samouraï

Malgré leurs richesses, les marchands et négociants n'étaient pas bien considérés.

Marchands

En bas de l'échelle sociale, les paysans, traités comme des esclaves, travaillaient sur les terres du daimyo.

Paysan

LES COLONS DU NOUVEAU MONDE

Les Européens qui débarquèrent en Amérique du Nord au début du XVIIe siècle étaient davantage des colons ou des marchands que des soldats. Leurs premiers contacts avec les peuples qui vivaient là – et qu'ils appelèrent Indiens – furent plutôt amicaux. Les indigènes leur offrirent des fourrures et leur enseignèrent comment chasser, pêcher et cultiver la terre. Les colons leur donnèrent en échange des couteaux, des aiguilles, des hameçons et des vêtements. Mais, très vite, les nouveaux venus s'approprièrent de plus en plus de terres. Ils voulurent à tout prix asservir les tribus indiennes et transformer leur mode de vie.

Les fourrures venant des forêts du nord de l'Amérique étaient exportées vers l'Europe où elles se vendaient très cher.

Les armes et les machines des Européens révolutionnèrent les conditions de vie des Indiens.

Les soieries et les étoffes chatoyantes des Européens faisaient grand effet sur les Indiens.

Creek (Sud-Est)

Iroquois (Nord-Est)

Tlingit (Nord-Ouest, côte du Pacifique)

Hidatsa (grandes plaines)

Hopi (Sud-Ouest)

Les colons fournissaient aux Indiens du fil de soie et des perles de verre pour orner leurs vêtements. Les Indiens se paraient aussi de plumes et de dents d'animaux.

Sauk (Grands Lacs)

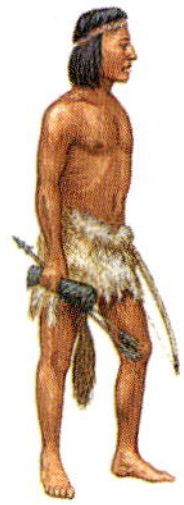

Paiute (Grand Bassin)

Chasseurs et guerriers
Les activités des hommes et des femmes variaient d'une tribu à l'autre, mais en général les hommes pratiquaient la chasse et la guerre, tandis que les femmes cultivaient les champs et s'occupaient des maisons. La plupart des hommes portaient les cheveux longs et aimaient parer leur corps et leurs habits.

Tipis, huttes et « pueblos »
Les peuples indigènes d'Amérique ne vivaient pas tous de la même façon : leurs vêtements, leur nourriture, leurs croyances religieuses dépendaient du climat et de l'endroit où ils vivaient. Leurs maisons témoignent ici de ces différences.

Pour leur confort et surtout pour se protéger des fourmis, des serpents et autres dangers, les Indiens portaient des chaussures plates appelées mocassins.

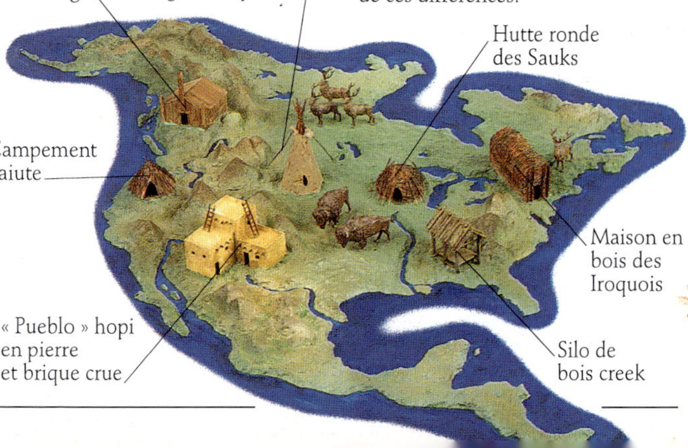

Le maïs, les citrouilles et les courges faisaient partie des nouveaux aliments que les Européens goûtaient pour la première fois.

LE ROYAUME ASHANTI

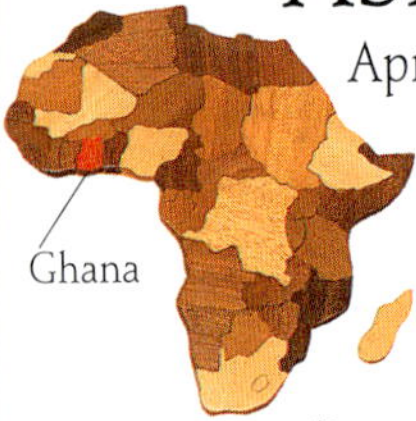

Après sa fondation, au XVIIe siècle, le royaume ashanti, situé dans l'ouest de l'Afrique (Ghana actuel), connut deux siècles de prospérité. Le pays était remarquablement organisé : le roi disposait d'une importante administration et de nombreux messagers portaient ses ordres jusqu'aux frontières. Les Ashantis étaient de fiers guerriers, vivant du commerce des prisonniers qu'ils avaient capturés au combat et qu'ils vendaient comme esclaves. Ils possédaient d'énormes quantités d'or dont ils ornaient armes et instruments de musique. Ils fabriquaient aussi des bijoux et utilisaient une méthode spéciale pour couler le métal : la technique à la cire perdue.

L'objet à mouler en or était d'abord modelé en cire d'abeille fondue.

La cire était étalée en fines couches qui étaient ensuite découpées pour réaliser le modèle.

L'orfèvre recouvrait le modèle en cire d'une couche d'argile. Quand elle était sèche, il coulait l'or fondu dans le moule d'argile par une ouverture. Le métal brûlant faisait fondre la cire qui s'écoulait par le bas. Ainsi l'or prenait la forme exacte du modèle original en cire.

Quand le métal avait refroidi et durci, l'orfèvre cassait le moule d'argile pour sortir l'objet en or, puis il le nettoyait.

Les orfèvres ashantis travaillaient remarquablement l'or et façonnaient toutes sortes d'objets. La poignée de cette épée est couverte d'une fine feuille d'or.

Boutons d'or
Ces sandales royales sont ornées de motifs et de fleurs en fil d'or.

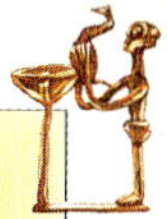

À la tête du royaume

Kumasi, la capitale du royaume, était une ville très animée. Des fêtes et de somptueuses processions s'y déroulaient régulièrement.

Kenté

L'artisanat

Les Ashantis étaient experts en tissage et fabriquaient de magnifiques étoffes bariolées, comme le kenté, composé d'étroites bandes de coton cousues ensemble. D'autres tissus étaient imprimés à l'aide de pochoirs trempés dans la teinture, qui reproduisaient des motifs colorés sur l'étoffe.

Blocs à imprimer

Les pochoirs étaient taillés dans des écorces d'arbres.

Les éléphants qui ornaient les bijoux ashantis étaient un symbole de puissance.

Couverts d'or

Les Ashantis portaient des anneaux d'or aux doigts, des anneaux d'or à la taille, des anneaux d'or aux genoux…

CATHERINE LA GRANDE

Catherine II, impératrice de Russie, fut surnommée « la Grande » en raison de ses remarquables qualités de chef d'État. Pendant une grande partie du XVIIIe siècle, elle gouverna l'immense Empire russe, s'entourant de conseillers renommés.

Sous l'influence de philosophes comme Voltaire ou Diderot, elle s'intéressa à l'éducation et développa le système scolaire en Russie.

Aimant le luxe, elle offrit à sa cour des fêtes magnifiques. Sous son règne, les nobles devinrent encore plus puissants qu'auparavant. Ils possédaient des domaines gigantesques et avaient tout pouvoir sur les paysans qu'ils traitaient comme des esclaves, ayant même le droit de les vendre à d'autres maîtres.

Les palais de l'impératrice Catherine, tout comme les demeures des nobles, étaient luxueusement meublés et décorés à la dernière mode.

Une existence misérable
Au XVIIIe siècle, en Russie, neuf personnes sur dix étaient des serfs et vivaient dans des conditions effroyables. La famille s'entassait dans la pièce unique du logis.

L'Ermitage
Catherine II fit construire à Saint-Pétersbourg un palais d'hiver qu'elle appela l'Ermitage car elle-même et sa cour pouvaient s'y retirer loin du monde, comme des ermites. Ce palais est aujourd'hui un musée.

C'est sous le règne de Catherine que débuta la mode des masques lors des fêtes à la cour.

Les spectacles donnés à la cour étaient splendides.

Catherine aimait la musique et fit venir des musiciens étrangers afin qu'ils puissent faire connaître leurs œuvres en Russie.

La cour de Russie s'habillait à la mode française, qui était déjà très réputée ! Faire venir les étoffes et les couturiers coûtait des fortunes.

La révolte des serfs
En 1771, un chef cosaque, Iemelian Pougatchev, entreprit de s'opposer à Catherine et de conquérir le pouvoir. Les Cosaques étaient un peuple guerrier du sud de la Russie. Avec Pougatchev se soulevèrent des milliers de serfs d'autres régions qui refusaient l'oppression des riches propriétaires. En 1773, l'armée des rebelles se lança à l'assaut de la Russie. En 1774, Catherine envoya contre eux son armée qui les écrasa. Pougatchev fut capturé et exécuté. Ainsi cessa la révolte.

LES VOYAGES DU CAPITAINE COOK

À la fin du XVIIIe siècle, un capitaine anglais, James Cook, effectua trois grands voyages à travers le monde qui permirent de dessiner la carte de l'immense océan Pacifique. Lors de son premier voyage, il contourna la Nouvelle-Zélande et descendit le long de la côte est de l'Australie. Lors de son second voyage, il explora l'Antarctique et cartographia de nombreuses îles du Pacifique. La troisième expédition lui valut de découvrir l'archipel d'Hawaii.

Les voyages du capitaine Cook firent beaucoup progresser la connaissance du monde. À la différence de tant d'autres explorateurs, il ne cherchait pas à conquérir de nouvelles terres. Il était accompagné d'hommes de science, de géographes et de dessinateurs qui notaient tout ce qu'ils découvraient : pierres, plantes, animaux.

Le paradis sur terre
Les écrivains et artistes du XVIIIe siècle décrivirent les îles du Pacifique comme des lieux de rêve où la vie était idyllique.

Le capitaine Cook et ses officiers portaient l'uniforme de la marine royale anglaise.

Le voyage avait pour but d'observer les mouvements de la planète Vénus. Les astronomes utilisaient un télescope semblable à celui-ci.

L'horloge astronomique permettait de calculer, par l'observation des astres, l'heure exacte du lieu où l'on se trouvait.

Cet instrument est un quadrant utilisé en mer pour calculer la latitude et permettre aux marins de trouver leur chemin.

Les artistes dessinaient avec précision ce qu'ils voyaient, tout comme un photographe prendrait aujourd'hui des clichés.

De l'art pour tous

Les peintures et croquis réalisés par les artistes accompagnant le capitaine Cook furent publiés. Ainsi, les Européens eurent connaissance des découvertes faites pendant ses voyages.

Érythrine

Hibiscus

Chat sauvage

Poisson-papillon

Lori à croupion bleu

LA RÉVOLUTION FRANÇAISE

La fin du XVIIIe siècle est marquée en France par la Révolution qui met fin à l'Ancien Régime. Jusqu'alors, le roi exerçait le pouvoir d'une manière absolue. Les nobles et l'Église bénéficiaient de privilèges : ils ne payaient pas d'impôts, malgré leurs immenses richesses, alors que la bourgeoisie et le peuple étaient écrasés sous les taxes. Les lois étaient injustes et empêchaient la population de participer aux décisions politiques. En 1789, le roi Louis XVI, qui a besoin d'argent, décide d'augmenter les impôts. Le peuple, affamé, décide de ne pas obéir et se soulève. Un nouveau gouvernement prend place. la Déclaration des droits de l'homme et du citoyen puis la République sont proclamées. En 1793, le roi est décapité.

L'Église, pivot du système féodal, était riche et puissante. Elle prit majoritairement le parti de la contre-Révolution.

Bien des nobles furent condamnés à mort ; certains s'enfuirent à l'étranger.

La Révolution était approuvée et soutenue par tous ceux qui subissaient l'arbitraire de la monarchie absolue : commerçants, juristes, soldats, artisans et paysans.

Les révolutionnaires étaient baptisés les sans-culottes car ils portaient des pantalon et non des culottes serrées au-dessus du genou comme les nobles.

Les femmes ont joué un grand rôle en dirigeant de nombreuses manifestations.

La guillotine

La guillotine fut inventée par un médecin, Joseph Guillotin, pour éviter les tortures et les longues souffrances des autres méthodes d'exécution. Équipée d'un couperet tranchant glissant dans des rainures, elle coupait d'un coup la tête des condamnés avec rapidité. À Paris, de nombreux contre-révolutionnaires furent ainsi exécutés.

Les condamnés à mort étaient conduits dans des charrettes jusqu'à la place publique où se dressait la guillotine.

Bonnet phrygien rouge, symbole de la liberté, avec une cocarde bleu et blanc, couleur de la monarchie

Guerre d'Indépendance

Au XVIIe siècle, des colons venus d'Europe peuplèrent l'Amérique, alors sous contrôle anglais. En 1775, ils engagèrent contre l'Angleterre une guerre d'Indépendance qu'ils gagnèrent en 1783 et créèrent une république. Les révolutionnaires français s'inspirèrent de ce succès.

Ce tableau illustre l'affrontement entre les colons, aidés par la France, et les Anglais.

L'ÈRE INDUSTRIELLE

La révolution industrielle qui débuta dès la fin du XVIIIe siècle est l'un des plus grands changements qu'ait connus l'histoire du monde. C'est en Angleterre que se développèrent les premières usines, équipées de machines et de matériaux nouveaux tels que le fer. On exploita de nouvelles sources d'énergie : le charbon, le gaz et l'électricité. En un demi-siècle, des techniques inconnues jusqu'alors transformèrent complètement la vie quotidienne. Ainsi, grâce au chemin de fer, on put voyager plus facilement. De nombreux paysans quittèrent les campagnes pour s'installer dans les villes où l'industrie nécessitait de la main-d'œuvre. Devenus ouvriers, ils fabriquaient de l'acier, des textiles et toutes sortes d'objets nouveaux selon un mode de production rapide et peu coûteux.

En France, la photographie fut inventée en 1827 par Nicéphor Niepce qui s'associa avec Louis Daguerre. Le procédé fut repris l'Anglais William Fox Talbot da les années 1830. Se faire prendr en photo devint à la mode.

La fabrication de papier moins coûteux et l'utilisation du chemin de fer permirent la diffusion des journaux. Ainsi des lecteurs de plus en plus nombreux étaient informés des nouvelles du monde entier.

Des conditions misérables
Les villes industrielles étaient polluées. Le peuple travaillait dans les usines pour des salaires misérables.

Voyager en train nécessite d'être à l'heure ; au XIXe siècle les gens prirent l'habitude d'avoir une horloge à la maison et une montre sur eux.

Une fonderie
Abraham Darby (1677-1717) eut l'idée de remplacer le charbon de bois par du coke pour fabriquer du fer moins cher et plus résistant.

Pont en fer

La technique du plaqué, inventée par un Anglais au XVIIIe siècle, donnait l'illusion d'une vaisselle en argent massif alors qu'une simple couche d'argent recouvrait du fer.

Au lieu d'être tournées une à une à la main par le potier, les tasses furent désormais fabriquées à la chaîne.

L'invention des teintures chimiques permit de fixer les couleurs qui ainsi supportaient la lessive.

Tout en métal
La production massive de fer et d'acier permit à l'architecte Abraham Darby III, en 1789, de construire sur la Severn en Angleterre le premier pont métallique du monde. Quant à la tour construite par Eiffel en 1889, elle domine toujours Paris de ses 300 m de haut.

Tour Eiffel

La première Exposition universelle
En 1851 s'ouvrit à Londres une grande exposition montrant au monde entier les progrès de l'industrie. Elle se tenait dans un immense palais de verre, le Crystal Palace.

À l'usine
Les premières usines abritaient les machines à filer et à tisser le coton des colonies. Des familles entières – y compris des enfants – travaillaient jusqu'à 16 heures par jour pour faire tourner les machines.

LA LONGUE ROUTE DES PIONNIERS

Tout au long du XIXe siècle, des pionniers venus d'Europe se lancèrent à travers l'Amérique afin de trouver des terres à cultiver. La plupart d'entre eux voyageaient en longues files de chariots s'étirant à perte de vue. Les chariots contenaient tout ce qu'ils possédaient : des outils, une charrue, de la nourriture, des ustensiles de cuisine, des vêtements… Une petite place était réservée à l'intérieur pour les enfants et les malades ; les autres marchaient à côté.

Malgré la chaleur et la poussière, la neige et le gel, les chariots réussirent à franchir la grande prairie puis les montagnes. Souvent les pionniers manquaient d'eau et de nourriture, ils dormaient dehors par tous les temps et devaient en outre affronter les Indiens qui attaquaient les Européens venus occuper leurs terres.

Les chariots étaient tirés par plusieurs chevaux, mules ou bœufs.

Les roues avant étaient plus petites que les roues arrière, ce qui permettait de manœuvrer facilement.

La ruée vers l'or
Au XIXe siècle, de nombreux prospecteurs fouillaient le lit des rivières à la recherche de pépites d'or. À l'aide d'une pioche et d'un tamis, ils filtraient le sable et l'eau pour récolter les rares et précieuses pépites.

Au XIXe siècle, on trouva de l'or en Australie, en Afrique du Sud, en Californie. Des milliers d'Européens partirent alors à l'autre bout du monde dans l'espoir de faire fortune.

Fait main
En arrivant, les pionniers devaient construire leur maison avec les matériaux qu'ils trouvaient : le plus souvent des rondins, mais aussi des briques de terre crue.

La grande migration
En 1835, les colons hollandais, installés en Afrique du Sud, quittèrent leurs terres sous la menace des Anglais. Leur voyage en chariot vers le nord est resté célèbre sous le nom de « Grand Trek ». La nuit, ils disposaient les chariots en cercle par peur des populations africaines dont ils envahissaient les terres.

Une bâche en toile épaisse protégeait de la poussière et de la pluie. Elle était fixée sur une armature de bois.

Les arceaux sont taillés dans un bois souple mais solide, le noyer blanc.

Les pionniers transportaient avec eux l'équipement nécessaire à la cuisine.

Les roues étaient en bois, cerclées de fer. Malgré cela, elles cassaient souvent, ce qui ralentissait la progression du convoi.

LA GUERRE DE SÉCESSION

En 1861, une guerre civile éclata en Amérique entre les États du Sud qui faisaient travailler des esclaves noirs dans les plantations et les États du Nord dont l'économie était plus industrielle et qui refusaient l'esclavage. On l'appela la guerre de Sécession. Le Sud voulait se retirer de l'Union des États pour former une nation à part, mais le Nord entra en guerre pour l'en empêcher. Après quatre ans de durs combats, les armées nordistes furent victorieuses et forcèrent les sudistes à réintégrer l'Union. Le bilan fut terrible des deux côtés : l'économie du Sud était détruite et on comptait 620 000 morts, dont la moitié fut tuée par les maladies et non au combat. Les médecins et les chirurgiens n'avaient en effet ni matériel à leur disposition ni traitements efficaces. Ils ne pouvaient pas stopper les infections ni guérir les épidémies.

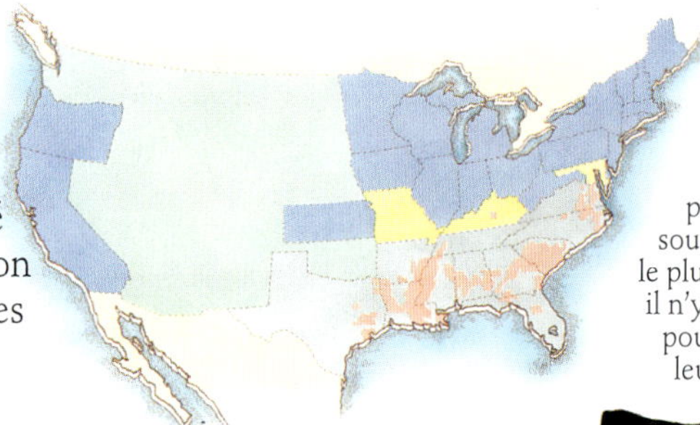

États du Nord

États du Sud, États confédérés

États-frontières combattant dans le camp nordiste

Zones où il y avait le plus d'esclaves

Autres pays

Parfo
les bless
étaie
drogu
pour ne p
souffrir. Ma
le plus souve
il n'y avait ri
pour attén
leur doule

Les Confédérés
Les soldats du Sud, appelés Confédérés, étaient équipés de vestes grises avec pantalons et képis bleus. Quand ces uniformes venaient à manquer, ils s'habillaient comme ils le pouvaient.

L'Union des pays nordistes
Les soldats nordistes portaient des uniformes bleus. Leurs fusils étaient plus perfectionnés que ceux des sudistes car les usines d'armement étaient situées dans le Nord.

Les esclaves du Sud
Les pays du Sud tiraient leur richesse des plantations de cacao, de canne à sucre et de coton. Les ouvriers étaient des esclaves noirs qui avaient été capturés en Afrique et emmenés de force en Amérique. Le maître de la plantation les avait achetés et avait tout pouvoir sur eux, il les maltraitait souvent. L'esclavage fut aboli en Amérique en 1865.

Les esclaves étaient vendus au marché comme des animaux.

Les chirurgiens devaient parfois opérer avec les mains sales et des vêtements tachés de sang.

Des femmes bénévoles soignaient les blessés. Dans le Nord, on forma des équipes d'infirmières.

Peu efficaces, les médicaments pouvaient être dangereux.

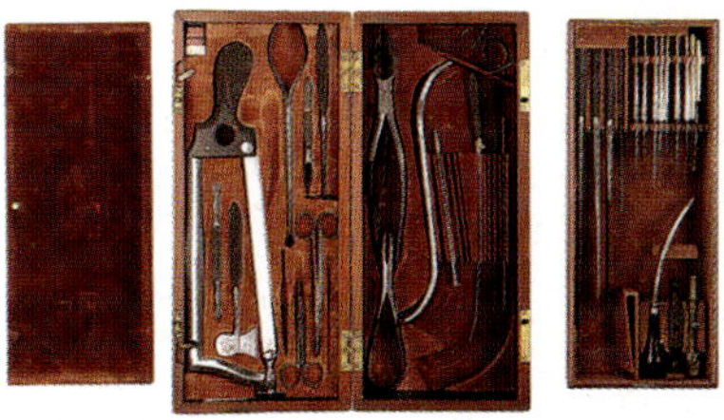

Panoplie
Ces pinces et cette scie font penser à l'outillage d'un bricoleur, mais les chirurgiens lors de la guerre de Sécession ne disposaient de rien d'autre.

VIVE L'ÉCOLE !

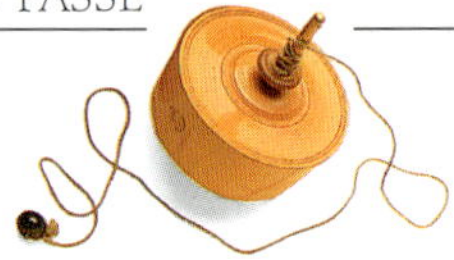

Le tableau noir avait deux côtés. Il était parfois monté sur roulettes pour être déplacé facilement.

Jusqu'à la fin du XIXe siècle, l'école n'était pas obligatoire. Les familles riches offraient à leurs enfants un enseignement coûteux délivré par des religieux, mais les pauvres ne pouvaient pas payer cette éducation et les enfants devaient travailler pour subvenir aux besoins de leur famille.

En 1881, une loi déclara qu'en France l'école était désormais laïque (c'est-à-dire non religieuse), gratuite et obligatoire. Tous les enfants des villes et des campagnes âgés de 6 à 14 ans, parfois regroupés dans une seule classe, y recevaient une instruction dispensée par un instituteur. Ils apprenaient à lire, à écrire, à compter ; ils suivaient aussi des leçons de morale, d'histoire et de géographie. Ils écrivaient sur des ardoises, avant de recopier sur un cahier, et apprenaient par cœur des poésies et des chansons. La discipline était stricte et le maître punissait en frappant avec sa règle quand la leçon était mal sue !

Les écoliers apprenaient la géographie sur un globe terrestre.

Le cerceau était un jouet courant à cette époque.

Les encriers, en porcelaine blanche, étaient remplis d'encre par l'élève le plus âgé. Chacun écrivait à l'encre violette, avec un porte-plume. Gare aux taches sur le cahier !

L'encre liquide était conservée dans un récipient à bec qui ressemblait à un arrosoir pour les plantes.

L'heure de la récréation
Quand ils n'étaient pas en classe, les enfants s'amusaient dehors avec des jeux encore pratiqués aujourd'hui : football, marelle, corde à sauter, billes… Les cerceaux étaient très à la mode, on les faisait rouler devant soi, ou tourner à toute vitesse autour de la taille.

Les fenêtres étaient hautes ou garnies de verre dépoli afin que les élèves ne soient pas distraits en regardant dehors.

Le maître ou la maîtresse d'école avait souvent une règle dont il se servait parfois pour frapper les mauvais élèves.

Ceci est un abaque, ou boulier pour compter. Les enfants apprenaient à additionner et à soustraire en déplaçant les boules de couleur sur les tiges.

Chaque enfant ne possédait qu'un seul livre qu'il gardait toute l'année. Il contenait des textes de lecture, des poèmes et des histoires.

Les élèves écrivaient sur des ardoises à l'aide d'une craie. Les ardoises ne coûtaient pas très cher et il suffisait de les effacer pour récrire.

Les bureaux étaient munis d'un casier pour ranger livres et cahiers.

Les crayons noirs étaient de simples mines de plomb, sans bâtonnet de bois.

Les bureaux étaient munis de trous pour y placer les encriers.

Point par point
Les filles devaient montrer leurs talents de brodeuses et de couturières en réalisant des modèles où figuraient différents points d'aiguille. Elles commençaient ce long travail dès leur plus jeune âge et brodaient souvent des lettres, un excellent moyen d'apprendre l'alphabet !

LES ARTS ET LES LOISIRS

Les premiers hommes devaient consacrer l'essentiel de leur temps et de leur énergie à trouver le moyen de se nourrir, de se chauffer et de se protéger des bêtes féroces.

Ils ne songeaient à se distraire qu'après avoir résolu tous ces problèmes ou bien même pour les résoudre d'une manière presque magique. Ils dessinaient, sur des os, des pierres ou encore sur les parois des grottes, contaient des histoires, créaient des musiques et improvisaient des danses rudimentaires.

Aujourd'hui, les machines accomplissent une grande part du travail et nous laissent ainsi du temps libre pour la création et la découverte d'œuvres artistiques : pièces de théâtre, romans, poésies, films, opéras, ballets, danses, concerts, peinture, sculpture, photographie, monuments et musées... Cette liberté durement acquise ne profite cependant pas à tous.

Flûte à bec

Violon

Trompette

La reine des cygnes dans le ballet *Le Lac des cygnes*

Appareil photo

Le Secret, sculpture d'Auguste Rodin

Pigments broyés

Pinceaux

LE THÉÂTRE : LES LIEUX

Les premiers théâtres furent construits par les Grecs il y a environ 2 500 ans. Des sièges en pierre, pour les spectateurs, étaient taillés à flanc de colline. Les acteurs n'avaient pas besoin de porte-voix car leurs paroles atteignaient sans peine le dernier rang. Jusqu'au XVIIe siècle, les pièces se jouaient en plein air, sur des scènes nues. Mais vers 1650, apparurent les décors qu'il fallut alors protéger des intempéries. Aussi les représentations eurent-elles lieu de plus en plus souvent dans des salles. Les éclairages furent une autre nouveauté déterminante. Les feux de la rampe permirent aux acteurs de jouer de façon plus réaliste car on put distinguer toutes les expressions de leur visage.

La charrette-théâtre
Au Moyen Âge, des théâtres ambulants donnaient des représentations appelées miracles et dont les sujets étaient empruntés aux vies des saints.

Un art ancien
Le nô est un genre de théâtre traditionnel japonais. Des histoires religieuses et des mythes anciens sont représentés sur une scène très dépouillée. Les pièces, qui datent pour certaines de plus de 500 ans, durent parfois 6 h !

La galerie supérieure se trouvait à environ 8 m au-dessus du sol.

Entrée des comédiens

Le théâtre du Globe fut construit pour la première fois en 1599.

Plus de 2 000 personnes pouvaient s'agglutiner au parterre ; seuls quelques privilégiés avaient une place assise dans les galeries, à l'abri de la pluie.

Le théâtre du Globe
William Shakespeare, célèbre auteur dramatique anglais, donna des représentations au théâtre du Globe. Ce théâtre en bois a été reconstruit et réouvert en juin 1997.

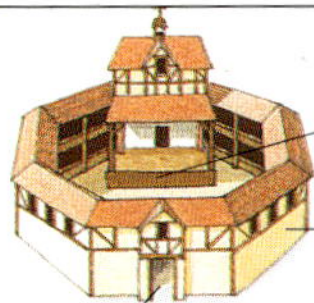

Scène

Le Globe était octogonal.

Entrée

Les musiciens jouaient sur ce balcon.

On hissait le drapeau pour avertir le public qu'une pièce allait commencer.

Cette maquette du théâtre du Globe a été coupée en deux pour permettre de voir l'intérieur.

Il n'y avait pas de décor sur la scène.

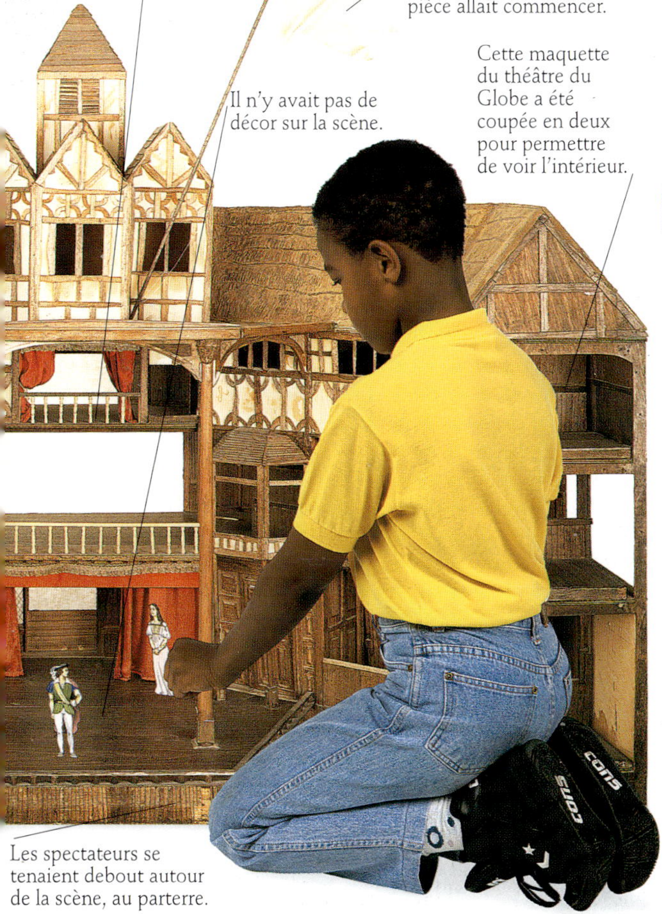

Les spectateurs se tenaient debout autour de la scène, au parterre.

Différents types de théâtres
Les plus anciens étaient à ciel ouvert, tandis que la plupart des scènes modernes ont des toits, en cas de pluie.

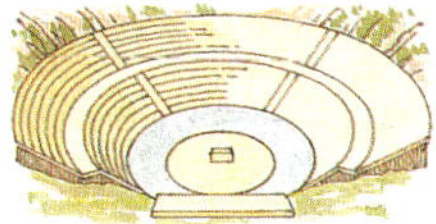

Théâtre grec
200 av. J.-C.

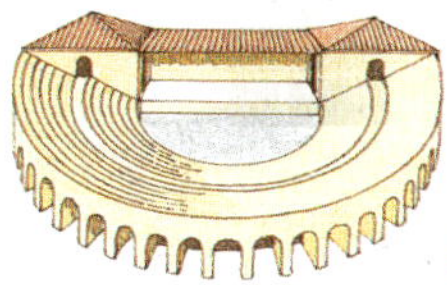

Théâtre romain
100 ap. J.-C.

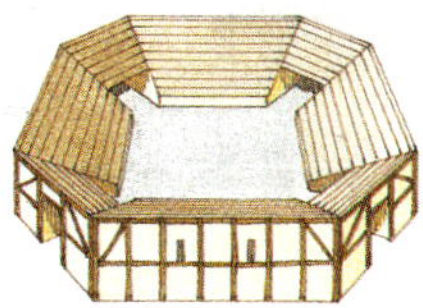

Théâtre élisabéthain
XVIe siècle

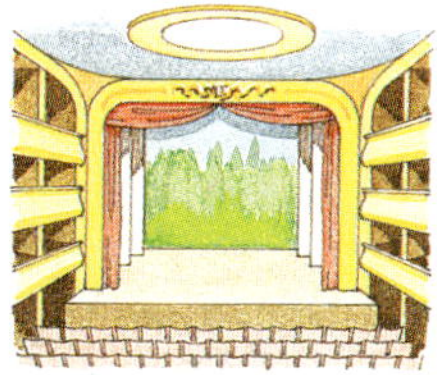

Théâtre « moderne »
XIXe siècle

PIÈCES ET ACTEURS DE THÉÂTRE

Les auteurs dramatiques écrivent des pièces de théâtre qui sont interprétées sur scène par des acteurs et des actrices. Bien que Molière et Shakespeare aient vécu il y a plus de 300 ans, leurs pièces, comme *L'Avare* ou *Macbeth*, restent très jouées. Gérard Philipe, l'un des acteurs les plus admirés du XXe siècle, devint célèbre dans le rôle-titre du *Cid*, de Corneille, mais aussi avec des pièces d'auteurs plus modernes tel Camus. Comme tous les bons acteurs, il était capable de jouer avec tellement de vérité que le public oubliait que c'était du théâtre.

Sans paroles
Marcel Marceau est un célèbre mime français. Il s'exprime par gestes, sans prononcer un mot.

L'acteur qui incarne Roméo montre qu'il aime Juliette en lui offrant une rose.

Ces acteurs portent des costumes semblables à ceux des riches Italiens du XVIe siècle.

Dénouement heureux
Les comédies font rire. Au XVIIe siècle, Molière écrivit de nombreuses comédies que l'on trouve toujours très amusantes.

Dénouement douloureux
Les tragédies se terminent mal. *La Chatte sur un toit brûlant*, de Tennessee Williams, est une tragédie moderne célèbre.

La mise en scène théâtrale

Roméo et Juliette est l'une des pièces les plus tristes de Shakespeare. Les amoureux ne pourront jamais vivre ensemble car leurs familles se haïssent.

Voici les premières paroles que Roméo adresse à Juliette.

Juliette répond qu'elle n'est pas offensée qu'il lui ait pris la main.

ROMÉO, à Juliette, lui touchant la main
Si j'ai pu profaner, de ma main indigne,
Cette châsse bénie, voici ma douce pénitence :
Mes lèvres sont toutes prêtes, deux rougissants pèlerins,
À guérir d'un baiser votre souffrance.

JULIETTE
Bon pèlerin, vous êtes trop cruel pour votre main
Qui n'a fait que montrer sa piété courtoise.
Les mains d'un pèlerin touchent celles des saintes,
Et leur baiser dévot, c'est paume contre paume.

Une didascalie n'est pas dite ; elle indique ce que doit faire l'acteur.

Il y a 145 vers dans cette scène. Il s'agit ici du vers 95.

Le visage de l'actrice doit exprimer à la fois la timidité et la joie de recevoir la rose.

La magie du maquillage

Pour rendre leurs personnages plus vrais, les acteurs changent souvent de physionomie en se maquillant.

Jeune

Le talc et un mascara blanchissent les cheveux et les sourcils.

Grisonnant

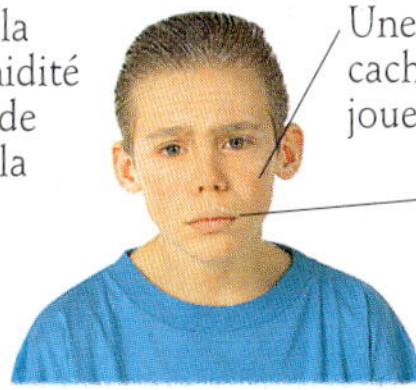

Une poudre pâle cache le rose des joues.

On dessine des rides avec un crayon noir spécial.

Vieux

Mise en scène orientale

Les drames chinois traditionnels sont connus sous le nom d'opéra de Pékin, ou jingxi. Chaque couleur a une signification : un costume bleu et jaune indique par exemple qu'un personnage est fier et irascible.

LA MUSIQUE

Les sons musicaux proviennent de la voix humaine ou d'un instrument. Les premiers instruments furent inventés il y a plus de 35 000 ans : les hommes soufflaient dans des coquillages ou dans des os creux ! Les instruments actuels sont plus élaborés. Ils produisent des sons graves ou bien aigus : c'est la hauteur du son. La suite de sons formant un air s'appelle la mélodie. Le rythme est la succession de notes longues et de notes brèves. Un musicien expérimenté peut interpréter un même air avec douceur et lenteur ou, au contraire, avec force et vivacité.

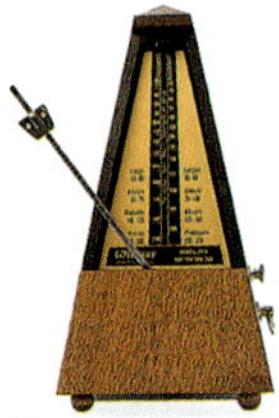

Garder la mesure
Un métronome bat la mesure à différente vitesses. Les musicien s'assurent ainsi qu'ils jouent à la bonne vitesse. On dit qu'ils jouent en mesure.

Différentes formations

Orchestre de jazz

Groupe pop

Quatuor à cordes

Tambour électrique

Un son branché
Si l'on pince les cordes d'une guitare électrique, elles vibrent mais on n'entend presque rien. La vibration est convertie en minuscules signaux électriques par des micros placés sous les cordes. Un amplificateur augmente ces signaux et le son ressort par un haut-parleur.

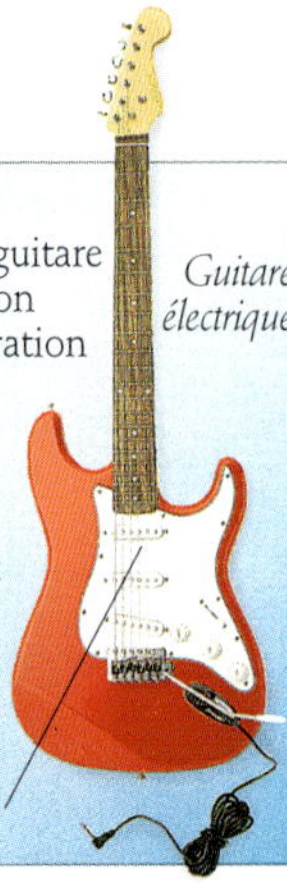

Guitare électrique

Micro

Saxophone électrique

Prends note
La musique utilise des notes à la place des mots. Ci-dessous, les premières notes de *La Marche nuptiale*.

Ce chiffre indique qu'il y a quatre temps dans chaque mesure.

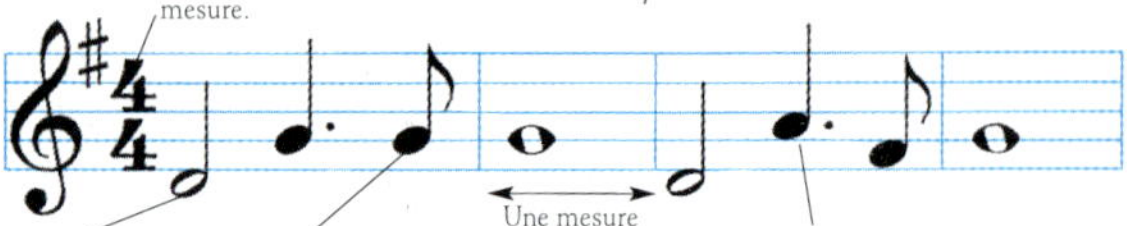

Les notes les plus graves sont sur les lignes les plus basses de la portée.

La forme des notes change suivant la durée qu'elles indiquent. La croche est la note qui a la durée la plus courte dans cet air.

Il y a sept notes. Elles se lisent de bas en haut. Celle-ci, placée dans le deuxième interligne, est un la.

Musiques du monde

Les instruments et les styles de musique diffèrent selon les pays ou les régions. On appelle musique folklorique la musique traditionnelle, jouée par les gens du pays.

Cornemuse

On souffle ici.

L'Écosse est célèbre pour ses cornemuses. Le joueur souffle dans un sac qu'il comprime ensuite pour faire sortir l'air par des tuyaux.

Les joueurs de banjo de l'est des États-Unis sont très réputés. Le banjo fut introduit aux États-Unis par les esclaves africains.

Banjo

La flûte de Pan se compose de tubes de différentes longueurs. Le joueur souffle sur le haut des tubes, les plus longs produisant les sons les plus graves.

Flûte de Pan

Les aborigènes australiens sont les seuls au monde à jouer du didgeridoo, instrument fait d'un morceau de bambou creux.

Didgeridoo

LES ORCHESTRES

De nombreux musiciens jouent dans des groupes appelés orchestres dont la plupart sont constitués de quatre familles : les cordes, les bois, les cuivres et les percussions. Les timbres des différents instruments se combinent pour former une musique harmonieuse. Les orchestres symphoniques qui comportent jusqu'à 120 instruments jouent généralement de la musique classique, souvent écrite par de grands compositeurs comme Mozart ou Beethoven.

Les percussionnistes jouent d'instruments aussi divers que le tambour, le triangle ou le gong.

Orchestre indonésien
La plupart des instruments d'un orchestre gamelan sont à percussion et il n'y a pas de violon.

Près du chef d'orchestre se trouve le premier violon, instrument le plus important.

Pour produire un son avec un instrument à vent comme la clarinette, on souffle dans le tube percé de trous.

Le chef d'orchestre se place devant les musiciens afin qu'ils puissent voir sa baguette.

Le cor d'harmonie, comme le trombone, est un long tube en cuivre enroulé sur lui-même.

Archet

Cordes

Le violoncelle, comme le violon, fait partie de la famille des cordes. Pour jouer, on frotte les cordes avec un archet.

À quelle famille appartient-elle ?
La clarinettiste est assise sur un siège jaune. Elle fait partie de la famille des bois.

Cordes Percussions Bois Cuivres

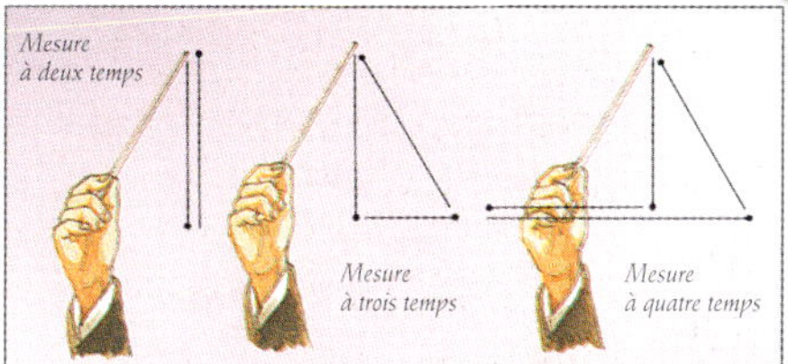

En mesure !
Si les musiciens jouaient à des vitesses différentes, le résultat serait désastreux. Pour jouer ensemble, ils regardent le chef d'orchestre, qui les dirige en battant la mesure avec sa baguette.

Chef d'orchestre

Baguette

Un enfant prodige
Wolfgang Amadeus Mozart composa plus de 600 morceaux de musique. Il écrivit sa première symphonie à l'âge de 8 ans !

LA DANSE

C'est une façon de se mouvoir au son de la musique. Les peuples antiques dansaient pour satisfaire leurs dieux. Aujourd'hui, on danse surtout pour se distraire. Ce n'est qu'au XIIe siècle qu'apparut la danse en couples. L'invention de la valse, dans les années 1800, fit scandale : c'était la première fois que des couples dansaient en se tenant étroitement enlacés. Une nouvelle révolution a eu lieu au XXe siècle : les danseurs n'évoluent plus en couples suivant des pas imposés, mais dansent seuls en inventant leurs mouvements.

Fiers de danser
Le flamenco tire son origine des danses des gitans d'Espagne. Les danseurs dressent fièrement la tête en tournant sur eux-mêmes et en tapant des pieds. Les femmes portent de longues robes aux couleurs chatoyantes, les hommes sont vêtus de noir.

Ne pas perdre la tête
Le swing obéit à peu de règles. Les danseurs virevoltent, sautent ou bondissent au rythme de la musique, suivant leur inspiration !

Révérence

La danse commence.

Des fers sont fixés aux semelles et aux talons de chaque chaussure.

Clac ! Clac ! Clac !
Fred Astaire, l'un des danseurs les plus célèbres du XXᵉ siècle, fit résonner ses claquettes dans nombre de spectacles et de films. Quand ses pieds touchaient le sol, on entendait le claquement rapide des talons et de la pointe de ses chaussures.

Les danseuses classiques indiennes utilisent tout leur corps. Leur cou, leurs mains, et même leurs yeux, se déplacent au rythme de la musique.

La danseuse fait mine de se mettre une épingle dans les cheveux en se regardant dans un miroir imaginaire.

La main dressée, plate, représente le miroir.

Tout dans le mouvement
La danse indienne est pratiquée depuis plus de 1 000 ans. Dans certaines danses, la femme crée des formes et des dessins avec son corps. Dans d'autres, elle utilise les mouvements de ses mains et l'art du mime pour conter les histoires des dieux hindous.

Elle tape du pied en mesure au son d'un instrument appelé tabla.

Les plis de son costume lui permettent de se mouvoir librement.

Un, deux, trois
La valse est une danse à trois temps où les couples tournent sur eux-mêmes tout en se déplaçant. Ils joignent leurs pieds tous les trois pas.

LA DANSE CLASSIQUE

Louis XIV

La danse dite classique s'exécute suivant des positions et des pas bien définis. Elle est née en Italie et se développa en France, où elle prit le style qu'on connaît aujourd'hui. Louis XIV créa la première école de ballet en 1661. Mais dans les ballets de cour, les danseurs chantaient et récitaient des poèmes ! Le premier vrai ballet, sans paroles, ne fut donné qu'en 1789. De nos jours, s'emploient encore les pas et les sauts enseignés à l'école du Roi-Soleil. C 'est pourquoi, ces mouvements, tels la glissade ou le saut de chat, sont toujours en français.

À la barre
Les danseurs doivent d'abord s'échauffer. Pour cela, ils s'étirent en prenant appui sur une barre scellée au mur.

Quelle belle grenouille !
Les Contes de Beatrix Potter sont un ballet où les danseurs portent de magnifiques costumes et des masques d'animaux.

Le tutu est une jupe courte, rigide et évasée, qui permet de voir les jambes de la danseuse.

Les femmes ne dansèrent dans les ballets qu'à partir de 1681. Elles portaient alors de longues robes flottantes.

Tourner les pieds et les jambes vers l'extérieur demande de l'entraînement.

Première position — *Deuxième position* — *Troisième position* — *Quatrième position* — *Cinquième position*

Les cinq positions
Au XVIIe siècle, le maître de ballet Beauchamps imagina cinq positions permettant de garder son équilibre tout en étant élégant.
La plupart des pas de la danse classique commencent ou se terminent par l'une de ces cinq positions.

C'est aussi de la danse classique !
Le XXe siècle a vu la création de ballets utilisant un grand nombre de pas classiques sans raconter d'histoire. Les danseurs, vêtus de costumes imaginatifs, doivent simplement exprimer un état d'esprit.

Chaussons de danse
Pour faire des pointes, les ballerines portent des chaussons spéciaux, en satin et à bout dur. Les filles doivent avoir au moins 12 ans afin que leurs pieds soient assez forts pour cette technique.

L'OPÉRA

L'opéra unit la musique et le théâtre de façon spectaculaire. Sur la scène, les interprètes jouent une histoire mais, au lieu de parler, ils chantent. En général, un spectacle débute par une ouverture. C'est un morceau de musique entraînant où figurent des fragments des airs que l'on entendra au cours de l'opéra. Sur scène, tout en jouant leurs rôles, les solistes interprètent des chants appelés airs, qui font souvent partie des plus belles mélodies.

Intérieur du Palais Garnier

Attention, fragile
Quand on passe un doigt sur le bord d'un verre, on obtient un son aigu. Si une personne à la voix forte chante cette note pendant assez longtemps, la résonance peut briser le verre.

Une bonne acoustique
Les édifices sont conçus pour que tout le public entende. L'opéra de Sydney (terminé en 1973), en Australie, et l'Opéra-Bastille (achevé en 1989), à Paris, comptent parmi les plus modernes du monde.

Le palais Garnier, à Paris

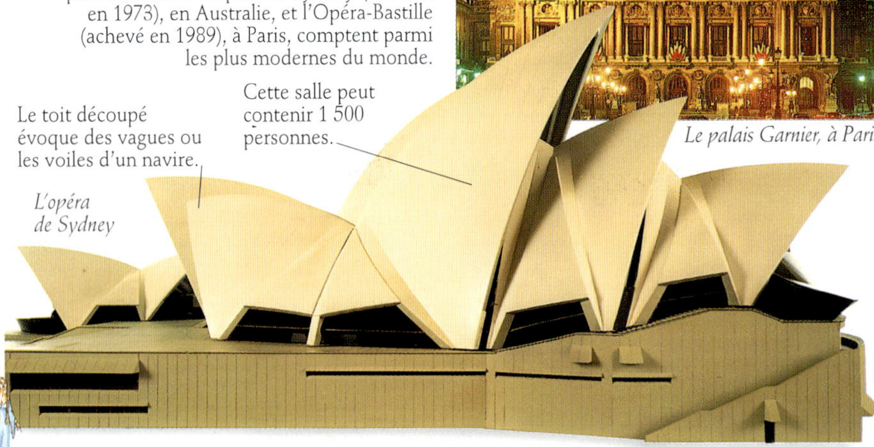

Le toit découpé évoque des vagues ou les voiles d'un navire.

Cette salle peut contenir 1 500 personnes.

L'opéra de Sydney

Une scène bien remplie
Les opéras se jouent parfois dans de riches décors. Les solistes sont accompagnés par un groupe important de chanteurs appelé chœur.

Costumes étonnants
Dans *La Petite Renarde rusée*, le maquillage et les costumes des chanteurs sont très surprenants.

Un choix de voix

Le soprano est la plus aiguë des voix de femme. Cette voix est brillante et agile.

Le contralto, ou alto, est la plus grave des voix de femme. Le ton est plus chaud et caressant.

Les ténors, dans un opéra, chantent la plupart des rôles de jeunes amoureux.

La basse est la voix d'homme la plus basse. Elle est profonde et sonore.

Pris sur le vif
Luciano Pavarotti est l'un des plus grands ténors du monde. Sa voix est puissante et belle.

Les opéras, pour la plupart, sont chantés en italien, en français ou en allemand.

Les chanteurs ont une voix puissante qui leur permet de chanter sans micro !

Un conte malicieux
Les opéras racontent des histoires. *La Petite Renarde rusée* de Leoš Janáček décrit les aventures d'une petite renarde qui échappe à un garde forestier.

LA PEINTURE

Les hommes préhistoriques peignaient des bisons, des chevaux et des bouquetins sur les murs des grottes. Nous ne saurons jamais vraiment pourquoi ils faisaient cela – peut-être ces peintures étaient-elles magiques et devaient-elles porter chance aux chasseurs. Depuis lors, les peintres ont exercé leur art pour représenter des événements, honorer leurs héros, montrer les merveilles du monde, raconter des histoires ou, plus simplement pour leur plaisir. Chaque artiste a un style qui lui est propre et il se peut que certains ne te plaisent pas, c'est à toi de décider.

Cette peinture rupestre a probablement 30 000 ans.

L'inscription « Jan Van Eyck était là, 1434 », souligne que l'artiste était présent lors de cette scène.

Dans le miroir, on peut voir le reflet de deux autres personnes. L'une d'entre elles est l'artiste lui-même.

L'artiste a dessiné les chaussures du premier plan plus grandes que celles du fond. Cela donne de la profondeur à l'image.

Montagnes et vallées
Les tableaux représentant la nature s'appellent des paysages. Celui-ci, très différent d'un paysage occidental, est chinois. Il est peint sur de la soie.

Ramsès II

par un artiste égyptien inconnu (détail)

Lucrezia Panciatichi

par Bronzino (détail)

Autoportrait

de Vincent Van Gogh (détail)

Femme qui pleure

de Pablo Picasso (détail)

Les époux Arnolfini, peint par Jan Van Eyck en 1434

L'importance du détail
Ce tableau représente un marchand et sa femme. Mais un regard attentif décèle une riche symbolique.

Une bougie est allumée bien qu'il fasse jour. Cela signifie que les deux époux s'aimeront toujours.

Le marchand et sa femme portent des vêtements coûteux. L'épouse tient sa jupe comme cela se faisait à cette époque.

Peinture moderne
L'américain Jackson Pollock n'a pas voulu représenter des objets ou des personnages mais des sentiments. Il a travaillé en laissant couler la peinture ou en la projetant sur la toile.

Le Fils de l'homme

de René Magritte (détail)

Marilyn Monroe

par Andy Warhol (détail)

La lumière éclaire les mains du couple et l'artiste a représenté toutes les lignes de la paume.

Portraits
Les artistes ont toujours aimé peindre des portraits. Mais ils ne cherchent pas forcément une ressemblance exacte avec leurs modèles, car chaque peintre obéit à son style.

LA SCULPTURE

Les sculptures ne sont pas plates, comme la peinture, mais elles sont en trois dimensions. Des sculpteurs ont utilisé des matières aussi diverses que le métal, les briques, le plastique ou des pneus, mais les matériaux traditionnels restent le bois, la pierre et la terre glaise. Certains sculpteurs élaborent leur œuvre par l'ajout de petits morceaux de matière, par exemple de l'argile ; tandis que d'autres entreprennent de tailler une pièce de bois ou un bloc de pierre. Quand Michel-Ange sculptait, il imaginait libérer un personnage emprisonné dans le marbre !

Des géants mystérieux
D'étranges et grandes statues ont été sculptées sur l'île de Pâques il y a plus de 1 000 ans. Personne ne sait à quoi elles servaient.

Les sculptures de Moore sont inspirées d'objets naturels, des galets, par exemple.

Au contact de la nature
Certaines des créations de l'anglais Henry Moore (1898-1986) évoquent des objets ordinaires, mais beaucoup sont simplement de pures formes.

Des présidents américains pétrifiés
Washington, Jefferson, Roosevelt et Lincoln sont sculptés dans le granit du mont Rushmore (Dakota du Sud, États-Unis). Il a fallu 14 ans pour percer et forer le rocher.

Cette sculpture arrondie est faite pour être touchée.

Il faut faire le tour pour voir des formes étonnantes.

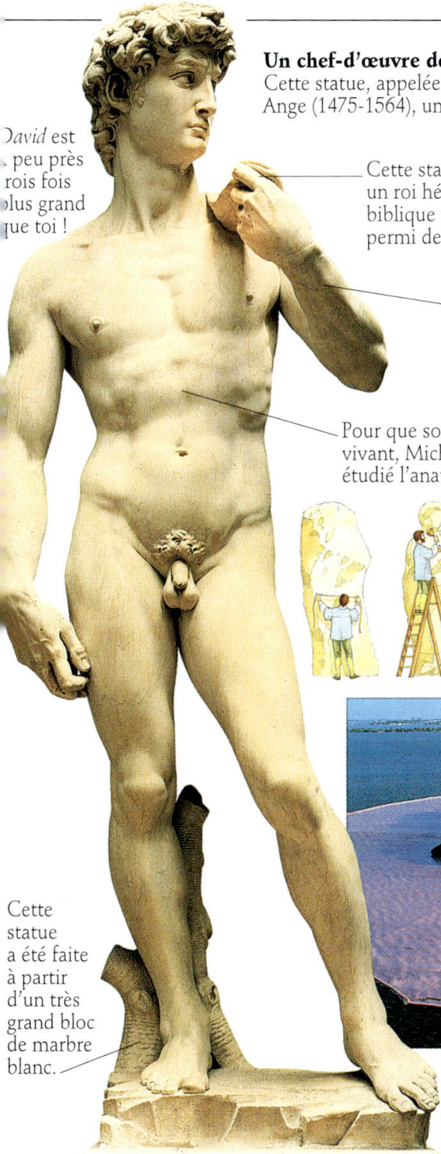

Un chef-d'œuvre de marbre
Cette statue, appelée *David*, est de Michel-Ange (1475-1564), un grand artiste italien.

)avid est
: peu près
rois fois
›lus grand
ıue toi !

Cette statue figure David, un roi hébreux. Ce personnage biblique porte la fronde qui lui a permi de tuer le géant Goliath.

Les sculpteurs préfèrent souvent le marbre à d'autres sortes de pierres car il est moins fragile.

Pour que son personnage paraisse vivant, Michel-Ange a soigneusement étudié l'anatomie humaine.

Cette statue a été faite à partir d'un très grand bloc de marbre blanc.

Visage de terre
Le sculpteur ajoute des bouts de glaise pour former le visage.

L'apparition de *David*
Michel-Ange tailla le marbre à l'aide d'un marteau et d'un ciseau de sculpteur.

© Christo 1983

Emballé !
En 1983, l'américain Christo a entouré onze îles au large de Miami avec plus de un million de m² de tissu rose flottant sur l'eau !

LA PHOTOGRAPHIE

Chaque jour, plus de deux millions de photos sont prises dans le monde. Il s'agit non seulement d'anniversaires ou de souvenirs de vacances, mais aussi de sports, de mannequins posant dans des studios ou de sujets d'actualité pris sur le vif. Quelle que soit la complexité des appareils, la plupart des photos se font suivant le même procédé, inventé en France il y a plus de 150 ans. Un appareil photo n'est qu'une boîte munie d'un trou. La lumière entre par cet orifice (l'objectif) et impressionne une surface sensible placée à l'intérieur, pour former une image.

Souriez !
Aux débuts de la photo, il fallait rester immobile pendant 20 min pour que l'image se forme et que la photo soit nette.

Clic ! Un bus fait naufrage dans le sol…

Où il faut, quand il faut
Les photographes de presse sont toujours prêts car il ne leur sera peut-être pas donné de saisir une deuxième fois un événement ou un personnage important.

Appareils photographiques

Reflex 24/36

Polaroïd

Appareil de studio de haute qualité

Appareil de plongée

Lumières, photo, ne bougez plus !
La pluie ou une mauvaise luminosité peuvent gâcher les photos prises en extérieur. Les photographes travaillent alors en studio où des photos de ce livre, par exemple, ont été prises.

LE CINÉMA

Dès le premier film qui, pourtant, était tremblotant, les gens ont aimé le monde imaginaire du cinéma. À ses débuts, celui-ci était en noir et blanc et parce qu'il était sans paroles, on le qualifia de cinéma muet. Pendant la projection, les images étaient accompagnées au piano et les spectateurs devaient lire des intertitres sur l'écran.

En 1927 sortit le premier film « parlant » : *Le Chanteur de jazz*. Des films en couleurs, comme *Le Magicien d'Oz*, apparurent dès 1939, mais ils ne devinrent courants que dans les années 1950.

Une étoile est née
Hollywood, autrefois un faubourg de Los Angeles, est devenu le centre de l'industrie cinématographique américaine dès 1920.

Une vedette du cinéma muet
Charlie Chaplin (1889-1977) fut l'une des premières vedettes de cinéma. Il a joué dans plus de 80 films. Son personnage le plus célèbre, Charlot, est un vagabond émouvant, à la démarche burlesque.

Le clap ou claquette
Le clap donne un signal visuel sur le film et acoustique sur la bande sonore. Ainsi, au montage, on synchronise le son et l'image.

L'animation des images
Un film est composé d'une série d'images fixes appelées photogrammes. Ces images défilent si rapidement qu'on a une impression de mouvement.

Les perforations maintiennent le film dans la caméra.

Photogramme

Les mille feux de l'Orient
Plus de 800 films sont produits chaque année en Inde – deux fois plus qu'à Hollywood. Les rues de Bombay et de Delhi sont bordées d'affiches bariolées annonçant ces nouveautés.

Les éclairagistes règlent les lumières afin que l'acteur ait l'air d'être à l'extérieur et non sous les spots d'un studio.

Machine à pluie

Cette montagne a été entièrement créée dans un studio.

La caméra avance sur un chariot de travelling, appelé *dolly*.

La perche est un tube au bout duquel est fixé un micro tenu si haut qu'il n'apparaît pas dans le champ de la caméra.

Le réalisateur est responsable du tournage du film.

Entre chaque prise de vues, les maquilleurs vérifient si les acteurs ont besoin d'un raccord de maquillage.

Des films pour tous

Film sentimental

Western

Film d'horreur

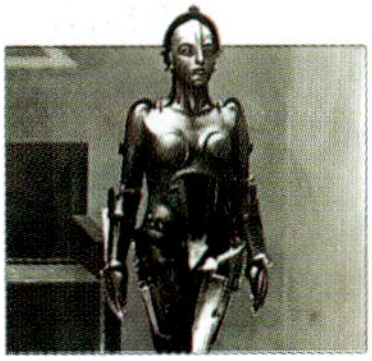

Science-fiction

LES EFFETS SPÉCIAUX

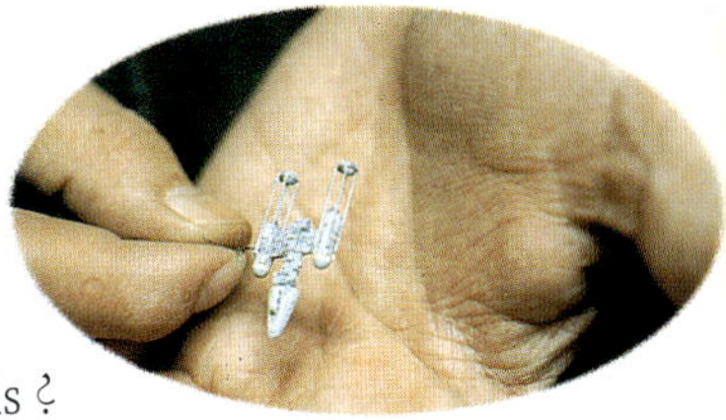

La taille n'est pas tout
Cette maquette d'un vaisseau spatial a servi dans *Le Retour du Jedi*. À l'écran, le vaisseau semblait assez grand pour transporter plusieurs personnes !

T'es-tu parfois demandé comment sont filmés les mondes extraterrestres, ou comment les acteurs survivent à des sauts mortels ? Ces scènes stupéfiantes ne sont pas réelles ; elles sont créées grâce aux effets spéciaux. Avec un tournage astucieux, un équipement spécial (des machines à vent par exemple), les réalisateurs arrivent à nous donner l'illusion de scènes authentiques. Les truquages s'emploient quand le tournage d'une action serait trop cher, trop dangereux ou tout simplement impossible !

Les lumières brillant à travers le verre ressemblent à des feux de camp.

Une machine à vent permet de simuler une douce brise ou une violente tempête.

Météo d'ambiance
Le cinéaste ne peut pas attendre que les conditions météo soient réunies pour tourner. Dans cette scène du film *Mosquito Coast*, des ventilateurs géants soulevaient les vagues qui secouaient le bateau.

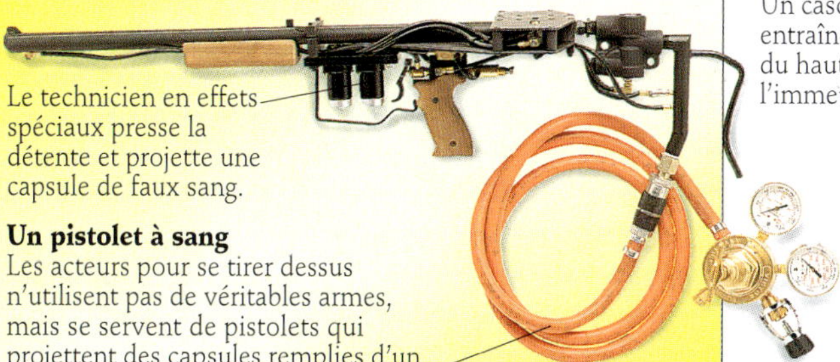

Le technicien en effets spéciaux presse la détente et projette une capsule de faux sang.

De l'air, envoyé par ce tuyau, projette la capsule de sang.

Un pistolet à sang
Les acteurs pour se tirer dessus n'utilisent pas de véritables armes, mais se servent de pistolets qui projettent des capsules remplies d'un liquide rouge. En touchant la peau, ces projectiles éclatent et nous donnent l'illusion de blessures.

Le pays de l'illusion
Ce village du *Retour du Jedi* n'a pas été bâti dans la forêt, mais il a été peint sur du verre ! De petits éléments de la peinture ont été effacés, et l'action réelle a été filmée à travers ces espaces. Une fois le film terminé, les acteurs, habillés en extraterrestres Ewoks, semblent se trouver dans le village !

Ce truquage, alliant la peinture et le cinéma, s'appelle la technique du cache.

Feu !
Lancer une bombe ne suffit pas pour produire des flammes et de la fumée. Les explosions sont très soigneusement préparées et contrôlées.

Je tombe pour vous !
Sauter d'un immeuble de plusieurs étages est difficile et dangereux ! Dans les films, seuls des spécialistes appelés cascadeurs peuvent le faire. Ils prennent la place de l'acteur (ou de l'actrice) qui est censé accomplir cette action.

Un cascadeur très entraîné saute du haut de l'immeuble.

Le public doit croire qu'il s'agit de l'acteur, le cascadeur est donc habillé comme lui.

Le cascadeur agite les bras et les jambes comme s'il était terrifié.

La caméra arrête de filmer lorsque le cascadeur est sur le point d'atteindre le sol.

Le cascadeur tourne sur lui-même pour se recevoir sur le dos.

La réception s'effectue sur un tapis pneumatique à 80 km/h !

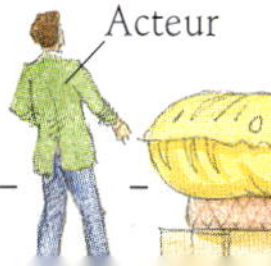

Acteur

L'AGRICULTURE ET L'ALIMENTATION

La plupart des gens achètent leur nourriture dans les magasins ou au marché. Mais c'est souvent bien plus loin qu'elle a été produite : dans une ferme à la campagne ou sur une plantation à l'autre bout du monde. Quelques-uns des aliments que nous mangeons – les fruits, les légumes frais, les noisettes et les noix – ont été récoltés de fraîche date. D'autres subissent toutes sortes de traitements avant de finir dans nos assiettes. Les graines de cacao, par exemple, dont les grosses cabosses poussent sur les cacaoyers, deviennent du délicieux chocolat. Les grains de blé sont battus pour être séparés de leur balle, puis moulus et transformés en farine. Avec la farine, on fabrique le pain, les biscuits et les pâtisseries que la plupart des gens consomment quotidiennement.

Gâteau au chocolat

Les bébés cochons s'appellent des porcelets.

Les bébés moutons s'appellent des agneaux.

Des fruits
et des légumes

On fabrique de nombreuses sortes
de fromages avec le lait.

Culture
de brocolis

Le blé et le pain

Un tracteur

LE BLÉ

Quel est le point commun entre les céréales du petit déjeuner, le pain, les gâteaux, les pâtes et le couscous ? Ces produits sont tous à base de blé, une des cultures les plus répandues dans le monde.

Le blé est l'aliment principal quotidien de 35 % de la population mondiale. Il est donc considéré comme un aliment de base. Comme l'orge, l'avoine, le seigle, le maïs, le riz, le sorgho et le millet, le blé est une céréale. Les céréales sont des herbes dont nous mangeons les graines.

La rotation des cultures
Lorsqu'on cultive la même plante sur la même parcelle, année après année, la terre s'appauvrit et des maladies et des parasites peuvent apparaître. Pour éviter cela, l'agriculteur doit changer le produit cultivé d'une année sur l'autre.

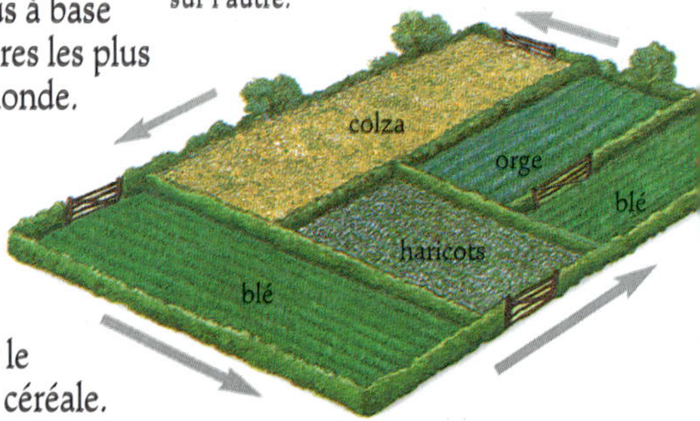

La récolte
Cette moissonneuse-batteuse fauche les céréales et sépare le grain de la paille.

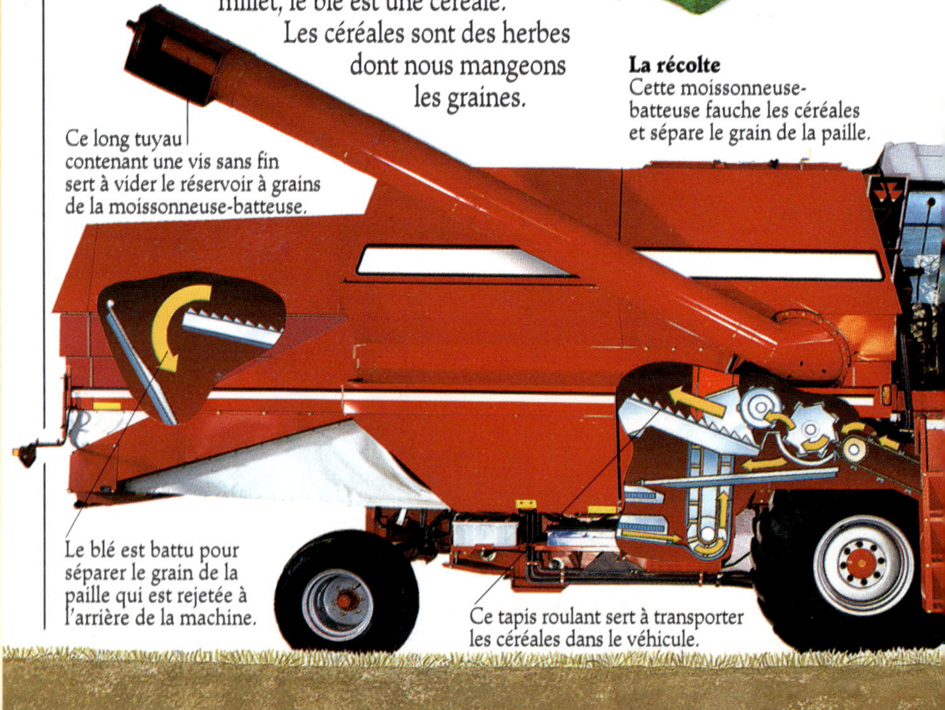

Ce long tuyau contenant une vis sans fin sert à vider le réservoir à grains de la moissonneuse-batteuse.

Le blé est battu pour séparer le grain de la paille qui est rejetée à l'arrière de la machine.

Ce tapis roulant sert à transporter les céréales dans le véhicule.

Des épis comestibles

L'avoine, l'orge et le seigle sont aussi des céréales. Ce sont des plantes à épi, avec des graines de part et d'autre de la tige. Chaque graine est protégée par une balle et à l'intérieur se trouve le germe. On peut manger le grain ou bien le moudre en farine.

Seigle

Orge

Avoine

Les produits du blé

Il est parfois difficile d'imaginer que des produits très différents contiennent tous le même ingrédient.

Germe de blé

Blé concassé

Céréales du petit déjeuner

Pâtes

L'avancée des monstres

Les champs de blé dans les prairies du Manitoba au Canada sont si vastes que plusieurs moissonneuses-batteuses travaillent côte à côte.

La cabine est climatisée pour protéger le conducteur de la chaleur, mais aussi de la poussière produite par la moisson.

Un épi de blé est composé de 40 à 60 grains. Lorsque le blé devient jaune d'or, il est mûr et prêt à être récolté.

Plein de vie

Les champs de blé abritent des mammifères, des insectes, des oiseaux et des fleurs sauvages.

Les rabatteurs poussent les céréales vers les tables de coupe qui les fauchent.

LE MAÏS

Dans de nombreux pays tropicaux ou équatoriaux, le maïs est l'aliment de base de la population. On le consomme comme légume ou bien moulu en farine. On en fait aussi de l'huile pour la cuisson ou pour l'assaisonnement de la salade. Le maïs a besoin de beaucoup de soleil. Il pousse donc dans les pays chauds, mais également sous des climats plus froids ou tempérés pourvu que l'ensoleillement soit suffisant. On distingue cependant différentes variétés de maïs selon le climat sous lequel elles sont cultivées.

Ces longs poils doux s'appellent la barbe.

La fleur en haut de la tige ressemble à un plumeau.

La tige atteint 6 m chez certaines espèces.

Le maïs est une très grande herbe.

L'épi de maïs est protégé par une enveloppe de feuilles bien serrées.

L'épi est formé de rangées de grains bien alignés. Ce sont les graines de la plante que nous mangeons.

Les courtes racines latérales se répandent à la surface du sol. Elles ancrent la haute plante au sol, comme les haubans d'une tente, et l'empêchent de tomber.

D'autres racines pénètrent profondément dans la terre pour se procurer les éléments nutritifs et l'eau dont la plante a besoin.

Insectes dévastateurs

Les criquets sont un fléau redouté dans les zones tropicales. Ils se déplacent en gigantesques nuages de plus de 50 milliards d'individus, dévorant toutes les plantes sur leur passage. Ils peuvent détruire des récoltes entières et provoquer la famine.

Mûri au soleil
Le maïs est l'aliment de base des régions les plus chaudes des continents américain et africain. Il est cultivé, à la main ou à l'aide de machines, dans de gigantesques exploitations.

Des montagnes de maïs
Après la récolte, le maïs est trié. Une partie servira à semer la prochaine récolte, une autre à la consommation humaine et le reste au bétail.

Drôle de maïs
Il existe du maïs de toutes sortes de couleurs, y compris rayé, moucheté ou tacheté.

Des graines à tout faire
La population des régions arides d'Afrique et d'Asie se nourrit essentiellement de sorgho et de millet. Ce sont des céréales qui se contentent de peu d'eau. Cette femme pile des grains de sorgho. Mélangé à de l'eau, on obtient une pâte. On en fait aussi de la farine. Quant au millet, on le met, sous forme de bouillie, dans les ragoûts ou bien on en fait un pain plat.

À base de maïs

Maïs en grain

Céréales du petit déjeuner

Tortillas

Taco

Huile de maïs

LE RIZ

Comme le maïs et le blé, le riz est un aliment de base. C'est la nourriture principale d'au moins 1,6 milliard d'individus. 90 % du riz est cultivé en Asie. La plupart des pays asiatiques consomment l'essentiel de leur récolte, alors que les États-Unis, qui produisent aussi de grandes quantités de riz, en exportent la quasi-totalité vers le reste du monde. En France, il n'existe des rizières que dans le delta du Rhône, en Camargue.

Le riz est une plante de marécage qui a ses racines dans l'eau. La tige creuse permet à l'oxygène d'atteindre les racines.

En Asie, les semailles, le repiquage des jeunes pousses et la récolte se font à la main.

Comment utilise-t-on le riz ?

La préparation des champs
Les rizières sont inondées, labourées, ratissées et aplanies. En Asie, on utilise les buffles pour le travail difficile.

Le repiquage
Les jeunes pousses sont repiquées dans les rizières. Elles sont suffisamment espacées pour pouvoir se développer aisément.

La mécanisation
Aux États-Unis, la culture du riz est très mécanisée. On prépare les champs avec des tracteurs, on sème par avion et la récolte est faite avec des machines agricoles.

Le stockage
Une fois récolté, le riz est stocké dans des bâtiments spéciaux, appelés silos, qui le préservent de l'humidité et le protègent des rongeurs affamés.

Le riz sous toutes ses formes

Biscuits au riz soufflé

Nouilles de riz

Gâteaux de riz gluant

Papier de riz

La récolte
Le riz met 3 à 6 mois à mûrir. Les champs sont alors drainés, puis les plants sont fauchés, attachés en ballots et mis à sécher.

Le vannage
On bat le riz pour séparer le grain de la paille. Les grains sont ensuite écrasés, puis tamisés pour être débarrassés de leur balle.

LES HUILES VÉGÉTALES

On fabrique de l'huile végétale avec les graines et les fruits de nombreuses plantes qui poussent aux quatre coins de la planète, des minuscules graines de sésame aux grosses noix de coco pleines de jus. On utilise l'huile pour la cuisson, pour la vinaigrette, pour la margarine. C'est avec les graines de soja qu'on produit les plus grosses quantités d'huile végétale, particulièrement aux États-Unis. En Europe de l'Ouest, c'est l'huile de colza qui est la plus utilisée.

La récolte
Les olives sont ramassées en automne lorsqu'elles sont mûres. On secoue les arbres pour les faire tomber, puis on les ramasse à la main. Elles sont ensuite triées pour être débarrassées des feuilles et des brindilles, puis emportées au pressoir.

Les oliviers sont de petits arbres mais ils sont souvent plusieurs fois centenaires. Leur tronc « ridé » est très noueux.

On plante les oliviers en rangées. Les champs d'oliviers s'appellent des oliveraies.

Fabriquer de l'huile d'olive
Les olives sont réduites en une pâte épaisse qu'on étale ensuite sur des nattes spéciales. On empile ces nattes dans le pressoir qui les comprimera doucement pour en extraire l'huile.

Des olives comestibles
On se sert des olives surtout pour faire de l'huile, mais elles se mangent aussi entières. Crues, elles sont très amères. Il faut donc les traiter, les faire fermenter et les mettre en saumure pour que ressorte leur saveur délicieuse !

On secoue les arbres pour faire tomber les olives. On se sert parfois de machines.

Chacun des longs rameaux flexibles est très fleuri et produit une trentaine de grappes de fruits.

On étale des filets au sol pour faciliter le ramassage.

Des huiles inattendues
On peut extraire de l'huile d'une grande variété de graines et de fruits.

Arachides (cacahuètes)

Graines de coton

Graines de sésame

Champ de colza

Graines de soja

L'huile de tournesol
Chaque « fleur » de tournesol est en fait composée de centaines de petites fleurs entourées d'une rangée de pétales. C'est avec les graines que l'on produit de l'huile. La récolte a lieu lorsque la fleur est fanée et qu'elle a séché. L'huile de tournesol est utilisée pour la cuisson, pour la vinaigrette et pour fabriquer de la margarine.

LES VACHES ET L'INDUSTRIE LAITIÈRE

Les vaches sont des animaux domestiques qui représentent une importante ressource alimentaire. On les élève pour leur viande, appelée « bœuf », ainsi que pour leur lait. Le lait est riche en calcium et en protéines, ce qui en fait un aliment complet et nourrissant. C'est pourquoi, dans le monde entier, les hommes élèvent des animaux producteurs de lait, lesquels ne sont d'ailleurs pas forcément des vaches. Les chèvres, les brebis, les dromadaires, les rennes et les lamas produisent aussi du lait !

Une vache produit du lait pendant dix mois de l'année, puis elle est mise au repos pendant deux mois. La traite a lieu généralement deux fois par jour.

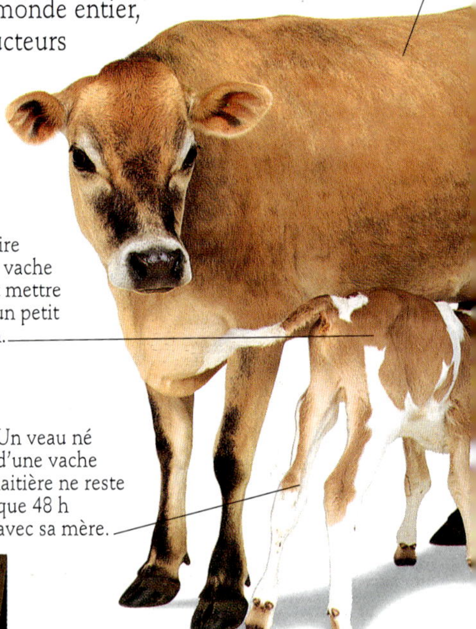

Pour produire du lait, une vache laitière doit mettre au monde un petit veau par an.

Un veau né d'une vache laitière ne reste que 48 h avec sa mère.

Du lait pour le beurre
Pour fabriquer un seul kg de beurre, il faut environ 22 l de lait ! Le résidu de liquide s'appelle du babeurre.

Du lait pour les fromages
On appelle produits laitiers, les aliments à base de lait comme le beurre, le fromage, les yaourts et la crème fraîche. Le fromage est la meilleure façon de transformer le lait en vue de le conserver de longs mois. Les fromages crémeux à pâte molle doivent être mangés rapidement, mais ceux à pâte dure se conservent des mois, voire des années.

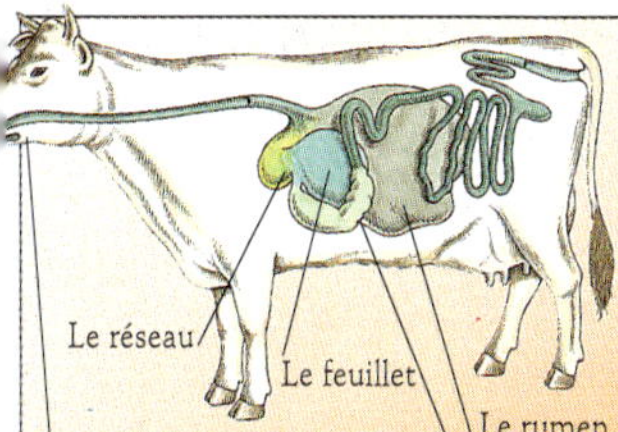

Les vaches ruminent
L'herbe, ingurgitée mais pas mâchée, descend dans la panse, le rumen et le réseau, où elle est broyée en une sorte de bouillie. La vache régurgite cette bouillie, la mâchouille puis l'avale. La bouchée descend dans le feuillet et est digérée par la caillette.

Vaches laitières

Holstein Friesian

Jersiaise

Vaches bouchères

Hereford

Charolaise

Laitière et bouchère

Simmental

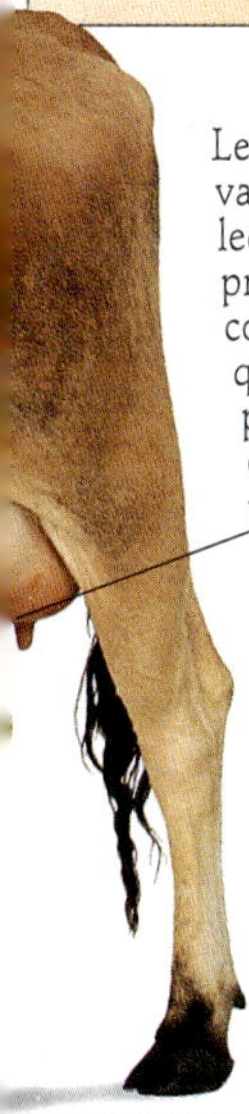

Le pis de la vache dans lequel est produit le lait comporte quatre parties qui ont chacune un trayon.

La salle à traire
Pour traire les vaches, on fixe des trayeuses électriques sur les trayons. Elles aspirent le lait en pressant doucement comme le ferait un veau. La plupart des vaches produisent une quinzaine de litres de lait par jour.

L'élevage pour la viande
Pour la viande, on choisit des espèces massives. C'est en Amérique du Nord et du Sud qu'on trouve les plus grands élevages de bœufs pour la boucherie. Le bétail peut brouter à loisir dans les vastes espaces et grossir ainsi jusqu'à son départ pour l'abattoir.

LE MOUTON

Les moutons sont élevés pour la viande, les produits laitiers et la laine. Il existe plus de 200 sortes de moutons adaptées à des régions très diverses : chaudes et sèches, froides et humides, en plaine ou en montagne. L'endroit où est élevé le mouton influe sur la qualité de la viande et de la laine. Ainsi, les moutons de prés-salés, au bord de la mer, ont une chair réputée.

Une journée de travail
Un tondeur expérimenté peut tondre beaucoup de moutons en une journée. Il va de ferme en ferme pour tondre les bêtes.

Le tondeur utilise des tondeuses à main ou électriques.

La tonte des moutons s'effectue au printemps et au début de l'été, lorsqu'ils n'ont plus besoin de cette toison pour se protéger du froid.

La toison est transformée en laine pour le tricot et pour la fabrication de tapis et de tissus. On l'utilise aussi parfois pour garnir les matelas.

Les produits issus du mouton
Le mouton nous fournit en yaourts et fromages, ainsi qu'en laine pour confectionner des vêtements. La laine contient une matière grasse appelée la lanoline utilisée pour la fabrication de pommades et de crèmes pour les mains.

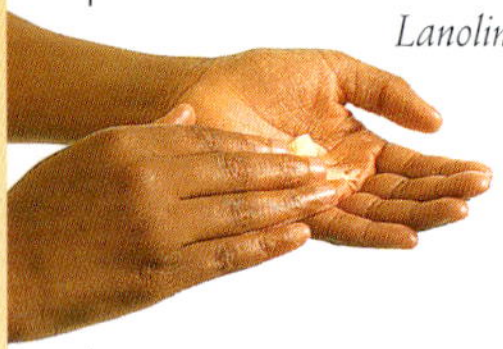

Lanoline

Yaourt

Fromage

Lait

Pour réaliser ce chandail, il faut la laine d'une toison moyenne.

On tond le mouton de façon à obtenir la toison en une seule pièce.

Le bain

Les moutons passent dans un bain désinfectant pour se débarrasser des parasites et des maladies.

Maman !

Un agneau rejeté par sa mère ou orphelin est nourri au biberon par le berger, à moins qu'il ne soit adopté par une autre brebis.

Les chiens au travail

Les chiens rassemblent les troupeaux et guident leurs déplacements. Ils le font naturellement, mais ce travail demande quand même un dressage pour apprendre les instructions. Comme les moutons sont des animaux craintifs, les chiens courent aplatis dans l'herbe pour ne pas les effrayer.

Le rouet

Pour fabriquer de la laine à tricoter ou à tisser, il faut tresser plusieurs brins ensemble afin d'obtenir un long fil de laine. Dans le passé, on filait la laine à la main au moyen d'un rouet. Plus tard, les hommes fixèrent le rouet à une roue, ce qui permit de filer plus rapidement. Aujourd'hui les filatures sont industrielles.

Moutons domestiques

Suffolk

Wensleydale

Karakul

Écossais, face noire

Mouton sauvage

Mouflon

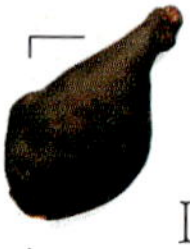

LES COCHONS

Les cochons domestiques sont élevés pour leur viande, surtout en Chine, où l'on trouve les plus grosses espèces du monde. En porcherie, ils sont nourris aux céréales, aux pommes de terre, aux farines de poisson et au lait écrémé. Élevés pour la reproduction, ils vivent en plein air. Ils sont nourris par l'éleveur, mais ils cherchent aussi leur nourriture eux-mêmes. Ils aiment les vers de terre, les escargots, les racines et les plantes.

Duroc

La boue, quel délice !
Malgré leur réputation, les cochons ne sont pas des animaux sales. Comme ils ne suent pas, ils se vautrent dans la boue pour se rafraîchir lorsqu'il fait chaud.

La truie est la femelle du porc.

Chaque fois qu'ils ont faim, les porcelets se dirigent vers la même tétine. À 6 semaines, ils sont sevrés.

Avant de mettre bas, la truie confectionne un « nid ». Dans la porcherie, elle gratte la paille pour en faire un tas. Dans un champ, elle tapisse un creux de feuilles et de paille.

Élevage intensif
Lorsqu'ils sont séparés de leur mère, les porcelets sont mis en porcherie. Cela permet de les soigner et de les protéger du froid. Ils reçoivent un régime alimentaire spécial et, comme ils ne peuvent pas se dépenser, ils grossissent.

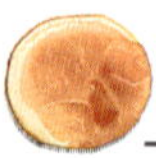

La parade des cochons

Landrace

British saddleback

Piétrain

Cochon vietnamien

Les cochons domestiques n'ont que quelques poils, mais pas de fourrure. Il arrive alors que les cochons roses prennent des coups de soleil. Les noirs sont protégés par leur peau foncée.

Le dernier-né d'une portée de porcelets est souvent le plus petit et le plus faible, et il ne parvient pas toujours à survivre.

Une truie met au monde généralement 10 à 12 porcelets par portée. Il lui arrive d'avoir plus de deux portées par an.

Les produits à base de porc
La viande de cochon, le porc, sert à fabriquer quantité de préparations épicées et d'aliments, dont les saucisses et toutes sortes de jambons.

Un travail de détective
L'odorat des cochons est très développé et ils déterrent leur nourriture avec le groin. En France, on les utilise pour récolter des truffes, difficiles à déceler car elles poussent à 30 cm sous terre.

Les truffes sont une variété de champignon.

LES AGRUMES

Les agrumes sont une des plus importantes cultures de fruits dans le monde, la troisième après le raisin et la banane. Les oranges, les citrons et les satsumas, une variété de mandarines, appartiennent à cette famille. Les agrumes poussent en général dans les régions tropicales et subtropicales d'Amérique, dans les pays méditerranéens et en Australie.

Le tangelo est un hybride de mandarine, d'orange et de pamplemousse.

La chair du pamplemousse blanc est jaune pâle.

Les citrons, comme les autres agrumes, sont riches en minéraux et en vitamines, notamment en vitamine C.

Les mandarines ressemblent à des petites oranges très douces avec quelques petits pépins.

La peau des citrons verts est fine et leur jus est acide.

Un oranger produit un millier d'oranges par an.

Combattre le gel

Les agrumes ont besoin d'un climat idéal : du soleil pour qu'ils soient bien sucrés et du froid pour l'acidité. Mais leur pire ennemi est le gel qui tue le fruit. Les exploitations modernes sont donc équipées de ventilateurs et de chauffages adaptés aux vergers en cas de gel.

Des chauffages spéciaux protègent les arbres contre le gel.

Une protection parfaite

Les agrumes se composent de couches superposées. Au centre, la chair juteuse est riche en vitamine C. Vient ensuite la peau, une couche fibreuse blanche qui enveloppe la chair. Et enfin l'écorce, couche de protection extérieure.

Écorce résistante

Chair

Peau

La chair de ce pamplemousse est rose et bien sucrée.

Très juteuses, les oranges navels sont généralement dépourvues de pépins.

Comme les satsumas et les mandarines, les clémentines sont faciles à peler.

Les kumquats se mangent en entier, peau comprise.

Les satsumas ressemblent aux mandarines mais elles sont sans pépins.

Croisement

En mélangeant le pollen des fleurs de différents agrumes, on peut fabriquer de nouvelles variétés de fruits. Le limequat, par exemple, est un hybride de citron vert et de kumquat.

Fruits juteux

Ces oranges, triées et conditionnées sont vendues pour être mangées. Les oranges destinées à devenir du jus sont transformées en pulpe. La pulpe est congelée pour faciliter le transport dans le monde entier.

Il vaut mieux presser des oranges fraîches soi-même : le jus est meilleur.

LE RAISIN

Il existe deux sortes de raisins : le blanc et le noir. En réalité, ils sont respectivement vert clair et rouge foncé. Le raisin est délicieux à manger tel quel, mais il conserve toute sa saveur lorsqu'il est séché. La plupart du raisin cultivé dans le monde sert à produire du vin. Les plants s'appellent des vignes et sont cultivés en rangées dans les vignobles. La vigne nécessite beaucoup de soins tout au long de l'année et la production d'une bonne bouteille de vin demande beaucoup de travail et de métier.

De la pluie pour gonfler et du soleil pour mûrir

Les grandes feuilles de vigne protègent les grappes de raisin des rayons trop directs du soleil ainsi que de la pluie battante.

La taille
Les vignes sont souvent taillées, à la main, pour donner quelques branches robustes plutôt que des ramifications nombreuses mais faibles.

Vin... aigre
Le vin rouge et le vin blanc peuvent être transformés en vinaigre. Pour cela, il faut faire fermenter le vin avec des levures spéciales. On peut aussi fabriquer du vinaigre avec d'autres liquides, comme le cidre ou le malt. Le vinaigre donne du goût aux aliments et sert également à les conserver.

De la vigne au vin
On écrase et presse les raisins, puis on les mélange à de la levure et du sucre : c'est la fermentation. Le jus est ensuite filtré et versé dans des cuves stockées au frais afin que les arômes du vin se développent.

Raisins

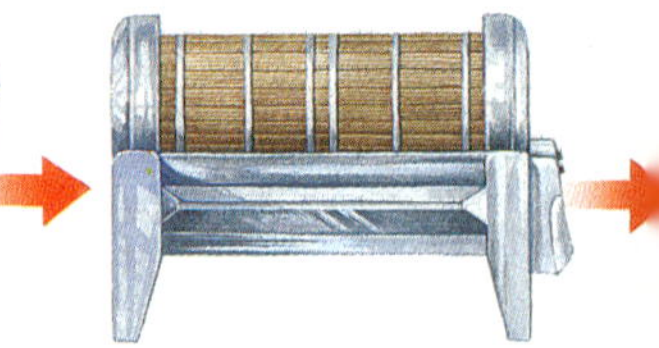

Pressoir

La peau de raisin est naturellement recouverte d'une sorte de levure qui favorise la transformation du jus de raisin en vin.

Le raisin noir donne du vin rouge ou du vin blanc. Pour le vin rouge, on laisse la peau sombre dans le mélange.

Le raisin pousse en grappes serrées.

Raisins secs
Les raisins destinés à être séchés doivent être sans pépins et très sucrés car c'est leur propre sucre qui sert de conservateur. Ils sèchent au soleil ou au four. Les raisins de Smyrne sont des raisins blancs séchés. Les raisins secs et ceux de Corinthe, plus petits, sont des raisins noirs.

Raisins de Corinthe

Raisins secs

Raisins de Smyrne

Vendanges mécanisées
Aujourd'hui, le raisin est le plus souvent vendangé avec des machines agricoles. Pour les cépages particuliers destinés aux très bons vins, le raisin est cueilli à la main avec beaucoup de soin.

De profondes racines
La nature du sol influe sur l'arôme du vin. Mais certains des meilleurs vins proviennent de terres pauvres : la longueur des racines permet d'aller chercher très profondément les éléments nutritifs et l'eau dont la vigne a besoin.

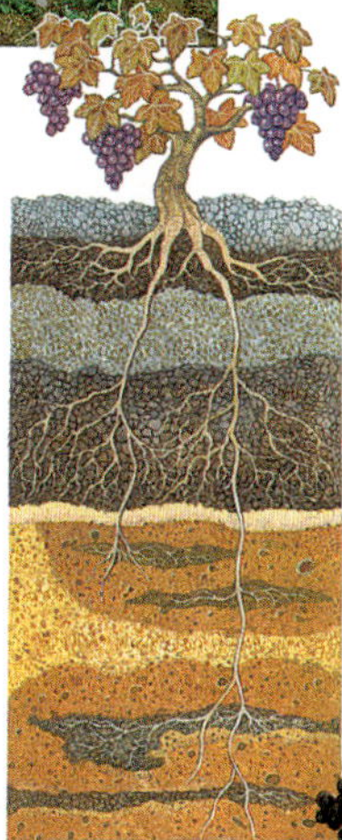

Tonneaux

Vin

LES LÉGUMES EN TERRE

Certaines plantes sont cultivées non pour leurs feuilles mais pour la partie qui se développe dans la terre. Les carottes, navets, radis et panais sont de grosses racines ; on les appelle d'ailleurs des légumes-racines. Les pommes de terre sont des tubercules, c'est-à-dire la partie renflée des racines. Les oignons aussi poussent sous terre, mais c'est le bulbe de la plante que nous mangeons.

Venue d'Amérique du Sud, la pomme de terre n'a vraiment été adoptée en Europe qu'à partir du XIXe siècle. Depuis, elle connaît un vif succès et nous la mangeons cuisinée de diverses manières : sautée, frite ou bien encore en purée…

Les fleurs produisent des graines qui pourraient servir de semence, mais on utilise plutôt des pommes de terre germées.

L'agriculture naturelle
Des agriculteurs utilisent des engrais chimiques et des pesticides, mais d'autres leur préfèrent des produits naturels. Ils choisissent des engrais comme le fumier et se servent d'agents de lutte biologique, comme les coccinelles, qui s'attaquent aux mouches et aux larves. Ce type d'agriculture, dite biologique, réduit l'utilisation de produits chimiques dans la nature.

Les climats frais conviennent aux plants de pommes de terre, mais ils ne supportent pas le gel.

Chaque plant produit 15 à 20 tubercules.

Divers tubercules
Il existe des tubercules de toutes sortes et de toutes tailles.

Patate douce

Manioc

Igname

Taro

Les récoltes
Les pommes de terre sont mûres à l'automne et des machines agricoles spéciales tirées par des tracteurs les arrachent délicatement du sol.

Lorsque les feuilles fanent en hiver, l'agriculteur est averti que les pommes de terre sont prêtes pour la récolte.

Des bulbes délicieux
Les bulbes, l'oignon par exemple, ne sont pas des racines. Ils sont faits de couches de pelures bien serrées. Les poireaux, l'ail, les échalotes et la ciboule appartiennent tous à la même famille et parfument agréablement les autres aliments.

Ail

Échalote

Oignon

LÉGUMES DE SERRES

Dans les pays froids, la chaleur n'est généralement pas suffisante pour faire pousser des légumes fragiles ou des légumes exotiques. Grâce à des serres spéciales, en verre ou en plastique transparent, on peut cultiver presque toutes les plantes car la température intérieure est réglable. En Islande, une île de l'Atlantique nord, grâce à l'eau chaude d'origine volcanique, on a pu installer de vastes serres où peuvent mûrir des bananes. Les serres sont utiles aussi dans les pays chauds. L'agriculteur n'a alors pas besoin de suivre les saisons, il peut cultiver toute l'année les légumes d'été qui ne se conservent pas.

Culture assistée par ordinateur
Les plants de tomates sont fragiles et cette serre, où la température est contrôlée par ordinateur, est un endroit idéal pour les cultiver. Les tomates sont ramassées à la main et sont de très bonne qualité.

Une serre naturelle
Les déserts sont les endroits les plus chauds de la planète. Mais avec un apport d'eau suffisant, cette chaleur peut être intelligemment exploitée : on peut créer des jardins très fertiles, comme ce verger en Jordanie.

Douches intégrées
Ces jeunes plants de poivrons doux sont arrosés au moyen de conduits aériens. Il faut aussi vaporiser les cultures de serres pour les protéger des parasites et des moïsissures qui prolifèrent dans les atmosphères humides et chaudes.

Plants de laitue
Les graines germent grâce à la chaleur et à la protection de la serre. Il existe des serres très grandes, parfois de la taille d'un demi-terrain de football.

Jardins aquatiques
Certains légumes peuvent pousser sans terre. Les plantes sont délicatement soutenues et alimentées en eau enrichie en éléments nutritifs. C'est ce que l'on appelle la culture hydroponique.

Cette matière ne nourrit pas les plantes mais les soutient.

De l'eau enrichie en éléments nutritifs coule le long des racines.

Légumes variés
Ces légumes qui ont normalement besoin de beaucoup de soleil se cultivent en serre dans des climats plus froids.

Concombres

Haricots verts

Aubergine

Les jointures des portes doivent être bien ajustées pour éviter les courants d'air.

Les côtés de la serre sont transparents pour laisser pénétrer le plus de lumière possible.

Cette serre ne fonctionne qu'à la chaleur naturelle, mais il en existe avec des chauffages spéciaux.

On peut ouvrir ces panneaux s'il fait trop chaud dans la serre.

Gombo

Courgette

Piments rouge et vert

LE CAFÉ, LE THÉ ET LE CACAO

Le café, le thé et le cacao sont des boissons traditionnelles dans de très nombreux pays. Avec le cacao, on fait aussi du chocolat. Le café et le cacao poussent sous les tropiques où on les cultive dans de gigantesques plantations mais aussi dans de petites fermes. Le thé, lui, est cultivé dans de grandes exploitations tropicales et subtropicales. Des millions de gens travaillent à la production de ces cultures. Le café, le thé et le cacao sont très importants pour les pays producteurs car ce sont des « cultures-devises ». Cela signifie qu'elles sont exploitées pour l'exportation et non pour la consommation intérieure.

Cueillette parcimonieuse
Le thé est récolté sur des arbres à feuilles persistantes. Pour faciliter la cueillette, on les taille en buisson. Les meilleurs thés sont faits avec les bourgeons et les deux premières feuilles de chaque pousse. Un cueilleur expérimenté récolte en une journée une quantité suffisante de feuilles pour faire 3 500 tasses de thé !

Thé vert

Thé noir

Traitement spécial
On peut faire du thé vert ou du thé noir. Pour le thé vert, les feuilles sont séchées, chauffées et écrasées ; pour le thé noir, elles sont séchées, écrasées, fermentées et à nouveau séchées.

Un caféier produit environ 2 000 fruits par an. Pour faire 1 kg de café torréfié, il en faut le double.

Les fruits s'appellent des cerises en raison de leur couleur et de leur taille.

À l'intérieur de chaque fruit, il y a deux fèves vertes. Elles deviennent brunes lors de la torréfaction.

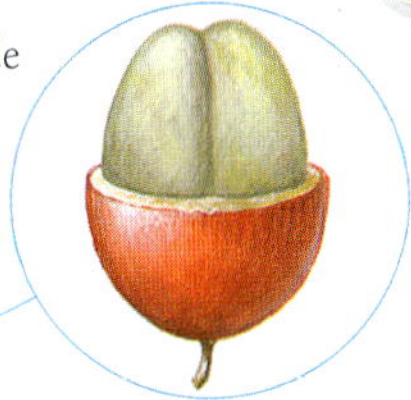

La récolte de café a lieu deux fois par an.

Les arbres sont taillés pour qu'ils ne dépassent pas 3 m de haut.

Au début, les fruits sont verts. Puis, ils deviennent rouge vif. C'est alors qu'ils sont prêts pour la récolte.

Le fruit mûr est cueilli à la main ou bien on secoue le caféier pour que les cerises tombent sur la bâche étendue au sol. Certaines exploitations utilisent des machines à cueillir.

Bien chargées !
Les cabosses de cacao poussent directement sur le tronc du cacaoyer ou bien sur ses branches.

La peau de la cabosse est épaisse.

Chaque cabosse contient de 20 à 50 fèves de cacao.

La cabosse atteint 38 cm de long, la taille d'un ballon de rugby.

LE SUCRE

La plupart des gens aiment le sucre. Près de 100 millions de tonnes sont produites chaque année. La moitié est extraite de la canne à sucre cultivée sur de grandes plantations au Brésil, à Cuba, en Inde, en Chine, en Australie, au Mexique, aux Philippines, en Thaïlande et aux États-Unis. Le reste vient de la betterave à sucre, un légume qui pousse sous des climats plus froids en Europe, aux États-Unis, au Canada, en Chine et au Japon.

Méfiez-vous !
Les plantations de canne à sucre abritent le serpent surucucu dont la morsure est mortelle et des araignées mangeuses d'oiseaux.

La canne est coupée à ras du sol car le sucre est concentré en bas de la tige.

Après la récolte, les souches saines donneront de nouvelles cannes.

La canne à sucre
La canne à sucre est une plante tropicale. Elle a besoin de beaucoup de soleil et de beaucoup de pluie.

La canne à sucre est une graminée très haute.

Le sucre se trouve dans la tige, sous forme de pulpe dure.

La tige de la canne mûre mesure 5 cm de diamètre.

La betterave à sucre
La betterave à sucre est un légume-racine qui ressemble à un panais géant. Elle pousse dans des régions où l'été est chaud et l'hiver est frais ou froid.

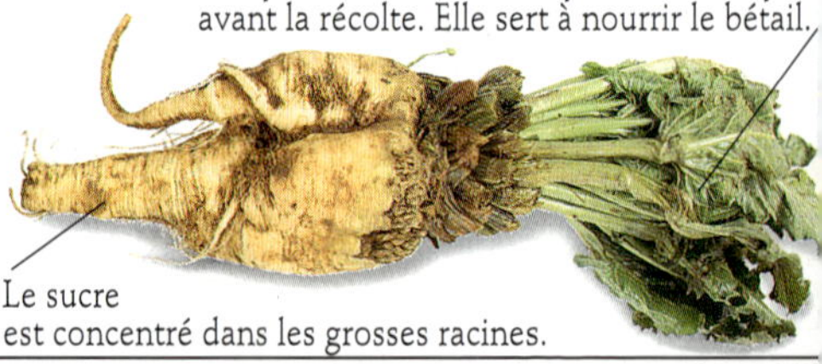

La partie aérienne de la plante est coupée avant la récolte. Elle sert à nourrir le bétail.

Le sucre est concentré dans les grosses racines.

La fabrication du sucre
C'est dans les sucreries que le sucre est extrait de la canne ou de la betterave, puis lavé et bouilli. Il en sort un sirop qui se transforme en cristaux bruns. Pour obtenir du sucre blanc, on le raffine.

Différents sucres
Il existe des sucres de couleurs différentes et dont les cristaux sont de tailles variées.

Sucre cristallisé

Cassonade

Sucre brun

Mélasse

Le sirop d'érable
Le sirop d'érable est fait à partir de la sève de l'érable à sucre ou de l'érable noir. On creuse un trou dans le tronc en hiver lorsque l'arbre est dormant. Lors du dégel, on récolte dans des seaux la sève qui coule des blessures. Ce sirop est produit au Canada.

LES PEUPLES DU MONDE

Les hommes, à travers le monde, ont tous les mêmes besoins et des activités semblables : ils construisent des maisons, s'habillent, se nourrissent et s'amusent. Pourtant, chaque pays a une langue et des coutumes particulières, qui varient considérablement d'un endroit à l'autre.

Sais-tu, par exemple, qu'en Espagne il existe une fête où les gens s'amusent à se lancer des tomates ? Sais-tu que la langue chinoise possède 50 000 caractères écrits ? Sais-tu qu'au Danemark il y a un parc d'attractions construit uniquement avec des briques de Lego ?

Connaître d'autres modes de vie nous enrichit et nous aide à comprendre des personnes très différentes de nous. Cela permet de mieux nous entendre avec elles.

Enfant inuit vivant dans le nord du Canada

Bijoux africains

La tour Eiffel, à Paris

Enfant indonésien assis sur un buffle

Tam-tam du Nigeria

Hors-d'œuvre italien

Marché aux légumes au Guatemala

Le palais de Buckingham, à Londres, en Angleterre

Sac tissé du Pérou

Charmeur de serpents indien

LES RÉGIONS ARCTIQUES ET ANTARCTIQUES

Les Inuit vivent dans les terres gelées de la zone polaire arctique dans le nord des continents européen, américain et asiatique. Depuis des générations, ils ont inventé les moyens de survivre dans cet environnement hostile, aux conditions climatiques rigoureuses. Mais aucun peuple n'a pu s'installer à l'extrême sud de notre planète. L'Antarctique est la région la plus froide et la plus ventée du monde. Cet immense continent, balayé par des tempêtes de vent et de neige, connaît des températures qui descendent jusqu'à - 89 °C.

Une ville glaciale
Mourmansk est une ville de Russie, située à 200 km au nord du cercle polaire arctique. C'est la ville la plus nordique. Il y fait nuit entre novembre et mi-janvier, car le soleil ne s'y lève pas à cette époque de l'année.

Les maisons du Grand Nord
Autrefois, les Inuit vivaient en nomades, de la chasse et de la pêche. Ils construisaient des abris temporaires, les igloos, faits de blocs de glace et de neige. De nos jours, la plupart vivent dans des maisons de bois et travaillent dans des usines de conserves de poisson ou pour des compagnies minières.

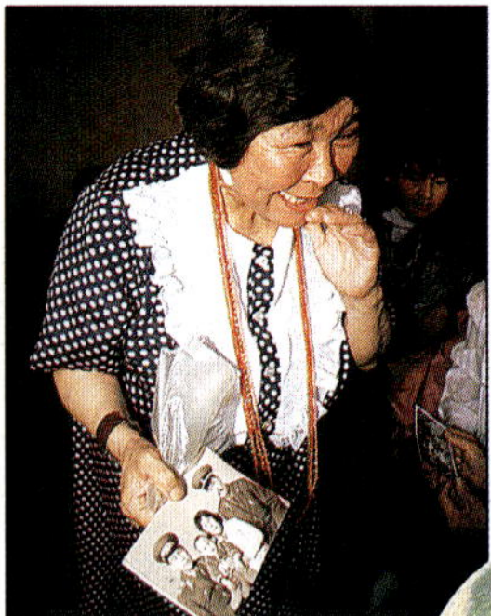

Perdus de vue
Pour des raisons politiques, les Inuit se trouvant de part et d'autre du détroit de Béring, entre l'Asie et l'Amérique, n'avaient pas le droit de se voir. Désormais, ils peuvent se rendre visite.

Les nouveaux traîneaux
Aujourd'hui, les Inuit utilisent des véhicules motorisés, appelés motoneiges. Ces engins sont plus rapides que les traîneaux tirés par des chiens, qui ont longtemps été leur unique moyen de transport.

Les vêtements chauds sont vitaux dans les régions arctiques.

Le détroit de Béring est un étroit bras de mer qui sépare l'Asie de l'Amérique du Nord.

L'Arctique

Antarctique

Un terrain pour la science
Seuls des scientifiques habitent en Antarctique. Ils viennent du monde entier pour étudier l'effet de l'énorme couche de glace de ce continent sur les variations climatiques de la planète ou pour observer le comportement des êtres vivant dans ces conditions extrêmes.

Ce savant mesure la densité de la neige de l'Antarctique.

Ce manchot empereur vit en Antarctique. Il n'y a pas de manchots en Arctique.

Explorer l'inconnu
L'Antarctique fut le dernier continent à être exploré. La première expédition vers le pôle Sud eut lieu en 1911. Dirigée par le Norvégien Roald Amundsen, elle fut couronnée de succès. En revanche, l'expédition britannique, dirigée par le capitaine Scott, se termina par un désastre : toute l'équipe mourut gelée sur le chemin du retour.

Une catastrophe
L'extraction du pétrole est l'une des principales ressources de l'Alaska. En 1989, un pétrolier américain s'échoua au large de cet État des États-Unis, causant l'un des plus grands désastres écologiques : plus de 2 000 km du littoral de l'Alaska furent souillés par le pétrole.

Un pare-brise protège les passagers des morsures du vent.

Les patins placés à l'avant de la motoneige répartissent le poids du véhicule pour l'empêcher de s'enfoncer dans la neige molle.

LE CANADA

Le Canada est immense. Un voyage de 8 000 km, de la côte est à la côte ouest de ce pays, sur l'autoroute la plus longue du monde, permet de traverser de magnifiques paysages. 30 millions de personnes y habitent, ce qui est peu pour un territoire aussi vaste. Pour la plupart, les Canadiens résident dans les villes situées dans le sud du pays, près de la frontière avec les États-Unis, là où le climat est le plus clément.

Totem dressé devant une maison indienne

Ces sculptures représentent les biens de la famille.

Vive le Québec !
Québec, la capitale de la « belle province », est la ville la plus ancienne du Canada et la seule cité fortifiée d'Amérique du Nord. De nombreux monuments et bâtiments sont de style français.

Les animaux symbolisent des ancêtres de la famille.

Le pays du bois
La moitié des 4 millions de km² de la forêt canadienne sert à l'exploitation du bois. Mais, sur la côte ouest, de vastes étendues boisées disparaissent. On demande alors maintenant aux exploitants de ralentir la déforestation et de reboiser.

Un mât totémique
Les Indiens de Colombie-Britannique, sur la côte ouest du Canada, sculptaient des troncs d'arbres pour en faire de hauts totems représentant des scènes de la vie des chefs.

On utilise des machines modernes pour abattre les conifères géants.

Canada

Une victoire inuit

Les Inuit vivent dans les régions septentrionales du Canada depuis des millénaires. Ils ont pu obtenir que le gouvernement canadien leur rende le contrôle d'une partie de leurs terres d'origine. Ce nouveau territoire, appelé le Nunavut, est peuplé de 17 500 Inuit.

Qui est à l'appareil ?

La première liaison téléphonique à longue distance eut lieu au Canada en 1876. Puis ce pays fut le premier à créer un réseau de télécommunications par satellites, évitant ainsi l'isolement de nombreux villages.

Bilinguisme

Le Canada a deux langues officielles, l'anglais et le français. Les premiers colons furent les Français, suivis par les Anglais. Aujourd'hui, la majorité des Canadiens parlent anglais, mais le français est la langue officielle du Québec, la plus grande province du Canada.

Sports d'hiver

L'hiver canadien est très rude. Aussi, les habitants apprécient particulièrement le patinage et le hockey sur glace, sports nationaux. Certains inondent leur jardin pour le transformer en patinoire.

Un remorqueur tire les grumes sur le fleuve. Le bois est acheminé par voie fluviale quand il n'y a pas de routes forestières.

Le bois est conduit vers une scierie située au bord du fleuve. Là, il est débité en planches ou transformé en pâte à papier.

LES ÉTATS-UNIS

Les États-Unis sont un État fédéral, c'est-à-dire une seule nation composée de plusieurs États (50 en tout) et formée d'un mélange de cultures et de traditions. En à peu près 500 ans, 60 millions d'immigrants, venus de toutes les régions du monde mais surtout d'Europe, se sont établis dans ce vaste pays. La plupart de ces nouveaux habitants sont arrivés par New York. Leurs descendants font maintenant partie d'une population qui compte plus de 270 millions d'habitants. Les États-Unis sont aujourd'hui la première puissance économique du monde.

« La Liberté éclairant le monde »
La statue de la Liberté a accueilli les nombreux immigrants arrivant par bateau aux États-Unis. Placée à l'entrée du port de New York, cette sculpture gigantesque symbolise la liberté. Elle fut offerte par la France en 1884, pour célébrer le 100e anniversaire de l'indépendance des États-Unis.

Multilinguisme
La plupart des Américains sont d'origine étrangère. Si quatre habitants sur cinq parlent anglais, un grand nombre s'expriment aussi dans d'autres langues européennes ou asiatiques.

Les trois quarts de la population américaine vivent dans des villes. Voici une vue de San Francisco, située sur la côte Ouest dans l'État de Californie.

États-Unis

Tissu de coton très solide (denim)

Une invention lucrative

Le blue-jean fut inventé par un Américain, Levi Strauss, en 1874. Depuis lors, son succès ne s'est pas démenti. Aujourd'hui, l'industrie du jean rapporte des millions de dollars à l'économie américaine.

Le pays des voitures

Les États-Unis étant immenses, les Américains doivent souvent prendre leur voiture pour rendre visite à leur famille ou à leurs amis. Les grosses automobiles laissent de plus en plus la place à des véhicules moins imposants, moins polluants et plus économiques.

Beaucoup d'Américains habitent en banlieue, mais il est facile de prendre sa voiture ou de faire ses courses dans un centre commercial.

On cultive plus de blé aux États-Unis que partout ailleurs dans le monde. Mais seulement 3 % de la population active travaille dans l'agriculture. Les fermes sont très mécanisées.

Les Indiens d'Amérique

De nombreux Indiens d'Amérique tâchent de garder leurs traditions et leurs coutumes tout en vivant avec leur temps. Mais il est difficile pour eux de s'intégrer à la société américaine.

Antigua-et-Barbuda

Bahamas

Barbade

L'AMÉRIQUE CENTRALE ET LES ANTILLES

L'Amérique centrale se compose de sept pays formant une bande étroite entre les Amériques du Nord et du Sud. Comme le long chapelet d'îles qui forme les Antilles, l'Amérique centrale est entourée par l'océan. Aujourd'hui, la splendide mer des Antilles (dite aussi des Caraïbes), avec ses plages ensoleillées, attire de nombreux touristes. C'est dans cette région, il y a 500 ans, que sont arrivés par l'Océan des visiteurs moins appréciés par les populations locales : les premiers colons européens, parmi lesquels Christophe Colomb en 1492.

Le temps du carnaval
Les Antilles sont réputées pour leurs carnavals. Pendant deux jours et deux nuits, juste avant le carême, des danseurs costumés paradent dans les rues.

Artisanat maya
Plus de la moitié des Guatémaltèques sont des Amérindiens. Ils font vivre la tradition de l'artisanat de leurs ancêtres, les Mayas, qui vivaient il y a plus de 1 000 ans.

Métier à tisser horizontal

L'extrémité est attachée à un arbre.

Il est souvent possible de dire de quel village est la tisserande d'après les motifs de son tissu.

Le métier à tisser est maintenu tendu par une sangle passant dans le dos de la tisserande.

Belize

Costa Rica

Cuba

Dominique

République dominicaine

Salvador

Grenade

Guatemala

La cité de la pollution
À Mexico, la pollution créée par les quatre millions de voitures et par l'industrie atteint parfois des niveaux dangereux : les montagnes environnantes empêchent l'air pollué de se dissiper.

Le jour des Morts
Le 1er novembre, au Mexique, a lieu une fête en mémoire des défunts, appelée jour des Morts. À cette occasion, les familles pique-niquent près des tombes et, à la nuit tombée, allument des bougies pour guider les défunts qui reviennent cette nuit-là.

Un souvenir sucré de la fête

Métissage
De nombreux Antillais descendent d'esclaves noirs déportés d'Afrique par les planteurs de canne à sucre. Après l'abolition de l'esclavage, au XIXe siècle, un grand nombre d'Indiens s'établirent aux Antilles.

Une vie souvent difficile
L'Amérique centrale a connu bien des révolutions et des guerres. Ses habitants souffrent également des catastrophes naturelles comme les éruptions volcaniques, les tremblements de terre et les cyclones.

Des temples imposants
Il y a plus de 1 000 ans, les Mayas édifièrent des temples dont les vestiges se trouvent au Mexique. L'invasion des Espagnols, au XVIe siècle, anéantit la société et la culture mayas.

Haïti

Honduras

Jamaïque

Mexique

Nicaragua

Panama

Saint Kitts et Nevis

Sainte-Lucie

Saint-Vincent-et-les Grenadines

Trinité-et-Tobago

Quelques Antillais
Plus de 50 peuples sont représentés aux Antilles. En voici quelques-uns.

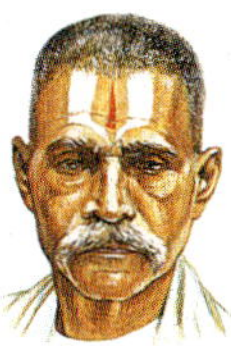
Indien

Arawak

Afro-Antillais

Européen

Argentine

Bolivie

Brésil

Chili

L'AMÉRIQUE DU SUD

Presque tous les Sud-Américains sont catholiques. Au Brésil, une immense statue du Christ domine Rio de Janeiro, témoignant de trois siècles de présence espagnole et portugaise, au cours desquels les premiers habitants de l'Amérique du Sud ont failli disparaître. De nos jours, la plupart des Sud-Américains parlent l'espagnol ou le portugais. L'industrialisation se développe dans cette partie du continent américain, mais cela n'empêche pas que beaucoup de gens soient très pauvres.

Richesse et pauvreté
São Paulo, au Brésil, est la plus grande ville industrielle d'Amérique du Sud. Le centre de cette métropole est prospère et ultramoderne. Des paysans pauvres des régions environnantes y affluent pour trouver du travail.

Au galop !
La pampa est une immense prairie s'étendant dans le nord et le centre de l'Argentine. Là paissent d'importants troupeaux de bovins gardés par des cow-boys, appelés gauchos. Ces derniers sont, pour la plupart, des descendants des colons européens en Amérique du Sud.

Gauchos du nord-ouest de l'Argentine, portant le chapeau et le foulard espagnols traditionnels

De grandes jambières en cuir, évasées et rigides, portées sur le pantalon, protègent les gauchos contre les chardons géants quand ils sont à cheval dans la pampa.

Lourde cravache de cuir

Colombie Équateur Guyana Paraguay Pérou Surinam Uruguay Venezuela

Les gauchos sont très fiers de leurs chevaux. Ils travaillent dans des ranchs appelés *estancias*.

L'épais poncho sert de couverture la nuit. Il permet aussi de se défendre, dans une bagarre.

Machu Picchu et La Paz
Les Sud-Américains ont toujours eu l'art de construire des villes perchées dans les montagnes. Les ruines de Machu Picchu se trouvent à 2 045 m d'altitude, dans les Andes, au Pérou. Cette cité inca fut construite il y a plus de 500 ans.

La Paz, en Bolivie, est la capitale la plus haute du monde. Elle se situe à 3 658 m au-dessus du niveau de la mer. Ses rues sont toutes en pente et l'altitude est si importante que ses visiteurs ont parfois du mal à respirer car l'air y est raréfié.

Les Yanomami
En 1991, la tribu des Yanomami a été réinstallée dans une région de la forêt pluviale du Brésil. Mais les chercheurs d'or ont envahi leur terre et introduit des maladies qui ont décimé une grande partie de cette population indigène.

Les Américains du Sud
L'Amérique du Sud est un vaste continent où cohabite un large éventail de peuples.

Amérindien des montagnes

Amérindien des plaines

Sud-Américain d'origine africaine

Métis d'origine européenne et indienne

Algérie · Bénin · Burkina · Cameroun · Iles du Cap-Vert · République centrafricaine · Tchad · République de Djibouti

L'AFRIQUE DU NORD ET DE L'OUEST

Les pyramides et les trésors de l'ancienne Égypte sont partout connus et appréciés. La culture et les arts restent très importants en Afrique du Nord. Diverses traditions musicales et artistiques sont transmises de génération en génération dans les familles africaines.

Les Berbères
La plupart des Nord-Africains sont musulmans. Au Maroc et en Algérie, une personne sur cinq est berbère. Les Berbères vivent dans cette région depuis la préhistoire.

Ce tambour donne des sons graves, les basses.

Musique africaine
Les rythmes africains ont influencé le jazz et le blues. Ces rythmes restent un élément important de la musique populaire africaine. Les joueurs de tambour représentés ici viennent du Ghana, en Afrique de l'Ouest.

La famine
La croissance de la population en Afrique est la plus forte du monde, et les moyens de l'agriculture locale ne permettent pas de nourrir suffisamment la population. Même lors de bonnes récoltes, 150 millions d'Africains souffrent de malnutrition. Ces enfants du Sahel, région qui borde le sud du désert du Sahara, risquent de mourir de faim.

Égypte

Éthiopie

Gambie

Ghana

Guinée

Guinée-Bissau

Côte d'Ivoire

Liberia

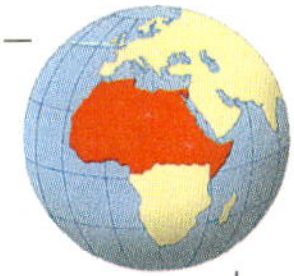

Les villes grandissent
La plupart des Africains vivent à la campagne, mais de plus en plus de jeunes cherchent du travail dans les grandes villes. Lagos, au Nigeria, est la ville d'Afrique qui se développe le plus rapidement.

Le pays du chocolat
La Côte d'Ivoire est le plus grand producteur de cacao au monde. Un cinquième des terres cultivées sont plantées de cacaoyers pour fabriquer notre chocolat.

Ces joueurs de tambour portent des costumes dagbans (nord du Ghana).

Le tambour le plus petit est un tam-tam. Plus la peau est tendue, plus le son est aigu.

Une longue tradition artistique
Les artisanats africains traditionnels sont la sculpture sur bois, le tissage et la fabrication de bijoux.

Sculpture nigériane en bois

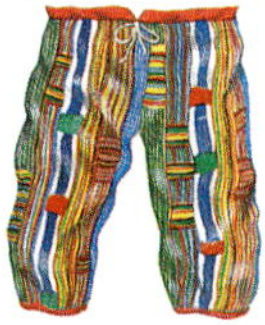
Pantalon ghanéen fait de bandelettes de couleur

Bracelet malien en bronze

Bijou algérien en émail et argent

Bracelet de cuivre et boucles d'oreilles du Soudan

Libye

Mali

Mauritanie

Maroc

Niger

Nigeria

Sénégal

Sierra Leone

Somalie

Soudan

Togo

Tunisie

Angola

L'AFRIQUE CENTRALE ET AUSTRALE

En Afrique méridionale cohabitent de nombreux peuples, et la nature y est souvent somptueuse. Le Kenya a connu les premières réserves naturelles, créées pour protéger la faune et la flore. Aujourd'hui, ces parcs attirent de nombreux touristes. Sous la pression de la modernisation, des peuples, comme les Bochimans du Kalahari (Botswana), ont dû renoncer à une partie de leurs mœurs ancestrales.

Un nouveau départ
Les Bochimans ont été refoulés dans le désert du Kalahari. Pendant près de 20 000 ans, ils ont vécu de chasse et de cueillette. Très peu d'entre eux chassent encore, et la plupart travaillent maintenant dans des fermes ou dans les villes des environs.

Un peuple en mouvement
Seuls quelques groupes de Bochimans chassent encore dans le désert du Kalahari, tandis que leurs femmes cueillent des fruits ou récoltent des racines.

Aujourd'hui, la plupart des Bochimans ont abandonné leur vie nomade.

Sur la terre des Bochimans se sont installées des exploitations agricoles ou des réserves naturelles.

Botswana

Burundi

Comores

Congo

Guinée équatoriale

Gabon

Kenya

Lesotho

Madagascar

Le jour du marché

Souvent, les Africaines vont vendre au marché le surplus des légumes de la ferme familiale. Les marchés villageois sont très vivants. Les amies s'y retrouvent pour échanger les dernières nouvelles.

Sur le chemin de l'école

Les enfants habitent souvent très loin de leur école. Un car les conduit sur une partie de leur trajet, et ils effectuent le reste du chemin à pied.

Noirs et Blancs

En 1948, le gouvernement blanc d'Afrique du Sud vota des lois d'apartheid (ségrégation) très injustes pour les Noirs. L'African National Congress combattit ce système, et son chef, Nelson Mandela, fut emprisonné pendant 26 ans. Libéré en 1990, il devint en 1994 le premier président noir de l'Afrique du Sud.

L'expansion des Zoulous

Il y a deux siècles, les Zoulous étaient un clan de quelques centaines d'individus, mais ils s'unirent avec d'autres clans pour former une grande nation. C'est désormais une force politique importante en Afrique du Sud.

Une tribu blanche

Cette famille afrikaner habite une ferme d'Afrique du Sud, près de la frontière du Zimbabwe. Ses membres descendent des colons néerlandais qui arrivèrent d'Europe à partir de 1652. Comme leurs ancêtres, les Afrikaners sont privilégiés dans bien des aspects de la vie sud-africaine.

Malawi

Maurice

Mozambique

Namibie

Rwanda

São Tomé et Príncipe

Afrique du Sud

Swaziland

Tanzanie

Ouganda

Congo (Zaïre)

Zambie

Zimbabwe

LE MOYEN-ORIENT

Certains pays du Moyen-Orient se sont beaucoup enrichis grâce à leurs importants gisements de pétrole, et de gigantesques raffineries sont apparues dans leurs paysages. Cependant d'autres industries se sont implantées pour garantir leur puissance économique quand le pétrole viendra à manquer. Les Moyen-Orientaux se sont toujours montrés très inventifs. Dans l'Antiquité, leurs civilisations sont à l'origine de nos techniques agricoles et artisanales et des trois grandes religions monothéistes.

Un bazar turc
Au Moyen-Orient, nombreux sont ceux qui font leurs courses dans les marchés et les bazars. Ce marchand du grand bazar d'Istanbul, en Turquie, propose une foule d'objets en cuivre.

Des survivants du désert
Cette famille habite en bordure du désert, dans l'État d'Oman. Elle fait partie d'un groupe d'Arabes nomades appelés Bédouins. Pendant 4 000 ans, ces chameliers ont vécu dans les régions les plus chaudes du Moyen-Orient, conduisant leurs troupeaux vers les points d'eau et les pâturages.

Les Bédouines s'habillent avec discrétion. Elles portent le voile et de longues robes noires.

Les jeunes filles bédouines portent des vêtements de couleur et des bijoux en argent et en or.

En voiture...
La plupart des familles bédouines possèdent une camionnette qui remplace quelquefois le dromadaire. Celui-ci reste précieux : un méhari (dromadaire dressé pour la course) se vend plusieurs milliers de francs.

La vie dans un kibboutz

En Israël ont été créés des kibboutz, des exploitations communautaires. Des familles juives y travaillent et partagent la production.

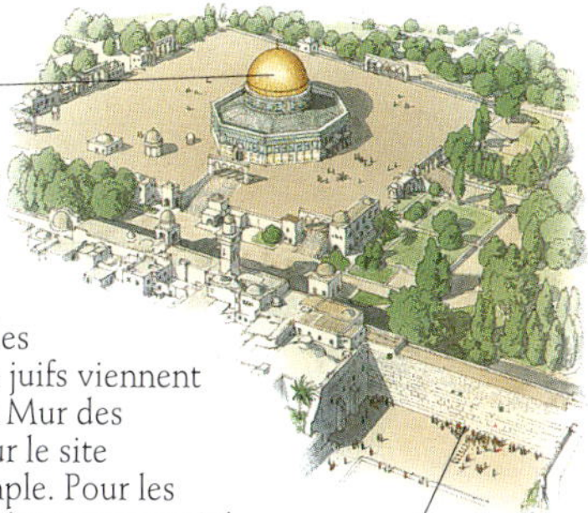

Le Dôme du Rocher

Le Mur des lamentations

La cité de la foi

Jérusalem est une ville sainte pour les juifs, les chrétiens et les musulmans. Les juifs viennent prier au pied du Mur des lamentations, sur le site de l'Ancien Temple. Pour les chrétiens, le Christ est ressuscité dans cette ville. Pour les musulmans, le Dôme du Rocher marque l'endroit où Mahomet rejoignit le Créateur.

Ce poignard d'argent est un signe de pouvoir et de richesse.

Le blanc réfléchit la lumière du soleil et ne tient donc pas trop chaud.

Les Bédouins, hommes et garçons, portent le *keffieh*, coiffure qui les protège du soleil. En juin, dans le désert omanais, il peut faire 45 °C à l'ombre.

Le grand pèlerinage musulman

Tout musulman doit effectuer, au moins une fois dans sa vie, le *hadj*, pèlerinage à La Mecque, en Arabie Saoudite. Les pèlerins se rendent dans la Grande Mosquée pour accomplir sept fois le tour de la Kaaba, édifice dans lequel est scellée la Pierre noire, apportée, selon le Coran, à Abraham par l'ange Gabriel.

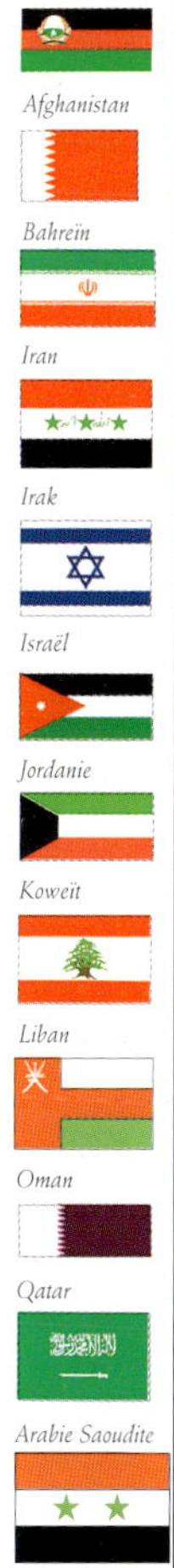

Afghanistan

Bahreïn

Iran

Irak

Israël

Jordanie

Koweït

Liban

Oman

Qatar

Arabie Saoudite

Syrie

Yémen

Émirats arabes unis

Turquie

LA SCANDINAVIE

La Scandinavie est le nom donné aux pays du nord de l'Europe. C'est une péninsule qui s'avance dans l'Atlantique, bordée à l'est par la mer Baltique qui est quasi fermée. Là-bas, les hivers sont très rudes, car les régions situées le plus au nord se trouvent à l'intérieur du cercle polaire arctique. Les Scandinaves profitent du climat pour pratiquer le ski nordique et le patinage de vitesse. Le ski de fond, inventé en Norvège, est pratique pour se déplacer rapidement quand tout est recouvert de neige.

Une population citadine
La plupart des Scandinaves vivent dans les villes du sud de leur pays, où le climat est plus doux. À peu près un quart des Danois habitent la capitale, Copenhague.

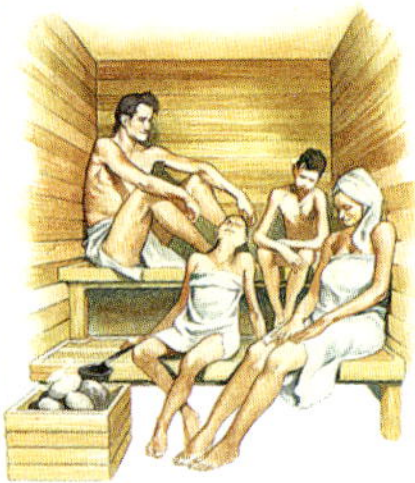

Chaud et froid
Le sauna est un bain de vapeur sèche. Celle-ci est produite par des pierres brûlantes que l'on asperge d'eau. Ce bain a été inventé en Finlande il y a plus de 1 000 ans. Après un sauna, on prend une douche froide ou l'on se roule dans la neige !

Maisons de vacances
Les Scandinaves ont un niveau de vie élevé. Certains d'entre eux peuvent se permettre d'acheter ou de louer une résidence secondaire à la montagne, dans la forêt ou au bord de la mer, où ils passent leurs week-ends et l'été.

La nuit en plein jour
Il est midi et le nord de la Scandinavie est dans le noir ! En hiver, l'inclinaison de la Terre empêche la lumière du soleil d'atteindre les pays situés très au nord. Les jours raccourcissent jusqu'à ce qu'il fasse complètement noir.

Le pays du soleil de minuit
En plein été, l'inclinaison de la Terre permet aux pays nordiques de recevoir la lumière du soleil plus longtemps que sous nos latitudes. Dans le nord de la Scandinavie, il ne fait jamais nuit au milieu de l'été.

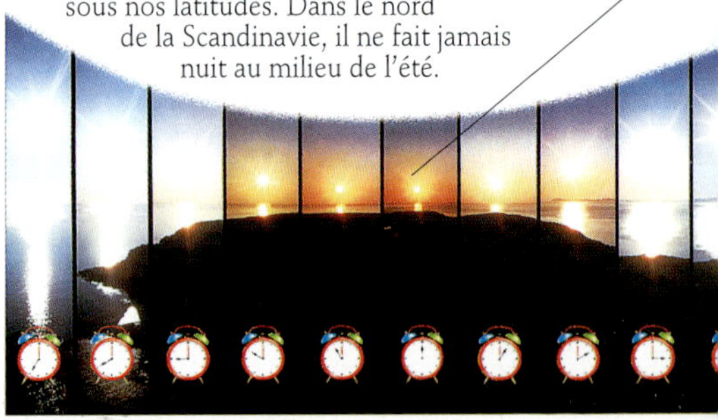

Il fait encore jour à minuit car le soleil ne s'est pas couché.

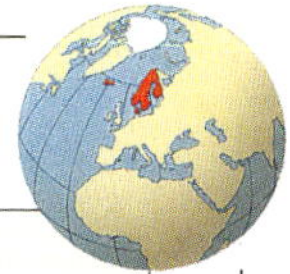

Seuls dans le froid

Traditionnellement, les Sâmes sont des nomades qui vivent dans le nord de la Scandinavie, la Laponie, avec leurs troupeaux de rennes. Il est de plus en plus difficile de gagner sa vie de cette manière ; aussi de nombreux jeunes Sâmes préfèrent-ils s'installer pour devenir pêcheurs ou fermiers.

Legoland

Le Danemark est la patrie du Lego, un jeu de construction. Un parc d'attractions a même été entièrement construit en briques de Lego, près de Billund. Ce lieu attire aujourd'hui de nombreux touristes.

Girafe en Lego

La géothermie

Les Islandais se baignent dans une eau chaude venue des profondeurs de la Terre. Cette eau sert aussi à produire de l'électricité et à chauffer des maisons.

À 7 h du matin, le soleil est déjà très haut dans le ciel.

À midi, le soleil chauffe ; il est au plus haut dans le ciel.

À 18 h, la soirée éclairée par le soleil ne fait que commencer.

LES ÎLES BRITANNIQUES

La république d'Irlande est un pays indépendant, avec son propre gouvernement et ses traditions. L'Angleterre, l'Écosse, le pays de Galles et l'Irlande du Nord forment le Royaume-Uni. Ses habitants ont su conserver de nombreux monuments historiques et leurs coutumes, tout en restant ouverts aux changements. C'est pourquoi la société britannique est pluriculturelle, c'est-à-dire que de nombreux étrangers ont pu s'y intégrer.

Que d'eau !
Les Britanniques ont créé leurs premières stations balnéaires dès la fin du XVIIIe siècle Aujourd'hui, ils préfèrent passer leurs vacances à l'étranger : ils on plus de chances d'y trouver le beau temps !

La démocratie
Le palais de Westminster, à Londres, est le foyer de la démocratie britannique depuis 1512. Le parti politique qui a le plus grand nombre d'élus forme le gouvernement. Les députés, appelés MPs (Members of Parliament), sont élus lors des élections législatives.

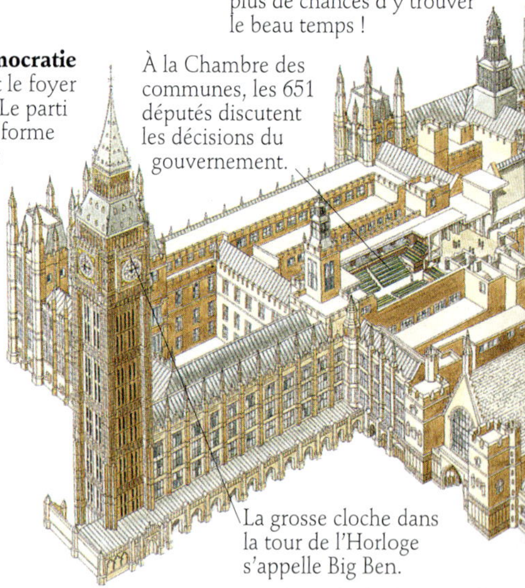

À la Chambre des communes, les 651 députés discutent les décisions du gouvernement.

La grosse cloche dans la tour de l'Horloge s'appelle Big Ben.

Traditions anglaises
Les dimanches après-midi d'été, dans de nombreux villages anglais, a lieu un match de cricket, jeu de balle inventé en Angleterre. Ce match est presque toujours suivi d'une autre tradition anglaise, le thé de cinq heures !

La nuit de Guy Fawkes
À la suite d'un complot organisé pour faire sauter le palais de Westminster, en 1605, Guy Fawkes, le chef, fut jugé et exécuté. Depuis lors, le 5 novembre, les Anglais célèbrent la nuit dite de Guy Fawkes. Ils fabriquent des mannequins de paille, les *guys*, qu'ils brûlent en de grands feux de joie suivis de feux d'artifice.

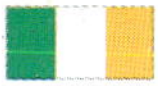

République d'Irlande

Royaume-Uni

L'été à Édimbourg

Tous les ans, au mois d'août, a lieu un grand festival artistique à Édimbourg, la capitale de l'Écosse. Ce festival est une occasion pour les artistes amateurs de se produire. Il accueille aussi les meilleurs musiciens, des troupes de théâtre et des artistes renommés.

Folklore celtique

La musique folklorique est très populaire en Irlande, où les chanteurs s'accompagnent à l'accordéon. Cette île a également vu fleurir des chanteurs pop renommés. Ils écrivent souvent leurs chansons en gaélique, qui est la langue originelle des Irlandais.

Les projets de lois sont l'objet de débats à la Chambre des lords.

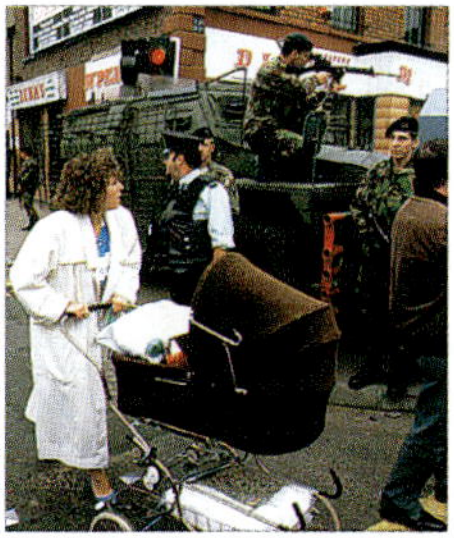

Une communauté divisée

L'Irlande du Nord fait partie du Royaume-Uni, mais elle est divisée par des questions religieuses. Après des années de violence, un gouvernement autonome a été constitué. Il vise à assurer la cohabitation entre la majorité protestante, qui désire rester sous l'autorité britannique, et la minorité catholique, qui veut faire partie de l'Irlande.

Orgueil national

Les Gallois sont fiers de leur culture et célèbrent volontiers leurs fêtes nationales. Saint David est le patron du pays de Galles et, le jour de sa fête, les enfants vont à l'école vêtus du costume gallois traditionnel.

Le poireau est l'emblème du pays de Galles.

LA FRANCE ET LE BENELUX

Le Benelux est l'union monétaire et douanière de la Belgique, des Pays-Bas et du Luxembourg. Dans ces trois pays, l'absence de montagne est propice au développement d'une agriculture très mécanisée et industrialisée. Comme ces pays, dont elle est voisine, la France a un sol très fertile et l'agriculture y est une source de richesses importante. Comme le Benelux, elle est aussi une nation commercialement prospère avec de grands ports qui reçoivent des marchandises du monde entier. La réputation de la France tient surtout à sa gastronomie, et à ses chefs cuisiniers, renommés dans le monde entier pour leur savoir-faire et leur cuisine raffinée.

Cette élégante tenue a été créée par Christian Lacroix, un grand couturier français.

Le rêve européen
L'Union européenne, dont le parlement est à Bruxelles, en Belgique, et aussi à Strasbourg, en France, regroupe quinze pays européens depuis décembre 1998.

La capitale de la mode
Paris, capitale de la France, est le cœur de la mode. À chaque saison ont lieu des défilés au cours desquels des couturiers présentent leurs nouvelles collections.

Le chocolat : un secret
En Belgique, beaucoup de chocolatiers tiennent leurs recettes secrètes, pour ne pas être copiés.

Liqueur

Café

Menthe

Nougat

Noix et amandes

La ville aux canaux
Amsterdam, la capitale des Pays-Bas, est traversée de canaux qui servaient autrefois au commerce et au transport. Par tradition, les Néerlandais se déplacent dans leurs villes à bicyclette.

Terre et mer
Autrefois, près de la moitié des Pays-Bas était recouverte par la mer. Au cours des siècles, les Néerlandais ont gagné de nouvelles terres sur la mer en les asséchant par un système de canaux, de digues et de remblais. Ces terres (polders) sont maintenant couvertes de cultures ou de patûrages.

Belgique France Luxembourg Monaco Pays-Bas

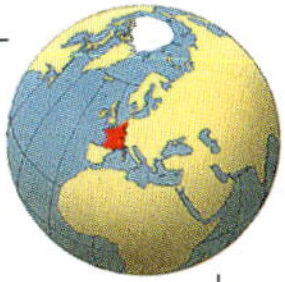

Le pays du vin

Dans les terroirs français s'élaborent des crus qui ont chacun leur caractère. Ci-dessus, une vigne de la vallée du Rhône, dans le Sud-Est, où les raisins mûrissent au soleil. Ils sont ensuite vendangés et mis à fermenter dans des cuves.

Petit mais riche

Le Luxembourg est un minuscule pays niché entre la France, la Belgique et l'Allemagne. Ses habitants ont un niveau de vie particulièrement élevé, car le pays est un centre financier très important.

Une cuisine réputée

Les Français aiment faire la cuisine avec des produits frais qu'ils choisissent avec attention, n'hésitant pas, quand c'est possible, à les goûter avant de les acheter.

La clientèle est attirée par des étalages bien présentés.

En France, beaucoup de magasins ne vendent qu'une catégorie de produits, mais le choix est large.

Le pain français, croustillant et savoureux, s'achète tous les jours car il est encore meilleur quand il est frais.

L'ESPAGNE ET LE PORTUGAL

Ces deux pays jouissent d'un climat chaud et ensoleillé, et de longues côtes. Chaque été, en Espagne, le ciel bleu et les plages de sable du littoral méditerranéen attirent les vacanciers européens par millions. Quant à l'océan Atlantique, il est aussi source de richesses. En effet, la pêche est l'industrie principale du Portugal et de la côte atlantique espagnole.

Les Espagnols peuvent faire du scooter dès l'âge de 14 ans.

La passion du deux-roues
Les jeunes Espagnols, surtout ceux de Valence et les Catalans, se passionnent pour le scooter. Le soir, ils se rassemblent pour comparer leurs engins et organiser des courses.

Ce scooter atteint la vitesse de 95 km/h.

Viva la « fiesta » !
Certaines fêtes ont un caractère religieux, tandis que d'autres ne sont qu'amusement. Une des fêtes les plus salissantes a lieu à Bunyols, dans la région de Valence. Les villageois se lancent des tomates, en souvenir du jour où un camion en a renversé un chargement sur la place du village.

Une marée de touristes
La Méditerranée attire de très nombreux touristes. En 1990, ils étaient 170 millions à fréquenter les côtes de l'Europe du Sud. Chaque année, sur le littoral espagnol, la population double par la venue des estivants en quête de plages ensoleillées.

Andorre

Portugal

Espagne

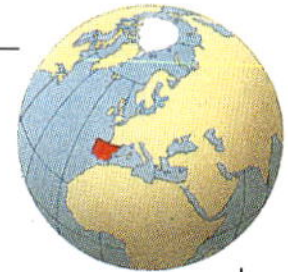

Olives et agrumes

Ces paysans portugais cultivent des oranges, des citrons et des olives. Les orangeraies, qui produisent des fruits juteux et sucrés, sont un paysage habituel dans la campagne ensoleillée du Sud-Ouest portugais.

La ville aux sept collines

Lisbonne, au Portugal, est la plus petite capitale d'Europe. Elle est bâtie sur sept collines escarpées. D'anciens tramways sillonnent les rues en pente de cette ville pleine de charme.

La danse du feu

Les Andalous ont hérité des Gitans le flamenco, dont l'origine est très ancienne. Cette musique populaire, chantée et dansée, est très appréciée dans toute l'Espagne. Les enfants, heureux de revêtir les costumes colorés du flamenco, l'apprennent dès leur plus jeune âge.

La première communion

La plupart des Espagnols sont catholiques. Le catéchisme est enseigné aux enfants dès qu'ils ont 7 ou 8 ans, et à 10 ans ils sont prêts à faire leur première communion. Cette cérémonie, qui est un événement religieux et social, est très important pour toute la famille.

La gastronomie de différentes régions espagnoles :

Gaspacho : soupe froide andalouse (épices, pain, tomates, concombres)

Cocido : pot-au-feu de Castille et d'Estrémadure

Zarzuela de pescado : ragoût de fruits de mer de Catalogne

Paella : riz, poulet, fruits de mer, poissons

Beignets : une friandise appréciée dans toute l'Espagne

LA GRÈCE ET L'ITALIE

La Grèce et l'Italie se trouvent dans le sud de l'Europe, où la température, les îles et le littoral méditerranéen attirent les vacanciers par millions. Les touristes viennent aussi visiter les splendides monuments de l'Antiquité gréco-romaine que ces deux pays ont su conserver au fil des siècles. Cependant, de nombreux sites archéologiques mériteraient d'être rapidement restaurés.

Défilé de prêtres
Les prêtres orthodoxes grecs (ci-dessus), à la différence des prêtres catholiques, ont le droit de se marier. Ils jouent un rôle important et jouissent du respect de leurs fidèles.

Au café
Loin de l'agitation des grandes villes, la vie dans les petits villages grecs et italiens s'écoule tranquillement. Chacun fait la sieste après le déjeuner et, le soir, quand il fait moins chaud, les hommes se retrouvent au café pour boire un verre et bavarder.

La pollution industrielle et les gaz d'échappement des voitures abîment la pierre.

Certaines parties du Parthénon sont si dégradées qu'il faut les restaurer, voire les remplacer.

Les nombreux touristes ont usé les marches du Parthénon.

Un temple menacé
Le Parthénon, à Athènes, construit, il y a 2 500 ans, en l'honneur d'Athéna, la déesse grecque de la Sagesse, est maintenant détérioré par la pollution et le piétinement des visiteurs.

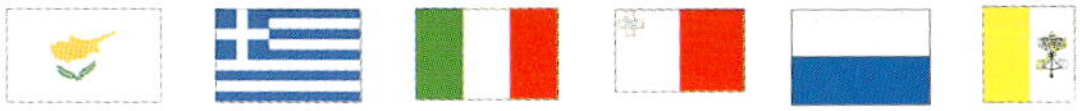

Chypre Grèce Italie Malte Saint-Marin Vatican

La cité du pape
Le pape est le chef de l'Église catholique romaine. Il habite le minuscule État de la cité du Vatican, qui se trouve dans Rome. Comme tout État, celui du Vatican a ses propres lois, sa police et ses services postaux.

Voitures italiennes
L'usine Fiat, à Turin, dans le nord de l'Italie, est l'une des plus grandes productrices d'automobiles du monde. Elle emploie plus de 140 000 personnes pour fabriquer plus d'un million et demi de voitures par an.

Des pâtes, des pâtes...
On fabrique plus de sortes de pâtes en Italie que partout ailleurs dans le monde. Elles sont faites de farine, d'œufs, d'huile et de sel. La pâte est aplatie au rouleau, puis découpée et mise à cuire.

Spaghetti à la bolonaise

Ces hautes arcades réduisent le poids de ce palais vénitien.

Les fondations, en brique, reposent sur des pilotis profondément enfoncés dans la vase.

J'ai deux amours...
Les Italiens aiment beaucoup le football et l'opéra. La Coupe du monde de foot a eu lieu dans leur pays en 1990, et Luciano Pavarotti, le célèbre ténor italien, a chanté lors d'un concert donné pour célébrer cet événement important.

Une cité qui s'enfonce
Venise est bâtie sur un groupe d'îlots dans une lagune de la côte adriatique, en Italie. Cette cité flottante, célèbre pour ses canaux, s'enfonce lentement. La pollution et le contact permanent avec l'eau endommagent les monuments.

L'ALLEMAGNE, L'AUTRICHE ET LA SUISSE

Les habitants de l'Allemagne, de l'Autriche et de la Suisse, pays situés au cœur de l'Europe, ont en commun le goût pour les plats du terroir, pour une boisson, la bière, et pour les fêtes traditionnelles. Ils parlent majoritairement une même langue, l'allemand. L'Allemagne est une grande puissance économique. Après des années de séparation pour des raisons politiques, l'Allemagne de l'Est s'est unie à celle de l'Ouest, en 1990, pour former de nouveau une seule et grande nation.

En novembre 1989, la suppression du mur qui divisait Berlin en deux depuis 1961 a donné lieu à de grandes réjouissances.

Un château de rêve
Neuschwanstein est perché dans les Alpes bavaroises, dans le sud de l'Allemagne. Ce château, vieux seulement de un siècle, fut édifié par un roi un peu fou, Louis II de Bavière.

Ses tourelles lui donnent l'allure d'un château de conte de fées.

Louis II de Bavière mourut en 1886 avant que son château ne soit achevé.

Ce château est un haut lieu touristique.

Première rentrée
Les Allemands vont en classe dès 6 ans, après avoir fréquenté la maternelle pendant trois ans. Quand ils rentrent à l'école primaire, on leur offre un grand cornet rempli de tout le nécessaire pour travailler : cahiers, crayons, mais aussi des bonbons…

Autriche Allemagne Liechtenstein Suisse

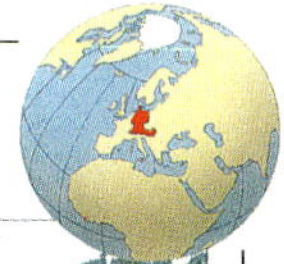

Ils descendent de la montagne
En août se fête le retour des vaches de l'alpage. Cet événement a pour nom l'*Einabtrieb*. D'ordinaire, les vaches sont ornées de couleurs vives. Mais si l'on déplore la mort de quelqu'un, les décorations sont noires.

Vacances à la neige
Chaque année, des millions de skieurs se rendent dans les stations de sports d'hiver suisses ou autrichiennes. Des personnes craignent que cet afflux et les installations abîment les paysages. Mais le tourisme hivernal procure argent et emplois à ces deux pays.

Une belle viennoiserie
Un Autrichien sur cinq habite Vienne, capitale de l'Autriche, qui fut le centre de l'Empire austro-hongrois. Vienne abrite de nombreuses organisations dépendant des Nations unies (ONU).

Une très grande roue
La Riesenrad, à Vienne, est l'une des grandes roues les plus impressionnantes du monde. Elle mesure 61 m de diamètre et tourne lentement, à la vitesse de 75 cm/s.

Le sommet de la roue est à environ 65 m du sol.

Chaque nacelle accueille jusqu'à 12 passagers.

Un pays et quatre langues
La Suisse a une frontière commune avec l'Allemagne, l'Autriche, le Liechtenstein, la France et l'Italie. On y parle le français, l'allemand, l'italien et le romanche. La majorité des Suisses s'exprime en allemand, mais beaucoup parlent au moins deux langues.

L'EUROPE CENTRALE ET ORIENTALE

Au fil des siècles, les pays du centre et de l'est de l'Europe ont subi des invasions successives. Aujourd'hui y cohabitent des peuples de cultures et de religions différentes. À la fin des années 1990, l'effondrement du communisme et la dissolution de l'URSS, qui contrôlait cette région depuis 1945, a marqué la libération de ces pays, mais aussi a ravivé des tensions anciennes entre les diverses populations habitant cette partie du monde. De nouveaux pays sont nés, dont la République tchèque et la Slovaquie, qui constituaient la Tchécoslovaquie, et la Slovénie et la Croatie, deux anciens États de la Yougoslavie.

Robe hongroise
Cette robe traditionnelle, ornée de broderies typiques, ne se porte aujourd'hui que pour des occasions exceptionnelles.

Un beau lac pur
Le nord-ouest de la Slovénie, avec ses montagnes enneigées et ses lacs, est une région très touristique. Le lac Bled, dans lequel se mire ce village, est un lieu de vacances slovène particulièrement pittoresque.

Pêcheurs de père en fils
Les pêcheurs de Korcula, île croate de l'Adriatique, vivent de la mer comme leurs aïeux. Beaucoup possèdent un bateau et leur propre débarcadère.

L'hôtel de ville de la vieille ville de Prague
Prague est la capitale de la République tchèque. L'ancien hôtel de ville est composé de plusieurs maisons achetées par la municipalité au fil des siècles.

Les armoiries de la ville dominent l'inscription : « Prague, tête du royaume ».

Albanie Bosnie-Herzégovine Bulgarie Croatie République tchèque Hongrie Macédoine Pologne

Roumanie

Slovaquie

Slovénie

Yougoslavie

Le château de Bratislava
La capitale de la Slovaquie, Bratislava, est traversée par le Danube. La partie ancienne de la ville remonte au Moyen Âge.

La cité du savoir
De nombreuses villes polonaises ont souffert des bombardements de la dernière guerre mondiale. Heureusement Cracovie, capitale de la Pologne jusqu'en 1596, a échappé aux bombes. Son université est la plus ancienne de Pologne.

Pour accéder à la tour, il faut franchir les portes principales, en bois sculpté de style gothique.

Le cadran de cette célèbre horloge n'indique pas seulement l'heure. Il montre aussi le mouvement du soleil et de la lune à travers les douze signes du zodiaque.

Ce cadran représente les changements au fil des saisons.

Une place historique
Varsovie, la capitale de la Pologne, a plus de 700 ans. Son cœur historique a été complètement détruit pendant la guerre et reconstruit à l'identique après.

Les plats favoris
Voici quelques plats d'Europe centrale :

Bortsch

Porc au chou et aux knödels

Goulasch

Potée dalmate

Arménie · Azerbaïdjan · Biélorussie · Estonie · Géorgie · Kazakhstan · Kirghizistan · Lettonie

L'EURASIE DU NORD

L'Eurasie du Nord s'étend de l'Ukraine jusqu'à la Sibérie. Au cours des siècles, tous ces pays ont été dirigés par des souverains puissants. Déjà provinces de l'Empire russe pour la plupart, ils furent ensuite des États membres de l'URSS. Mais, en 1991, quand s'est dissoute l'Union soviétique, ils ont proclamé leur indépendance. La Mongolie, au sud de la Sibérie, avait des liens étroits avec l'ancienne Union soviétique, mais elle n'en faisait pas partie.

Quel bond !
Cette danse énergique célèbre le courage des soldats cosaques ukrainiens.

Rock en Russie
Ces jeunes gens assistent à un concert de rock à Moscou, la capitale de la Russie. De grands changements se sont produits dans ce pays à la fin des années 1980. Le communisme a laissé place à plus de liberté et au capitalisme, mais aussi à la misère pour beaucoup.

Religion
Les Russes sont de religion orthodoxe, séparée de l'Église catholique depuis 1054. La cathédrale Saint-Basile est l'une des plus grandes églises en Russie.

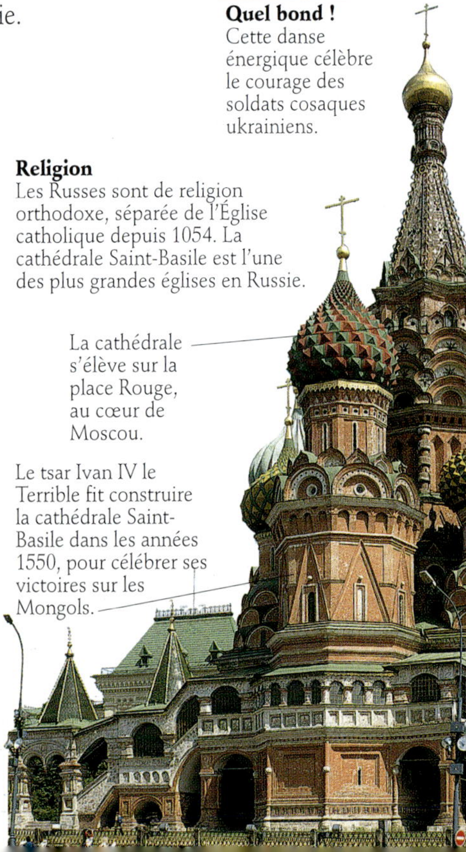

La cathédrale s'élève sur la place Rouge, au cœur de Moscou.

Le tsar Ivan IV le Terrible fit construire la cathédrale Saint-Basile dans les années 1550, pour célébrer ses victoires sur les Mongols.

Les gardiens de la foi
Le parti communiste d'URSS était hostile à la religion. Les juifs et les chrétiens en ont beaucoup souffert. Les traditions juives ont survécu, mais il reste peu de pratiquants.

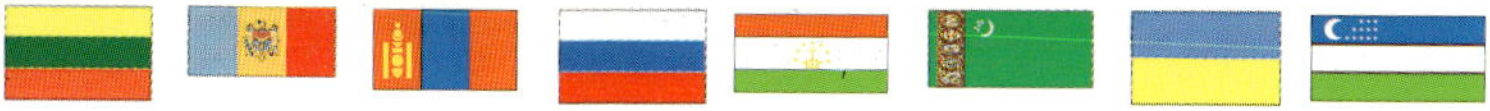

Lituanie *Moldavie* *Mongolie* *Russie* *Tadjikistan* *Turkménistan* *Ukraine* *Ouzbékistan*

Spectacle de haute voltige
Le cirque est un divertissement populaire dans toute la Russie. Le Nouveau Cirque de Moscou, l'un des plus célèbres du monde, est réputé pour ses voltigeurs. Son grand chapiteau, inauguré en 1971, peut accueillir 3 400 spectateurs.

Les Eurasiens du Nord
Le groupe ethnique le plus important est formé des Slaves. Viennent ensuite les populations de langue turque, enfin les Mongols et les Inuit.

Ukrainienne (Slave)

Ouzbek, de langue turque

Mongol

Inuit russe

Populations orientales
Les peuples de l'Asie centrale diffèrent beaucoup des Russes, qui vivent plus au nord. Ils parlent des langues turques et sont en majorité musulmans, comme leurs voisins du Moyen-Orient. Ces femmes vendent du pain sur un marché ouzbek.

Un héros fondateur
Les ancêtres de ces cavaliers combattirent dans l'armée du terrible Gengis Khan, qui fonda l'Empire mongol au début du XIIIe siècle. Ce puissant personnage est toujours le héros des Mongols.

Les neuf chapelles de Saint-Basile sont coiffées de bulbes polychromes.

Un âge vénérable
Dans le Caucase, on se marie jeune et on vit longtemps. C'est pourquoi il existe des couples centenaires ! Le bon air, une nourriture saine et un travail difficile assurent cette longévité.

LA CHINE ET TAÏWAN

Plus de 200 millions de Chinois se déplacent à bicyclette ; aussi n'est-il pas facile d'aller vite en ville aux heures de pointe ! La Chine, pays le plus peuplé du monde, compte plus de un milliard d'habitants. Sa population, qui comprend de nombreuses minorités ethniques, est essentiellement composée de Han, les Chinois proprement dits, concentrés principalement dans la partie orientale de cet immense pays continental, près des côtes. Taïwan est une île indépendante de la Chine depuis 1949, date à laquelle fut proclamée, sur le continent, la République populaire de Chine.

Le communisme en Chine
Le gouvernement dirige fortement la vie quotidienne des Chinois. Par cette affiche, il encourage vivement les couples à n'avoir qu'un seul enfant.

Une agriculture nourricière
Deux Chinois sur trois sont agriculteurs. Ils occupent la moindre parcelle de terrain cultivable et obtiennent jusqu'à trois récoltes sur la même rizière à chaque saison du riz.

Les Chinois se nourrissent principalement de riz.

Limitation des naissances
Pour contrôler la démographie chinoise et maintenir la population au-dessous de 1,2 milliard en l'an 2000, l'obligation de n'avoir qu'un seul enfant a été instaurée en 1979.

Des mots et des dessins
L'écriture chinoise est faite d'idéogrammes, des dessins symboliques qui transcrivent des objets, des actions ou des idées, et non des sons. Il existe environ 50 000 dessins, ou caractères, mais 2 000 suffisent pour la vie courante.

Pinceau pour écrire

Chine

Taïwan

Art populaire à Taïwan
Traditionnellement, on fabrique à Taïwan des personnages décoratifs par agglomération de riz et de farine. Autrefois les enfants les mangeaient au goûter, mais aujourd'hui ils se contentent de les collectionner.

Hong Kong
1 034 km^2, six millions d'habitants : Hong Kong a la densité de population la plus forte du monde. Ancienne colonie britannique, redevenue chinoise, cette ville est un centre de commerce important.

Meilleure santé !
Ce marchand ambulant vend des plantes médicinales. Elles sont très utilisées en Chine.

Racine d'angélique

Beaucoup de Chinois aimeraient être autorisés à avoir plusieurs enfants. Il est difficile pour eux de ne pas gâter leur unique enfant.

La plupart des mères de famille chinoises travaillent à plein temps. Leurs enfants sont gardés dans des crèches sur leur lieu de travail, jusqu'à ce qu'ils soient assez grands pour aller à l'école.

Le Tibet
Les Tibétains sont bouddhistes et considèrent qu'en leur chef spirituel et souverain, le dalaï-lama, s'est réincarné le bodhisattva Avalokiteshvara, patron du Tibet. En 1959, le dalaï-lama a dû fuir son palais à Lhassa (ci-dessus) et s'exiler en Inde afin d'échapper à l'invasion chinoise.

LE JAPON ET LA CORÉE

Le Japon est réputé pour son électronique. Au cours des 35 dernières années, ce pays est devenu l'un des plus riches du monde, et ses habitants jouissent d'un niveau de vie élevé. La Corée, pays voisin du Japon, est divisée en deux nations. La Corée du Nord, qui a rompu ses liens avec la Corée du Sud, est l'un des États les plus fermés du monde. La Corée du Sud est une nation industrielle qui, comme le Japon, entretient des relations commerciales avec le reste du monde.

Du poisson
Les Japonais apprécient le poisson et le riz. Ce régime, sain, semble allonger l'espérance de vie. Dans 25 ans, les personnes âgées formeront un quart de la population japonaise.

Défilé d'enfants
La fête des *shichi-go-san* (« sept-cinq-trois »), au Japon, tire son nom de l'âge des enfants qui y participent. Le 15 novembre, filles et garçons, vêtus du costume traditionnel japonais, sont conduits dans un sanctuaire shintoïste. C'est un événement social très important.

Tous aux abris !
Ces enfants ne jouent pas à cache-cache dans leur salle de classe. Ils s'entraînent à se mettre à l'abri au cas où surviendrait un tremblement de terre. Le Japon est exposé aux gros séismes imprévisibles et meurtriers.

À table !
Au Japon, le dîner est l'occasion pour les familles de se réunir et de se détendre. Les parents rentrent souvent tard de leur travail, et les enfants ont beaucoup de devoirs à faire à la maison.

On cuit le riz jusqu'à ce qu'il colle. Il est alors facile de le manger avec des baguettes.

Le riz est cuit dans un autocuiseur près de la table.

Le thé vert est japonais. Il se boit sans lait.

Japon

Corée du Nord

Corée du Sud
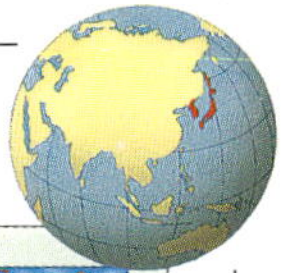

Tissus aux couleurs éclatantes
Cette femme porte le costume sud-coréen, aux couleurs vives. La Corée du Sud est un gros exportateur de tissus. En 1990, ce pays en a produit environ 600 millions de m².

Chantier naval
La plupart des bateaux asiatiques sont fabriqués sur le plus grand chantier naval du monde, à Hyundai, en Corée du Sud. En 1990 y furent construits 35 grands navires, pesant, ensemble, 1,8 million de tonnes.

La nourriture est disposée sur la table avant que la famille s'asseye pour manger.

Chacun s'assied sur un coussin placé autour de la table basse.

Porte-baguettes

La présentation compte beaucoup. Les morceaux sont toujours petits, et les plats très raffinés.

Espace réduit
Les grandes villes du Japon sont très peuplées. L'espace pour chacun y est rare, et tout le monde essaie de tirer le meilleur parti des plus petits endroits. Ce commerçant tokyote propose des centaines de baladeurs dans sa minuscule boutique.

À l'assaut des sommets
Les Japonais travaillent dur ; aussi aiment-ils se détendre. Leur pays étant très montagneux, ils sont nombreux à s'adonner à l'alpinisme. Ici des grimpeurs se déplacent au sommet du mont Furano-Dake, sur Hokkaido, île du nord du Japon.

書店

LE SOUS-CONTINENT INDIEN

Le sous-continent indien comprend l'Inde, le Sri Lanka, le Pakistan, le Bangladesh, le Bhoutan et le Népal. La plupart des habitants de cette partie du monde sont de religion musulmane, bouddhique ou hindoue, cette dernière concernant 80 % de l'immense population indienne. Chaque année, des millions d'hindous se rendent en pèlerinage dans la cité sainte de Bénarès, ou Varanasi, dans le nord de l'Inde, pour se purifier dans l'eau du Gange (ci-contre). Ce fleuve de 3 090 km prend sa source dans l'Himalaya et se jette dans le golfe du Bengale.

Une vie rurale
Huit Indiens sur dix vivent à la campagne où sont élevées surtout des vaches. On compte un bovin pour trois habitants ! Les hindous ne les mangent pas car elles sont sacrées. En effet, selon leur religion, 330 millions de divinités sont incarnées dans ces paisibles animaux.

Ces villageois vivent de la fabrication de peignes.

La mariée a 9 ans. Après la cérémonie, elle retournera dans sa famille jusqu'à ce qu'elle soit assez âgée pour vivre avec son époux.

Ce précieux sari de noces est en soie.

Théâtre hindou
La fête de Dusserah marque la fin des pluies de la mousson. Des acteurs jouent alors des épisodes de la vie de Rama, une des incarnations du dieu Vishnou. Les rôles principaux sont réservés aux brahmanes, membres de la première des castes.

Le jour des noces
La plupart des hindous choisissent le conjoint de leur enfant. Il est important que les futurs époux soient issus de la même caste, c'est-à-dire du même groupe social. Il arrive que l'on marie des enfants encore jeunes. La cérémonie, haute en couleur, donne lieu à de grandes réjouissances familiales.

Bangladesh *Bhoutan* *Inde* *Maldives* *Népal* *Pakistan* *Sri Lanka*

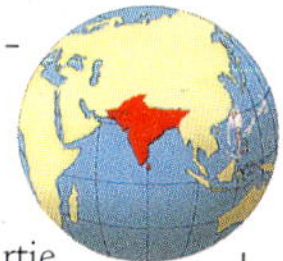

La famille de la mariée offre des présents coûteux à celle du marié. C'est la dot.

Le marié a 11 ans. Il conduit sa future épouse à la cérémonie.

Inondations au Bangladesh
Le Bangladesh s'étend sur la plus grande partie du delta du Gange et du Brahmapoutre. Les habitants de ce pays très pauvre sont exposés à de fréquentes inondations. Ici, un paysan aide un vélo-pousse à traverser les rues d'un village inondé.

Une femme au pouvoir
Les Pakistanais sont musulmans. Aux élections de 1988, Benazir Bhutto est la première femme à devenir Premier ministre dans un pays islamique.

Guides et porteurs
Les Sherpas sont un peuple montagnard du Népal. Beaucoup d'entre eux gagnent leur vie comme guides ou porteurs des expéditions d'alpinisme dans l'Himalaya.

Une cuisine très relevée
Le curry, mélange d'épices réduites en poudre, aromatise un plat indien du même nom très réputé.

Lentilles

Coriandre

Gingembre Nan *(pain)* *Pommes de terre* *Curry d'agneau*

Brunei

Birmanie

L'ASIE DU SUD-EST

Il est difficile d'échapper à l'eau en Asie du Sud-Est, où les dix pays qui constituent cette région sont reliés par des voies navigables et ceints par la mer. Le climat, chaud et humide, est idéal pour la culture du riz, la principale nourriture des habitants de cette région. La forêt dense est encore très présente malgré un déboisement intensif qui a forcé les peuples forestiers à s'installer en ville, où la vie est bien différente. D'une manière générale, ces pays dont l'exotisme attire les touristes européens ont une économie assez pauvre.

Des Malais en lutte
Les habitants de Penang, dans la forêt dense de Sarawak, ont tenté de freiner la destruction de leur milieu naturel en bloquant les routes d'accès à leur territoire. À Sarawak s'effectue le plus important déboisement du monde.

Le secret du succès
Singapour est une petite île, mais c'est aussi un État florissant qui doit sa prospérité à sa situation privilégiée entre l'Extrême-Orient et l'Occident. Ce pays, comptoir commercial à l'origine, est maintenant l'un des plus riches d'Asie.

Les pieds dans l'eau
La Malaisie et l'Indonésie comptent de nombreuses maisons sur pilotis, ce qui protège leurs habitants des inondations lors de la saison des pluies.

Ces maisons sur pilotis se composent d'une seule vaste pièce appelée *bilik*, qui abrite toute la famille.

Des matériaux, tant naturels que modernes, sont employés à la construction des maisons. Les toits sont couverts de palmes ou de tôle ondulée.

Cambodge Indonésie Laos Malaisie Philippines Singapour Thaïlande Vietnam

Un marché flottant
Bangkok (Thaïlande) se trouve au-dessous du niveau de la mer. La ville est sillonnée de canaux, et les marchés y sont flottants : les vendeurs proposent leurs marchandises sur des barques, et les acheteurs pagaient pour voir ce qui leur est offert.

Les danseurs de Bali
Ile d'Indonésie, Bali est réputée pour ses danses spectaculaires. L'une d'elles, le wayang topeng, met en scène des histoires de princes et de héros en faisant alterner la pantomime et des dialogues.

Un danseur de topeng mime le personnage représenté par son masque.

Chaque mouvement est soigneusement étudié.

Jeunes bonzes
Selon la religion bouddhique, chaque garçon doit se faire moine pendant quelque temps pour suivre un enseignement religieux et se préparer à la vie adulte.

De vrais pirates
Des pirates sévissent encore dans les mers de l'Asie orientale. Ils attaquent les bateaux pour s'emparer de leur chargement. C'est ainsi qu'en mars 1991 un pétrolier a disparu au large des Philippines.

Les petites communautés communiquent entre elles grâce aux embarcations.

Les habitants accèdent à leurs bateaux au moyen d'échelles de bois.

Australie

Iles Fidji

Kiribati

Iles Marshall

Micronésie

L'OCÉANIE

La plupart des Australiens habitent des villes modernes comme Sydney, la capitale de la Nouvelle-Galles du Sud. L'Australie et la Nouvelle-Zélande sont de grandes puissances économiques qui commercent essentiellement avec l'Asie et les États-Unis. Ces grands pays ont un mode de vie assez éloigné de celui des petits États insulaires de l'Océanie, peuplés de communautés traditionnelles.

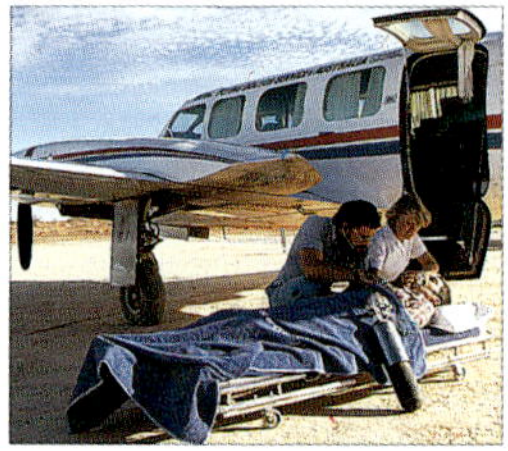

Urgence !
Le Service royal de médecine volante permet aux Australiens habitant des régions reculées d'arriver dans un hôpital en moins de deux heures de vol.

Art aborigène
Les Aborigènes occupent partiellement l'Australie depuis environ 40 000 ans. Ces populations ont de fortes traditions artistiques, et leur artisanat, maintenant apprécié dans le monde entier, leur permet de vivre.

Un brassage de populations
Les Anglais se sont installés en Australie il y a environ 200 ans. Mais, dans les 50 dernières années, des immigrants sont arrivés en nombre d'autres pays d'Europe et d'Asie.

Beaucoup d'Australiens sont d'origine britannique.

Les immigrants de souche grecque sont également nombreux.

De nombreux Italiens sont venus s'installer en Australie après la Seconde Guerre mondiale.

En général, les Australiens apprécient la vie au grand air et le bord de mer.

Nauru

Nouvelle-Zélande

Papouasie-Nouvelle-Guinée

Iles Salomon

Tonga

Tuvalu

Vanuatu

Samoa occidentales

L'enseignement aux Tonga
Les îles Tonga sont l'un des petits États indépendants d'Océanie. Ses 103 000 habitants parlent l'anglais et le tongan, les deux langues officielles du pays. Aux Tonga, l'école est obligatoire de 6 à 14 ans.

Monnaie d'échange
Les traditions tribales demeurent dans certaines îles du Pacifique. Dans l'île de Yap, les indigènes se servent encore de pierres semblables à celle-ci comme d'une monnaie.

Ce garçon a des parents vietnamiens. L'anglais est sa deuxième langue, comme c'est le cas pour un huitième des Australiens.

Les parents de cette fillette sont chinois. De nombreux Australiens sont d'origine asiatique.

Une équipe soudée
Les Maoris habitent la Nouvelle-Zélande depuis le XVIIe siècle. Les All Blacks, l'équipe de rugby néo-zélandaise, leur ont emprunté un chant de guerre, le haka, qu'ils entonnent avant chaque grand match pour se donner du courage.

Le surf est très pratiqué sur la côte australienne.

Les premiers habitants de l'Australie et de l'Océanie

Insulaire du Pacifique

Papou de Nouvelle-Guinée

Maorie

Aborigène d'Australie

CHAPITRE 4

LES SCIENCES ET LA TECHNOLOGIE

Les conditions de vie des hommes ont beaucoup changé au cours des siècles. Ton mode de vie est aujourd'hui dominé par la technologie, du grille-pain électrique qui chauffe tes tartines au petit déjeuner au bus qui te conduit à l'école, en passant par la télévision et les cassettes vidéo que tu regardes le soir, et les ordinateurs dont tu te sers pour apprendre et pour jouer.

La science et la technologie nous sont très utiles. Grâce à elles, nous pouvons produire de la nourriture et la vendre à des prix peu élevés, fabriquer des vêtements et des appareils ménagers en grande quantité, soigner des maladies et nous déplacer rapidement d'un lieu à un autre.

Mais nous devons veiller à utiliser cette technologie de façon responsable. Ce savoir, qui sauve des vies et améliore notre existence, peut aussi nous éloigner de la réalité et nous rendre esclaves des machines ; il est aussi à l'origine d'armes et de produits chimiques dangereux pour la planète.

LES SCIENCES ET LES MACHINES

Tu n'as pas besoin d'entrer dans un laboratoire pour voir la science en action. Elle est tout autour de toi, à chaque instant. Elle se divise en trois familles. La biologie est la science du milieu naturel, c'est-à-dire les plantes et les animaux. La chimie est l'étude de ce qui constitue les corps, et de ce qui se passe lorsqu'on les mélange. La physique étudie comment fonctionne tout ce qui compose l'univers.

L'étude des machines, qui nous aident à accomplir des tâches en faisant moins d'effort, fait aussi partie de la physique. Par exemple, la roue, l'une des premières machines, facilite le déplacement des objets d'un endroit à un autre. Ainsi, des ciseaux aux détecteurs de fumée, nous vivons entourés de machines qui nous facilitent la vie tout en la rendant plus sûre.

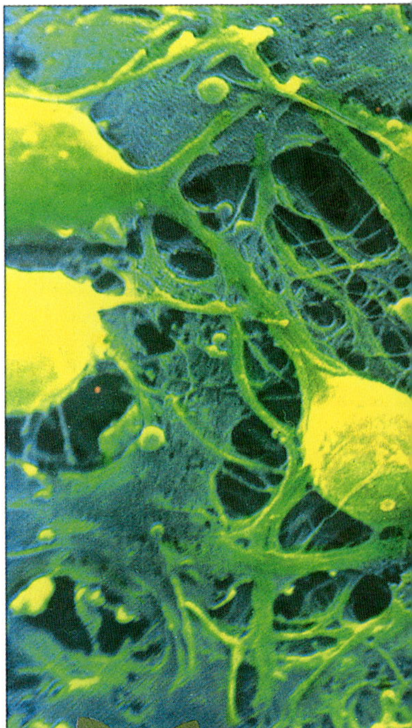

Les lois du vol sont étudiées par la physique.

À la cuisson, une réaction chimique rend la partie liquide de l'œuf dure et blanche.

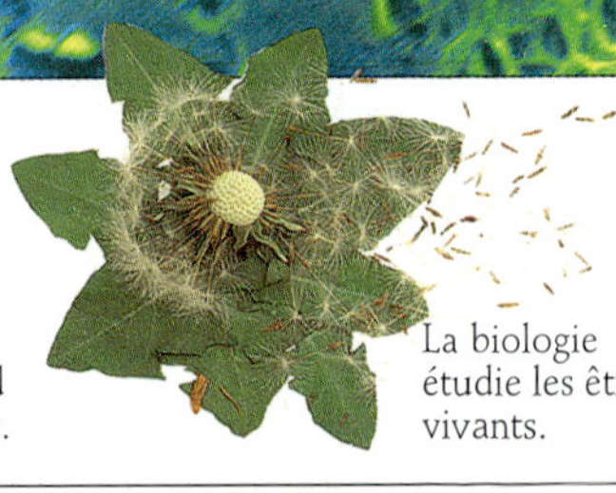

La biologie étudie les êtres vivants.

Tunnelier

Ampoule

Le développement de la roue

Image en couleurs de cellules nerveuses du cerveau

Horloge à quartz

Jeu vidéo portatif

LE MONDE DU VIVANT

Cerises

Tout ce qui est vivant est fait de cellules ; ainsi ton corps est constitué de milliards de cellules qui s'assemblent pour fabriquer les tissus, par exemple les muscles. Les tissus se combinent pour créer les organes, comme ton cœur. Les biologistes étudient le monde du vivant. Ils l'ont divisé en groupes appelés « règnes » : la botanique est l'étude des plantes (le règne végétal), la zoologie est l'étude des animaux (le règne animal).

Algues

Mousse

Amanite tue-mouches

Le règne des bactéries et des champignons
Les bactéries sont faites d'une seule cellule et ne se voient qu'au microscope. Elles se nourrissent d'autres êtres vivants et en recyclent les restes.

Les cellules
Les êtres vivants sont constitués d'au moins une cellule. Pour qu'ils puissent grandir, leurs cellules doivent sans cesse se diviser en paires identiques. Cette bactérie unicellulaire se divise toutes les 20 min. Observe combien il y a de bactéries au bout d'une heure.

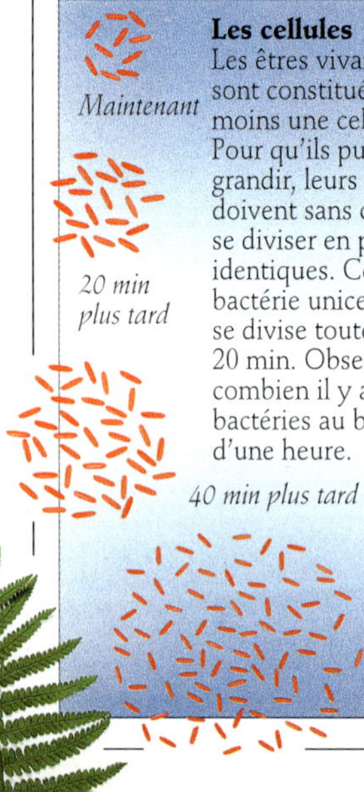

Maintenant

20 min plus tard

40 min plus tard

1 h plus tard

Un chaton grandit pour devenir un chat. Tous les êtres vivants grandissent.

Tous les êtres vivants se multiplient. C'est ce que l'on appelle la reproduction.

Les êtres vivants respirent tous, d'une manière ou d'une autre. Le chat respire par le nez.

Les êtres vivants se nourrissen pour vivre

Châtaignes

Le règne végétal
Certaines plantes sont fragiles et peuvent tenir dans la main, d'autres sont énormes et résistantes. Certaines ont des fleurs, d'autres pas. Les plantes vertes utilisent la lumière du soleil, l'eau et le dioxyde de carbone pour fabriquer leur propre nourriture.

Araignée

Diptère

Blaireau

Têtes et graines de pavot

Fleur d'un gerbera

Le règne animal
Les animaux ont des milliards de cellules très complexes. La plupart des animaux, comme les insectes, n'ont pas de colonne vertébrale. Mais les mammifères, les oiseaux, les reptiles, les amphibiens et les poissons en ont une.

Poule et ses poussins

Tous les êtres vivants se débarrassent de leurs déchets.

Tout ce qui vit remue, mais on ne peut pas toujours le voir.

Un chat entend grâce à ses oreilles. Tous les êtres vivants perçoivent, d'une façon ou d'une autre, le monde qui les entoure.

Couleuvre

De très beaux cils
Des acariens vivent dans nos cils. Ils se nourrissent du liquide lacrymal et nettoient ainsi les cils. Les acariens ont besoin des hommes et réciproquement. De nombreux êtres vivants dépendent les uns des autres.

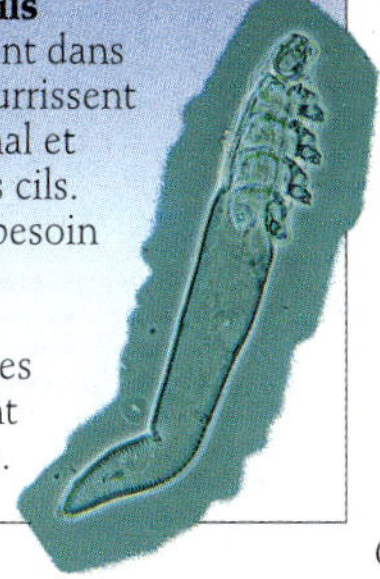

Salamandre

Crabe

Gardon

Combattant

LES SOLIDES

Tout est fait de matière. Les molécules en sont les éléments de base. Dans un solide, les molécules sont généralement assemblées de façon régulière, ainsi il conserve sa forme originale : il n'est donc pas nécessaire de le mettre dans un récipient. La plus grande partie de la matière est visible, comme les pages de ce livre, mais elle peut aussi être invisible, comme l'air. La matière se présente sous forme solide, liquide ou gazeuse et peut passer d'un état à un autre.

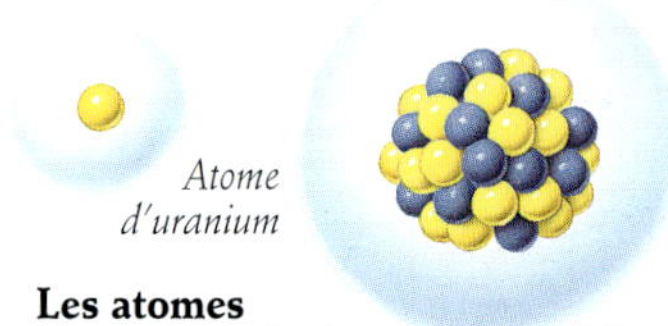

Atome d'hydrogène

Atome d'uranium

Les atomes
Un atome est la plus petite quantité d'une substance pure. L'hydrogène est l'atome le plus simple, d'autres sont beaucoup plus complexes. Les atomes sont incroyablement petits : environ 100 000 milliards sont contenus dans ce point.

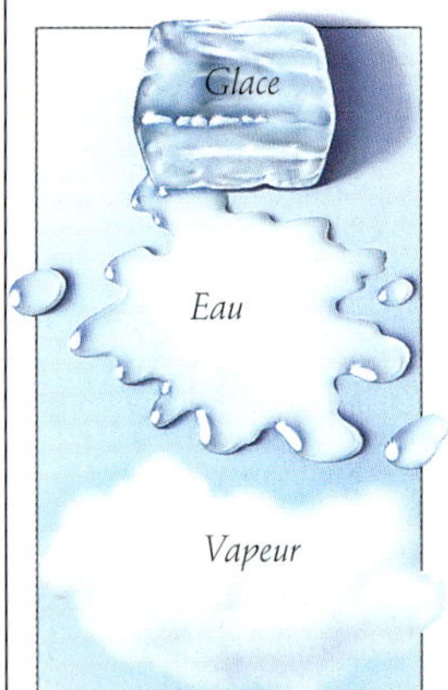

Les états de l'eau
La glace, l'eau et la vapeur sont constituées des mêmes molécules mais disposées différemment. C'est pourquoi ces 3 états ne sont pas semblables. La glace solide fond en eau liquide. Lorsque l'eau bout, elle se transforme en gaz appelé vapeur.

Les molécules dans un solide
Chacun de ces enfants joue le rôle d'une molécule dans un solide.

Les enfants portent tous des tee-shirts rouges pour montrer que les molécules sont toutes identiques.

Dans la plupart des solides, les molécules forment des structures très régulières.

Le spectacle des solides
Tu peux différencier ces solides par leur aspect, leur toucher, leur poids ou leur odeur. Ils possèdent tous des propriétés différentes.

Une fleur est soyeuse et délicate.

Un biscuit est croustillant et délicieux.

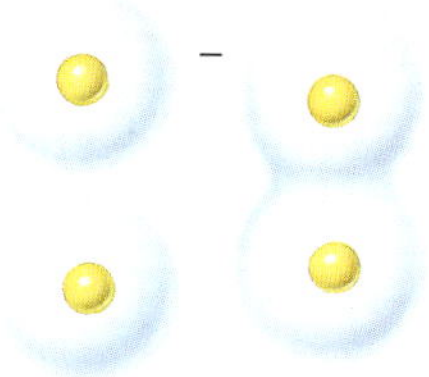

La construction des molécules
Les atomes se connectent pour former les molécules. Deux atomes d'hydrogène s'assemblent en une molécule de gaz hydrogène.

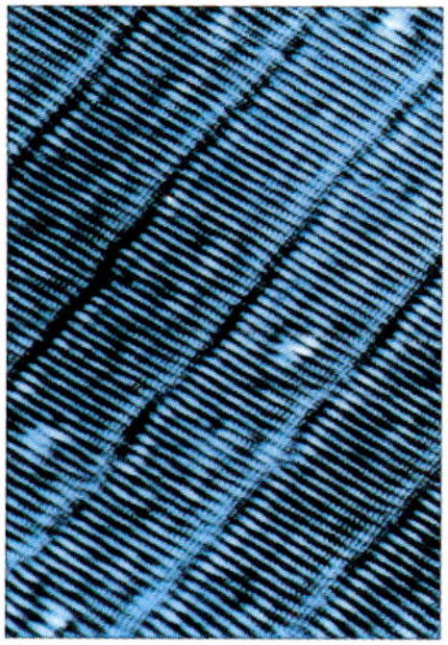

Agrandir la vie
Ces molécules de cire sont agrandies 3 millions de fois. Les minuscules points bleus sont les atomes qui se sont assemblés pour former les molécules.

Sucre

Clair comme du cristal
Les grains de sucre sont des cristaux solides. De nombreux solides à l'aspect lisse possèdent en fait une structure cristalline, comme ces comprimés de vitamine C.

Dans un solide froid, les molécules bougent lentement. Si l'on chauffe le solide, elles se déplacent de plus en plus vite.

Les solides conservent leur forme car leurs molécules sont jointes par des liens très résistants.

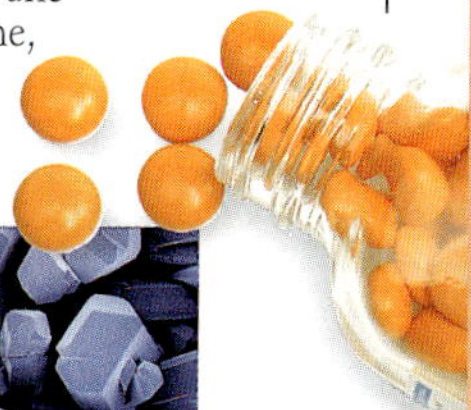

Comprimés de vitamine C

Cristaux de vitamine C vus à travers un microscope

Le graphite et le diamant
Le graphite est tendre, on l'utilise pour les crayons. Le diamant, lui, est le solide le plus dur qui existe. Ils ont pourtant beaucoup en commun ! En effet, ce sont deux formes différentes de carbone : ils sont faits des mêmes atomes, mais disposés différemment.

Un coquillage est dur et cassant.

Une toile d'araignée est légère et solide.

LES LIQUIDES

Le sirop coule lentement.

L'huile de moteur coule plutôt bien.

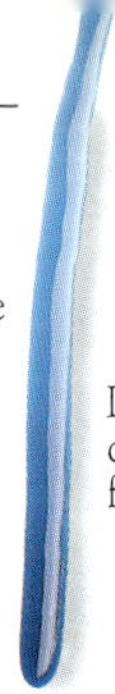

L'encre coule très facilement.

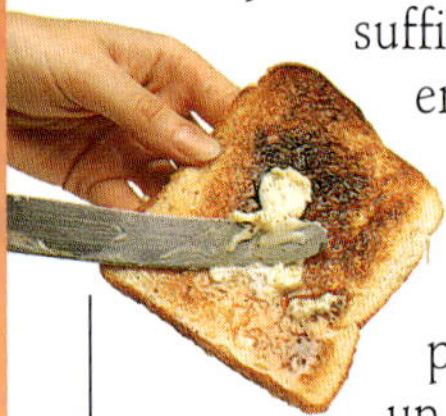

Le beurre fond lorsque tu en tartines ton pain chaud. Quand un solide devient suffisamment chaud, il se transforme en liquide. La chaleur qui fait fondre un solide casse quelques-uns des liens qui relient les molécules entre elles. Elles peuvent alors se déplacer plus librement. Les liquides ont un comportement différent de celui des solides. Un liquide coule car les liens entre les molécules ne sont pas assez résistants pour maintenir une forme solide.

Une cuillère collante
Certains liquides coulent beaucoup plus facilement que d'autres. Les liquides visqueux ne coulent pas bien.

Les molécules dans un liquide
Ces enfants se comportent comme les molécules d'un liquide.

Un partage équitable ?
Où y a-t-il le plus de lait ? Malgré les apparences, ces verres ont la même contenance. Des récipients de formes différentes peuvent contenir le même volume, ou quantité, de liquide.

Les niveaux des liquides
Les liquides remplissent n'importe quel récipient. La surface d'un liquide reste toujours horizontale, même si tu inclines le récipient.

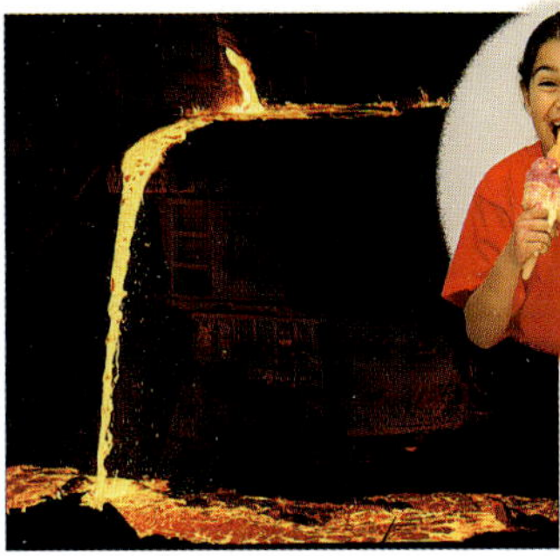

Trop chaud ?
Les glaces fondent très facilement, mais tous les solides n'ont pas des points de fusion aussi bas. Certains ne fondent qu'à des températures très élevées : l'acier fond à 1 500 °C.

En ébullition
Si tu chauffes un liquide jusqu'à une certaine température, il se transforme en gaz. On appelle cette température le point d'ébullition. Des liquides différents ont des points d'ébullition différents. L'eau de cette casserole bout à 100 °C.

Dans un liquide, les molécules sont séparées les unes des autres.

Les molécules peuvent se déplacer les unes par rapport aux autres ; c'est pourquoi les liquides adoptent la forme du récipient qui les contient.

Elles se déplacent plus vite dans un liquide que dans un solide.

Les molécules d'un liquide ne sont pas disposées selon un schéma régulier. Elles peuvent donc se déplacer librement.

À la surface
Vers la surface d'un liquide, les molécules s'attirent. Une goutte conserve sa forme grâce à la tension de surface. Si on met du liquide vaisselle sur une goutte d'eau, la tension de surface devient plus petite et la goutte s'étale.

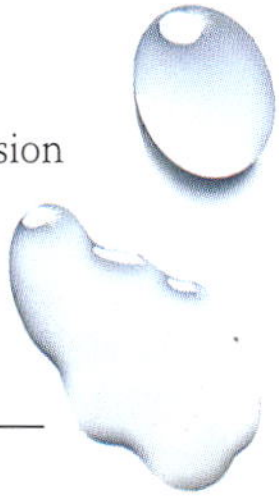

Mélange facile
Le jus de cassis se mélange avec l'eau et se dissout complètement.

Mélange difficile
L'huile ne se dissout pas du tout dans l'eau.

LES GAZ

On ne peut pas voir les gaz ni les toucher, mais on peut en sentir certains. Ces odeurs proviennent des molécules de gaz dispersées dans l'air. Lorsque l'odeur d'une bonne soupe se répand, ce sont en réalité ses molécules que tu sens. Quand tu chauffes un liquide, il se transforme en gaz. Les molécules se déplacent de plus en plus vite sous l'action de la chaleur. Les molécules de gaz voltigent dans toutes les directions et se dispersent dans l'air.

Plus léger que l'air
Une montgolfière s'élève dans le ciel car l'air contenu dans le ballon est chauffé et devient donc plus léger que l'air extérieur.

Danse dans les airs
Lorsqu'un rayon de lumière brille à travers les branches des arbres, des grains de poussière semblent danser au soleil. En réalité, ce sont les molécules d'air qui se déplacent et qui dispersent la poussière dans toutes les directions.

Les molécules dans un gaz
Chaque enfant joue le rôle d'une molécule dans un gaz. Regarde comme ils se cognent les uns contre les autres.

Les molécules d'un gaz ne sont pas reliées entre elles.

Au fur et à mesure qu'un gaz se répand, les molécules s'éloignent les unes des autres. Les gaz se diffusent toujours de façon à occuper tout l'espace dont ils disposent.

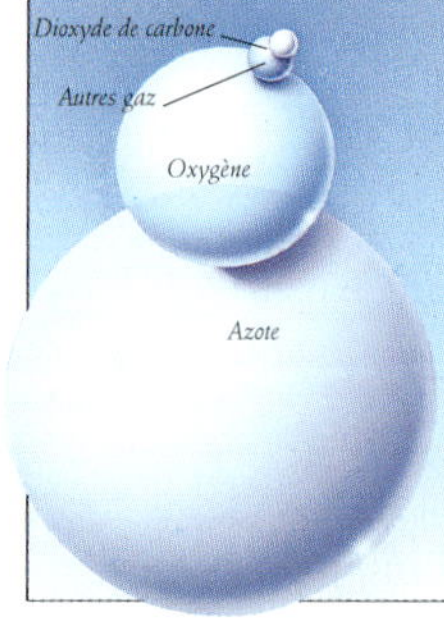

L'air
L'air que l'on respire renferme différents gaz. 78 % de l'air est composé d'azote. L'oxygène est présent à 21 %, tandis que le dioxyde de carbone et d'autres gaz ne comptent que pour 1 %.

Gonfler un pneu

Il est facile de tasser les molécules d'un gaz. Quand tu gonfles un pneu, tu comprimes les molécules d'air dans un petit volume. Plus tu fais rentrer de molécules d'air, plus elles poussent sur les parois du pneu. Celui-ci durcit car la pression à l'intérieur augmente.

Pression

Si tu aspires tout le jus de fruit d'un carton, la boîte se déforme et se contracte. C'est parce que la pression de l'air à l'extérieur du carton est plus grande que celle à l'intérieur.

Les molécules d'un gaz se déplacent très rapidement et s'envolent dans toutes les directions.

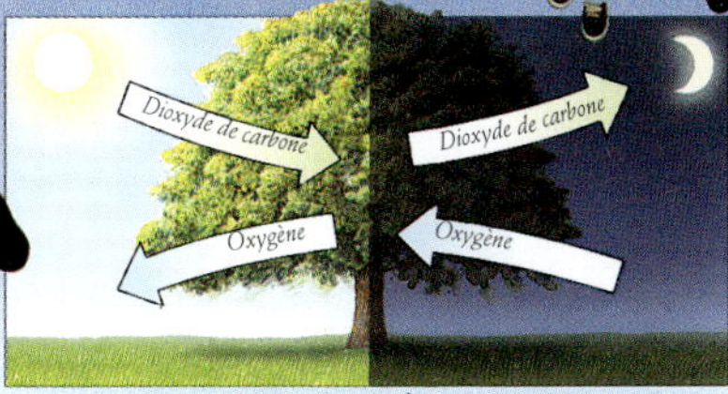

Le jour et la nuit

Durant la nuit, les plantes « inspirent » de l'oxygène et « expirent » du gaz carbonique (ou dioxyde de carbone). Mais le jour, elles captent une grande quantité de carbone pour grandir et rejettent de l'oxygène.

À bout de souffle

L'oxygène de l'air se dissout dans l'eau. Les poissons ont besoin d'oxygène pour respirer, ils utilisent donc celui de l'eau. Les humains inhalent aussi de l'oxygène mais ils ne peuvent pas respirer sous l'eau sans un apport d'air comprimé.

L'ÉNERGIE

L'énergie est nécessaire à la vie et à tout mouvement dans l'univers.

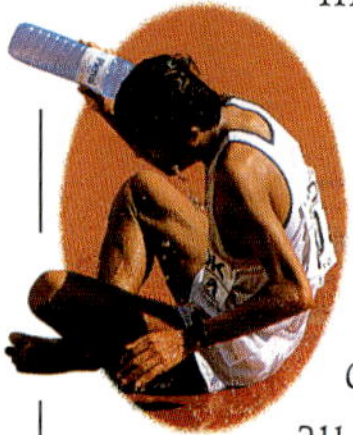

Après une course de vitesse, tu as l'impression d'avoir dépensé toute ton énergie. En fait, elle n'est pas perdue : elle s'est transformée en mouvement et en chaleur, qui sont d'autres formes d'énergie. En effet, au cours d'un travail, l'énergie ne disparaît jamais mais se change en d'autres types d'énergie. Le mouvement et la chaleur ne sont que deux de ces nombreuses formes.

Le pantin articulé
Lorsque le couvercle est fermé, le ressort du pantin est comprimé. On dit que le ressort possède une énergie potentielle. Quand on soulève le couvercle, l'énergie potentielle du ressort se transforme en énergie de mouvement.

Les transformations de l'énergie
Nous ne pouvons pas créer d'énergie ni en détruire. Elle se métamorphose en réalité d'une forme à une autre. Ce robot montre comment l'énergie se transforme !

Manger de l'énergie
Nous tirons notre énergie des plantes ou des animaux que nous mangeons. Comme les plantes puisent leur énergie de la lumière du soleil, notre énergie vient aussi du soleil.

Les combustibles
Les êtres vivants qui ont vécu il y a des millions d'années ont été enterrés sous les roches et se sont lentement transformés en charbon, en pétrole et en gaz.

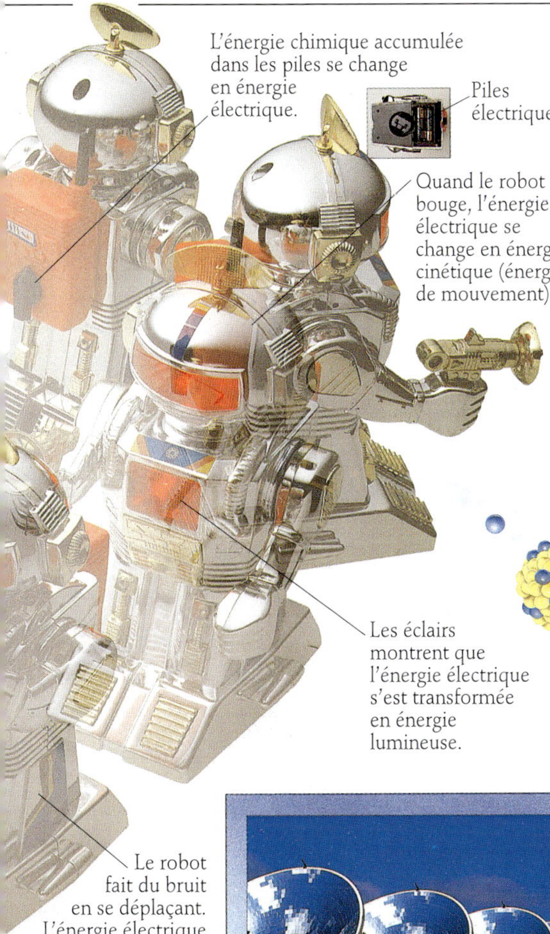

À court d'énergie
Nous risquons de manquer un jour de pétrole, de charbon et de gaz. Il n'y aura aucun moyen de remplacer ces combustibles fossiles une fois que nous les aurons entièrement exploités.

L'énergie naturelle renouvelable
Les rayons du soleil tapent sur ces panneaux solaires, et leur énergie est emmagasinée et utilisée pour produire de l'électricité. L'énergie du vent et des vagues fournit aussi du courant électrique.

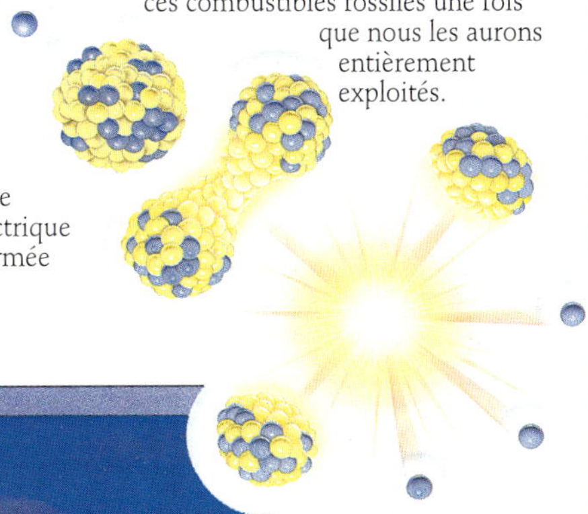

La fission des atomes
Les neutrons sont de minuscules particules à l'intérieur des atomes. Lorsqu'un atome d'uranium capture un neutron supplémentaire, il se casse en deux et libère une énorme quantité d'énergie.

LA CHALEUR

Tu as chaud au soleil. La propagation de la chaleur des rayons solaires dans l'air s'appelle la radiation. Sous son action, les molécules de ta peau bougent plus vite que d'habitude, ce qui provoque la sensation de chaud. La chaleur provient du mouvement des molécules. Dans les solides, elle se propage par conduction : les molécules d'un solide vibrent et répandent ainsi la chaleur dans tout le solide. Dans l'air et les liquides, la chaleur se propage par un mouvement circulaire appelé convection.

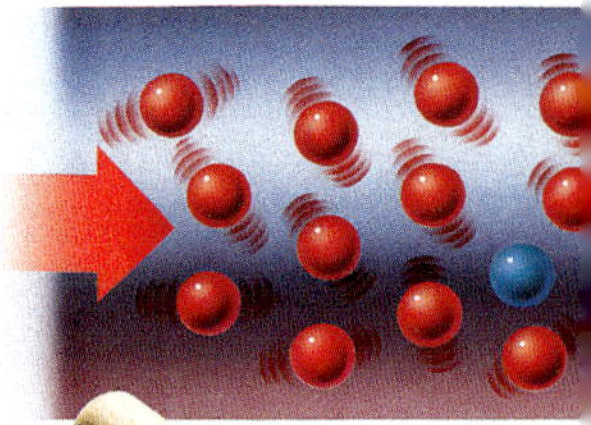

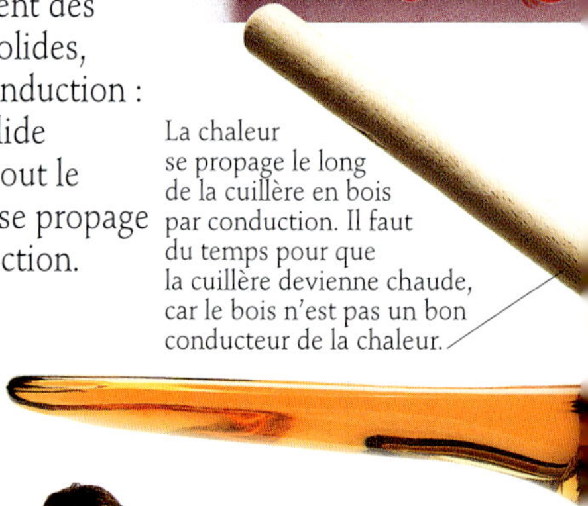

La chaleur se propage le long de la cuillère en bois par conduction. Il faut du temps pour que la cuillère devienne chaude, car le bois n'est pas un bon conducteur de la chaleur.

Bien au chaud au pôle Sud
Comme la chaleur ne se déplace pas facilement dans l'air, les matières qui l'emprisonnent tiennent chaud. Cet explorateur polaire porte des vêtements fabriqués avec des matières qui isolent son corps. Ils gardent ainsi la chaleur.

Des doigts trompeurs
Trempe un doigt dans de l'eau chaude : c'est chaud ; et un autre dans de l'eau froide : c'est froid. Maintenant plonge les deux doigts dans de l'eau tiède : ton doigt « chaud » trouvera que cette eau est froide, alors que ton doigt « froid » la trouvera chaude.

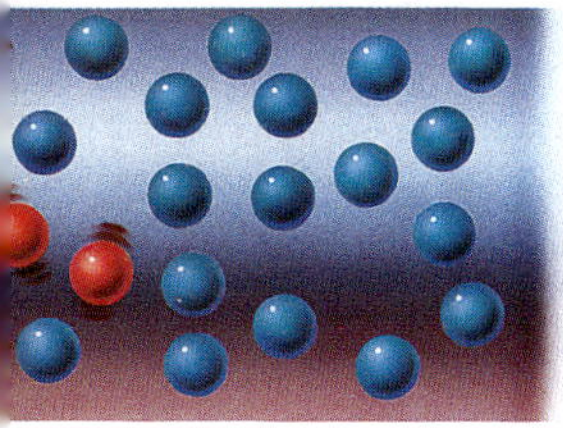

De bons conducteurs
Lorsque tu chauffes un solide, les molécules se bousculent et se transmettent la chaleur. Tout comme le téléphone arabe, les molécules en mouvement font circuler (on dit qu'elles conduisent) la chaleur d'un bout à l'autre du solide.

La construction des ponts
En devenant chauds, les solides grandissent ; on dit qu'ils se dilatent. Ceci est dû au fait que la chaleur accélère les molécules qui s'éloignent alors les unes des autres. On ménage ainsi de petits espaces entre les longues pièces métalliques des ponts, afin qu'elles puissent se dilater lorsqu'il fait chaud.

Lorsque l'eau atteint son point d'ébullition, elle s'évapore sous forme de vapeur.

En chauffant, l'eau proche de la source de chaleur monte à la surface du liquide.

L'eau en surface, plus froide, descend au fond de la casserole, où la source de chaleur la chauffe.

Les flammes sont une source de chaleur directe.

Les métaux sont de bons conducteurs de chaleur.

Les températures familières

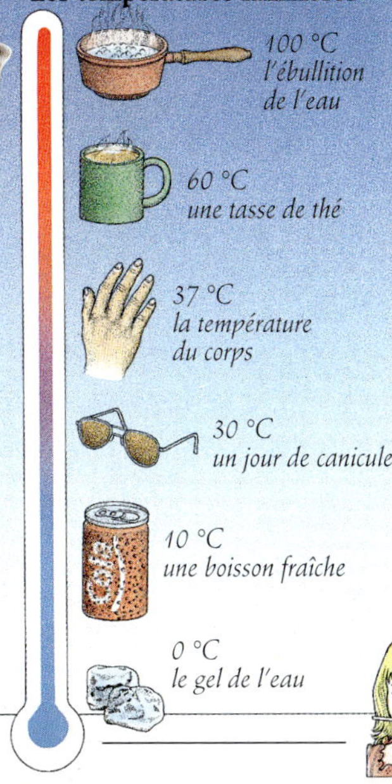

LA LUMIÈRE

Le soleil est si éblouissant lorsqu'il fait très beau que tu dois porter des lunettes de soleil. Il est dangereux de regarder le soleil en face. Sa lumière n'est pas seulement aveuglante, elle voyage également très vite : elle parcourt 300 000 km en une seule seconde. Un faisceau de lumière qui traverse un obstacle tel qu'une lentille convexe ou concave change de direction : c'est ce que l'on appelle la réfraction.

La lumière provient de la chaleur
Un objet chaud est lumineux. Le soleil est très chaud et sa lumière blanche est la lumière naturelle brillante.

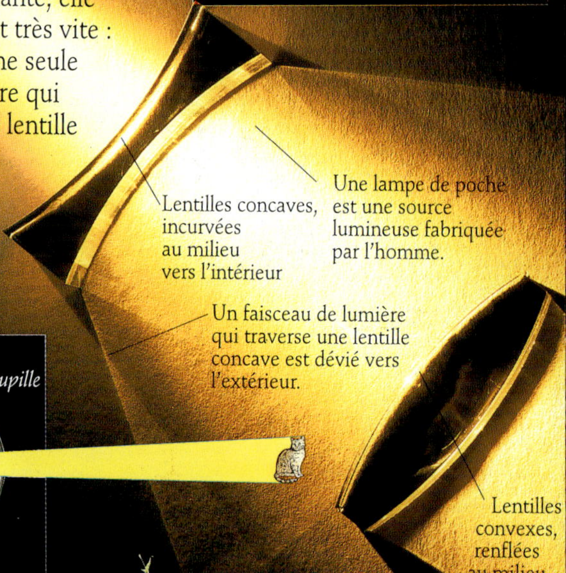

Lentilles concaves, incurvées au milieu vers l'intérieur

Une lampe de poche est une source lumineuse fabriquée par l'homme.

Un faisceau de lumière qui traverse une lentille concave est dévié vers l'extérieur.

Lentilles convexes, renflées au milieu

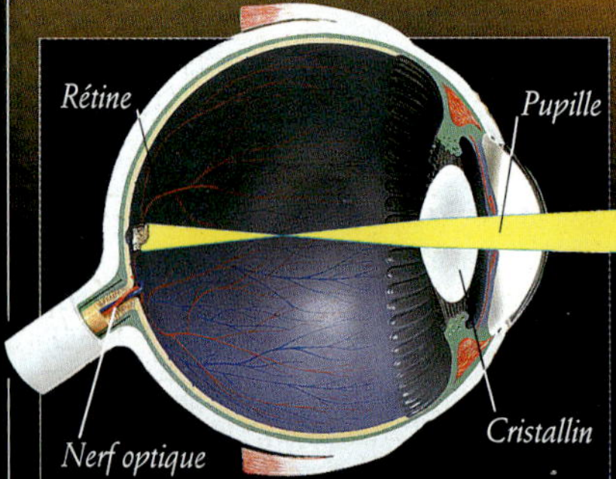

Comment percevons-nous la lumière ?
La lumière pénètre dans ton œil par la pupille. Elle traverse une lentille, le cristallin, qui concentre l'objet que tu regardes sur la rétine. L'image est alors renversée. Des millions de cellules minuscules à l'intérieur de la rétine la transforment en messages électriques. Le nerf optique transmet ces messages à ton cerveau, qui « voit » l'image à l'endroit.

La lumière est vitale
Les plantes poussent en direction de la lumière, même si elles doivent contourner des obstacles, comme cette plante ! Les plantes ont besoin de lumière pour leur croissance, et nous mangeons des plantes, ou des animaux qui en mangent, pour vivre.

Bang !
La lumière voyage plus vite que le son. Pendant un feu d'artifice, tu vois les fusées exploser avant de les entendre. La lumière atteint ton œil avant que le son n'arrive à ton oreille.

De l'autre côté de l'arc-en-ciel
Les gouttes de pluie agissent tels des prismes. Lorsque la lumière les traverse, les couleurs se séparent et forment un arc-en-ciel.

Lorsqu'un faisceau de lumière traverse un prisme, les couleurs se séparent, car les ondes de longueurs diverses sont déviées selon des angles différents.

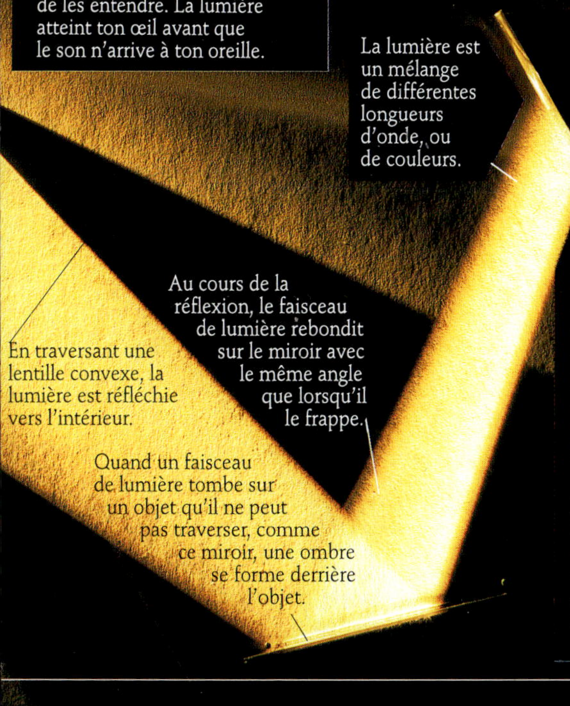

La lumière est un mélange de différentes longueurs d'onde, ou de couleurs.

Triangulaire et transparent, ce solide est un prisme.

Au cours de la réflexion, le faisceau de lumière rebondit sur le miroir avec le même angle que lorsqu'il le frappe.

En traversant une lentille convexe, la lumière est réfléchie vers l'intérieur.

Quand un faisceau de lumière tombe sur un objet qu'il ne peut pas traverser, comme ce miroir, une ombre se forme derrière l'objet.

Occupé !
Lorsque l'on parle au téléphone, la voix est transformée en signaux de lumière laser et envoyée dans des tubes en verre très fins appelés fibres optiques. Une seule de ces fibres peut transmettre jusqu'à 150 000 conversations différentes.

LES COULEURS

Imagine que tu te réveilles un jour dans un monde sans couleurs. On ne verrait plus ni peintures ni arcs-en-ciel et tu ne pourrais plus porter de chaussures rouge vif. Lorsque tu éteins ta lampe en te couchant le soir, toutes les couleurs disparaissent soudainement, parce que la couleur d'un objet n'est pas visible sans lumière.

On peut séparer la lumière blanche en autant de couleurs qu'il y en a dans l'arc-en-ciel : rouge, orange, jaune, vert, bleu, indigo et violet. En mélangeant à nouveau ces couleurs, on retrouve la lumière blanche.

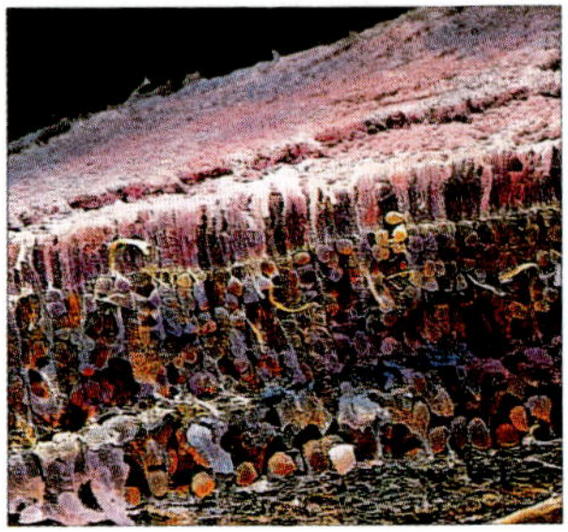

Des cônes pour les couleurs
Voilà à quoi ressemble la partie arrière de ton œil dans un microscope. Elle possède des cellules appelées cônes, qui envoient des signaux à ton cerveau et le renseignent sur les couleurs que tu vois.

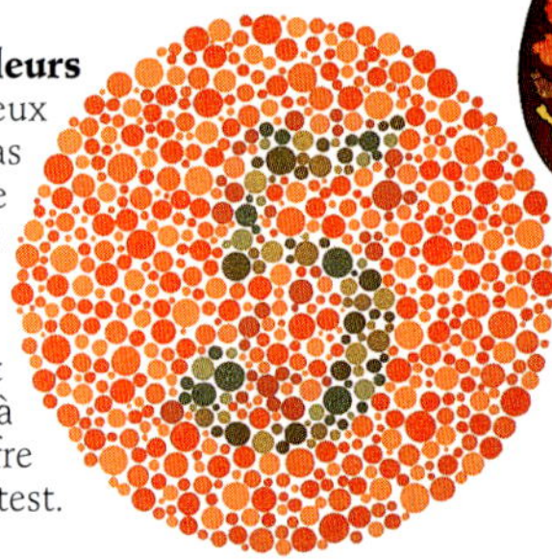

Voir les couleurs
Si tes yeux ne possèdent pas tous les types de cônes, tu ne peux distinguer toutes les couleurs. Un daltonien peut avoir du mal à distinguer le chiffre caché dans ce test.

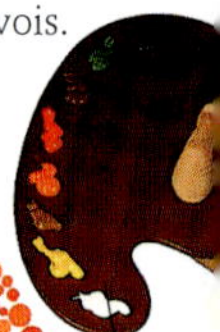

Voir rouge
C'est parce que la lumière rebondit sur les objets que nous les voyons. La lumière est un mélange des couleurs de l'arc-en-ciel. Toutes les couleurs sont absorbées lorsque la lumière arrive sur ces chaussures, sauf le rouge qui est réfléchi et renvoyé vers tes yeux.

Le blanc est la seule couleur qui ne peut pas être obtenue en mélangeant les couleurs primaires de la peinture.

Le mélange des couleurs
Si l'on mélange des lumières rouge, vert et bleu, on obtient de la lumière blanche, alors que mélanger des peintures rouge, vert et bleu donne du noir.

Les mélanges de peinture
On peut créer de nouvelles couleurs en mélangeant les couleurs primaires de la peinture.

Des plats alléchants
Ces deux plats ont le même goût, mais les colorants alimentaires de l'un lui donnent un aspect repoussant. Les couleurs changent nos sensations, notamment pour la nourriture.

Des couleurs pour alerter
Ce papillon de nuit est venimeux, et ses ailes aux couleurs vives alertent les oiseaux, qui ne le chassent pas. Nous aussi, nous utilisons les couleurs pour prévenir des dangers. Le feu rouge nous indique qu'il faut s'arrêter, tandis que le feu vert nous signale que la voie est libre et sans danger.

LES SONS

Les astronautes communiquent par radio, car leurs voix ne peuvent pas se propager dans le vide de l'espace. Les sons voyagent sous forme d'ondes. Lorsque ces ondes se déplacent dans l'air, les molécules de l'air bougent rapidement. On dit qu'elles vibrent. Aucun son ne se produit s'il n'y a pas de molécules d'air, car rien ne peut vibrer.

Tes cordes vocales vibrent dans ta gorge lorsque tu parles. Ces vibrations traversent ta bouche et se propagent dans l'air. Elles le font ainsi vibrer. Tes oreilles captent ces vibrations et tu les entends alors comme des sons.

Assourdissant !
La force d'un son se mesure en décibels. Le bruit d'un avion atteint beaucoup de décibels. Ce contrôleur porte un casque protecteur pour ne pas devenir sourd.

Le cri des baleines
Les baleines communiquent sous l'eau à travers des distances gigantesques. Le cri de la baleine bleue peut ainsi parcourir des centaines de kilomètres. Les sons voyagent plus rapidement et plus loin dans les liquides et dans les solides que dans l'air, car les molécules y sont plus rapprochées les unes des autres.

Les capsules tintent lorsqu'on agite la baguette.

Les lentilles dans le gobelet font un petit bruit de cliquetis.

Les cordes vibrent lorsqu'on les pince. Plus elles sont tendues, plus le son est aigu.

Voir les sons
Tu peux montrer l'existence des vibrations sonores en tapant sur un plateau à côté d'un tambour parsemé de riz. Le bruit produit des vibrations qui font rebondir les grains de riz sur le tambour.

Taper sur un plateau fin le fait vibrer et provoque un bruit assourdissant.

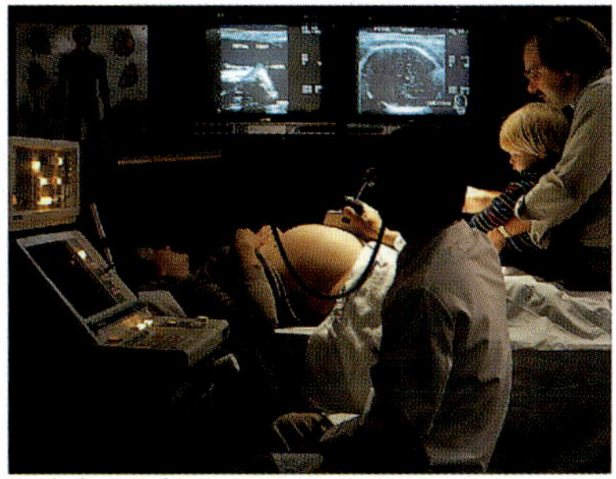

L'écho qui permet de voir
Cette femme enceinte peut voir son bébé avant sa naissance. Les ondes sonores de haute fréquence sont réfléchies lorsqu'elles touchent le fœtus et produisent une image sur l'écran de l'ordinateur.

Qu'est-ce que la fréquence ?
La « fréquence » d'un son est le nombre de vibrations qui se produisent en une seconde. On la mesure en hertz (Hz). Les notes aiguës ont une fréquence élevée : elles produisent beaucoup de vibrations et ont un nombre élevé de hertz. Les notes graves ont une fréquence basse.

Lorsque l'on joue d'un instrument à vent, l'air à l'intérieur vibre et produit un son.

Souffler dans un pipeau fait vibrer l'air à l'intérieur de tout l'instrument.

Des sons inaudibles
Nous ne pouvons pas percevoir les sons de très haute ou de très basse fréquence, car ils sont en dehors de notre domaine audible. Cependant certains animaux peuvent les entendre.

Jusqu'à 120 000 Hz, la chauve-souris

Jusqu'à 100 000 Hz, la souris

Jusqu'à 35 000 Hz, le chien

Jusqu'à 25 000 Hz, le chat

Jusqu'à 20 000 Hz, une personne jeune

LA FORCE ET LE MOUVEMENT

C'est seulement grâce à une gigantesque énergie qu'une fusée peut décoller. Les objets bougent si on les pousse ou si on les tire, ou bien si on les fait glisser sur un plan incliné. La vitesse de leur mouvement a une direction précise. La variation de la vitesse dépend de l'intensité de la force et du poids de l'objet en mouvement. Certaines forces déplacent les objets, tandis que d'autres les arrêtent. Le frottement est une force qui freine le mouvement.

Comprime-la !

Étire-la !

Tords-la !

Jouer avec les forces
Les forces peuvent agir dans de nombreuses directions pour modifier la forme d'un objet. Fais-en toi-même l'expérience avec un morceau de pâte à modeler.

Deux sens
Si une fillette pousse l'autre, toutes les deux vont rouler en s'éloignant l'une de l'autre. Une force pousse dans une direction, l'autre pousse dans la direction opposée avec la même intensité.

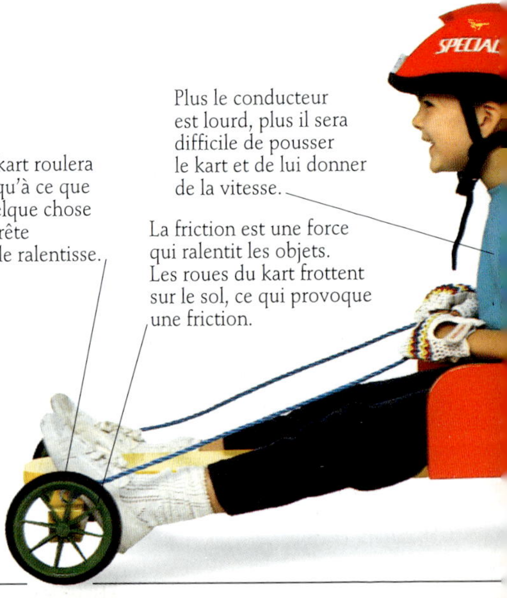

Le kart roulera jusqu'à ce que quelque chose l'arrête ou le ralentisse.

Plus le conducteur est lourd, plus il sera difficile de pousser le kart et de lui donner de la vitesse.

La friction est une force qui ralentit les objets. Les roues du kart frottent sur le sol, ce qui provoque une friction.

Vitesse et direction

La vitesse est la distance que parcourt un objet pendant un certain temps. Une vitesse a une direction précise. La vitesse d'une fusée est bien plus grande que celle d'un escargot !

Un escargot se déplace à une vitesse d'environ 0,005 km/h.

Un champion olympique court à 36 km/h.

Une voiture de course atteint des vitesses de l'ordre de 338 km/h.

Une fusée quitte l'atmosphère terrestre à 40 000 km/h.

Les pieds sur terre

Lorsque tu sautes, une force, la gravité, te fait redescendre sur terre. La gravité de la Terre diminue au fur et à mesure que tu t'en éloignes. La gravité de la Lune est beaucoup plus faible ; les astronomes peuvent alors sauter très haut avant que la gravité ne les ramène sur le sol.

La poussée est une force. Plus le garçon pousse, plus la force de poussée sur le kart est grande.

Faire démarrer le kart demande une poussée plus grande que pour le maintenir en mouvement.

Pouvoir s'arrêter rapidement

Sans friction entre le sol et ses roues, ce camion glisserait sur la route. Les bandes de roulement des pneus, qui forment de gros motifs, lui permettent d'adhérer à la chaussée.

Des performances optimales

À grande vitesse, l'air sur les ailerons de cette voiture de course la plaque sur la piste. La formule 1 peut ainsi prendre des virages plus rapidement qu'une voiture ordinaire.

LES AIMANTS

Les aimants sont des morceaux d'un matériau particulier qui exerce une force invisible et peut repousser les objets ou les attirer. Le plus gros aimant est la Terre elle-même. Les scientifiques pensent qu'à mesure qu'elle tourne sur elle-même, la Terre produit de l'électricité dans le métal chaud présent dans son cœur. C'est cette électricité qui lui donne son pouvoir magnétique. La Terre a deux pôles magnétiques : les pôles magnétiques nord et sud. L'aiguille d'un compas pointe toujours en direction du pôle magnétique nord.

Les champs magnétiques
Un champ magnétique est la région où agit un aimant. Répandue autour d'un aimant, la limaille de fer se rassemble là où le champ magnétique est le plus fort. Sur la photo de droite, les deux pôles identiques se repoussent. La limaille s'oriente donc vers l'extérieur. À gauche, les pôles s'attirent, la limaille se répartit entre eux.

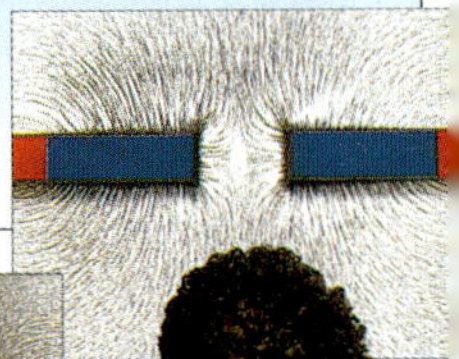

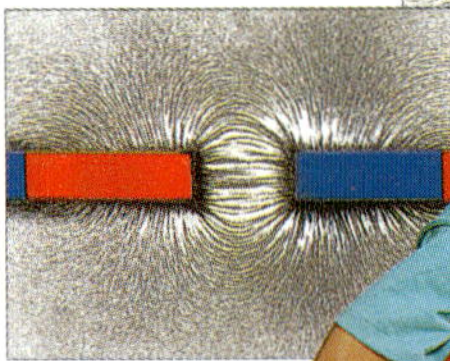

Attirés ?
Les aimants n'attirent pas tous les matériaux, mais seulement certains métaux.

Amuse-toi avec les aimants ! On appelle ceux-là des aimants en fer à cheval en raison de leur forme incurvée.

Le champ magnétique est la région où l'action de l'aimant se fait sentir.

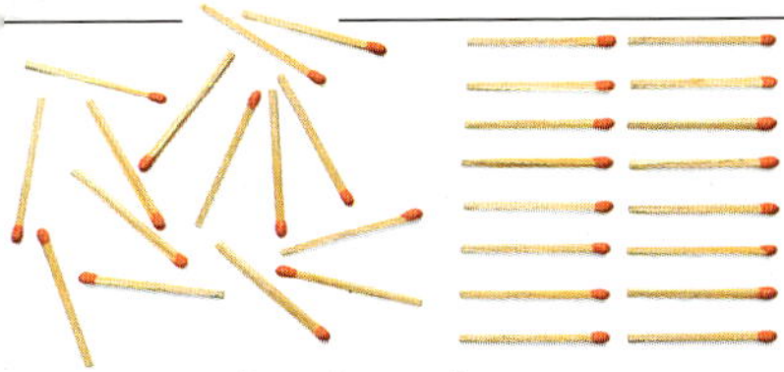

Qu'est-ce qu'un aimant ?

Les atomes se comportent comme de minuscules aimants. Dans un matériau ordinaire, les atomes ont des directions différentes, alors que, dans un aimant, ils ont tous la même direction. Un aimant perd son pouvoir s'il est chauffé, car ses atomes prennent alors des directions différentes.

Les extrémités d'un aimant sont appelées pôles.

Difficile de rapprocher deux pôles magnétiques identiques, car ils se repoussent.

Les aimants ont tous deux pôles : un pôle sud (S) et un pôle nord (N).

Il est difficile de séparer deux pôles magnétiques différents, car les forces magnétiques les attirent.

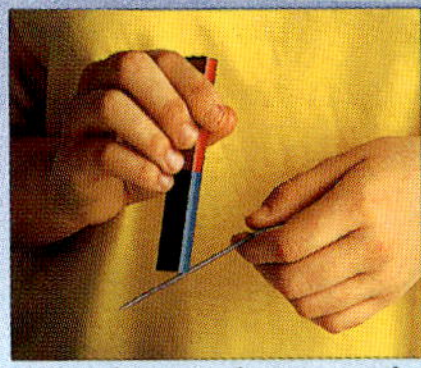

Fabrique un aimant

Si tu frottes une aiguille sur un aimant une cinquantaine de fois, elle se magnétise. Le frottement a orienté ses atomes dans la même direction.

Une boussole toute simple

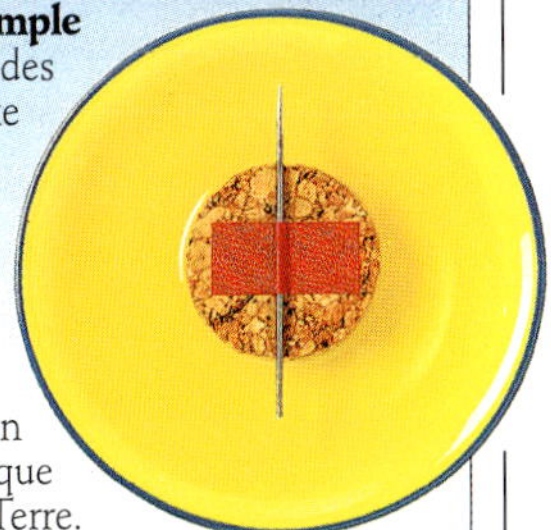

Les boussoles sont des aimants. Vérifie-le : fixe ton aiguille magnétisée sur un bouchon avec du ruban adhésif et fais-le flotter dans une bassine d'eau. L'aiguille pointe alors dans la direction du champ magnétique de la Terre.

L'électricité et les aimants

On utilise l'électricité pour fabriquer des aimants que l'on peut allumer ou éteindre. Cet électroaimant sert à attraper de la ferraille. Tu peux faire un électroaimant en enroulant autour d'un clou du fil de fer que tu connectes à une batterie.

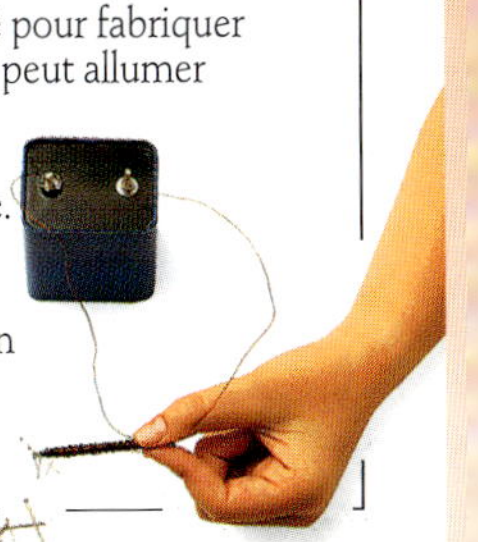

LES MACHINES

Lorsque tu fais tes devoirs, tu travailles dur, mais ce n'est pas ce que les scientifiques appellent du travail ! En science, on parle de travail lorsque l'on déplace un objet, par exemple en le soulevant ou en le faisant tourner. Les machines nous aident à déplacer les objets, de sorte que nous peinons moins. Les bicyclettes nous permettent d'aller plus vite. Comme beaucoup de machines, elles sont composées d'un ensemble de petites machines simples. Les roues, les axes, les poulies, les engrenages, les leviers, les plans inclinés et les vis sont tous des machines élémentaires qui nous sont familières.

Fendre les objets
Un coin est une machine simple qui ouvre les objets en les fendant. Lorsque tu enfonces un coin avec un marteau dans un morceau de bois, tu fends le bois. Un coin est un type de plan incliné.

Facile à faire
Les leviers facilitent les travaux les plus durs. Une bascule est un type de levier. Le point de bascule est appelé pivot. Le poids de la fillette est la force, tandis que la caisse est la charge qu'il faut soulever.

Mal aux fesses ?
Tu peux parcourir de longues distances à vélo. Entre 1922 et 1973, l'Écossais Tommy Chambers a pédalé pendant 1 286 517 km !

Des câbles relient les leviers de freins aux patins. En appuyant sur les leviers, les patins arrêtent le mouvement des roues.

Les patins de frein appuient sur la roue. Ils arrêtent son mouvement en utilisant la force de friction.

La roue tourne, ou est en rotation, autour d'un axe.

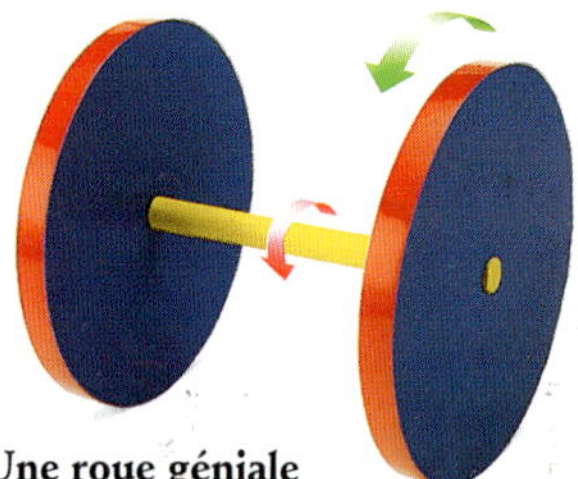

Une roue géniale
La roue est l'une des machines les plus importantes. On peut relier deux roues par un barreau appelé axe. Un petit mouvement de l'axe suffit pour faire faire un grand tour à la roue.

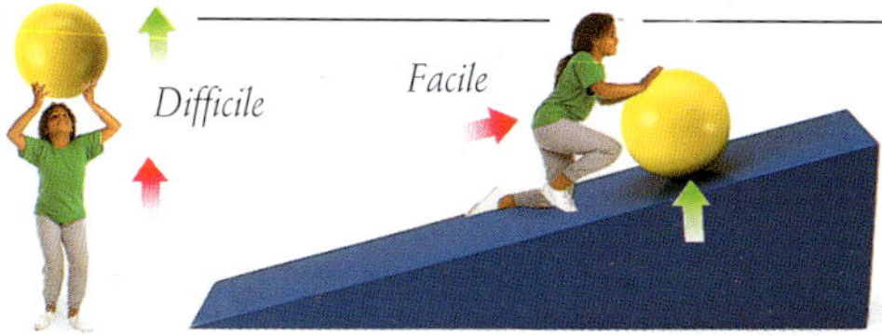

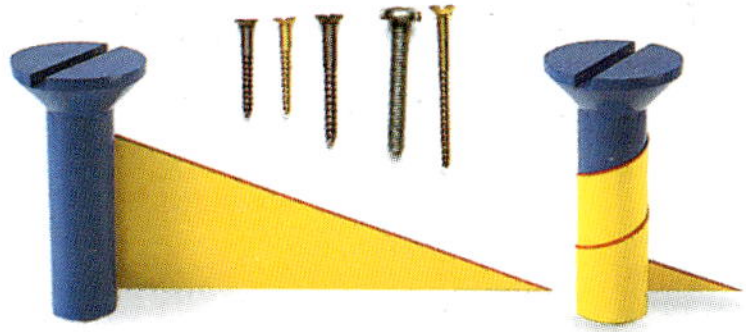

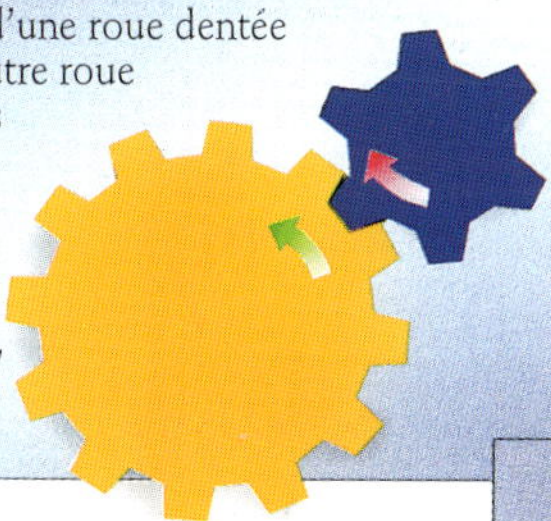

Se mettre en mouvement
Un engrenage est fait d'une roue dentée qui tourne dans une autre roue dentée. Les engrenages changent la vitesse ou la direction du mouvement. La petite roue tourne deux fois plus vite que la grande, et dans le sens opposé.

Grimper sur les collines
Les plans inclinés sont des machines simples. Ils nous aident à monter ou à faire descendre les objets. Une vis est une sorte de plan incliné. Si tu pouvais dérouler les rainures disposées en spirale autour d'une vis, elles prendraient la forme d'un plan incliné.

La chaîne relie le pédalier aux pignons de la roue arrière. Un petit mouvement sur les pédales se transforme en une grande rotation de la roue.

La chaîne fait partie du système de poulie.

L'appui sur les pédales crée la force pour démarrer.

Léger comme une plume ?
Il est difficile de soulever un poids seulement à l'aide de tes mains. C'est beaucoup plus facile avec une corde qui passe sur une poulie. En doublant le nombre de poulies, tu peux soulever une charge deux fois plus lourde, sans tirer plus fort.

LES MACHINES ET LES MOTEURS

Les machines et les moteurs génèrent l'énergie nécessaire au mouvement. Les moteurs fonctionnent le plus souvent à l'électricité et équipent de petits appareils, comme les sèche-cheveux. Les machines sont généralement plus puissantes et produisent de la chaleur. Dans le cas des machines à vapeur (les premières inventées), l'eau chauffée se transforme en vapeur. Celle-ci fait tourner la machine, comme la vapeur de l'eau qui bout dans une casserole en soulève le couvercle. Les voitures ont un moteur dit à combustion interne. La puissance est fournie par les gaz chauds résultant de la combustion du carburant à l'intérieur du moteur.

La chaudière produit de la vapeur.

Machine à vapeur
Il y a 40 ans encore, des machines à vapeur comme celle-ci étaient utilisées dans les fêtes foraines. Elles étaient en tête des défilés. À l'arrêt, elles produisaient de l'électricité pour éclairer les stands des fêtes.

Les moteurs électriques
Un moteur électrique fonctionne grâce au magnétisme. Un courant électrique, qui circule dans un fil enroulé sur une bobine, transforme celle-ci en un aimant très puissant. Si cette bobine est placée dans un autre aimant, elle se met à tourner très vite, comme dans le sèche-cheveux.

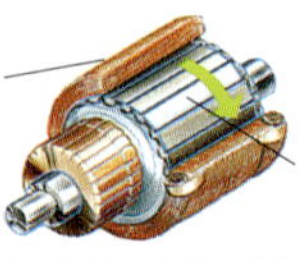

Aimant (ou stator)

Bobine (ou rotor)

Les réacteurs
La plupart des avions sont équipés de réacteurs. Ces moteurs comportent une hélice interne qui produit, à l'arrière de l'avion, un souffle chaud et très puissant.

Moteur à essence
Voici un modèle de moteur à combustion interne, comme ceux qui équipent la plupart des voitures. Le carburant est constamment injecté dans le cylindre du moteur, où il est enflammé par une étincelle électrique. L'explosion repousse le piston et fait ainsi tourner le moteur.

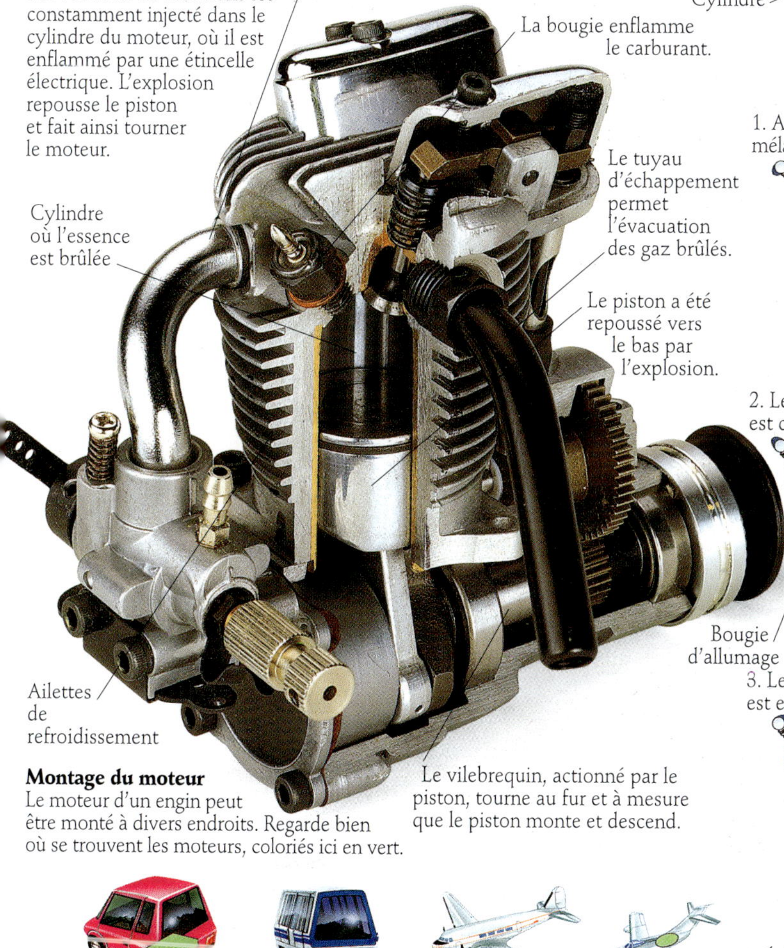

Cycle à quatre temps
Dans la plupart des voitures, le moteur fonctionne en quatre étapes ; c'est pourquoi il est dit à quatre temps.

Montage du moteur
Le moteur d'un engin peut être monté à divers endroits. Regarde bien où se trouvent les moteurs, coloriés ici en vert.

LES MACHINES DE GUERRE

Porte-avions

Grenade à main

Les armées disposent aujourd'hui d'armes diverses, depuis les fusils et les grenades, pour combattre un simple adversaire, jusqu'aux bombes et autres missiles permettant d'atteindre de grosses cibles. Si les soldats peuvent aller au combat en conduisant un char d'assaut (un canon puissant monté sur chenilles et recouvert d'un blindage métallique), rien ne les protège, ni eux ni la population civile, contre les bombes nucléaires, les armes les plus puissantes qui existent.

Quelle explosion !

La poudre à canon servit d'abord, en Chine, à faire des feux d'artifice.

En 1605, Guy Fawkes tenta de lancer une bombe sur le Parlement anglais.

En 1866, Albert Nobel inventa un explosif très puissant : la dynamite.

Le canon principal tire des obus très puissants avec une portée de 3 km.

La tourelle pivote, de sorte que le canon peut tirer dans toutes les directions.

Les chars d'assaut sont équipés d'un réservoir contenant environ 1 900 l de carburant. Ils n'ont cependant, en roulant à 40 km/h, que 440 km d'autonomie.

Le commandant du char est assis en haut.

Le conducteur, assis en bas à l'avant, utilise des miroirs pour voir ce qui se passe à l'extérieur.

Le tireur utilise un viseur électronique à infrarouge. Il détecte la chaleur dégagée par les cibles ennemies.

Le chargeur alimente le canon en obus. Il s'occupe également des liaisons radio.

Piste d'envol en mer
Les porte-avions sont des bateaux équipés d'un pont plat, utilisé par les avions de guerre pour décoller et atterrir. Le porte-avions navigue près des côtes ennemies.

Cette mitrailleuse sert de défense antiaérienne.

Le blindage, de plus de 13 cm d'épaisseur, protège l'équipage des tirs ennemis.

Les roues tournent à l'intérieur d'une bande faite de plaques métalliques, appelée chenille. Pour diriger le char d'assaut, le conducteur freine les roues du côté où il veut tourner.

De plus en plus efficace

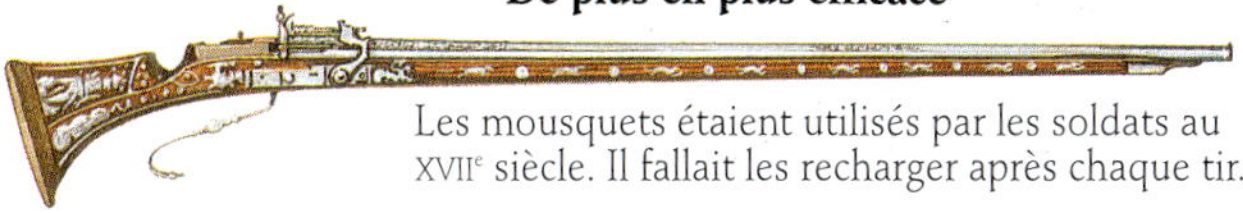

Les mousquets étaient utilisés par les soldats au XVIIe siècle. Il fallait les recharger après chaque tir.

Les armes de poing, comme ce colt 45, étaient portées par les cow-boys, dans l'Ouest américain, il y a environ 150 ans. Elles pouvaient tirer six coups sans être rechargées.

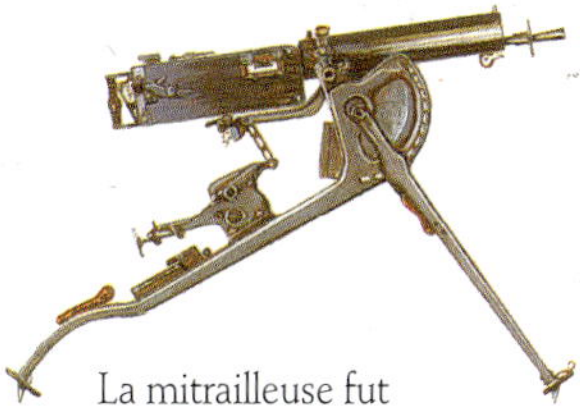

La mitrailleuse fut inventée en 1884 par sir Hiram Maxim. Elle pouvait tirer des douzaines de balles, l'une après l'autre.

En 1945, les États-Unis ont détruit la ville d'Hiroshima avec une bombe atomique.

Les armes nucléaires
Une seule bombe atomique peut détruire une ville entière, et ses radiations restent encore actives de nombreuses années après.

Une explosion nucléaire

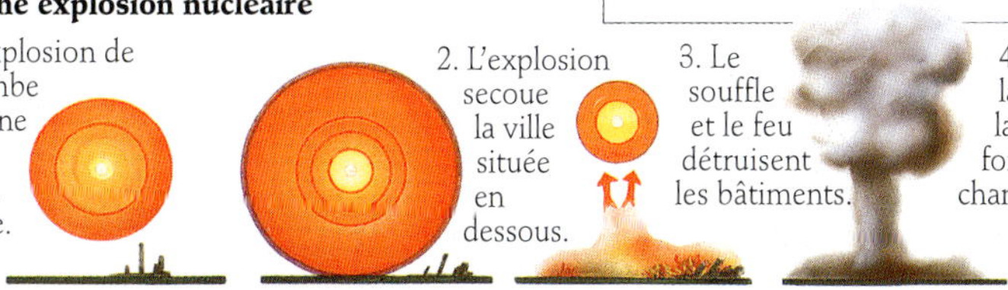

1. L'explosion de la bombe crée une boule de feu géante.

2. L'explosion secoue la ville située en dessous.

3. Le souffle et le feu détruisent les bâtiments.

4. Les décombres, la fumée et de la vapeur d'eau forment un énorme champignon dans le ciel.

LES ORDINATEURS

Les ordinateurs sont les machines les plus ingénieuses du monde. Leur cœur est constitué de microprocesseurs, formés de milliers de composants électroniques qui fonctionnent comme de minuscules interrupteurs de courant électrique. Ces composants, appelés « bits », peuvent être ouverts ou fermés. On leur attribue la valeur 1 ou 0. En combinant ces valeurs de différentes façons, les ordinateurs peuvent représenter de nombreuses informations (mot, nombre, dessin, etc.) et ainsi effectuer diverses tâches. La plupart des ordinateurs servent à travailler. D'autres, comme les machines à réalité virtuelle, t'entraînent dans des histoires imaginaires.

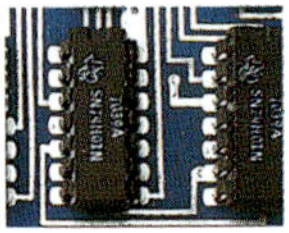

Le casque est muni de deux mini-écrans de télévision, chacun situé devant un œil, et d'écouteurs.

Quand tu remues la tête, ce câble transmet des signaux à l'ordinateur.

Aux commandes d'une machine à réalité virtuelle, tu peux t'imaginer en train de piloter un avion à réaction ou une navette spatiale.

Un casque à visière-écran
Un pilote d'avion à réaction possède un casque très spécial. Sur sa visière, qui sert d'écran, s'affichent en transparence les informations dont il a besoin pour piloter son avion ou tirer sur une cible. À cause de la vitesse, il ne doit pas tourner la tête.

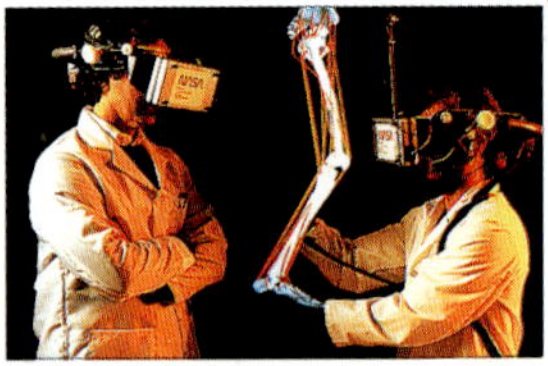

Voir à l'intérieur du corps
Certains chirurgiens utilisent une machine à réalité virtuelle. Ils auscultent leurs patients avec un gant spécial, qui transmet des informations sur l'intérieur du corps à une machine qui, à son tour, les transforme en images. On choisit ainsi la meilleure façon d'opérer.

Ce câble transporte les signaux de son et d'image, de l'ordinateur vers le casque.

Quand tu tournes la tête, les écrans du casque te montrent ce qu'il y a sur les côtés, non pas dans la pièce où tu te trouves, mais dans l'univers de ton jeu.

Cerveau de poche
Il y a 50 ans, un ordinateur occupait une pièce, alors qu'aujourd'hui un ordinateur de puissance équivalente a la taille d'une calculette.

De plus en plus petits
La taille des composants des ordinateurs a diminué jusqu'à devenir minuscule. Mais, en même temps, ces composants se sont complexifiés.

Les premiers ordinateurs utilisaient de grosses lampes.

Les ordinateurs sont maintenant équipés de très petits microprocesseurs.

Selon les besoins, des moteurs électriques font remuer d'avant en arrière ou de droite à gauche la machine à réalité virtuelle, afin de donner au jeu encore plus de réalité.

Où se cachent-ils ?
Les ordinateurs sont partout, dans la maison ou les laboratoires.

Calculette

Micro-ordinateur portable

Micro-ordinateur de bureau

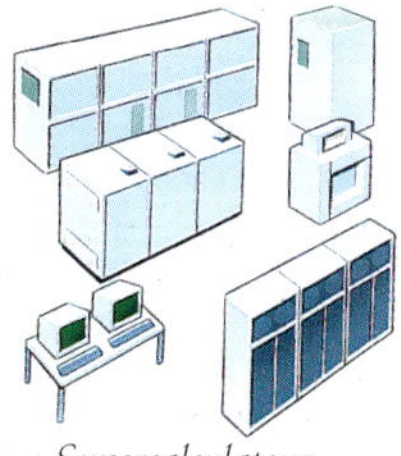

Supercalculateur

LES ROBOTS

Les robots sont des machines qui « pensent ». Ils ont un ordinateur en guise de cerveau, qui leur dicte ce qu'ils doivent faire. Une fois qu'ils ont été programmés, les robots peuvent travailler sans l'intervention de l'homme. Certaines personnes pensent qu'un jour nous saurons fabriquer des robots capables de tout faire, comme nous humains, et qu'ils nous ressembleront. Mais aujourd'hui, les robots ne sont encore que des bras mécaniques et des grues.

Gestes mécaniques

Les automates sont des machines ingénieuses qui imitent les gestes des hommes ou des animaux. Celui-ci a été fabriqué pour une foire, au siècle dernier.

Robots industriels

La plupart des robots industriels sont des bras articulés. De telles machines sont capables de saisir des objets, de les installer là où il faut, de les souder, et même d'en vérifier le fonctionnement. Elles effectuent les tâches de nombreux ouvriers spécialisés.

Une voix électronique permet aux robots de répondre ou de poser des questions simples. Ils peuvent aussi obéir à des ordres donnés d'une voix claire.

Robots de travail ou de jeu

Sonde spatiale

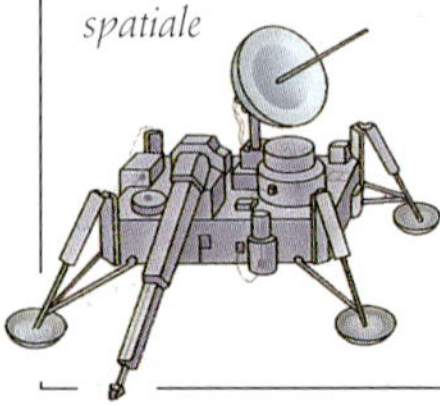

Robot domestique

Robot de déminage

Bras articulé

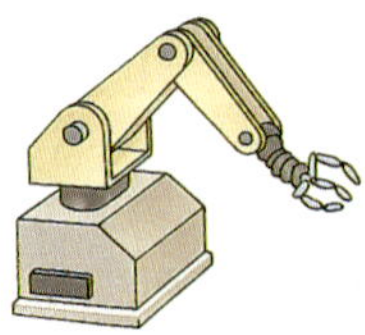

Le robot peut ramasser un journal en serrant ses pinces. Ses « muscles » sont en réalité de petits moteurs électriques.

Les pinces sont équipées de capteurs de pression afin de ne pas écraser les objets qu'elles saisissent.

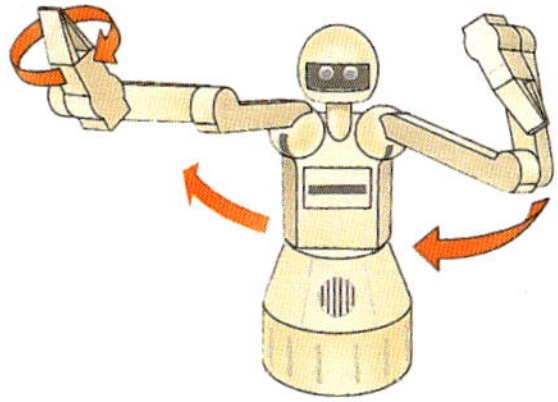

La gymnastique du robot
Le robot peut effectuer une rotation des mains et bouger ses bras. Contrairement à ceux des hommes, ses bras peuvent faire un tour complet !

Le robot peut également effectuer une rotation complète, c'est-à-dire tourner sur lui-même sans que sa base bouge.

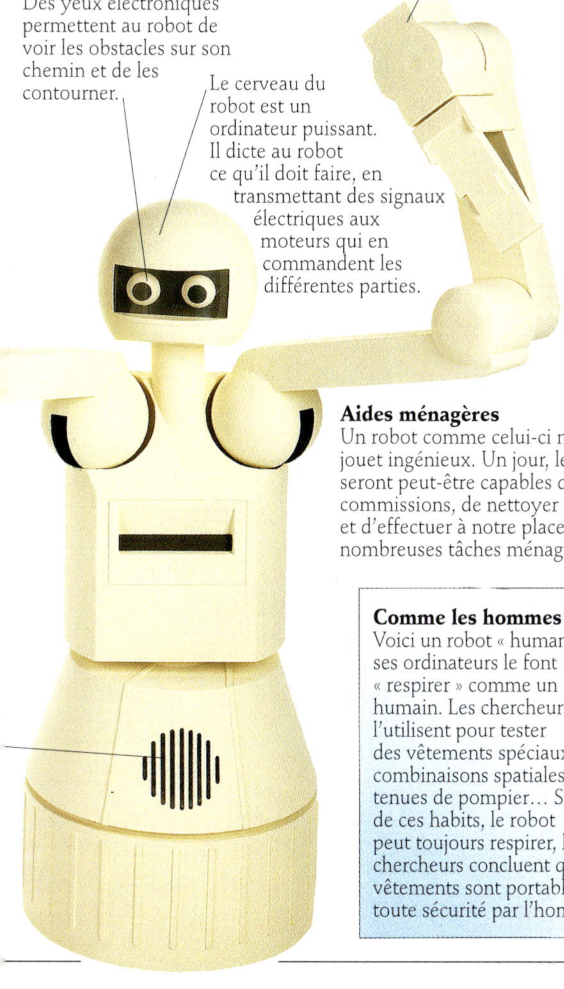

Des yeux électroniques permettent au robot de voir les obstacles sur son chemin et de les contourner.

Le cerveau du robot est un ordinateur puissant. Il dicte au robot ce qu'il doit faire, en transmettant des signaux électriques aux moteurs qui en commandent les différentes parties.

Aides ménagères
Un robot comme celui-ci n'est qu'un jouet ingénieux. Un jour, les robots seront peut-être capables de faire les commissions, de nettoyer la maison et d'effectuer à notre place de nombreuses tâches ménagères.

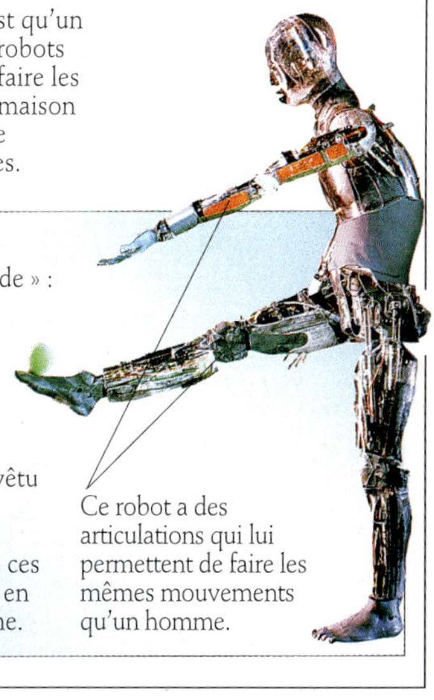

Comme les hommes
Voici un robot « humanoïde » : ses ordinateurs le font « respirer » comme un humain. Les chercheurs l'utilisent pour tester des vêtements spéciaux : combinaisons spatiales, tenues de pompier... Si, vêtu de ces habits, le robot peut toujours respirer, les chercheurs concluent que ces vêtements sont portables en toute sécurité par l'homme.

Ce robot a des articulations qui lui permettent de faire les mêmes mouvements qu'un homme.

L'ÉNERGIE ET L'INDUSTRIE

Dans le monde actuel, il y a des milliers de métiers différents qui se divisent en trois groupes. Le secteur primaire, qui englobe l'agriculture, la pêche et l'industrie minière, s'occupe directement des matières premières. Le secteur secondaire, qui comprend les industries de transformation, fabrique avec les matières premières des produits finis. Le secteur tertiaire regroupe les échanges et les services ; il emploie des personnes qui vendent les produits finis ou qui apportent aux autres leur savoir, tels les infirmiers ou les enseignants. Toutes les industries ont besoin d'énergie pour fonctionner et, comme le monde s'industrialise de plus en plus, il a de plus en plus besoin d'énergie. Celle-ci provient en grande partie de combustibles fossiles tels le charbon, le pétrole et le gaz naturel qui finiront par être épuisés tant leur consommation est grande.

Plate-forme pétrolière

Le vent est une source d'énergie inépuisable.

Pétrole

Charbon

Gaz naturel

Énergie nucléaire

Minerai de fer

L'acier est fait avec du minerai de fer.

Les voitures sont fabriquées en acier.

Puces électroniques imprimées sur du silicium

Corde en Nylon

Le commerce fait partie du secteur des services.

De nombreux objets sont fabriqués à la chaîne.

LE CHARBON

Le charbon enfoui sous terre se présente sous forme de couches très minces, les veines. Certaines d'entre elles sont peu profondes et exploitées à ciel ouvert, avec des machines appelées excavatrices. Mais la plupart des veines sont enfouies très profondément et de nombreux puits et galeries doivent être creusés afin que les mineurs puissent abattre le charbon. Environ la moitié des 5 000 millions de tonnes extraites chaque année est brûlée dans les centrales électriques pour fabriquer l'électricité destinée à la consommation.

Coke
En chauffant du charbon à plus de 900 °C, on obtient différents produits, dont le coke, qui sert à fabriquer l'acier. Cette opération, la cokéfaction, se fait dans un four.

Le coke est un dérivé du charbon.

Le goudron recueilli en bas du four est utilisé pour fabriquer du savon.

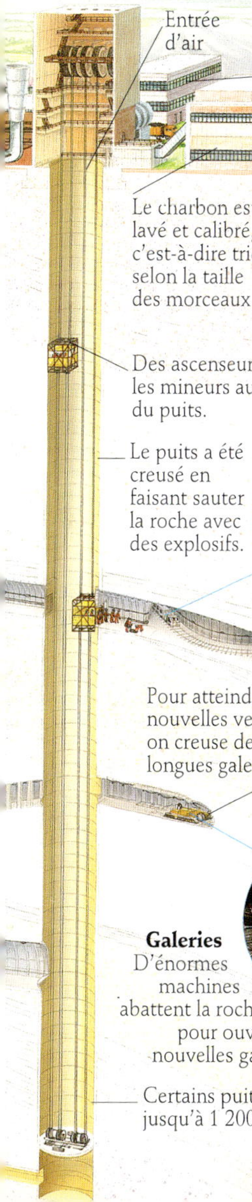

Transport
Des trains transportent le charbon jusqu'aux centrales électriques.

Un long voyage
Des trains transportent les mineurs jusqu'aux fronts de taille situés à plusieurs kilomètres du puits.

Galeries
D'énormes machines abattent la roche pour ouvrir de nouvelles galeries.

Les qualités du charbon
Plus le charbon est enfoui profondément sous terre, plus il est dur et plus il donne de l'énergie en brûlant.

La tourbe, en surface, sert à faire des briques de chauffage.

Le lignite, un charbon brun et tendre, sert à faire du coke.

Le charbon bitumineux noir sert à fabriquer de l'électricité.

L'anthracite sert de combustible dans les habitations et les usines.

Éclairage
Autrefois, les mineurs s'éclairaient à l'aide d'une bougie, ce qui provoquait souvent des explosions à cause des gaz circulant dans les galeries. Une lampe de sûreté, protégée par une toile métallique, fut inventée par Davy en 1815. Les lampes modernes à pile sont encore plus sûres.

LE PÉTROLE

Le pétrole, appelé aussi « or liquide », dort dans les roches situées sous les déserts, les plaines et les mers. C'est un combustible fossile noir et gluant qui sert surtout à produire de l'énergie. Mais 12 % de la production totale sont transformés en produits chimiques et en matières plastiques. Le pétrole est extrait grâce à des puits forés dans le sol. Sur terre, c'est assez facile, mais en mer, il faut construire des plates-formes hautes comme des gratte-ciel.

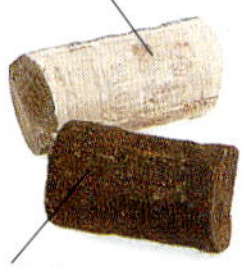

Roches poreuses
Le pétrole est emprisonné dans des roches poreuses, tel le grès. Il se trouve entre de l'eau et une couche de gaz naturel.

Les glaçons représentent les grains de la roche.

Trépan
Un outil de forage métallique, le trépan, perce la roche pour atteindre le pétrole. Il s'use vite et est changé deux fois par jour.

Des produits chimiques permettent de remonter à la surface les débris de roches.

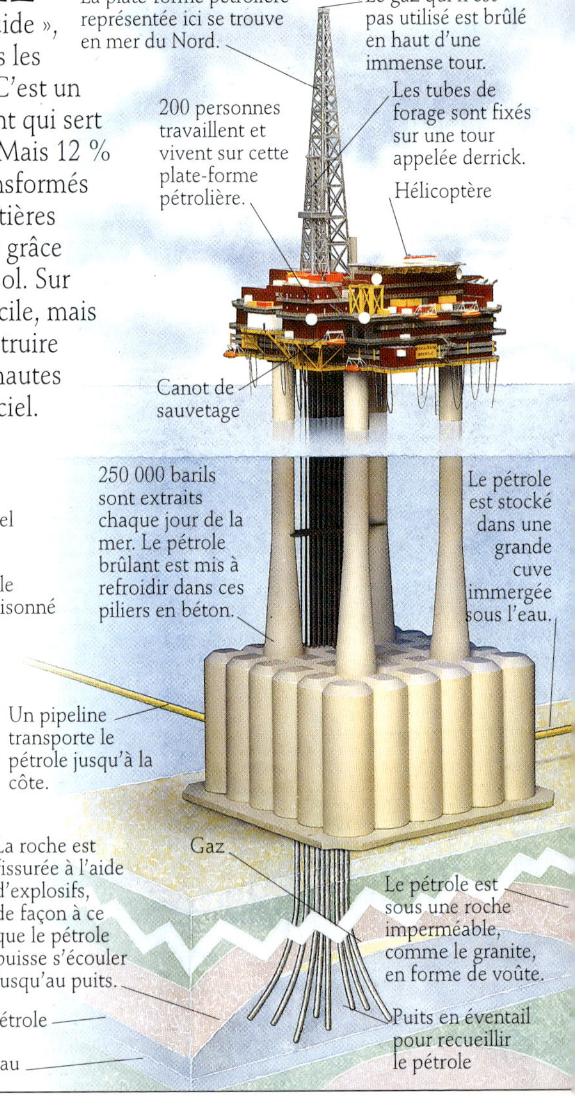

Oléoduc
Le pétrole extrait dans le nord de l'Alaska met une semaine pour atteindre un port de la côte sud : il est transporté dans un oléoduc de 1 284 km de long.

En mer
Les plates-formes permettent d'extraire le pétrole des fonds marins. Certaines flottent, d'autres sont fixées au fond de la mer.

D'énormes bateaux appelés pétroliers viennent chercher le pétrole.

Les pétroliers transportent le pétrole dans le monde entier.

La cuve est fixée au sol par des ancres.

Cette ligne brisée indique que le pétrole est généralement enfoui à plusieurs milliers de mètres sous terre.

Pompage
Le pétrole ne jaillit pas toujours naturellement à la surface. Il faut parfois le pomper à l'aide de machines appelées pompes à balancier. Celle-ci, peinte en vert, ressemble à une grosse sauterelle.

Compare la taille de cette plate-forme à celle de la statue de la Liberté.

Plate-forme auto-élévatrice

Navire de forage

Plate-forme semi-submersible

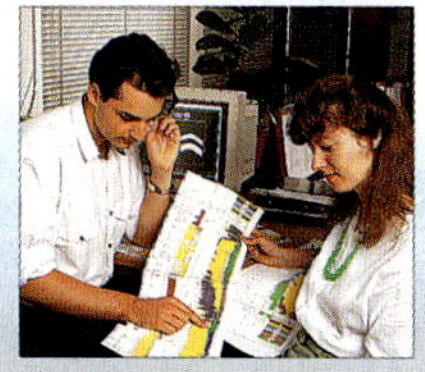

Forage d'exploration
Les géologues étudient le sous-sol pour savoir si du pétrole est emprisonné dans les roches. Si les études et les photographies par satellites sont positives, on procède alors à un forage d'exploration.

Dès qu'on l'ouvre, le gaz s'échappe de cette bouteille.

Des bulles de gaz
Le pétrole contient des bulles de gaz naturel. Celui-ci est brûlé sur place, ou bien transporté jusqu'à la terre ferme s'il y en a beaucoup.

LE GAZ NATUREL

En 1918, un gaz fut découvert dans un champ pétrolier, au Texas. On l'appela gaz naturel, par opposition au gaz fabriqué à partir du charbon. Aujourd'hui, ce combustible est utilisé dans le monde entier, dans les usines comme dans les habitations. Le gaz naturel suit un long chemin avant de produire la petite flamme bleue qui brûle sur le fourneau, dans la cuisine. Une fois extrait du sous-sol, il est conduit dans un terminal, où il est purifié, puis il parcourt des kilomètres dans des conduites appelées gazoducs.

Quelle odeur !
Le gaz naturel étant inodore, des produits sont ajoutés pour détecter les fuites.

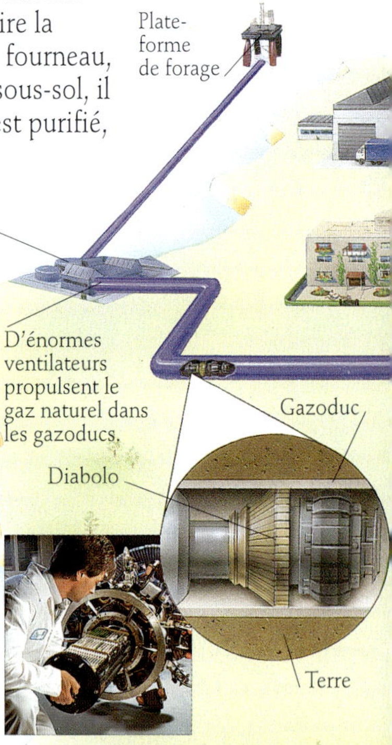

Un « diabolo » intelligent
Un ordinateur monté sur roues, appelé diabolo, circule dans les canalisations de gaz naturel. Il vérifie leur état et détecte le moindre problème.

Méthane
Le gaz naturel contient du butane, du propane et du méthane. Le butane et le propane sont extraits dans un terminal. Le méthane, qui brûle mieux, est acheminé dans des gazoducs vers les habitations et les usines.

Méthane liquide
Le méthane peut être refroidi : il est alors liquide et son volume est réduit de 600 fois. Des navires, les méthaniers, peuvent ainsi le transporter.

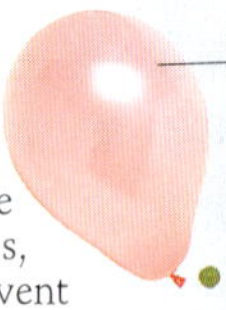

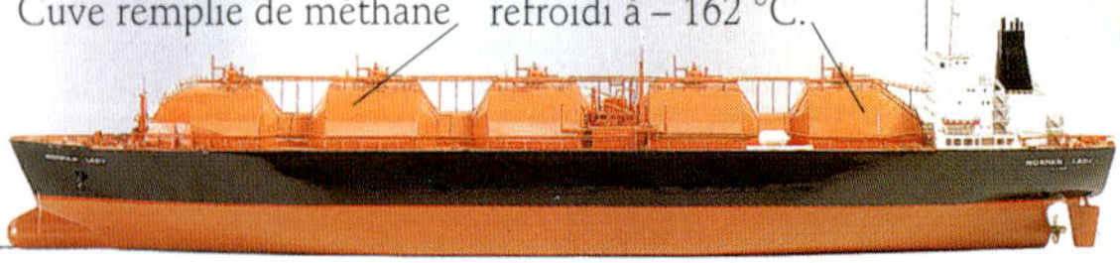

Plate-forme de forage
Cette énorme structure, ou plate-forme de forage, sert à extraire le gaz naturel se trouvant dans les fonds marins. Le trou conduisant à la poche de gaz mesure parfois jusqu'à 6 km de long.

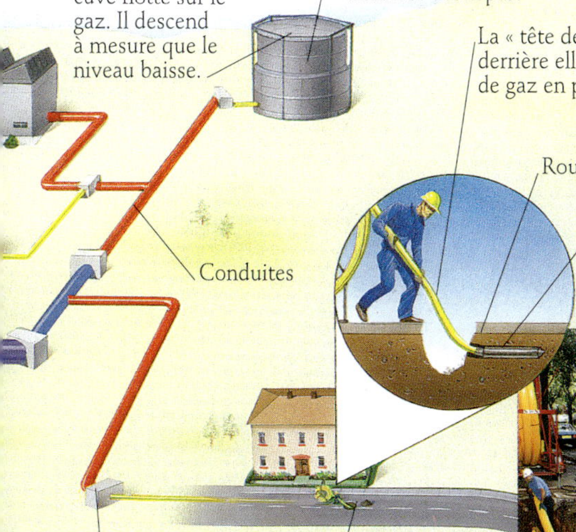

« Tête de forage »
Une tête de forage est une petite machine ressemblant à une fusée, qui permet de mettre en place les canalisations sans creuser de tranchées. Elle est guidée par un ordinateur.

Une algue bien utile
Une algue marine géante, appelée macrocyste, est cultivée au large des côtes de la Californie. Elle est récoltée, puis stockée dans des cuves. Cette algue produit du méthane en se décomposant.

Toutes les tailles

Un adolescent pourrait tenir debout dans le gazoduc reliant la plate-forme au terminal.

Un chien pourrait tenir dans la canalisation reliant le gazoduc aux conduites secondaires.

Un chat pourrait tenir dans les conduites qui acheminent le gaz jusqu'aux usines.

Une souris pourrait tenir dans la conduite en matière plastique acheminant le gaz vers les habitations.

L'ÉNERGIE NUCLÉAIRE

Les atomes sont de minuscules particules qui composent la matière. Ils renferment une énorme quantité d'énergie appelée énergie nucléaire. Dans une centrale nucléaire, des milliards d'atomes d'uranium libèrent cette énergie sous forme de chaleur. Cette chaleur est utilisée pour faire bouillir de l'eau qui, en se transformant en vapeur, sert à fabriquer de l'électricité. L'énergie nucléaire fait souvent très peur, car les atomes, en même temps qu'ils libèrent de l'énergie, émettent des rayons très dangereux pour la santé : c'est la radioactivité.

Super combustible
Une poignée d'uranium pur libère autant d'énergie que 72 000 barils de pétrole !

À l'intérieur d'un réacteur
Les neutrons, dans un réacteur, viennent frapper les atomes d'uranium enfermés dans les barres de combustible.

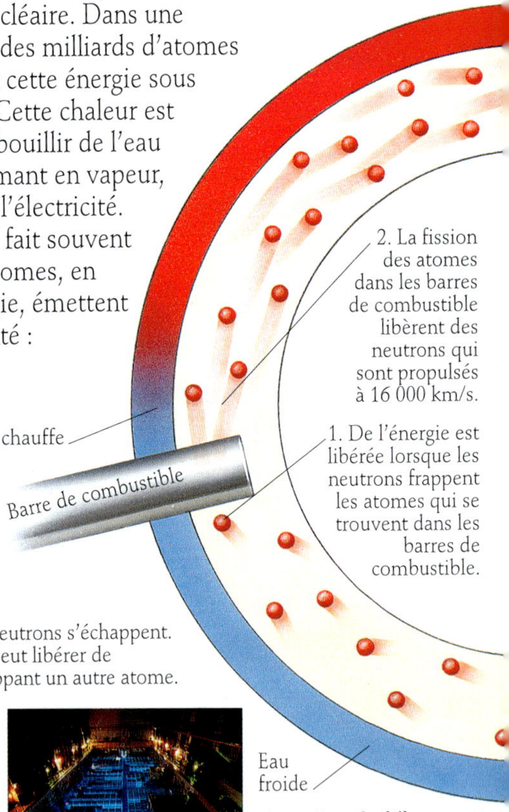

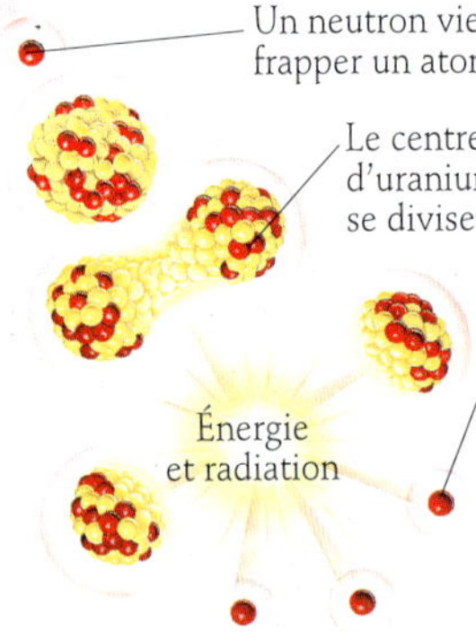

La fission nucléaire
Le noyau d'un atome est composé de neutrons et de protons qui sont maintenus ensemble par de l'énergie. Lorsqu'un atome se divise en deux, une partie de cette énergie est libérée : c'est la fission nucléaire.

Les barres de combustible usagées sont des « déchets » radioactifs.

Cuve de refroidissement
Les barres de combustible sont remplacées au bout de quelques années. Elles sont mises à refroidir dans une cuve d'eau, afin que l'uranium soit récupéré.

À l'intérieur de ce bâtiment, une turbine produit de l'électricité.

Le réacteur nucléaire se trouve ici.

Le réacteur est sous cette dalle métallique rouge.

Enceinte de protection
Pour éviter une radiation, le réacteur nucléaire est entouré par d'épais murs en béton qui arrêtent les rayons dangereux.

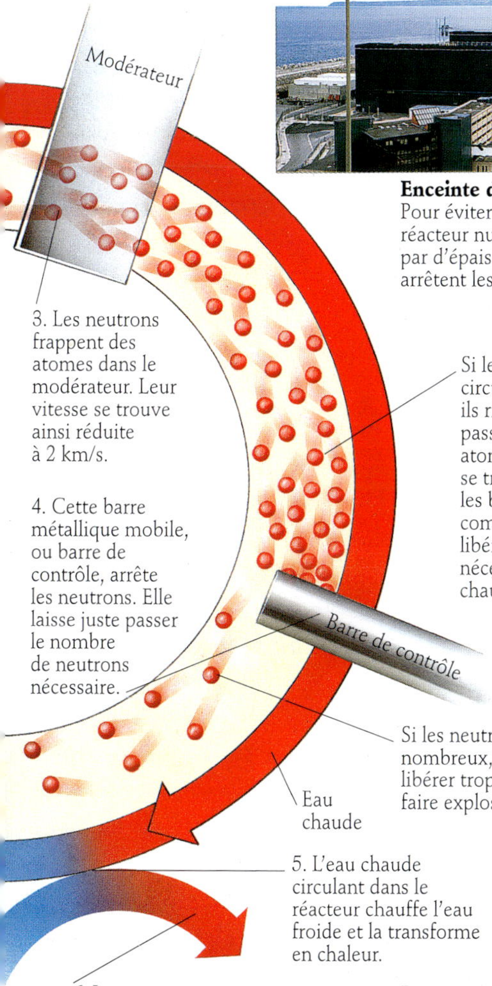

3. Les neutrons frappent des atomes dans le modérateur. Leur vitesse se trouve ainsi réduite à 2 km/s.

4. Cette barre métallique mobile, ou barre de contrôle, arrête les neutrons. Elle laisse juste passer le nombre de neutrons nécessaire.

Si les neutrons circulent trop vite, ils risquent de passer à côté des atomes d'uranium se trouvant dans les barres de combustible, sans libérer l'énergie nécessaire pour chauffer l'eau.

Si les neutrons sont trop nombreux, ils risquent de libérer trop d'énergie et de faire exploser le réacteur.

Eau chaude

5. L'eau chaude circulant dans le réacteur chauffe l'eau froide et la transforme en chaleur.

6. La vapeur actionne une turbine qui fabrique de l'électricité.

Stockage des déchets
Les déchets des centrales, très radioactifs, sont transformés en une sorte de verre. Ils sont ensuite enfermés dans une cuve en acier enrobée de béton et enfouis sous terre.

Des déchets, moins dangereux, sont enterrés dans des fûts.

Rayon laser

Fusion
Lorsque des atomes brûlants entrent en collision, ils fusionnent et libèrent de l'énergie. C'est la fusion thermonucléaire. La lumière du Soleil résulte de cette fusion.

LES ÉNERGIES RENOUVELABLES

Lorsque les réserves de pétrole, de gaz et de charbon seront épuisées, il faudra trouver d'autres sources d'énergie. Si le vent et l'eau sont déjà mis à contribution, le Soleil, qui produit à la fois de la lumière et de la chaleur, constitue une source d'énergie inépuisable, une énergie renouvelable et peu coûteuse. Déjà bon nombre de calculatrices, de montres et de centrales électriques fonctionnent grâce à l'énergie solaire. Les scientifiques espèrent être bientôt capables de capter la lumière du Soleil dans l'espace pour la dévier sur la Terre.

Gaz de fumier
Le fumier est parfois récupéré et stocké. En pourrissant, il dégage un gaz qui est acheminé vers les habitations et utilisé pour la cuisine et le chauffage.

Énergie hydraulique
L'énergie produite par les chutes du Niagara est utilisée depuis 1891. L'eau fait tourner d'immenses aubes, appelées turbines. En tournant, les turbines entraînent un arbre qui produit de l'électricité.

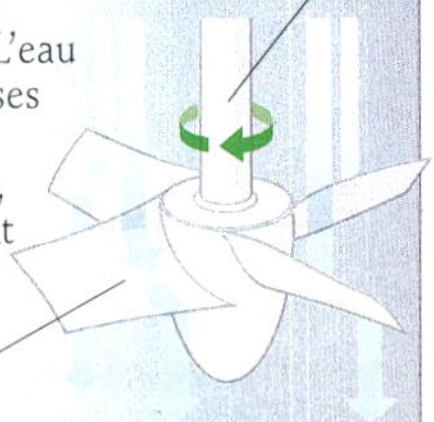

Four solaire
La lumière du Soleil, réfléchie par un miroir, chauffe de l'eau. Elle se transforme en vapeur qui sert à fabriquer de l'électricité. Le premier four a été construit en France en 1968.

Ce miroir est incurvé afin que tous les rayons du Soleil soient réfléchis en un seul point situé au sommet de la tour.

Des ordinateurs maintiennent les 63 miroirs face au Soleil.

Jeu de miroirs
63 petits miroirs plats se trouvent à côté du four solaire. Ils réfléchissent la lumière vers le miroir principal.

Énergie éolienne

L'énergie du vent, ou énergie éolienne, peut être utilisée pour faire tourner les pales des moulins à vent. Celles-ci entraînent alors un arbre qui produit de l'électricité.

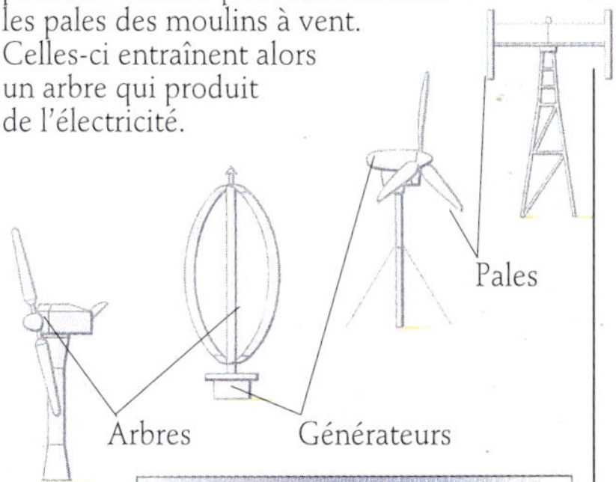

Piles solaires

Formées de silicium, elles transforment la lumière du Soleil en électricité. Ce téléphone fonctionne avec des piles solaires.

La lumière du Soleil frappe les électrons. Cela génère un courant électrique capté par le métal.

L'ÉLECTRICITÉ

L'électricité sert à transporter l'énergie d'un endroit à un autre. Ainsi un téléviseur fonctionne-t-il en recevant l'énergie produite dans une centrale électrique. L'électricité est fabriquée dans des machines telles que les petites dynamos qui éclairent les phares des bicyclettes ou les énormes générateurs des centrales électriques qui permettent d'éclairer des villes entières. Ces centrales utilisent la chaleur résultant de la combustion de combustibles fossiles ou de la fission des atomes pour chauffer de l'eau. L'eau se transforme en vapeur, laquelle produit de l'électricité. L'énergie solaire, l'énergie hydraulique et l'énergie éolienne permettent, elles aussi, de fabriquer de l'électricité.

Dynamo

Générateur
La vapeur peut être transformée en électricité par cette grosse machine bleue appelée un générateur.

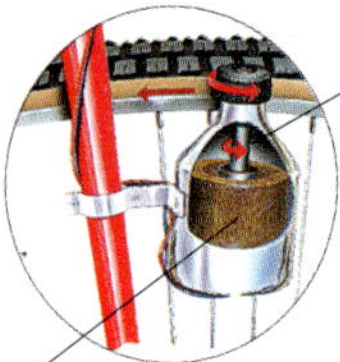

Cet aimant tourne avec la roue car il est fixé sur une tige touchant la roue.

En tournant, l'aimant produit de l'électricité dans cette bobine de fil électrique.

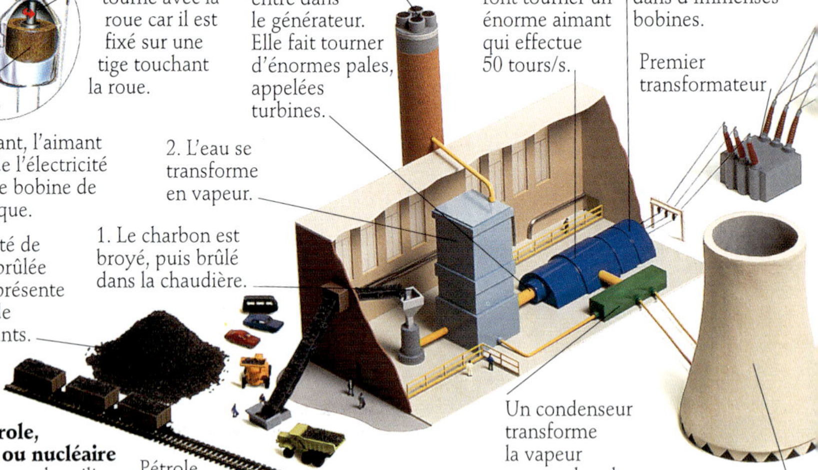

Cheminée

1. Le charbon est broyé, puis brûlé dans la chaudière.

2. L'eau se transforme en vapeur.

3. La vapeur entre dans le générateur. Elle fait tourner d'énormes pales, appelées turbines.

4. Les turbines font tourner un énorme aimant qui effectue 50 tours/s.

5. En tournant, l'aimant génère un courant électrique dans d'immenses bobines.

Premier transformateur

Un condenseur transforme la vapeur en eau chaude.

L'eau chaude est refroidie dans une tour de refroidissement, pour pouvoir être réutilisée.

La quantité de charbon brûlée en 1 h représente le poids de 40 éléphants.

Gaz, pétrole, charbon ou nucléaire
Chaque centrale utilise un type de combustible particulier. La centrale représentée ici brûle du charbon.

Pétrole

Gaz naturel

Uranium

Réseau de distribution

On ne peut construire partout des centrales électriques. L'électricité circule le long de câbles constituant ce que l'on appelle un réseau. Il suffit d'appuyer sur un seul bouton pour envoyer l'électricité partout où c'est nécessaire.

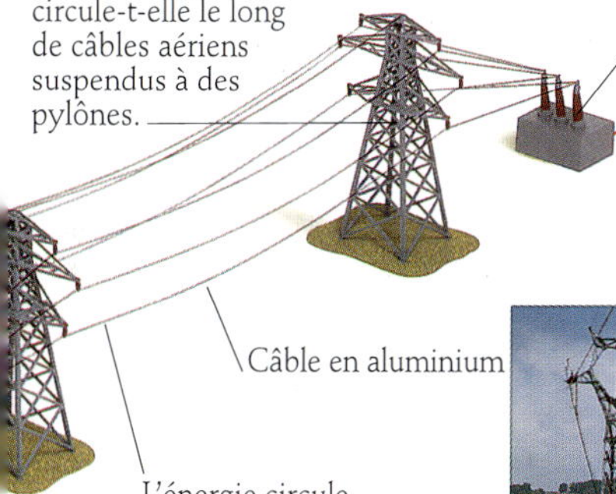

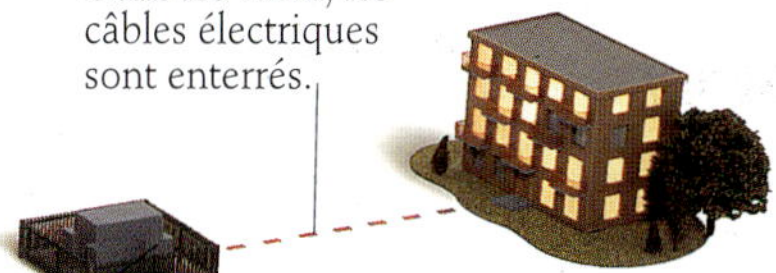

L'électricité est dangereuse ; aussi circule-t-elle le long de câbles aériens suspendus à des pylônes.

Deuxième transformateur

Dans les villes, les câbles électriques sont enterrés.

Une sous-station convertit le courant électrique pour que celui-ci puisse être utilisé chez soi sans danger.

Câble en aluminium

L'énergie circule le long des câbles à la vitesse de 250 000 km/s, soit presque la vitesse de la lumière.

La puissance

C'est la vitesse à laquelle une machine consomme de l'énergie. Elle se mesure en watts (W).

Réveil électrique (10 W)

Aspirateur (1 000 W)

Chalumeau (10 000 W)

Transformateurs

Des machines, appelées transformateurs, modifient la tension du courant électrique. Elle doit être contrôlée afin que les câbles qui véhiculent le courant ne fondent pas.

Ces enfants figurent les électrons qui constituent les atomes.

Chaque ballon représente un « paquet » d'énergie électrique.

Passe le ballon !

Autrefois, on croyait que l'électricité coulait comme de l'eau, d'où le terme « courant électrique ». En réalité, l'énergie circule le long des câbles, comme un ballon passe de main en main.

LES MÉTAUX

Les métaux sont enfouis dans le sol, dans des roches appelées minerais. L'étain, le cuivre et le fer doivent être extraits de leurs minerais avant d'être fondus et transformés en casseroles, en boîtes ou en voitures. Ces métaux sont généralement trop fragiles pour pouvoir être utilisés purs. Ils doivent être mélangés entre eux, constituant ce que l'on appelle des alliages. Ainsi, lorsque le plomb qui est mou est mélangé avec de l'étain qui se casse facilement, on obtient un alliage très résistant.

Minerai de fer

Casserole en cuivre

Laiton
Le laiton est un alliage : il n'existe pas tel quel dans le sol. Il est composé de cuivre et de zinc, deux métaux plus fragiles.

Seau et fil de fer recouverts de zinc

Le laiton est plus solide que ses composants.

Métaux précieux
De l'or est pulvérisé sur le casque des astronautes pour réfléchir la lumière du Soleil. Les pellicules photographiques sont fabriquées avec des substances à base d'argent, sensibles à la lumière.

L'acier
Si on enlève du carbone, qui rend le fer fragile, on obtient un acier très solide. Cette transformation a lieu dans un haut-fourneau.

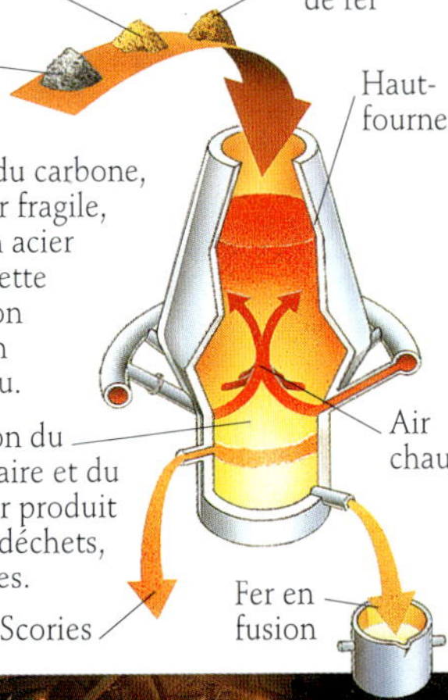

La combustion du coke, du calcaire et du minerai de fer produit du fer et des déchets, appelés scories.

1. Jet de fer liquide
Dans cet énorme four appelé haut-fourneau, de l'air chaud est soufflé sur du minerai de fer. En brûlant, celui-ci produit du fer qui jaillit sous forme liquide.

Galvanisation
Des poutres en acier sont plongées dans un bain de zinc fondu pour les protéger de la rouille. C'est ce que l'on appelle la galvanisation.

L'aluminium
L'aluminium est un métal très léger et inoxydable, c'est-à-dire qu'il ne rouille pas. Il sert aussi bien à envelopper le chocolat, qui garde ainsi tout son arôme, qu'à fabriquer de gros avions. Mélangé à une faible quantité de cuivre, l'aluminium est aussi résistant que l'acier.

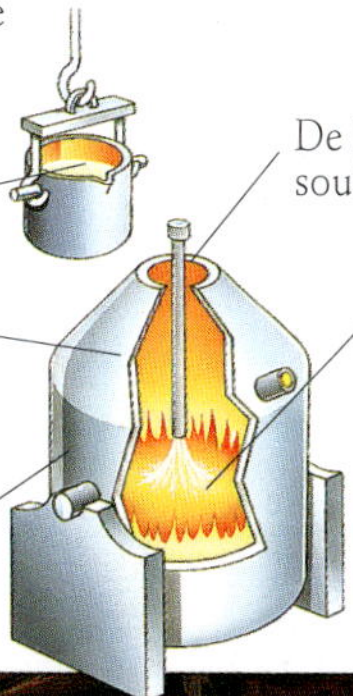

Acier inoxydable
L'acier inoxydable ne rouille pas. C'est un alliage de chrome et d'acier. De nombreux couverts sont en acier inoxydable.

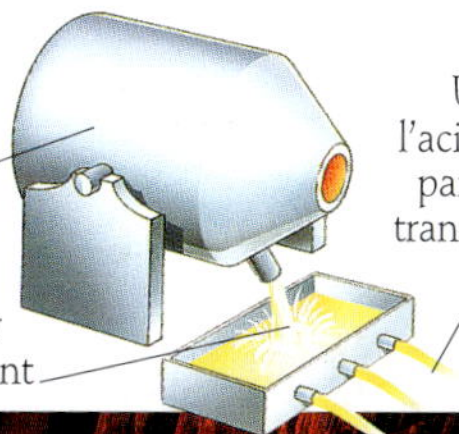

2. Transformation du fer en acier
Le fer en fusion est versé dans un convertisseur. Un jet d'oxygène brûle les impuretés et le carbone. Le convertisseur bascule et l'acier coule dans un récipient, la poche de coulée.

3. Solidification
L'acier en fusion est versé dans un grand plateau, où il refroidit et se solidifie. Des trous, ou buses, s'ouvrent avant que l'acier n'ait complètement durci, et celui-ci jaillit.

LES AUTOMOBILES

Presque toutes les secondes, une voiture neuve sort d'une usine automobile quelque part dans le monde. Ces voitures sont fabriquées à partir d'un certain nombre de matières premières, comme le minerai de fer, le soufre et le sable, qui sont transformées en plus de 30 000 pièces différentes. La plupart de ces pièces sont rassemblées sur un gigantesque convoyeur, puis mises en place par différents ateliers. L'atelier de carrosserie, par exemple, pose le toit, mais non les sièges. C'est ce que l'on appelle le montage à la chaîne. La Ford T fut la première voiture fabriquée de cette manière dès 1908.

Ford T

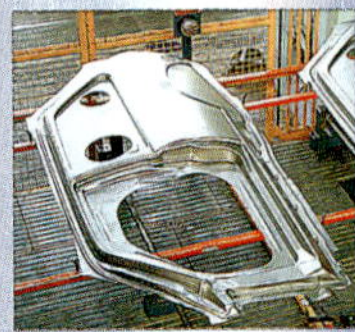

Mise en forme
Des feuilles d'acier froid sont mises en forme, ou embouties, par les presses, dans un atelier trois fois plus grand qu'un stade de football.

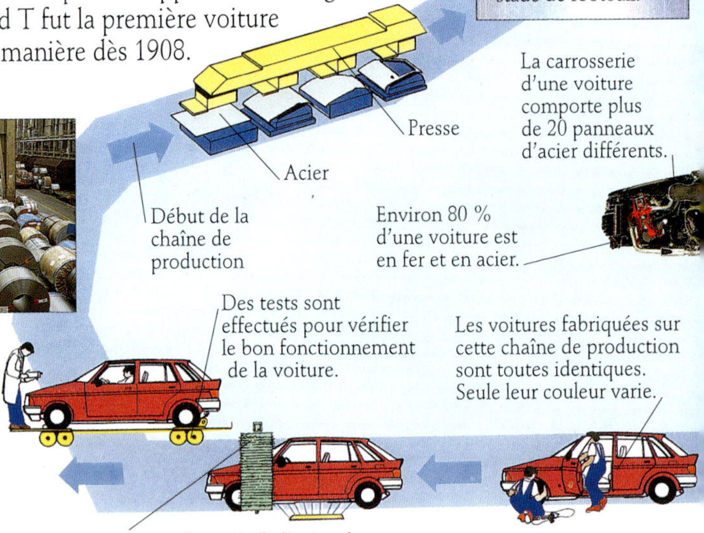

La carrosserie d'une voiture comporte plus de 20 panneaux d'acier différents.

Environ 80 % d'une voiture est en fer et en acier.

Des tests sont effectués pour vérifier le bon fonctionnement de la voiture.

Les voitures fabriquées sur cette chaîne de production sont toutes identiques. Seule leur couleur varie.

Avant de sortir de l'usine, les voitures sont soigneusement lavées et séchées.

Un matériau essentiel
L'acier en fusion est laminé et transformé en feuilles d'acier qui sont enroulées et envoyées aux usines automobiles.

Les pneus
Les pneus, en caoutchouc, doivent être bien gonflés pour assurer confort et sécurité.

Des millions de voitures
La première voiture a été inventée il y a un siècle. Il en existe aujourd'hui plus de 400 millions.

Ils sont renforcés par des câbles d'acier ou de Nylon.

Robot de soudage

Les panneaux d'acier emboutis forment un habitacle rigide qui protège les passagers.

Le soudage

Les parties métalliques de la carrosserie sont assemblées par soudage. Ce sont des robots qui font fondre le métal et qui soudent les panneaux. Ils peuvent réaliser plus de 1 000 soudures pour assembler, en 42 s, n'importe quelle carrosserie.

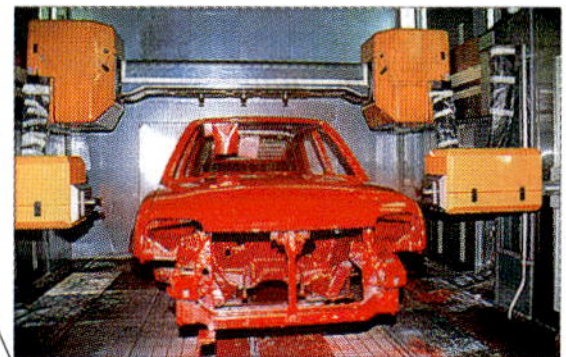

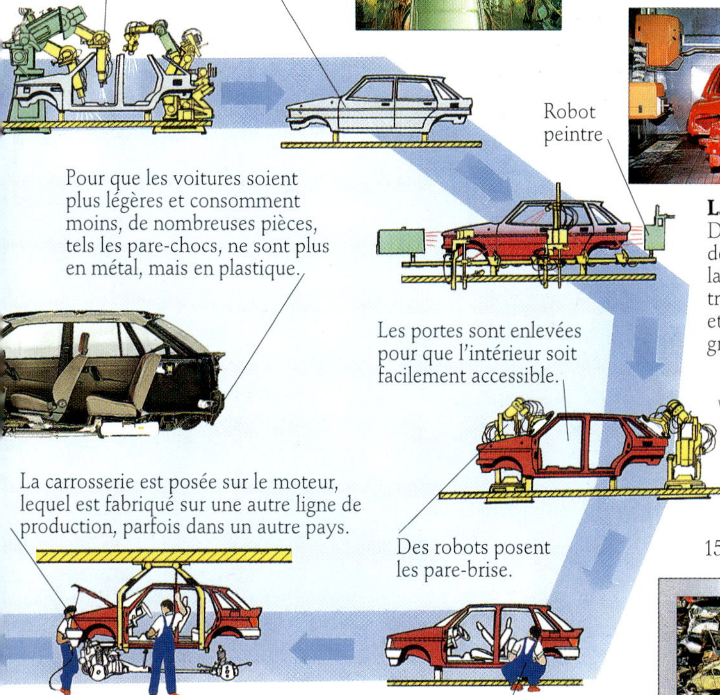

Robot peintre

Pour que les voitures soient plus légères et consomment moins, de nombreuses pièces, tels les pare-chocs, ne sont plus en métal, mais en plastique.

La peinture

Des robots pulvérisent de la peinture sur la carrosserie. Ils travaillent très vite et avec une très grande précision.

Les portes sont enlevées pour que l'intérieur soit facilement accessible.

Panneau en acier

Couche finale

Le panneau est enduit de 15 couches de peinture.

La carrosserie est posée sur le moteur, lequel est fabriqué sur une autre ligne de production, parfois dans un autre pays.

Des robots posent les pare-brise.

Chaque ouvrier répète indéfiniment la même tâche.

Recyclage

40 % de l'acier nécessaire pour fabriquer une voiture peut être récupéré sur de vieux véhicules. Le recyclage de l'acier permet d'économiser des matières premières.

Le moteur

Le moteur est le cœur de la voiture. Il est mis en place au dernier moment, lorsque la carrosserie est terminée.

LES INDUSTRIES CHIMIQUES

Le savon, les engrais et le shampooing sont quelques-uns des innombrables produits que l'industrie chimique fabrique en combinant diverses substances. Le pétrole brut est la matière première la plus utilisée. Il doit d'abord être traité dans des usines spéciales appelées raffineries. Le carbone et l'hydrogène présents dans le pétrole peuvent être associés de multiples manières pour fabriquer plus de 500 000 produits différents, par exemple de l'essence, de la peinture ou des médicaments.

Raffinerie de pétrole

La margarine
La margarine est l'association d'huile végétale liquide et d'atomes d'hydrogène.

Distillation
Le pétrole brut est chauffé jusqu'à ébullition. Ses composants sont séparés sous forme de gaz, puis refroidis pour être récupérés sous forme liquide.

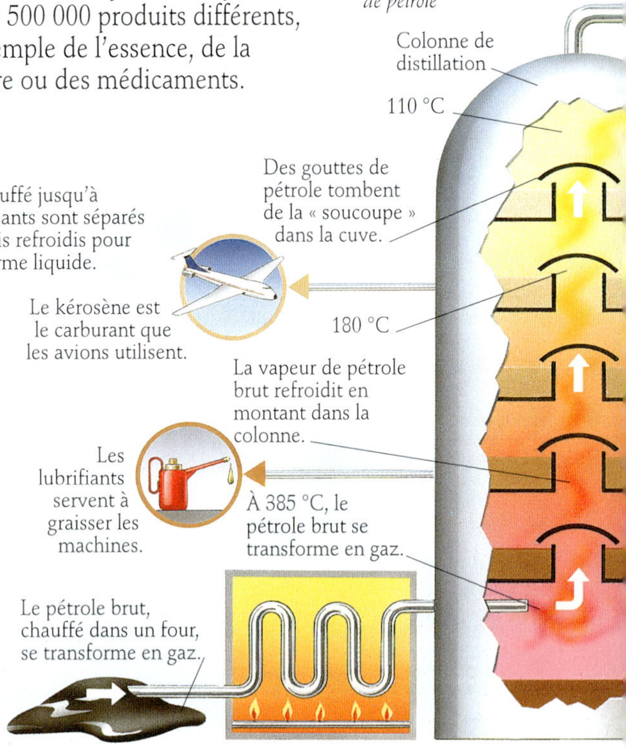

Liquéfaction
Des gouttelettes se forment sur la soucoupe. Le liquide, chaud, s'est transformé en vapeur ; celle-ci refroidit en touchant la soucoupe et se retransforme en liquide.

Le chlore

Le chlore est fabriqué industriellement en faisant passer un courant électrique dans de l'eau salée. Les atomes de l'eau et du sel réagissent alors entre eux et produisent du chlore. Il sert, entre autres, à maintenir propre l'eau des piscines.

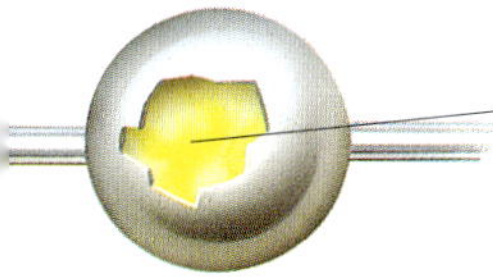

Les gaz sortant en haut de la colonne de distillation sont transformés en plastique.

Environ 1/5 du pétrole brut se transforme en essence.

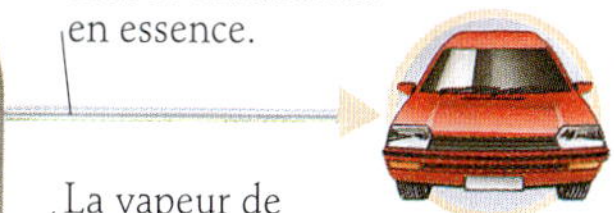

L'essence est le carburant le plus utilisé par les voitures.

La vapeur de pétrole refroidit et donne un liquide : le gazole.

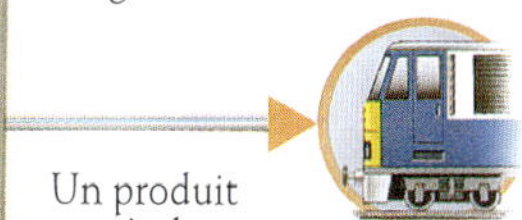

De nombreux trains roulent au gazole.

Un produit sort à chaque niveau de la colonne car les composants du pétrole se liquéfient à différentes températures.

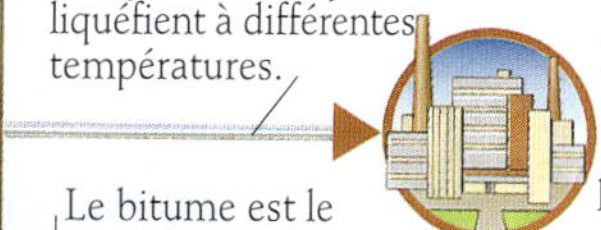

Le pétrole industriel noir est brûlé dans les usines et les centrales électriques.

Le bitume est le premier composant qui sort.

C'est une substance épaisse dont on recouvre les routes.

Craquage

Le pétrole est composé de chaînes d'atomes de carbone et d'hydrogène. Des produits appelés produits pétrochimiques sont fabriqués en chauffant le pétrole dans des cuves appelées tours de craquage, de manière à casser ces chaînes.

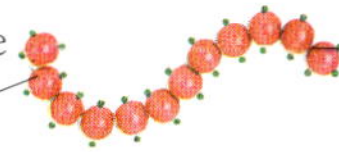

Les atomes d'hydrogène passent entre ceux de carbone et brisent ainsi la chaîne.

Le soufre

Par an, 150 millions de tonnes d'acide sulfurique sont utilisées pour fabriquer divers produits : engrais, papier, explosif. Cet acide est obtenu en chauffant une roche jaune, le soufre.

LES PLASTIQUES

Les plastiques ne pourrissent pas comme le bois et ne rouillent pas non plus comme certains métaux. Ils sont légers et prennent facilement toutes les formes. Les stylos, les chaussures et même les planches de surf sont fabriqués à partir de substances chimiques extraites du pétrole et du charbon qui sont transformées en petits granulés blancs. Ceux-ci sont fondus, puis soufflés pour fabriquer des sacs ou laminés pour former des revêtements de sol. Les seaux, les bassines et les boîtes en plastique sont généralement obtenus par injection dans un moule.

Changer de forme ? Certains plastiques, comme la Bakélite, sont comme le pain : une fois « cuits », ils ne peuvent pas être réchauffés pour être remodelés. Le polystyrène et le polyéthylène ressemblent plus à du chocolat : on peut les faire fondre autant de fois que l'on veut. En refroidissant, la pâte plastique garde la forme du moule dans lequel elle a été versée.

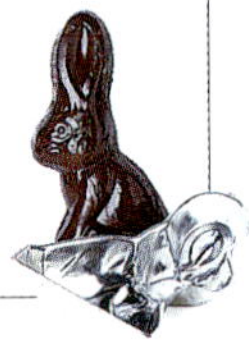

Les deux moitiés du moule en acier s'ajustent parfaitement.

Une fois moulé, le plastique est refroidi avec de l'eau.

Pour faire fondre les granulés et les injecter dans ce moule, il faut les chauffer à 280 °C.

Moulage par injection
Pour fabriquer une bassine, on fait fondre des granulés de plastique qui sont injectés dans un moule en acier. En refroidissant, le plastique épouse la forme du moule.

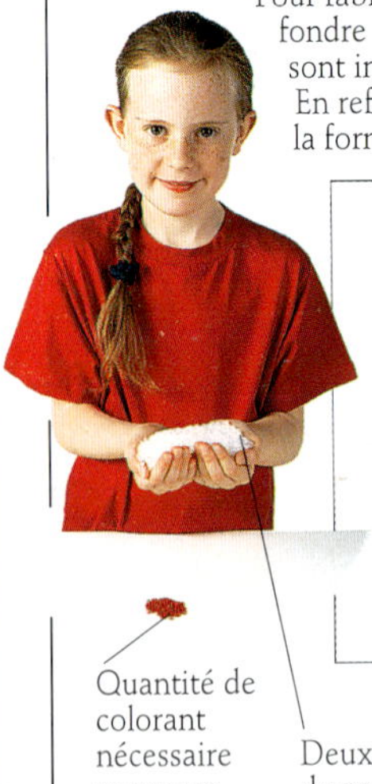

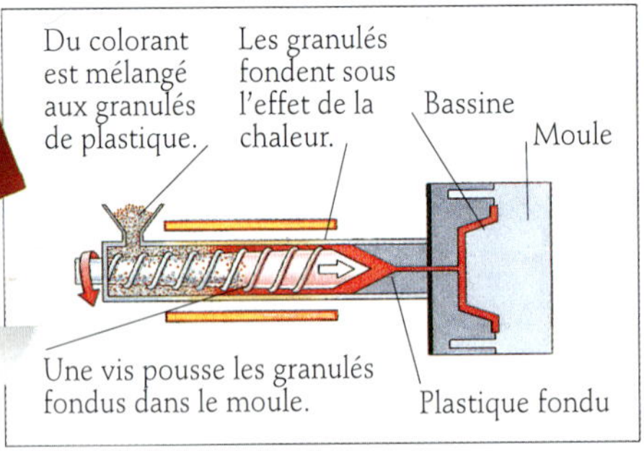

Quantité de colorant nécessaire pour une bassine

Deux poignées de granulés de polypropylène suffisent pour fabriquer une bassine.

Recyclage

Pour économiser l'énergie, la plupart des « déchets » plastiques sont recyclés, c'est-à-dire réutilisés pour fabriquer d'autres produits, par exemple la garniture des sacs de couchage ou des briques de chauffage.

Les deux moitiés de ce moule pèsent chacune le poids de 20 enfants de 8 ans.

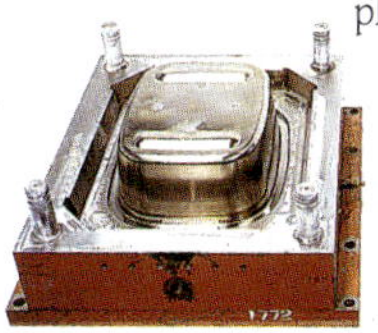

Cette partie du moule recule, libérant la bassine toute chaude qui tombe sur un convoyeur.

De l'air est soufflé pour éjecter du moule la bassine terminée.

Les bassines sortant de cette machine ont toutes exactement la même forme.

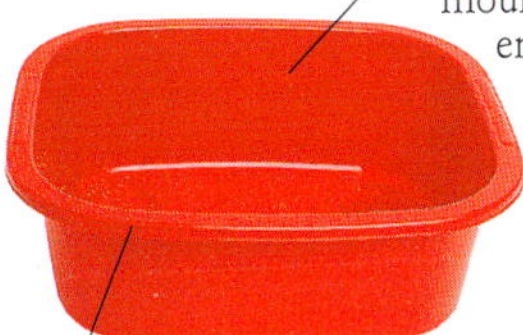

Quatre bassines peuvent être moulées en 1 min.

La ligne visible sur le rebord de la bassine correspond à la jonction entre les deux parties du moule.

Produits en plastique

Nez d'avion

Le nez d'un avion est en plastique renforcé avec du verre, pour laisser passer les ondes émises par les radars.

Le polystyrène est une matière plastique.

De nombreux appareils électroniques sont fabriqués avec une matière plastique dure appelée ABS.

Les aliments glissent sur le Téflon, une matière plastique qui recouvre la surface de certaines poêles.

Les emballages en plastique préservent la fraîcheur des aliments. Les sacs en polyéthylène empêchent, par exemple, le pain de sécher.

LE BÂTIMENT

D'immenses tours, appelées gratte-ciel, sont soutenues non par des murs en bois, en brique ou en pierre, mais par de solides ossatures en acier sur lesquelles les murs et les fenêtres sont accrochés comme de simples rideaux. L'Oriental Pearl TV Tower située à Shanghai, en Chine, est la plus haute tour du monde (468 m). La Sears Tower (443 m) compte 110 étages, mais les ingénieurs affirment aujourd'hui pouvoir construire des tours 6 fois plus hautes. Imagine-toi monter en ascenseur jusqu'au 660e étage !

La Sears Tower à Chicago

Le béton
Des bâtiments modernes, comme l'Opéra de Sydney, en Australie, sont en béton. C'est un mélange de ciment, composé d'argile et de calcaire, avec de l'eau et du sable. Des câbles en acier sont introduits dans le béton pour le consolider.

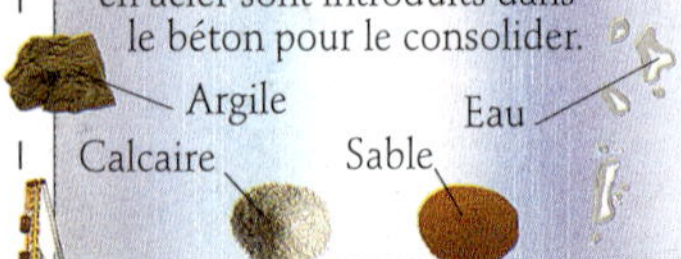

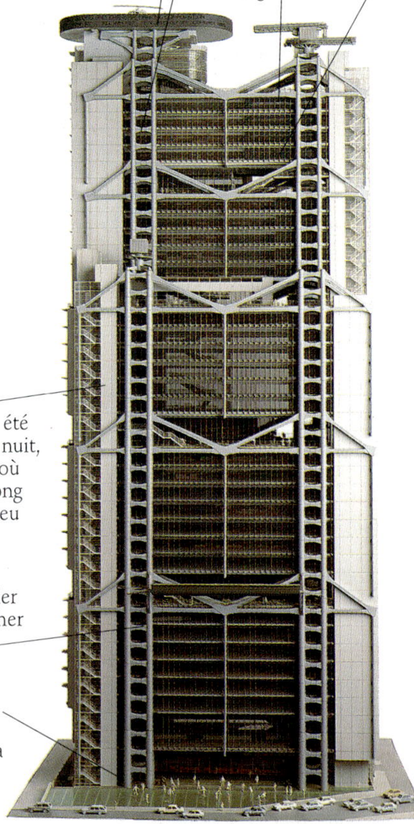

4 ans de construction
Cette tour (Hong Kong) est le siège de la Hong Kong and Shanghai Bank. Sa construction, commencée en 1981, s'est achevée en 1985.

Cette photographie a été prise au moment où l'on posait l'ossature en acier du 28e étage.

Chacune des 6 grues pourrait soulever 10 éléphants.

Les ouvriers travaillant sur le chantier se déplaçaient sur des échafaudages en bambou.

Il a fallu environ 3 500 t d'aluminium pour fabriquer les panneaux des murs.

Certains jours, plus de 4 500 ouvriers, électriciens, peintres et plombiers, travaillaient sur le chantier de la banque.

Les fils téléphoniques, les câbles électriques et les fils reliant les ordinateurs sont cachés sous les planchers en aluminium.

Matériau ignifuge

Les ponts

Il existe de nombreux types de ponts, des simples ponts à poutres aux immenses ponts suspendus.

Pont à poutres

Pont en arc

Pont cantilever

Pont suspendu

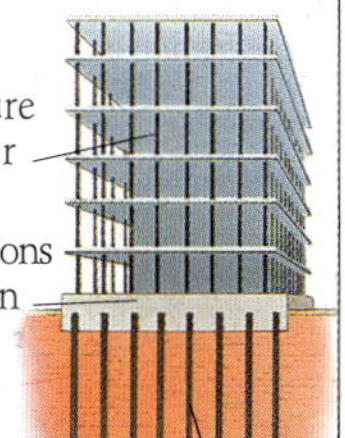

Ossature en acier

Fondations en béton

Les piliers sont enfoncés dans la roche dure.

Roche tendre

Fondations

Les bâtiments doivent reposer sur une base solide, les fondations, pour ne pas s'enfoncer ou être soufflés par le vent. Les gratte-ciel sont supportés par des piliers en acier ou en ciment.

LES TRANSPORTS

Les transports font tellement partie de notre vie quotidienne que nous les trouvons tout naturels. Pourtant, sans eux, nos déplacements seraient bien compliqués. Des millions de personnes ne pourraient pas se rendre à leur travail, beaucoup d'enfants ne pourraient pas aller à l'école et les marchandises ne seraient pas livrées dans les magasins. Même les lettres n'atteindraient jamais leur destinataire.

Pour aller loin, les premiers hommes utilisèrent certains animaux, seul moyen de transport jusqu'à l'invention de la bicyclette, au début du XIXe siècle. L'usage de la voiture n'a commencé que dans les premières années du XXe siècle. Aujourd'hui, pourtant, un avion à réaction te conduit à l'autre bout du monde en quelques heures, un gigantesque vaisseau spatial a déjà emporté des astronautes pour explorer la Lune et l'on parle de bientôt acheter un billet pour passer ses vacances sur Vénus ou sur Mars !

Scooter à la mode dans les années 1960

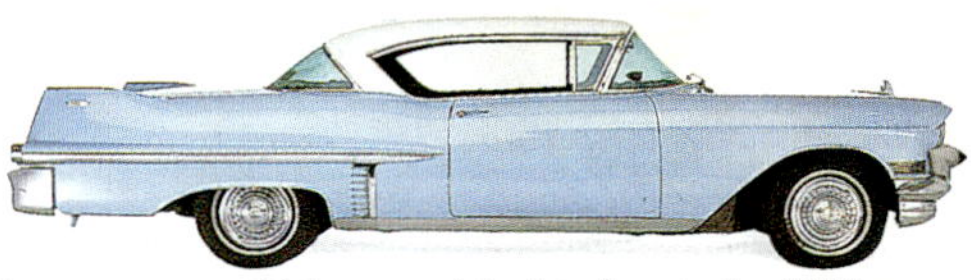

Voiture américaine des années 1950

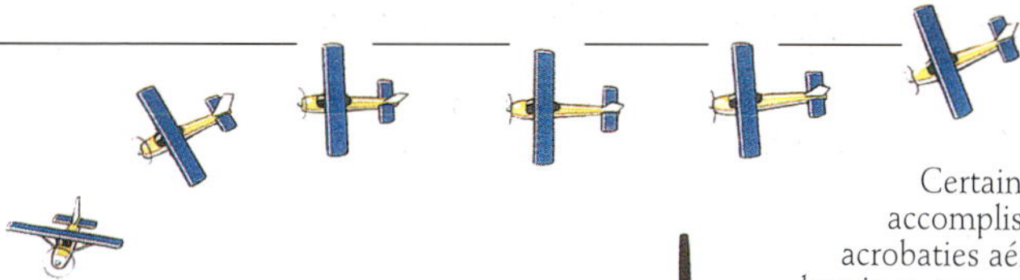

Certains pilotes accomplissent des acrobaties aériennes : loopings, retournements et bien d'autres manœuvres périlleuses.

Le Concorde à l'atterrissage

Navire à voiles du XIXe siècle

Le TGV est le train le plus rapide du monde.

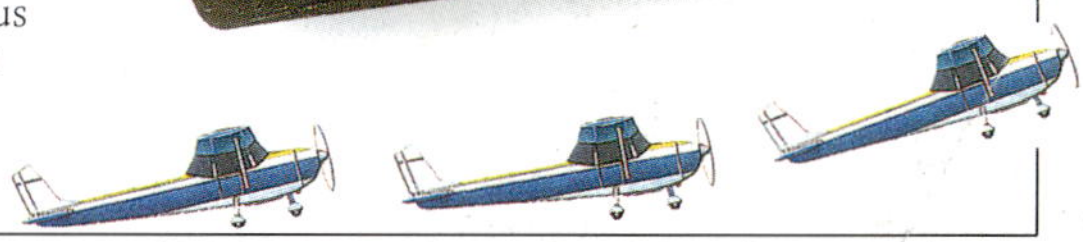

LES DEUX-ROUES

La bicyclette (vélocipède ou vélo) a été inventée à la fin du XVIIIe siècle. Depuis, elle a si souvent changé de forme que le grand-bi (à gauche), par exemple, nous paraît aujourd'hui extraordinaire. L'énergie du vélo est fournie par le cycliste mais, parfois, celui-ci est si fatigué qu'il ne peut plus avancer ! En 1869, l'ingénieur français Perreaux adapta un petit moteur à vapeur sur une bicyclette. C'est ainsi que naquit la motocyclette. En 1885, l'Allemand Gotlieb Daimler inventa le premier motocycle avec un moteur à combustion interne au gaz de pétrole ; aujourd'hui, cyclomoteurs et motos ont des moteurs à essence qui leur permettent d'aller aussi vite, sinon plus vite, que les voitures.

Facile à entretenir
Le vélo est une machine simple et l'un des moyens de transport les moins coûteux. De plus, en cas de panne, on peut le réparer soi-même, facilement et à bon marché.

Un moyen de transport non polluant
Environ un milliard de vélos circulent en Chine. À Shanghai, aux heures de pointe, ils envahissent les rues. Imagine les gaz d'échappement et leurs effets sur l'environnement si tous ces cyclistes roulaient en voiture !

Faire de la moto peut être dangereux et tout motard doit porter des vêtements de cuir et un casque spécial pour se protéger.

Des outils de travail
Les scooters, motos à petites roues, sont utilisés dans de nombreux métiers. Ainsi, la Poste espagnole se sert de scooters jaunes pour la distribution du courrier. Les triporteurs peuvent transporter toutes sortes de choses… même des cochons !

Il y a des casiers de rangement sous le siège.

On peut enlever cette partie afin de faire un siège passager.

Cet engin a une vitesse maximale de 238 km/h. Son carénage est aérodynamique, c'est-à-dire profilé de façon à fendre l'air facilement.

Le moteur fonctionne à l'essence.

Le tuyau d'échappement expulse les gaz brûlés.

Un large choix
À chaque engin, un usage différent selon sa taille et sa forme

1939-1945, moto de l'armée de terre américaine

1966, moto de police

1983, moto de course

Moto de cross

LES VOITURES AUJOURD'HUI

Il est difficile d'imaginer un monde sans voitures. Il y en a partout autour de nous et on les améliore chaque jour pour les rendre plus confortables, plus sûres et moins polluantes. Leur nombre constitue une menace pour notre environnement. Les ingénieurs cherchent donc à créer des voitures d'un prix abordable qui consommeraient moins d'énergie et seraient plus propres.

Sécurité d'abord
Les ingénieurs testent les voitures en simulant un accident. Les voitures récentes sont équipées d'un coussin d'air (*airbag*) dans le volant : en cas d'accident, il se gonfle en une fraction de seconde.

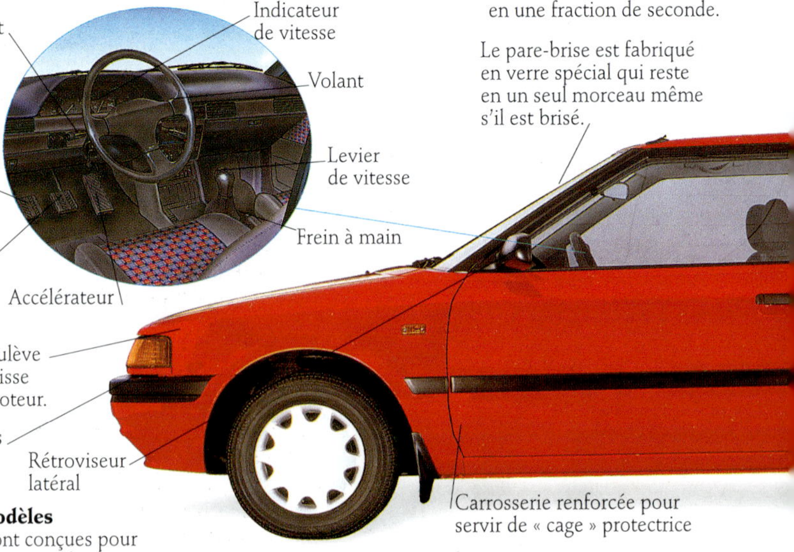

Différents modèles
Les voitures sont conçues pour répondre aux besoins de chacun.

Mini

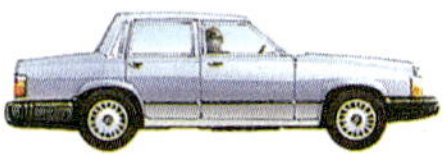
Berline

Voiture de sport

Monospace

Record de vitesse
Voici l'une des voitures les plus rapides du monde. En 1997, la ThrustSSC a battu un nouveau record mondial de vitesse supersonique terrestre : 1 228,49 km/h.

Coller au sol
Les voitures de course sont très basses. Elles ont des pneus larges qui collent au sol et une surface de sustentation, appelée aussi aileron, à l'arrière, qui assure une poussée vers le bas et une adhérence maximale. Cela leur permet de rouler très vite.

La porte du coffre se soulève pour pouvoir ranger des bagages à l'arrière.

Pour leur sécurité, les jeunes enfants doivent être assis dans des sièges-auto qui les maintiennent bien.

Les feux indiquent au conducteur qui suit si la voiture va tourner, si elle freine ou si elle va reculer.

Sculptures assurant l'adhérence à la route par tous les temps

L'énergie du futur
Les moteurs à essence sont bruyants et dégagent des gaz nocifs. Il existe des voitures électriques silencieuses et propres, mais leur utilisation est encore limitée car leurs batteries doivent être souvent rechargées.

Un plein d'essence

Pick-up

Limousine

Camping-car

LES CAMIONS

Les camions sont de toutes les tailles et de toutes les formes et ont de nombreux usages. Certains, très spécifiques, sont utilisés pour des services indispensables comme le ramassage des ordures ou la lutte contre le feu. La plupart, cependant, servent à transporter les marchandises. Très pratiques, ils peuvent livrer leur chargement à destination, alors que le transport de marchandises par train, par avion ou par bateau nécessite toujours des camions pour la dernière partie du voyage.

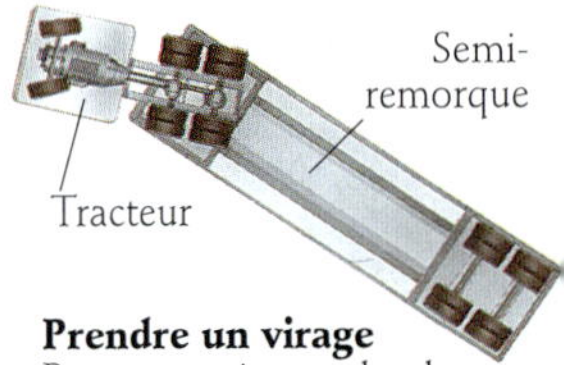

Prendre un virage
Pour pouvoir prendre des virages difficiles, les longs camions sont faits de deux parties articulées. L'avant, qui s'appelle le tracteur, tire une semi-remorque.

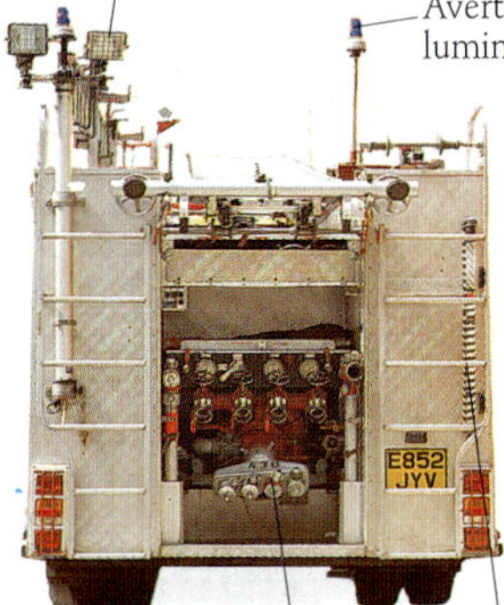

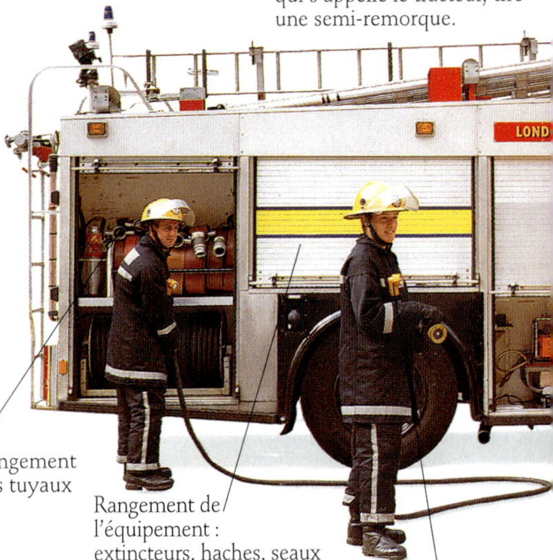

Des trains sur route
De longs convois sont utilisés pour transporter les marchandises à travers le désert australien : une cabine tracte plusieurs remorques, comme un train !

Gros camions

Camion amphibie

Camion toupie pour le béton

Camion de chantier

Camion porte-voitures

Équipement servant à libérer les personnes prisonnières dans les voitures accidentées

Échelle pouvant monter automatiquement à 13,5 m

Gyrophare bleu

Cinq pompiers peuvent s'asseoir dans la cabine.

Bande réfléchissante permettant de repérer le camion

Spoiler

Conteneur

Un outil adaptable
Un même tracteur peut tirer des semi-remorques de différents types : c'est un gain de temps. Les spoilers réduisent la consommation de carburant.

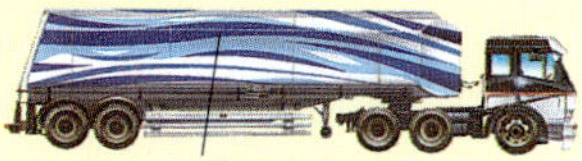

Camion-citerne

Mastodonte en action
Les camions ne sont pas toujours utilisés pour le travail. Ils participent parfois à des concours bizarres. Sur cette photo, un truck est en train d'aplatir une rangée de voitures !

Un coin douillet
La nuit, les routiers dorment souvent dans leur cabine, un espace situé derrière les sièges. Certains n'ont qu'une couchette, d'autres ont la télévision, un réfrigérateur, un four…

LES TRAINS ÉLECTRIQUES ET LES TRAINS DIESELS

En 1964, les Japonais ont inauguré le premier train électrique à grande vitesse. Ce train de voyageurs atteignait une vitesse de 210 km/h, un record à l'époque. Cependant, la principale activité des compagnies ferroviaires est le transport de marchandises, appelé fret. Les trains de marchandises, souvent tirés par des locomotives diesels, réduisent la circulation des camions sur les routes. Le train de marchandises le plus long du monde (quelque 7 km !), en Afrique du Sud, comptait 660 wagons.

Virages
Les trains ne vont à leur vitesse maximale qu'en ligne droite. Mais, en Italie, il existe le Pendolino qui s'incline dans les courbes : il ralentit donc moins dans les virages.

Trains diesels
Des trains diesels, moins coûteux, comme ce convoi canadien, transportent encore des voyageurs et des marchandises.

Des pantographes captent l'électricité sur les fils du caténaire au-dessus du train pour l'alimenter en énergie.

Dans les trains électriques, la locomotive s'appelle la motrice.

L'Inter-City Express, ou ICE, est un train électrique allemand.

Le train électrique à grande vitesse français s'appelle le TGV. Sa vitesse de pointe en service est de 300 km/h.

La mise en place des trains à grande vitesse est onéreuse car elle nécessite des voies spéciales aux courbes douces.

Aux commandes
Le centre de contrôle du TGV, à Paris, est en liaison avec le conducteur de chaque train. Dans les rames, les contrôleurs sont en mesure de signaler au conducteur tous les problèmes qui peuvent survenir à bord : que ce soit un hold-up ou un défaut de signalisation ou d'électrification.

La Grand Central Station
La plus grande gare du monde est la Grand Central Station à New York. Elle est composée de deux niveaux comportant 67 voies : 41 à l'étage supérieur et 26 au niveau inférieur.

Un ICE a deux motrices et douze wagons pouvant transporter jusqu'à 500 passagers.

La forme aérodynamique des trains électriques leur permet d'aller très vite. Lors des essais, l'ICE a atteint 345 km/h.

D'est en ouest
La traversée de l'Australie est l'un des plus longs voyages en train que l'on puisse faire dans le monde : 3 968 km en trois jours, dont 478 km sur une voie rectiligne, le record du monde.

Sur les rails
Aujourd'hui, une grande variété d'engins utilise le rail.

Train dépanneur

Chasse-neige

Train de voyageurs

Train de marchandises

LE MÉTRO

Plus une ville se développe, plus la circulation devient dense et difficile. Ce problème peut souvent être résolu par la construction d'un chemin de fer, appelé métro, qui traverse la ville, sur des rails aériens ou souterrains.

Il y a des métros dans le monde entier, de Londres, où se trouve le réseau le plus long, avec 408 km de voies, et le plus ancien, à Moscou, où les stations ressemblent à des palais, en passant par Budapest et Paris, deuxième et troisième villes, après Londres, à se doter d'un métro électrique, respectivement en 1896 et 1900. Tous ont le même but : permettre aux voyageurs de se déplacer facilement.

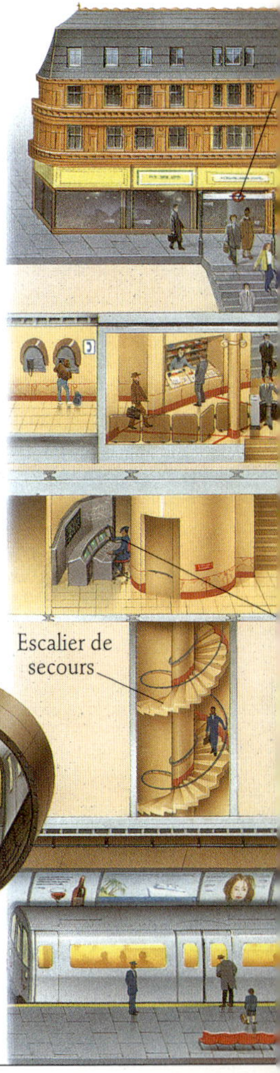

Défense de fumer
Le premier métro souterrain a été ouvert à Londres en 1863. C'était un chemin de fer à vapeur et la fumée réduisait souvent la visibilité dans les tunnels. Les trains électriques, qui firent leur apparition en 1890, apportèrent la solution à ce problème !

Comme des sardines !
Il y a tant de monde dans le métro de Tokyo, au Japon, qu'on emploie des « pousseurs », aux heures de pointe, pour entasser les voyageurs dans les wagons.

Le métro de Londres est aussi appelé le *tube* car on a utilisé des tubes d'acier pour construire ses tunnels les plus profonds. Les tunnels proches de la surface ont été creusés comme des fossés puis recouverts.

Le métro fonctionne grâce à l'électricité amenée par des rails spéciaux.

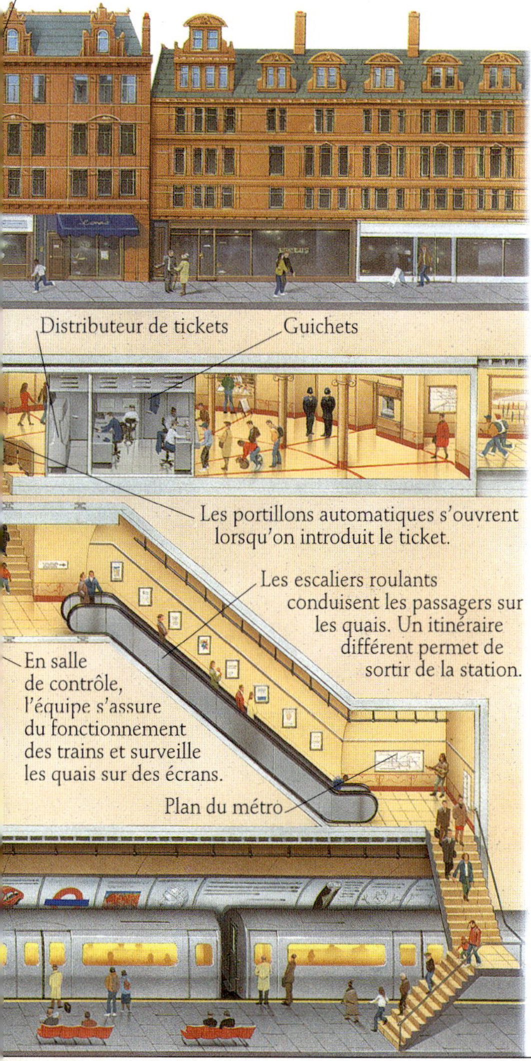

Voyages sur un monorail
Il n'est pas toujours possible, et parfois il est trop coûteux, de construire un réseau souterrain, aussi certains métros circulent-ils au-dessus du sol.

Accrochez-vous !
Le premier monorail a été construit à Wuppertal, en Allemagne ; ses moteurs électriques sont installés sur le toit, le train est donc suspendu.

Montée
Pour monter les pentes abruptes, on utilise des moyens de transport particuliers.

Train à crémaillère

Téléphérique

Funiculaire

LES NAVIRES À VOILES

Mers et océans recouvrent près des trois quarts de la surface de la terre. Pendant des milliers d'années, les hommes ont cherché le moyen de traverser cette eau. Ils ont d'abord construit des radeaux, puis des bateaux à rames et, vers 2900 av. J.-C., les Égyptiens commencèrent à utiliser des voiles. Les navires à voiles ont alors régné sur les mers jusqu'au XIXe siècle. De nos jours, les grands navires ont des moteurs, mais on se sert toujours de petits bateaux à voiles pour le sport, la pêche et le commerce local.

Ballots de thé de Chine

La « course du thé »
La vitesse d'un navire se mesure en nœuds. Un nœud équivaut à 1,85 km/h environ. Le *Cutty Sark*, un clipper dont la vitesse maximale était de 17 nœuds (31 km/h), transportait du thé, de Chine en Angleterre, en 100 jours.

Les grands voiliers
De nombreux voiliers d'autrefois ont été restaurés. Ils participent aujourd'hui à de spectaculaires rassemblements.

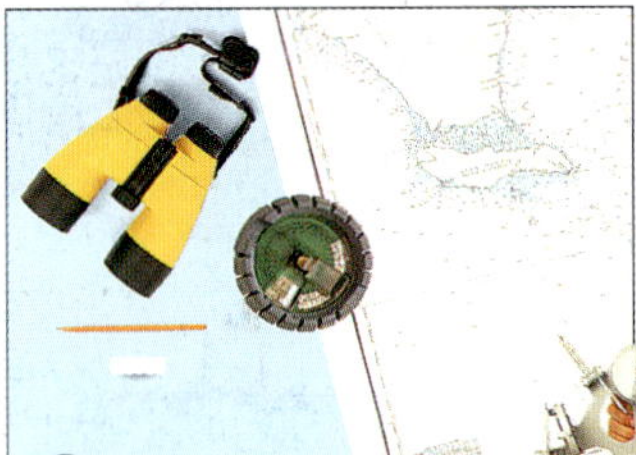

Cartes marines
Pour éviter les dangers que cache la mer, comme les hauts-fonds ou les épaves, les marins se servent de cartes marines, qui indiquent aussi les parcours à suivre pour croiser les autres bateaux en toute sécurité.

Les marins peuvent utiliser un sextant pour se diriger au milieu de l'océan, d'après la position du Soleil ou des étoiles.

Au-delà des mers
Pendant des centaines d'années, les navires à voiles ont parcouru les océans pour l'exploration, le commerce ou la guerre.

XVe siècle Caravelle portugaise

XVIe siècle Galion espagnol

XVIIe siècle Navire marchand

Cette jonque chinoise est équipée de voiles carrées à vergues obliques.

Les mâts soutiennent la voilure dans la position qui lui permet de prendre le vent.

La voile reste plate et rigide grâce à des lattes en bambou qui servent aussi d'échelle.

Le bateau avance lorsque les voiles prennent le vent.

Les grands navires transportent un petit bateau qui permet à l'équipage de regagner la terre.

Le gouvernail sert à diriger le bateau.

Bateaux de pêche
De nombreux pays, comme le Sri Lanka, utilisent encore de petits voiliers pour la pêche côtière.

Un vieux loup de mer
La jonque, que l'on voit encore dans des ports comme celui de Hong Kong, est l'un des bateaux les plus anciens du monde. C'est aussi l'un des voiliers les plus robustes.

XVIIIe siècle Vaisseau de guerre

XIXe siècle Navire de commerce à coque en fer

LES NAVIRES À MOTEURS

Le vent n'est pas une source d'énergie très sûre : parfois il souffle dans la mauvaise direction, et, d'autres fois, il ne souffle pas du tout ! Vers 1800, on commença à utiliser des machines à vapeur pour faire tourner des roues à aubes ou des hélices. Les bateaux allèrent plus vite et devinrent un moyen de voyager plus fiable. De nos jours, les bateaux sont surtout équipés de moteurs diesels et leur emploi principal est le transport des marchandises.

Les navires à hélice
Le moteur fait tourner une hélice, placée à l'arrière du navire, qui propulse le bateau vers l'avant. Sur les grands navires, les hélices sont énormes.

La barre du gouvernail sert à diriger le navire.

Cette partie du bateau s'appelle la passerelle de commandement.

Quartiers de l'équipage

La vitesse de croisière d'un navire de ce type est d'environ 15 nœuds (28 km/h).

Sur les quais
Dans les ports modernes, tel Singapour, les cargaisons arrivent par camions ou par trains et sont déjà emballées dans des conteneurs, stockés sur les docks avant d'être chargés sur les bateaux à l'aide de grues.

Les remorqueurs
Dans les ports, les grands navires sont difficiles à piloter. C'est pourquoi de petits bateaux très puissants, les remorqueurs, aident les gros navires à se diriger en les poussant ou en les tirant.

Vacances en mer
Le *Queen Elizabeth II*, navire de croisière de grand luxe, accueille 1 800 passagers et 1 100 membres d'équipage.

La ligne de charge
Une série de lignes, appelées lignes de flottaison, sont dessinées sur la coque d'un navire. La ligne de charge est la ligne au-delà de laquelle le bateau ne doit pas s'enfoncer. Elle varie suivant les degrés d'eau douce ou salée, selon la saison ou le lieu.

Ligne de flottaison en charge

Un mât signale l'avant du bateau, caché par la cargaison placée sur le pont, à l'équipe se trouvant dans le poste de commandement.

Les conteneurs sont empilés sur le pont dans des emplacements spéciaux.

Sauvetage en mer
Ce petit bateau de secours en mer va porter assistance à l'équipage d'un bateau en perdition. Quand la mer est grosse, il faut mettre son gilet de sauvetage.

Différentes sortes de bateaux
Les voies maritimes sont sillonnées par des bateaux de toutes formes et de toutes tailles.

Navire de guerre

Ferry roulier

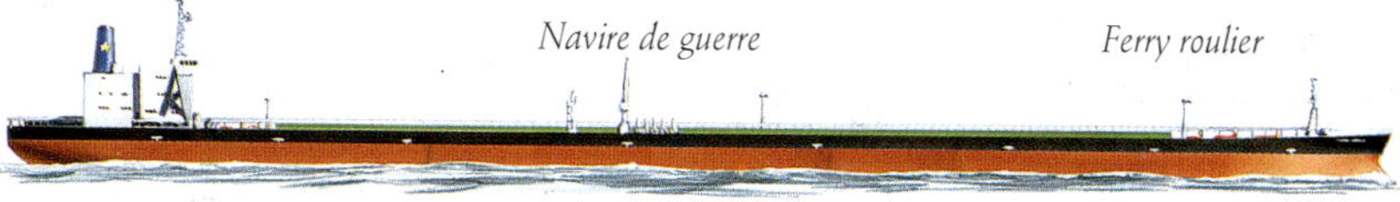

Pétrolier

LES AÉROGLISSEURS

Voyager en bateau n'est en général pas très rapide car la densité de l'eau ralentit la progression. Cependant, les aéroglisseurs et les hydroptères ne font que raser la surface de l'eau et peuvent donc avancer à une plus grande vitesse. Un aéroglisseur n'est donc pas vraiment un bateau car il se propulse au-dessus de la surface de l'eau. Il est aussi amphibie, c'est-à-dire qu'il se déplace aussi bien sur terre que sur mer. Ainsi il est le seul moyen de locomotion pratique en zone marécageuse ou sur des étendues d'eau peu profonde. Enfin, il est idéal pour le transport maritime sur de courtes distances.

Ultra-rapide
Pour se déplacer parmi les roseaux ou les marécages des Everglades, en Floride (États-Unis), on utilise des radeaux à fond plat. Ils sont pourvus de moteurs à propulsion.

Tenez bon !
Les skieurs nautiques glissent sur l'eau à toute allure mais, s'ils tombent, ils sont immédiatement arrêtés, l'eau étant 800 fois plus dense que l'air.

Soulevez ! Partez !
Un aéroglisseur est un véhicule qui flotte sur un coussin d'air.

Lorsque l'aéroglisseur est à l'arrêt sur la piste, sa jupe, vide d'air, est plate.

Le moteur démarre et la jupe se remplit d'air pour devenir un épais coussin.

Glissant à quelques cm au-dessus de l'eau, il se déplace à toute allure.

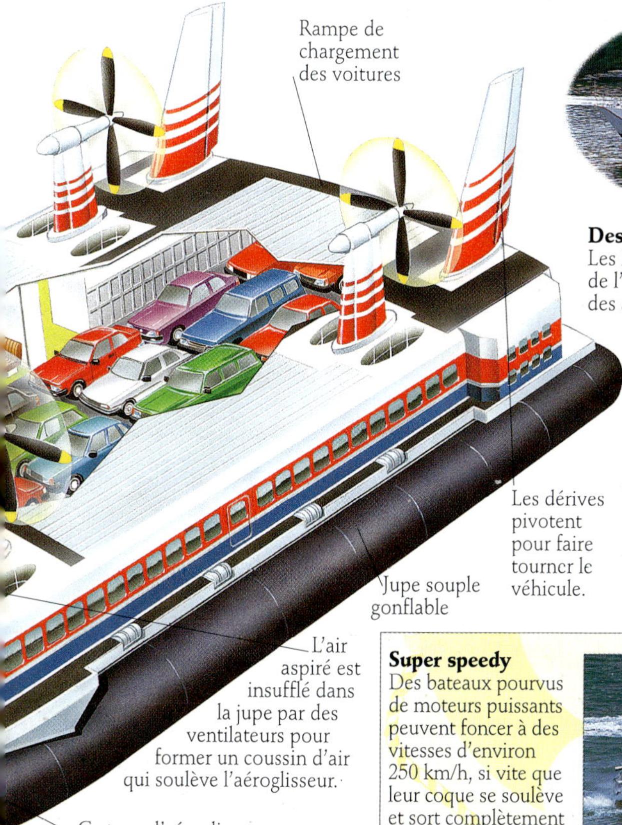

Des ailes pour filer
Les hydroptères évoluent au-dessus de l'eau à grande vitesse, soutenus par des ailes portantes reliées à la coque.

Les catamarans
Ils glissent sur deux coques très fines, si bien que le bateau touche à peine l'eau.

Super speedy
Des bateaux pourvus de moteurs puissants peuvent foncer à des vitesses d'environ 250 km/h, si vite que leur coque se soulève et sort complètement de l'eau.

LES AVIONS À HÉLICES

Pendant des centaines d'années, les hommes ont imaginé toutes sortes de moyens plus ou moins fous pour essayer de voler comme les oiseaux et les insectes. Ce n'est qu'en 1903, lorsque les frères Wright fixèrent une hélice sur un petit moteur à essence, que l'on réussit pour la première fois à contrôler le décollage et l'atterrissage d'un avion. Aujourd'hui, d'énormes avions à réaction sont capables de transporter plusieurs centaines de passagers autour du monde, mais les avions à hélices, plus petits et moins coûteux, restent dans bien des cas le meilleur moyen de transport.

Lorsqu'elles tournent, ces hélices à trois pales font avancer l'avion.

Des skis ont été fixés aux roues pour que l'avion puisse décoller et atterrir sur la neige.

Cabine de pilotage (cockpit) à ciel ouvert

De l'air frais !
En 1927, Charles Lindbergh réalisa la première traversée de l'Atlantique en solo sans escale sur le *Spirit of Saint Louis*. Pour se protéger du froid, il portait une tenue de vol en cuir : casque, gants, manteau et bottes.

Voilà le docteur !
L'avion léger est le moyen de transport idéal dans les régions vastes et reculées. Dans certaines zones d'Afrique, par exemple, l'avion est le seul moyen pour un médecin de visiter rapidement ses patients.

Décollage rapide

Les petits avions n'ont pas besoin de grandes pistes d'envol ou d'atterrissage. Ils peuvent donc aller dans des endroits où des avions, plus grands, ne pourraient pas se poser, comme cette piste en herbe aménagée sur le flanc d'une montagne, au Népal.

Cet avion peut transporter jusqu'à 19 passagers.

La gouverne de direction déplace l'avion vers la droite ou vers la gauche.

L'aileron amortit les oscillations. Les volets articulés placés à l'arrière de l'aileron se soulèvent ou se baissent pour permettre à l'avion de monter ou de descendre en piqué.

Cet avion bimoteur Otter peut décoller et atterrir dans un espace restreint.

Guerre et paix

Au cours des années sont apparus de nombreux types d'avions à hélices.

Première Guerre mondiale : triplan

Seconde Guerre mondiale : spitfire

Cessna : avion léger

Hydravion

Les combattants du feu

Les bombardiers d'eau luttent contre les incendies de forêts.

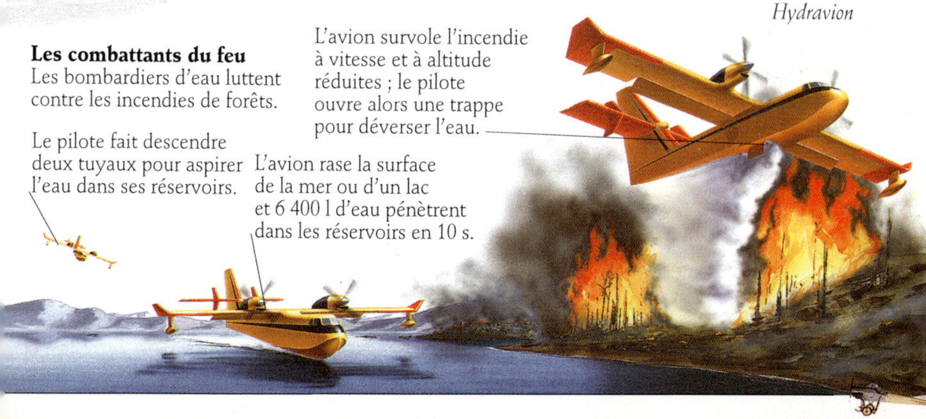

Le pilote fait descendre deux tuyaux pour aspirer l'eau dans ses réservoirs.

L'avion rase la surface de la mer ou d'un lac et 6 400 l d'eau pénètrent dans les réservoirs en 10 s.

L'avion survole l'incendie à vitesse et à altitude réduites ; le pilote ouvre alors une trappe pour déverser l'eau.

LES AVIONS DE LIGNE

Aujourd'hui, le plus grand avion de ligne est le Boeing 747, qui peut transporter quelque 500 passagers. On l'appelle jumbo-jet, ou gros-porteur, à cause de sa taille et de ses puissants moteurs à réaction.

L'arrivée des grands avions a fait baisser le prix des vols et, de nos jours, des millions de personnes fréquentent les aéroports à travers le monde entier. Pour les passagers, rien n'est plus simple que de monter dans un avion, toutefois décollage et atterrissage nécessitent un personnel nombreux à bord et au sol dans des emplois très divers.

À la queue leu leu
L'aéroport de Chicago connaît le trafic le plus dense au monde : près de 110 avions partent ou arrivent, chaque heure. Comme dans les aéroports au trafic important, les avions font la queue à un « point d'attente » avant de pouvoir décoller.

Du travail pour Batman
Le placeur aide les avions à se garer à l'aide de panneaux de signalisation lumineux, appelés battes, d'où le nom de batman.

Supersonique
Aujourd'hui, l'avion commercial le plus rapide du monde est le Concorde avec une vitesse de croisière de 2 150 km/h. Comme il va plus vite que le son, on l'appelle avion supersonique.

Le fret
Les marchandises et les bagages sont chargés dans l'avion à l'aide de plates-formes élévatrices ou de tapis roulants.

Vue panoramique
Dans les aéroports internationaux, aux heures de pointe, des avions atterrissent toutes les minutes, d'autres avions attendent l'autorisation de décoller. Les atterrissages et les décollages sont dirigés avec le plus grand soin depuis la tour de contrôle.

Vérifications
Avant chaque voyage, l'équipe au sol nettoie l'intérieur, et parfois l'extérieur, de l'avion. Des ingénieurs s'assurent que l'avion est en parfait état de marche.

Une rampe d'accès relie l'avion à l'aérogare.

Les contrôleurs aériens dirigent les avions depuis cette tour de contrôle.

Véhicule de service

Avant de prendre un avion, les passagers sont enregistrés dans le hall.

INDEX

CRÉDITS

hg : haut gauche ; cgb : centre gauche bas ; hd : haut droite ; cdb : centre droit bas ; cgh : centre gauche haut ; bg : bas gauche ; cdh : centre droit haut ; bd : bas droite ; cd : centre droit ; hc : haut centre ; c : centre ; cb : centre bas ; cg : centre gauche ; bc : bas centre.

A.F.P. Photo, Paris: Mufti Munir 387cdh; Air France: 473hg; Bryan & Cherry Alexander: 366cgb, 367hg; Doug Allan: 179cd, c; Allsport: Russell Cheyne 391cd, Yann Guichaoua/Agence Vandystadt 404hg, D.Klutho 459bg, S.Powell 261bd, Pascal Rondeau 415bd; Ancient Art & Architecture Collection: 256hg, 260, 261c, 268bg; Aquila Photographics: C.Greaves 167hg; Archiv Fur Kunst und Geschichte, Berlin: Musée du Louvre, Paris 310bcd; Ardea: G.K.Brown 177l, D.Parer & E.Parer-Cook 13h, K.W.Fink 209cdh, F.Gohier 102b, 103h, 105hc, 213cb, C.Haagner 13b, J.M.Labat 188c, Mike Osmond/Auscape Int.102-3, J.Swedberg 170c, R.&V.Taylor 98b, A.Warren 203cd, 199b, A.Wearing 239hd; Art Directors: 352c, 375hc; ASAP: Y.Mazur 365hg; Australia House: 461bc; Australian Picture Library: 371d; Aviation Picture Library: Austin J.Brown 449hd, 472hd, 473hc. Hans Banziger: 119cg; Barnaby's Picture Library: 349bd; Michael Benton: 137cgb; BFI Stills, Posters & Designs: courtesy Productions La Fete Inc., Montreal, Canada 378hd; Bibliothèque Nationale, Paris: 267c; Biofotos: Heather Angel 29cd, 62bd, 68bd, 71hg, 78c, 78cgb, 81hc, 106hd, 344cb, Bryn Campbell 25, Brian Rogers 29cdh; Birmingham Museum: 349cdb; Black Hills Institute of Geological Research: Ed Gerken 138bg, 139hc; BNFL: 437cdb; Bridgeman Art Library: Bibliothèque Nationale, Paris 310cg, Christies, London ©1993. Pollock-Krasner Foundation 311cd, Forbes Magazine Collection 287hc, Galleria del'Accademia, Florence 313g, Galleria degli Uffizi, Florence 310bcg, Giraudon 306hg, 310hg, 310bg, Giraudon/Louvre 303bd, National Palace, Mexico City 272bd, Guildhall Library 462c, Musée Rodin, Paris 295bd, National Gallery, London 311hg, Phillips 311bc, Private Collection ©ADAGP, Paris & DACS, London 1993 311bg, Private Collection ©DACS 1993 310bd, Tretyakov Gallery 280bg; British Aerospace: 424bg; British Coal: 430hg, cd, 431hc, cg, bg; British Gas: 434bd, 435c; Courtesy Trustees of the British Museum: 250bg, 251bg, bd, 258hg, 258-9c&b, 259d, 260h, 260-1h, 278-9h, 357cdh; British Steel: 430cg, 442bd, 443bg; John Brown: 447bdh. J.Allan Cash: 433c; Christie's Colour Library: 293bc; Bruce Coleman Ltd.: 170-1, D.Austen 212c, Jan & Des Barhgett 176cg, 182b, Erwin & Peggy Bauer 141hc, 175cd, M.N.Boulton 81hd, Mr.J.Brackenbury 122h, J.Burton 67bg, 78cgh, 113bg, 194-5h, 204cd, J.Cancalosi 325cg, G.Cappelli 339cd, D.Chouston 180hd, A.Compost 198-9h, E.Crichton 114b, 145bg, 402cg, G.Cubitt 66hd, 69cd, P.Davey 216cg, A.Davies 200c, F.Erize 107hg, 178hd, 206hd, Dr.I.Everson 102h, MPL Fogden 75hg, 118hd, Jeff Foott 61cg, 104-5b, 176d, 209ch, C.B. & D.W. Frith 64cg, F.Furlong 170hg, J.Grayson 109hd, D.Green 158hd, F.Greenaway 171hc, U.Hirsch 72bd, M.P.Kahl 65hd, S.C.Kaufman 67bd, 201bd, 347bc, S.J.Krasemann 115cb, 202-3b, 331bc, F.Labhardt 126cb, H.Lange 61hd, G.Langsbury 171cg, F.Lanting 116bd, L.Lee Rue 66bd, 329hd, 363bg, M.Timothy O'Keefe 70bg, 336bc, W.S.Paton 193hd, M.R.Phicton 137cdh, 210cd, D.& M.Plage 10b, 217cd, Dr.E.Pott 74cd, 329bd, Dr.Sandro Prato 66-7c, 115cd, M.P.Price 58-9c, A.J.Purcell 74bg, 109hc, M.Read 130h, H.Reinhard 60bg, 71hd, 106bg, 210hd, 215hc, F.Sauer 123b, J.Shaw 162-3, 151hg, K.Taylor 117bg, 123bd, 127hg, 258bg, N.Tomalin 192cd, M.Viard 335cdb, J.Visser 205cd, R.William 119hg, 141c, K.Wothe 69bc, 201hg; Bruce Coleman Inc.: 113c; Colorsport: 375cdb, Sipa Sport 469cd; Comstock Inc.: George Lepp 159cg. James Davis Worldwide: 388cgh; Derngate Theatre, Northampton 380hd; DLP: D.Heald 342-3c, D.Phillips 301hc. Ebenezer Pictures: J.Browne 383cdb; Ecoscene: 449hc; E.T.Archive: 288bc, 464hd, National Maritime Museum 282hg, bg, V.&A.Museum 251cd; Mary Evans Picture Library: 284g, 285hd&b, 287b, 314hd, 357cg, 376cgb, 422cgb. Gary Farr: Photo appears courtesy of New Line Cinema Corp. 317cdb; Chris Fairclough: 313hd, 330bg, 447hc; Ffotograff: Patricia Athie 369cdb; Fine Art Photographic: 286bg; Focus, Argentina: 358-9c; Michael & Patricia Fogden: 77bd;

Foods from Spain: 337bg; Ford Motor Co.Ltd.: 456hd; Werner Forman Archive: Asantehene of Kumase 279cdb, Statens Historiska Museum, Stockholm 264hg, Plains Indian Museum, Buffalo Bill Historical Centre, Wyoming 276; French Railways Ltd.: 461hd; Fullwood: 331c.
Christina Gaiscoigne: 265hd; John Paul Getty Museum: 262cd; David Gillette, PhD: 137hg; Giraudon: 285hc; Ronald Grant Archive: 316bc, 317bd; EMI Film Productions Ltd.: 306c, © Saul Zaentz Co., all rights reserved, François Duhamel: 318bg; S.&R.Greenhill: 220cg, 236cg; Geoscience Features: 16c, 17, 23hd, 151cg.
Rafn Hafnfjord: 15; Robert Harding Picture Library: 23hg, 27b, 248-9, 252hd, 256bd, 266bg, 271cg, 282-3b, 316hd, 333hc, 342hg, bd, 347hd, 353cg, 362cga, 366hd, 372cga, 374hd, 386cgb, 387cdb, 434cg, 439cd, 444cg, bg, 445hc, 451bd, 455hc, 463cd, 496hg, hc, hd, Bildagentur Schuster/Meier 379bg, M.J. Bramwell 470-1c, P.Craven 380-1, G.Heller 385bc, J.Green 471hg, D.Maxwell 232cg, C.Rennie 328bg, 381c, 455hd, W.Rawlings 370cb, V.Southwell 257hd, G.M.Wilkins 469cdh, A.Wolf 460bc, A.Woolfitt 370-1bc, 386cgh; Michael Holford: 50c, 250-1c, 253hc, 261cd, 274bg, 287cdh, cdb, 375bg; Holt Studios International: R.Anthony 325bg, D.Donne Bryant 327hd, cd, Nigel Cattlin 68cg, 78cd, bc, 323cb, 326-7h, 333cga, 334bg, 340bd, 343cgh, 344c, 345bd, Jurgen Dielenschneider 329bc, Primrose Peacock 341c, Inga Spence 320-1c, 338-9hc, 339cgb; House of Marbles: 292hg,hd; Dianne R.Hughes: Biological Sciences, Macquarie University, NSW Australia 99hc; Hulton-Deutsch Collection Ltd.: 304c, 470bg; Robert Hunt Library: 423bd; Hunterian Museum, Glasgow: Malcolm McCleod 278b; Hutchison Picture Library: 296cgb, 361hg, Sarah Errington 363hg, V.Lamont 325c, L.McIntyre 325hg, M.MacIntyre 302bg, Stephen Pern 381cg, John Ryle 358cg.
The Image Bank: 444hd, S.Allen 457cdb, D.Berwin 366c, I.Block 390cg, J.Cartier 407hd, A.Caulfield 450hg, 371cg, G.M.Corian 137cgh, A.Choisnet 308cd, M.Coyne 450cg, G.V.Faint 280-1h, 460bgh, D.Fisher 412hd, Fotoworld 377cg, Di Giacomo 332-3, T.King 468bg, R.Lockyer 308hg, N.Mascardi 392-3, R.Phillips 301hd, Andrea Pistolesi 356b, Barrie Rokeach 354bd, Marc Romanelli 301c, Guido Alberto Rossi 212hd, 288hg, Schloter 445bd, H.Schoenbeck 460-1bc, M.Skaryd 472cg, J.Smith 443hd, Harald Sund 288-9, 383cb, Dag Sundberg 367c, Jack Ward 209bd, Frank Wing 338c; Images: 2hd, 229cg, 234cgh, 244cd, 287cd, 370cg, 390cgh, 396hc, 404bg, 466hd, 467hd, cd, 472hg; Impact: Sergio Dorantes 357hg, M.McQueen 422cgh, G.Mendel 363bd, M.Mirecki 373hc, B.Rybolt 298hd.
Jacana: A.Le Garsmeur 382hd, Jean-Michel Labat 157hc, Jean-Philippe Varin 159h.
Kobal Collection: 305hd, 316cg, 317cdh, hd, Warner Bros. 318bd.
Ian Lambot: 451hg,cg,bg; Frank Lane Picture Agency: E.&D.Hosking 191hg, S.McCutcheon 28cgb, M.Newman 160-1, R.Van Nostrand 124hcd, Fritz Polking 174bg, Len Robinson 185h; La Vie Du Rail: 460hd; Legoland: 367cg; Courtesy of Lucasfilms Ltd.: 'Jedi' ™&©. Lucasfilm Ltd.(LFL)1983 all rights reserved 319cg.
Magnum: Abbas 360hd, 387c, Eve Arnold 382-3c, Bruno Barbey 294-5c, 373c, Fred Mayer 373bg, James Nachtwey 357cd, Chris Steele Perkins 359c, Raghu Rai 3c, 386-7c; MARS: U.S.Navy 422hd; Marshall Cavendish Picture Library: 267hd, 292hc, bc, Palazzo Tursi di Genoa, Servizio Beni Culturali 268hg; Michelin: 415cd; Massey-Ferguson Ltd.: 321bd; Michel Muller: ©Henry Moore Foundation (1993) reproduction by kind permission of the Henry Moore Foundation 312bd; Museum of Automata: York © 426cg; Museum of London: 250bd, 262b, 263; Museum of the Rockies: Bruce Selyem 136b, 137bd.
NASA: 37g, 39bd, 40, 42bd, 43h, 45h, 46hd, 47hg, bd, 49c, 51bd, 53cd, 150cd, 415hd; ©National Geographic Society: Wilbur E.Garrett 350cg; National Maritime Museum: 453bd; National Motor Museum: 457hg; National Palace Collection: Museum of Taipei, Taiwan, Republic of China 269bd; Natural History Museum, London: 137cdb, cb, 138cg, bc, bd, 283d; Nature Photographers Ltd.: Frank Blackburn 180bg, K.Carlson 166bg, Hugh Clark 163b, A.Cleare 171c, E.Janes 167b, P.Sterry 335bd; Peter Newark's American Pictures: 285cdb, 291hd; Network Photographers: Nikolai Ignatiev 350hd, 380cg, J.Leighton 376cgh, Barry Lewis 378b, 379cd, Paul Lowe 364cgh, Dod Miller 369hg, Laurie

Sparham 379cd; NHPA: Agence Nature 214c, H.Ausloos 210cgb, 403cd, A.Bannister 75hd, 114hg, 130bg, G.Bernard 71bd, Bishop 60cg, N.A.Callow 68hg, L.Campbell 69cdb, S.Dalton 75b, 110hg, hd, 116hd, 123bg, 190cgb, hd, 204cga, c, M.Danegger 152-3, J.B.Free 69hc, S.Krasemann 113hd, M.Leech 205l, D.Middleton 83r, M.Morecombe 74hg, L.H.Newman 175cg, A.Papaziar 101b, S.Robinson 198c, John Shaw 74c, 82cg, 161c, 196cd, R.Tidman 159cd, M.Tweedie 113cdb, D.Watts 178cd, Martin Wendler 122c, 183cg; Nissan: 445hd. Oxford Scientific Films: D.Allan 107c, 179hd, Animals, Animals 113cg, Breck P.Kent 214-5b, K.Atkinson 88c, S.Bebb 201, Hans & Judy Beste 202bg, G.Bernard 172hd, Neil Bromhall/Genesis Film 247t, S.Camazine 128hd, J.C.Cannon 179hg, Densey Clyne 121c, M.Colbeck 33c, D.Dale Photo Researchers Inc. 110b, B.Fredrick 126c, MPL Fogden 121t, 346hd, D.Lee 412bg, S.Littlewood 114cg, R.Lynn/Photo Researchers 148hg, J.&C. McDonald 188-9c, T.McHugh 18bg, 147hd, G.A.McLean 124hd, Mantis Wildlife Films 114hd, 120hg, T.Middleton 23b, C.Milkins 128cg, S.Osolinski 192-3h, P.Parks 86cgb, c, 86-7b, h, H.Reinhard 333c, J.H.Robinson 156bg, F.Schneidermeyer 104cg, David Thompson 73hd, 125bg, R.Toms 177d. Panos: 363hd, Wang Gang Feng 454bg; Peabody Museum, Yale University: 133bg, J.H.Ostrom 146bd; The Performing Arts Library: Clive Barda 309bd; Dr.Chris Pellant: 26; Photostage: Donald Cooper 298bgh, bg, 299bd, 309hg, c, bg; Pictor: 31h; Picturepoint Ltd.: 361ch; Pitt Rivers Museum, University of Oxford: 251hg; Planet Earth Pictures: K.Ammann 3bd, 210-1b, G.Bell 188-9cb, J.Braagirde 207cd, J.Brandenburg 194cg, 196hd, M.Clay 192cg, L.Collier 93bc, R.Coomber 166hg, 217hc, P.David 85cd, Georgette Douwma 145cg, H.C.Heap 32, A.Kerstich 94cg, K.Lucas 95hc, bd, 108-9, 198hg, J.Lythgoe 20d, R.Matthews 201c, D.Perrine 88-9b, Christian Petron 89bd, M.Potts 31b, R.S.Rogoff 195hd, A.&M.Shah 192bc, P.Scoones 84-5c, J.Scott 216cb, 216-7c, P.Stephenson 214bg, H.Voigtmann 100b, J.D.Watt 104bg, Norbert Wu 94hd; Popperfoto: 425hc, 470cg; Premaphotos: K.G.Preston-Mafham 119b, 120bg, 122bd, 131h, R.A.Preston-Mafham 128hg; Quadrant: 473cd, A.Dalton 446-7c. ©John Reader 1994: 359cdh, 360cgb, 362cd, b, 364bc, 364-5c, 367hc, 373hg, 386cb, c, 389hd, 391c; Renault: 457cd; Retna Pictures: J.Welsby 375c; Rex Features Ltd.: M.Friedel 374cg, Stevens/Zihnioglu/ Sipa Press 375cgh, Stills/Pat/Arnal 370cd; Ludwig Richter: Guttenberg Museum 270c, bg, bd; Royal Botanic Gardens, Kew: David Cutler 70bd; Royal Collection, St.James' Palace ©Her Majesty The Queen: 280hg; Royal Geographical Society: 351hc; Royal Museums of Scotland: 250bcd. Scala: 253hd, Iraq Museum, Baghdad 257hg, Museo della Scienza, Firenze 271hd, Museo Vinciano, Vinci 271cb; Science Museum: 36c, 39bg, 42cd, 44-45; Science Photo Library: 53hd, A.Bartel 422bg, 438cg, 440-1hc, Dr.Jeremy Burgess 399cd, CNRI 243hd, 394-5c, T.Craddock 430hd, 438-9bc, Dr.Martin N.England 55bd, Fred Espanak 34-5c, 55cd, European Space Agency 8b, 10hg, Dr.G.Feldman/ NASA/GSFC 87hd, S.Fraser 1c, 447hd, D.A.Hardy 55c, 150bc, Adam Hart-Davies 410cd, Kapteyn Laboratorium 52b, Dr.J.Lorre 55cdh, M.Marten 437hg, J.Mason 437hd, A.McClenaghan 411bd, P.Menzel 424bc, 460hgb, Prof.Motta/Dept. of Anatomy, University 'La Sapienza', Rome 235bd, 238hg, 410hd, Prof.E. Mueller 151c, NASA 10-1c, 37d, 49h, 50b, 151b, 412hg, 414, 442bg, NOAO 54b, Claude Nuridsany & Marie Perennou 28hg, cgh, bg, D.Parker 18, Max Planck Institute 52h, E.Pritchard 452-3c, R.Ressmeyer, Starlight 436bc, 437bc, R.Royer 54-5, J.Sanford 51h, c, 53hg, Dr.R.Schild/ Smithsonian Astrophysical Observatory 54h, Dr.R.Spicer 150cg, S.Terry 21d, 42bc, A.Tsiaras 413hd, U.S.Dept.of Energy 427bd, 436hg, 437cd, U.S.Naval Observatory 53bd, Tom Van Sant/Geosphere, Santa Monica 4hg, 11cdb, bc, D.Vaughan 351c, V.Vick 351cd, E.Viktor 150bg; Schwangau/Ostallgau, Germany: Tanner Nesselwang 376bg; Sea Containers: 469cdb; Survival Anglia: Jeff Foott 211hd, 435bg, J.&I.Palmer 324c, J.M.Pearson 194bg, Alan Root 189cd, J.Root 211c; Shell: 434-5hc; Harry Smith Collection: 337cd, 341cg; Smithsonian

Institute, Washington D.C.: 132bd; Society for Co-operation in Russian & Soviet Studies: 281bg, bd; Frank Spooner Pictures/Gamma: Graham 370cgh, T.Mackie 314cd, Rotolo 461cg, V.Shone 380cgb, 381bc, W.Volz 313bd; Staatlische Museen zu Berlin, PK Antikensammlung/BPK: 260b; Standard Fireworks: 409hg; Steel Can Recycling Information Bureau: 419; Still Pictures: B.&C. Alexander 367c, N.Dickinson 388c, J.Schytte 438hd; Tony Stone Images: 264-5b, 348-9c, 352cd, 355cd, 356cgh, cd, 368cg, 377cdh, 405bc, 428-9c, 433hc, Glen Allison 5cd, 439hg, Chris Baker 186-7c, P.Berger 389cga, K.Biggs 405hd, Bryn Campbell 349bg, Paul Chesley 348cg, 345cdh, 389cg, 462bg, B.Chittock 390hd, P.Correz 468c, R.Frerck 372cga, Roy Giles 465cd, M.Gowan 382c, D.Hanson 354bc, D.Hiser 348bg, 357bc, 391hc, A.Husmo 367b, 404cg, A.Le Garsmeur 382cb, J.Murphy 466bc, S.Proehl 385hg, R.Smyth 463hd, Olaf Soot 357bg, N.Turner 365cd; Swift Picture Library: 252-3c; Sygma: J.Andanson 371hg, T.H.Barbier-Proken 470bd, A.Grace 379cga, A.Gyori 378cg, J.Jones 363cg, A.Nogues 369c. Telegraph Colour Library: 304cg, 402bd, Colorific!/Ken Haas 116hg, /Claus Meyer, Camara Tres 358bg, /Roger Ressmeyer, Wheeler 355hg, Masterfile/H.Blohm 351bg, 353cgh, /John Foster 353hg, /J.A.Kraulis 352cgh, /V.C.L. 374bd; Topham Picture Source: 271bc; Truck Magazine: 459bd, bc. University of Bristol: Dr.Mervyn Miles 399h; Jack Vartoogian: 307hd; Vauxhall: 445bg; Vu Agence: Christina Garcia Rodero 372cd; Max Whitaker: 328cg; Windsor Castle Royal Library, ©1992 Her Majesty The Queen: 27hg. ZEFA: 65bdh, c, 182cd, 198bg, 229hd, 289b, 295hc, 312bg, 323cg, 329cdh, 335cdh, 355bg, 359ch, 364cg, 402hd, 406bg, hd, 438bc, 441c, 459bd, 462hg, 465hd, Damm 30, 374cgh, Davies 368hd, G.Deichmann/ Transglobe 33b, T.Dimock 399bc, W.Eastep 466bg, J.Feingersch 409bd, Freitag 160hd, Goebel 351hg, R.Halin 401hd, Heintgel 168cg, bc, c, Knight & Hunt 33h, Maroon 355cdb, W.McIntyre/Allstock 21g, NASA 408hd, R.Nicholas 473hd, Rossenbach 27h, Schlenker 358cgh, Schroeter 409hc, B.Simmons 312hg, M.Tortoli 123c, A.Von Humboldt 464cd, T.J.Zhejiang 344bg; Zinc Galvanising Association: 443hg.

REMERCIEMENTS

Photographies :
Peter Anderson, Steve Bartholomew, Peter Chadwick, Tina Chambers, Andy Crawford, Colour Company, Geoff Dann, John Downes, Michael Dunning, John Edwards, Lynton Gardiner, Steve Gorton, Colin Keates, Tim Kelly, Gary Kevin, Chris King, Dave King, Cyril Laubscher, Kevin Mallett, Ray Moller, David Murray, Tim Ridley, David Rudkin, Karl Shone, James Stevenson, John Swift, Harry Taylor, Andreas von Einsiedel, Jerry Young.

Illustrations :
Graham Allen, Norman Barber, David Bergen, Roby Braun, Peter Bull, Joanna Cameron, Jim Channell, Bob Corley, Sandra Doyle, David Fathers, Roy Flooks, Tony Gibbons, Mike Gillah, Tony Graham, Peter Griffiths, Terry Hadler, Edwina Hannah, Charlotte Hard, Kaye Hodges, Keith Hume, Ray Hutchins, Aziz Khan, Pavel Kostal, Norman Lacey, Stuart Lafford, Kenneth Lilly, Linden Artists, Steve Lings, Mike Loates, Chris Lyon, Alan Male, Richard Manning, Janos Marffy, Josephine Martin, Annabel Milne, Sean Milne, Patrick Mulray, Richard Orr, Alex Pang, Darren Pattenden, Liz Pepperell, Jane Pickering, Gill Platt, Maurice Pledger, Sebastian Quigley, Christine Robins, Eric Rome, Michelle Ross, Simon Roulstone, Colin Salmon, John Searl, Pete Serjeant, Rob Shone, Clive Spong, Roger Stewart, John Temperton Grose Thurston, Graham Turner, Brian Watson, Phil Weare, Sonia Whillock, John Woodcock, Michael Woods.

Maquettes :
Celia Allen, Roby Braun, Atlas Models, Cheltenham Cutaway Exhibits Ltd, Crystal Palace Park, London, Arril Johnson, Donks Models, Centaur Studios, Norrie Carr Model Agency, Peter Griffiths, John Holmes, Scallywags Model Agency, Truly Scrumptious Child Model Agency.